财政部规划教材
应用型教育数智化财经类教材

RPA财务机器人应用与开发
——基于华为 WeAutomate

广州番禺职业技术学院
厦门网中网软件有限公司 / 组编
盛国穗　杨则文 / 主　编
潘　瑾　张玉新 / 副主编

中国财经出版传媒集团
中国财政经济出版社
·北京·

图书在版编目（CIP）数据

RPA 财务机器人应用与开发：基于华为 WeAutomate / 盛国穗，杨则文主编．-- 北京：中国财政经济出版社，2024.2

财政部规划教材　应用型教育数智化财经类教材

ISBN 978-7-5223-2597-2

Ⅰ.①R…　Ⅱ.①盛…②杨…　Ⅲ.①财务管理－专用机器人－高等职业教育－教材　Ⅳ.①F275②TP242.3

中国国家版本馆 CIP 数据核字（2023）第 230748 号

责任编辑：王佳欣　　　　通　　读：陆洁菡
封面设计：卜建辰　　　　责任校对：胡永立

RPA 财务机器人应用与开发
——基于华为 WeAutomate
RPA CAIWU JIQIREN YINGYONG YU KAIFA
—JIYU HUAWEI WeAutomate

中国财政经济出版社 出版

URL：http：//www.cfeph.cn
E-mail：cfeph@cfeph.cn

社址：北京市海淀区阜成路甲 28 号　邮政编码：100142
营销中心电话：010-88191522
天猫网店：中国财政经济出版社旗舰店
网址：https：//zgczjjcbs.tmall.com
北京密兴印刷有限公司印刷　各地新华书店经销
成品尺寸：185mm×260mm　16 开　19.75 印张　486 000 字
2024 年 2 月第 1 版　2024 年 2 月北京第 1 次印刷
定价：58.00 元
ISBN 978-7-5223-2597-2
（图书出现印装问题，本社负责调换，电话：010-88190548）
本社质量投诉电话：010-88190744
打击盗版举报热线：010-88191661　QQ：2242791300

主要作者简介

盛国穗

盛国穗，会计学讲师，计算机科学与技术讲师，经济学学士，教育技术硕士，从2012年起从事会计专业高等职业教育。是高等职业教育在线开放课程新形态一体化教材《财务大数据基础与实务（Python版）》主编（教材出版1年销量突破30 000册），财政部规划教材《Python财务应用》主编，“十四五”职业教育国家规划教材《会计基础与实务》副主编。曾获得广东省教学能力比赛二等奖，指导学生参加广东省财务管理技能大赛并获得二等奖，作为核心人员参与财务共享服务1+X证书试点工作，主持横向课题多项，发表教改类论文数篇。

长期从事会计专业一线教学工作，着重研究与建设信息技术与会计交叉融合的课程，是国家智慧职教平台省级财经类课程资源库中“财务大数据基础与实务（Python版）”和“Python财务应用”课程的主持人。

杨则文

杨则文，教授，高级会计师，中国注册会计师，中国注册税务师。国家高层次人才特殊支持计划领军人才、国家级教学名师，广东省“特支计划”教学名师，广东省南粤优秀教师。现任广州番禺职业技术学院财经学院院长，全国金融职业教育教学指导委员会委员，全国财政职业教育教学指导委员会高职委员会副主任委员，中国商业会计学会职业教育分会副会长，全国高等职业院校财经类专业在线开放课程联盟副理事长，广州市人民政府重大行政决策论证专家，老挝中华总商会金融培训专家。

获国家教学成果奖4项、国家教材建设奖1项。获首届全国教材建设先进个人奖、全国职业院校技能大赛“优秀工作者”称号。主持国家级专业建设项目2项、国家级课程6门。主编国家级规划教材15本、财政部规划教材16本。主持制定教育部财税大数据应用专业教学标准、税务专业教学标准、会计专业顶岗实习标准、国际金融专业教学标准等多项国家教学标准，担任7项“X”证书标准制定专家。主持设计全国高职技能大赛银行业务综合技能赛项和智能财税赛项并担任专家组组长。在财务机器人应用与开发、大数据财务分析、区块链金融应用等课程建设中作出了开创性的贡献。

前 言

大数据、云计算、区块链、人工智能RPA（Robotic Process Automation，机器人流程自动化）等技术，推动着企业财务的变革与创新。在上海国家会计学院等单位发布的“影响中国会计从业人员的十大信息技术”评选结果中，流程自动化技术占有越来越重要的位置。2023年评选结果按影响程度从高至低分别为数电发票、会计大数据分析与处理技术、财务云、流程自动化、电子会计档案、中台技术、新一代ERP、数据治理技术、商业智能（BI）和数据挖掘。信息技术越来越多地赋能财务转型，财务转型需要越来越多的信息技术。

党的二十大报告指出，加快发展数字经济，促进数字经济和实体经济深度融合，打造具有国际竞争力的数字产业集群。对企业而言，降本是生存之本，增效是发展之道，数字化转型是高质量发展的重要引擎。RPA作为一种新兴的“数字劳动力”，可以替代或辅助人工完成规则明确的重复性劳动，并且能够快速灵活部署，及时响应业务需求，大幅提升业务流程效率，同时能降低人工操作错误的风险，实现企业业务流程的自动化和智能化，从而达到降本增效的目的。

本教材是专门为财经类专业学生开发的适应教、学、做结合需要的项目化新形态立体化教材，始终贯彻党的二十大精神，落实新时代党对加强教材建设和管理的总要求，坚定道路自信、理论自信、制度自信、文化自信，紧跟时代步伐，落实加快建设数字中国，推进会计教学数字化要求，着力解决时代和实践提出的问题。教材行文简洁洗练，浅显易懂，配套操作指引清晰详细，适合非软件工程类专业学生使用。教学内容以财务工作场景为载体，通过在不同场景中的应用由浅入深、由简单到复杂培养学生的3种基础能力：一是分析流程的能力；二是设计流程的能力；三是企业RPA应用思维，练就学生在财务工作中应用RPA工具的技能，并在本教材的工作任务卡中突出课程思政的地位，重点培养学生的工匠精神、自主学习意识、提高学习者的职业素养及把RPA工具应用于财务工作的意识等方面的内容。

本教材编写成员来自国家“双高院校”、国家示范院校广州番禺职业技术学院财务机器人应用与开发课程教学团队、厦门网中网软件有限公司的注册会计师和RPA项目开发工程师团队。参编人员包括两位教授、两位博士、一位RPA项目开发工程师。杨则文负责教材的整体设计、审稿和最后修改定稿，蔡宏标负责编写导言模块一，盛国穗负责教材设计并编写导言模块二和模块三、项目一模块一和模块二、项目二模块二、项目三模块一、项目五模块二、项目六，潘瑾编写项目三模块二、项目四模块一和项目五模块一，李枳葳编写项目一模块三和项目四模块二，刘璐璐编写项目二模块一，厦门网中网软件有限公司张玉新参与教材框架设计，厦门网中网软件有限公司高蒙参与教材项目RPA代码开发。

本课程团队为教材在智慧职教平台上建设了配套的“RPA财务机器人应用与开发——基于华为WeAutomate”在线开放课程和课程教学资源库，学生可免费学习和运用相关资源，教师可以一键导入全套资源用于线上线下混合教学。

本教材的不足之处，恳请读者指正。意见和建议请发往电子邮箱：1084333724@qq.com或yangzewen@126.com。

本教材为用书学校任课老师提供了配套教学资源，请以电子邮件形式向中国财政经济出版社索取（请注明：学校、全书名、版次、书号），Email：caijingjiaocai@163.com，亦可登录如下网址下载：http://jiaocai.cfeph.cn。

本教材得以付梓，要特别感谢广州番禺职业技术学院财务机器人应用与开发课程教学团队，厦门网中网软件有限公司的代码开发团队以及中国财政经济出版社的编辑团队，是大家的共同努力令本教材得以与广大读者见面。

编　者

2024年2月

目　录

导　言
走进财务机器人

学习目标

知识学习目标：

1. 说出时代变革下应用于财务转型的新技术名称。
2. 说出财务机器人给财会行业带来的机会与挑战。
3. 举例说明财务机器人对业财融合所起到的促进作用。
4. 举例说明财务机器人的应用场景。
5. 说出 WeAutomate Studio 设计器界面的菜单的作用。

技能训练目标：

1. 在华为官网下载 WeAutomate Studio 设计器。
2. 安装与配置 WeAutomate Studio 设计器。
3. 能新建项目、新建脚本、运行脚本、发布机器人。
4. 能添加控件和设置控件参数。
5. 能导入项目、将项目保存为模板。

素养养成目标：

1. 培养勇于创新的工匠精神。
2. 培养谨慎细致的职业习惯。

《RPA 财务机器人应用与开发——基于华为 WeAutomate》任务素材包

项目任务

本项目完成的目标：

1. 安装并配置 WeAutomate Studio 设计器。
2. 设计并开发“客户月应收款汇总机器人”。

完成以上工作任务应提交的标志性成果：

1. “客户月应收款汇总机器人”代码文件。
2. 客户月应收款汇总结果 Excel 文件。

项目导图

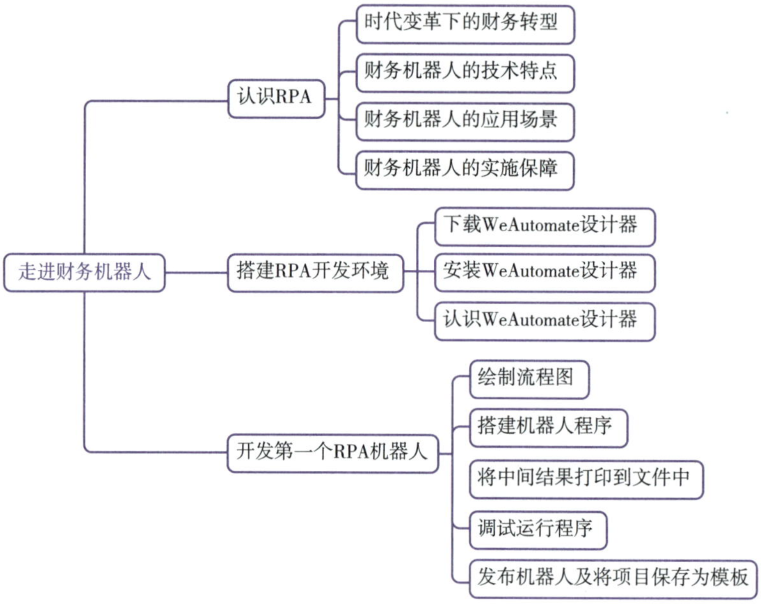

模块一　认识 RPA

一、时代变革下的财务转型

认识 RPA

（一）新技术发展推动财务变革

会计是生产发展到一定阶段的产物。随着人类文明和信息技术的发展，会计的工具、方法和处理技术也在不断进化。传统的手工会计从最初的结绳记事，到单式记账，再到复式记账；从手工填制和审核记账凭证，到手工登记账簿，再到编制财务报告，人们对手工会计的深刻印象就是工作量大且效率低下。1946 年，世界上第一台计算机问世，随着信息技术的进一步发展，手工记账逐步向会计电算化跨越，会计电算化将财务软件和财务信息相结合，财务人员仅在输入数据阶段进行人工录入，会计信息管理系统就能够精准完成记账、汇总、转账、结账、出报表等系列会计工作，自动化的数据处理不仅提升了会计信息质量，有利于数据在不同数据库之间的传递与更新，且减轻了会计人员的劳动强度。20 世纪末，由于会计处理软件无法胜任企业资源的配置和最大化利用，ERP（Entryprise Resource Planning）等企业信息管理系统开始在企业中应用，随着企业管理方式以及手段的不断革新，会计的功能也在逐步拓展，工作的方式也悄然发生变化。基层财务部门人员只需按照既定的流程步骤在企业信息管理系统中完成对应的操作，标准化的流程就为企业的财务工作岗位分工创造了基本基础，为实行异地财务处理，建立“财务共享服务”（Financial Shared Service，简称 FSS）创造了条件。企业将大量重复且非企业核心业务流程进行标准化改造，通过流程再造的方式使流程操作标准化，降低企业运营成本，提升企业管理效率。目前，众多《财富》500 强公司已建立“共享服务中心”的运作模式，实现了财务基础业务的专业化、标准化、流程化和信息化，进一步解放了“票账表钱税”的财务基础工作。

近年来，以云计算、大数据、人工智能、区块链为代表的新一代信息技术加速发展，以电子档案、移动支付、财务云、电子发票、财务机器人为代表的会计信息技术在会计领域得到广泛应用。步入智能化时代，泛财务机器人更加广泛地应用于财务会计工作，财务机器人集中应用于规范性高、操作性要求低的工作场景，如凭证账单管理、报表管理、税务管理、预算管理等，而对于那些要求具备综合性整合知识的工作岗位还无法完全胜任。

（二）财务机器人给财会行业带来的机会与挑战

RPA（Robotic Process Automation）的中文为机器人流程自动化，是指用软件实现业务处理的自动化，通过“模拟人”的方式完成业务操作，帮助企业处理重复的、固定规则的、烦琐的流程作业。流程自动化机器人实质上是被编制成能完成特定任务的程序模块，可以与原来 ERP 系统连接并自动完成各业务流程。RPA 的核心是基于流程自动化技术，将一些高度结构化的、常规的手工任务业务流程由自动化机器人来执行，诸如财务、审计、采购、人力资源和办公流程等。

在会计领域，RPA 亦称为财务机器人，实际上是基于机器人流程自动化的应用软件。2016 年 3 月 10 日，德勤会计师事务所率先宣布与 Kira Systems 联手推出财务机器人。2017 年底，国际四大会计师事务所均推出了“财务机器人”，之后国内的金蝶、用友软件等公司也发布了“云服务财务机器人”。将人工智能引入会计、税务、审计等工作当中，这一科技创新将帮助员工从审核凭证和其他文件的乏味工作中解放出来，可让企业的财务人员和管理人员腾出更多的时间去思考高端的增值管理工作。

财务机器人的出现，给财会行业带来了三个重大的机会与挑战。

1. 大量取代会计核算职能

传统财务会计的主要职能是进行原始票据的复核、财务基础数据的录入，随着企业财务管理体系逐渐迈入智能化，财务机器人可取代大量传统财务会计的报销审核、资金管理、报表编制等工作，替代后财务数据的获取将更为及时和精准。

企业在生产经营中会产生大量的信息，传统财务会计往往是按照年度、季度和月度反映一定时期的财务状况、经营成果和现金流量等信息，数据至少是一个月之前。企业决策者使用财务信息进行决策时，数据可能与业务真实情况相去甚远。结合智能财务系统的财务机器人，能够打破传统财务管理工作的时间限制，做到随时随地、抓取、处理财务数据，最大限度满足了现代企业对财务数据及时性和准确性的需求，由于数据更具前瞻性，有利于管理者依据目前的财务数据，做出最优决策。

2. 引发会计行业人才结构变化

随着财务机器人逐步接管会计核算工作，基础性的建账、填制和审核凭证、登记会计账簿、登记总账、试算平衡、对账结账直至编制财务报告等工作，涉及确认、计量、记录、报告等程序，都可部分地交由财务机器人完成，会计人员的需求量自然会缩减。同时，财务机器人的出现，也打破了不相容职务需要分离的限制，传统意义上的会计内部牵制制度将在财务机器人中失去作用，这将进一步减少财务人员的需求量。

无论是会计人员的无心之失还是刻意为之，传统会计核算中往往会出现技术性差错，财务机器人的优点恰恰是最大限度提升了数据的精准度，企业也不再需要招聘稽核与审核人员进行复核和验证。毫无疑问，伴随着财务机器人的出现与运用，必将进一步简化财务管理流程，并降低财务管理成本，从而对传统财务会计人员产生巨大冲击，引发会计和审计人员需求结构的变革。

管理会计岗位的重心是财务业务发生前对实施系统进行调查和预算控制；事中实施会计监督；事后核实有关财务事项、对财务计划的执行情况进行分析决策。这些工作，虽然财务机器人都难以有效胜任，但财务机器人能大量解放基础会计人员，将部分人员转移到管理会计岗位。目前，我国会计人员结构呈现两极趋势，一方面是基础会计人才严重溢出，另一方面则是高端财会人才稀缺。财务机器人的出现和普及，将改变我国会计人才的结构。

3. 引发企业信息安全风险

财务机器人的共享式数据带来了便捷，同时也增加了信息安全风险，如财务机器人数据未加密存储和传输；财务机器人的运行载体未做安全管控，导致财务信息数据泄露；财务机器人平台存在信息安全漏洞；不可抗力因素的发生和恶意入侵服务器等都会导致企业赖以生存的信息系统被摧毁、系统崩溃、基础数据丢失，造成商业机密泄露，以至于无法继续进行日常的经营活动及账务处理，对企业的发展造成严重的损害。

（三）财务机器人对业财融合的促进作用

1. 有利于增强业财部门的沟通

大多数企业的业务部门和财务部门对接时，普遍存在报销难等问题。关键原因是业务部门和财务部门之间出现了信息孤岛现象，信息不通畅。部门之间都是以各自的管理制度为先，缺乏从企业大局的角度进行考虑。

财务人员接受的教育是以财务知识为主，对企业的业务知识缺乏必要了解。一个纯粹的传统财务部门，如果不懂业务，将无法参与到企业价值创造的过程。虽然不少企业顺应技术发展的趋势，转向内部控制，但目标定位出现了问题，把符合规范的目标放在首位，会容易导致业务部门的不满，继而引发财务部门和业务部门的矛盾。因此，财务部门人员在审视制定的制度流程条款时，需从全局角度出发，与业务部门共同为企业创造价值，是财务部门的出发点和落脚点，而不是为了流程而制定流程。

从企业层面来看，采用轮岗的方法让财务人员参与到企业的整体运作中去，熟悉各部门业务的基础运作，才能真正实现业财融合。这样财务人员才有可能从公司全局考虑，给出优化业务、节约开支的办法，让财务机器人发挥更大的价值。业务人员也可以参考财务人员给出的建议，对比现行的业务操作流程，审视是否需要完善现有的业务流程。

从财务人员自身看，应转型为管理型会计人才以协助管理者做出科学决策。财务人员应提高专业素质，主动掌握新信息技术，对企业财务信息系统所提供的具体可行性财务数据进行系统分析；专业财务人才可融入业务终端帮助业务部门做出决策，成为企业运营管理的首要参与者。

2. 有利于提高信息采集的效率

财务机器人融合了计算机信息技术与管理会计，帮助财务人员自动化处理数据，智能化做账模式替代了传统核算会计做账模式，这不仅大大简化了记账的过程，提高了财务人员的工作效率，同时也减少了人工做账会产生的错误，提高了账目的准确性。财务机器人通过多元化收集信息，对各部门之间的信息进行快速传递和比对，并且可以接收非货币性质的相关数据，信息获取更加便捷。原先的手工做账模式中需要多名财务人员分别进行凭证录入和账簿登记的工作，在财务机器人的帮助下，在网络共享的环境中，同一组数据可以被不同的用户使用，信息的集中处理特性更加突出。

3. 有利于提升企业整体的价值

人工智能不断发展，财务机器人横空出世，业务财务一体化是信息化时代下财务领域不可避免的发展趋势。如人工智能的处理方式下，从会计凭证的填写到增值税发票的开具，人为干扰因素将会大大减少，从客观上消除了传统核算会计做账模式中烦琐的填写、制作和核算环节。且财务机器人在不断电的情况下，可 24 小时不间断工作。

企业财务部门通过对企业财务数据的管理和各部门基础业务的了解，一旦发现业务部门的既定目标远离了企业的总体目标后，可提醒业务部门调整业务目标，微调相应业务环节，协调成本和效率之间的关系。如此，财务部门和业务部门不再是各自为政，从而改变原来财务部门只关心财务的事情，不涉及业务领域的状态。业务部门和财务部门才能进行深度融合，共同提出企业发展的目标规划，为企业的整体发展提供有力的决策支持。

二、财务机器人的技术特点

（一）遵循明确规则

RPA 主要是代替人工进行重复机械性操作，研发 RPA 需要基于明确规则去编写脚本。因此，RPA 适用的流程必须有明确的、可被数字化的触发指令和输入。例如，费用报销引入 RPA 技术，基于报销标准规则，财务机器人可代替人工比对报销标准金额与实际报销金额。另外，对于涉及企业的内部控制流程，财务机器人可基于设定规则进行客观的逻辑分析，从技术层面预防财务人员和业务人员串通，严防造成影响恶劣的财务舞弊事件。

（二）高效处理数据

RPA 技术可以实现 7 × 24h 不间断工作，减轻财务人员的工作负担，提高员工满意度。而且财务机器人不会出现疲惫现象影响到工作质量。与人工相比，采用机器人流程自动化技术的财务机器人相较于人工可以更快速高效地完成工作。

（三）模拟人工操作

RPA 主要模拟的是人工手动操作，通过录制用户界面的所有操作，记录下鼠标点击位置和键盘数据字符，然后形成脚本并分配给机器人去操作，如删除、复制、粘贴、录入等基本操作。

（四）非侵入式

RPA 的应用不影响企业原有的 IT 基础架构，无须对企业现有的信息系统进行改造。可以在不影响现有系统的情况下，基于规则或者模拟人工在用户界面进行操作。例如，引入 RPA 技术的存货录入机器人可自动登录财务信息系统，自动逐行读取存货信息，并录入到财务系统中。

（五）高投入产出比

相对于其他系统或者开发新软件，RPA 技术具备更高的投入产出比，更高的工作效率；RPA 技术建设期短、投入成本较低，后期人员培训相对容易。随着技术的进步，企业引用 RPA 技术的费用将越来越少。

三、财务机器人的应用场景

RPA 通过模仿人类的操作行为，可以实现系统登录、文件创建、文档移动、数据录入、利用 OCR 等技术读取非结构化数据、识别用户界面控件等工作。这有利于员工从简单机械的操作性工作中解脱出来，RPA 技术让重复性的手动化业务流程得以自动化地运行，但业务流程最终达成的效果是不变的。员工可以更专注于需要经验积累和主观判断的高价值工作，为企业创造更大的价值和收益。

一般情况下，RPA 非直接创造出收益，而是帮助企业降低成本。因此，在 RPA 使用流程的选择上，应关注当前运行成本较高的业务流程。同时，RPA 能有效模拟用户操作，在选择 RPA 使用流程时，应关注耗费人工较多的劳动密集型流程。此外，对于需要数据实时交互或实时预警提醒等业务流程，也可将 RPA 作为有效补充。

在财务领域中，财务共享服务中心业务流程标准化程度高、业务量大、主观判断程度相对低，这些流程往往成为 RPA 技术的典型应用场景。如费用报销、资金结算、成本核算等场景流程已成为 RPA 在财务领域应用的重要场景。以下将简要梳理财务机器人适用的典型业务场景和常见业务流程。

（一）费用报销

在费用报销场景下，财务机器人可以利用 OCR 技术自动识别报销单及附件，提取各类发票和单据等原始凭证的信息，自动生成报销单并发起审批申请。财务机器人按照预先设定的逻辑，自动核对报销单据、匹配预算控制规则，检查重复报销、批准合规申请、驳回异常申请、记录审查结果并汇总反馈给财务人员。通过审核后，自动生成付款单，由财务机器人执行付款操作。

（二）资金结算

在资金结算场景下，财务机器人自动完成企业对账、现金管理和收付款处理。财务机器人自动调取银行流水、银行财务数据，进行银行数据和财务数据的核对，自动出具银行余额调节表。财务机器人根据设定的现金上划线自动执行现金归集、自动采集现金计划信息；按照预设的规则，根据支付方式、支付策略、支付金额等多因素，计算最优化组合，自动完成资金安排，安排结果可直接适用或供用户参考执行。同时财务机器人根据订单信息和供应商信息，自动完成收款与付款。

（三）采购到付款

在采购到付款场景下，财务机器人可以利用 OCR 识别技术对发票等单据进行扫描，自动对发票、合同、订单、收货单、审批单等自动匹配并校验。财务机器人可以自动登录国家税务总局发票查验平台，输入提取的发票信息，查询并验证发票真伪，自动下载保存查验结果。财务机器人自动完成审核、数据输入和付款准备，提取付款申请系统的付款信息，并提交网银等资金付款系统进行付款操作。通过设置对账触发时间，财务机器人可查询供应商信息并自动向供应商发送邮件，完成对账提醒、订单状态查询和发货状态查询等。

（四）订单到收款

在订单到收款场景下，财务机器人可自动完成销售订单输入和变更、发票开具、客户对账、收款核销和客户数据维护等。订单到收款涵盖了合同管理、发票开具、收入确认、收款对账等业务环节。财务机器人对电子订单或数字化的纸质订单进行识别、输入，对有变更需求的订单进行变更。根据订单信息，抓取销售开票数据进行开票，发票开具后将开票信息传递至相关业务人员，通知其进行发票寄送。财务机器人抓取应收和实收数据，按照账号、打款备注等信息进行自动对账，向存在对账差异的客户发送对账提醒邮件，从银行获取数据后，自动认领来款，并同步至账务系统进行收款核销。财务机器人还可定期进行客户信用信息的查询，并将相关数据提供给授信模块，用于客户信用的评估和控制。财务机器人自动更新数据并发布变更通知。

（五）存货到成本

在存货到成本场景下，财务机器人可完成成本统计指标输入、成本与费用分摊和出具成本分析报告。财务机器人输入存货成本指标并出具统计分析表。期末 RPA 机器人按脚本分步或并行执行相关成本和费用的分摊。在不同的核算范围按不同的计价方法核算，并且支持存货成本按费用项目分项核算及成本结转；提供精确的成本分析数据，自动出具相关报告。

（六）总账到报表

在总账到报表场景下，财务机器人可以自动完成关账、对账、账务结转、凭证打印等工作。期末，财务机器人自动进行各项关账工作，如现金盘点、银行对账、销售收入确认、关账等工作。财务机器人自动完成应收账款对账、关联方对账、应付款项对账、存货的确认和暂估等，对账无误，则自动进行账务处理；如发现异常，发送预警报告，经由人工调查。自动出具单体报表和合并报表，财务机器人自行完成数据汇总、合并抵消、邮件数据催收、系统数据导出及处理等工作，自动出具模板化的单体报表；自动收集各子公司月报文件并发出催收提醒，再对子公司报送数据进行汇总，并根据抵消规则生成合并抵消分录，形成当期合并报表。

（七）税务管理

在税务管理场景下，财务机器人可实现自动纳税申报、涉税信息校验、账务处理及提醒等流程。期末财务机器人自动登录财务系统如试算平衡系统、税务系统等，按照税务主体批量导出财务数据、增值税认证数据等税务申报的业务数据基础，根据特定逻辑自动生成申报表并在税务端系统自动填写纳税申报表。对于需要调整的税务差异、会计差异、进项税数据差异、预缴税金等，财务机器人通过预设好的规则自动调整，借助预置的校验公式进行报表的校验。财务机器人根据纳税、缴税信息完成系统内税务分类的编制，计算递延所得税并完成分录的编制与输入，完成系统内的入账并发送邮件提醒相关责任人。

（八）固定资产核算

在固定资产核算场景下，财务机器人可完成资产卡片管理和资产账龄分析。利用 OCR 技术识别采购合同，提取固定资产相关信息后自动录入固定资产卡片，自动、批量对资产卡片进行更新、打印、分发等，针对资产实物进行全程记录、计量资产的价值变化。财务机器人还可记录资产的使用情况和折旧费用的分配情况。

（九）档案管理

在档案管理场景下，财务机器人可自动完成纸质文档的电子化、票据接收、票据快递管理和电子归档等流程。财务机器人利用 OCR 技术对纸质档案进行扫描，抓取关键信息，将纸质文件快速数字化。自动接收实物单据，更新单据状态，也可用于票据传递过程中的快递管理、快递登记、查询和通知。将纸质文档经扫描后形成的电子文件进行归档，按需对电子文件进行分类和汇总，建立电子档案数据库，可 7×24h 接受审批通过的查询申请表，按需完成档案查找，并将查询到的档案信息作为附件回复给指定人员。

（十）预算管理

在预算管理场景下，财务机器人可完成预算编制、预算执行情况监测和创建预算报告。预算管理人员预置模型，财务机器人按年统筹预算、按季度滚动预算、按月调整预算，并可对期间费用、项目费用自动分解。在预算执行过程中，财务机器人实时监测预算的占用情况，对预算使用情况进行定时和不定时的检查审计。财务机器人使用历史和市场数据生成预算报告，并创建预算与实际的差异报告。

四、财务机器人的实施保障

（一）建立标准的操作流程

以 RPA 为代表的自动化平台技术高度依赖于企业标准化的业务操作流程，如果企业没有明确的规则，该类操作业务流程任务通常不适合自动化。目前，财务机器人还无法胜任高级认知任务，如自如地与客户沟通。业务操作流程的规范性越高，越适用于 RPA 的实施与适配。针对这种情况，企业需要从自身实际情况出发，从现有的会计法规制度出发，简化现有的业务操作流程结构，实施严格且高标准的操作流程。制定完善的企业标准化业务操作手册，开展各项业务以及适配 RPA 相关自动化平台的建设。

（二）建立完善的培训体系

维护是 RPA 实施后面临的最重要挑战。监管或商业环境等外部环境的变化在一定程度上会不断倒逼企业改变原有自动化平台机器人的部署。由于大多数机器人都已编程，因此遵循软件编程中的最佳实践原则可以相对轻松地维护机器人。尽管如此，需要对变更工作进行实时的优先排序，并且需要对机器人进行日常维护。所以，企业必须针对 RPA 机器人的后续维护组织专门的培训，针对企业现有的信息化部门建立完善的培训体系。定期展开针对财务机器人的培训和学习，不断完善企业自身 RPA 平台的优化与部署，使 RPA 技术能更好地为企业生产提供助力。

模块二　搭建 RPA 开发环境

工作任务

在计算机上搭建 RPA 开发环境。

工作任务如表 0－1 所示。

表 0－1　　工作任务卡

任务编号	1	任务名称	搭建 RPA 开发环境	工作区域	数字机器人实训中心
建议学时	2	参考文件或资料	华为技术有限公司产品 RPA 官网 https：//gde. huawei. com/#/group/weautomate_rpa/weautomate_rpa_download		

续表

德技兼修	(1) 接到任务时，先明确任务目的，再探索基于实际条件规则实现任务的路径 (2) 搭建 RPA 开发环境过程中遇到困难时主动寻求解决方法，可通过互联网 WeAutomate 社区帖子寻找解决方案，如需求助于人时，先准备好咨询的问题，并准确、清晰地表达 (3) 搭建环境完成时，细致、认真、严谨地检查所搭建的环境，确保设计器能正常使用，插件驱动安装正确 (4) 养成勤学好问、勤于思考、诚恳待人、严谨细致的工作态度
工作任务	(1) 下载安装 WeAutomate Studio Education 设计器 (2) 测试 RPA 开发环境是否能正常使用 (3) 熟悉 WeAutomate Studio Education 设计器的功能菜单

搭建RPA开发环境

为了开发财务机器人程序，首先要搭建机器人流程自动化（RPA）开发环境，虽然开发环境的细微功能和控件名称随不同公司开发的 RPA 设计器的不同而不同，但从广义的角度来看，提供的功能是相同的。下面，我们以华为公司的 RPA 设计器 WeAutomate Studio Education 为例，学习搭建 RPA 开发环境。

一、下载 WeAutomate 设计器

下载 WeAutomate 设计器

（一）登录华为 WeAutomate 设计器下载官网

在浏览器地址栏中输入以下网址：https：//gde. huawei. com/#/group/weautomate_rpa/weautomate_rpa_download，如图 0－1 所示。

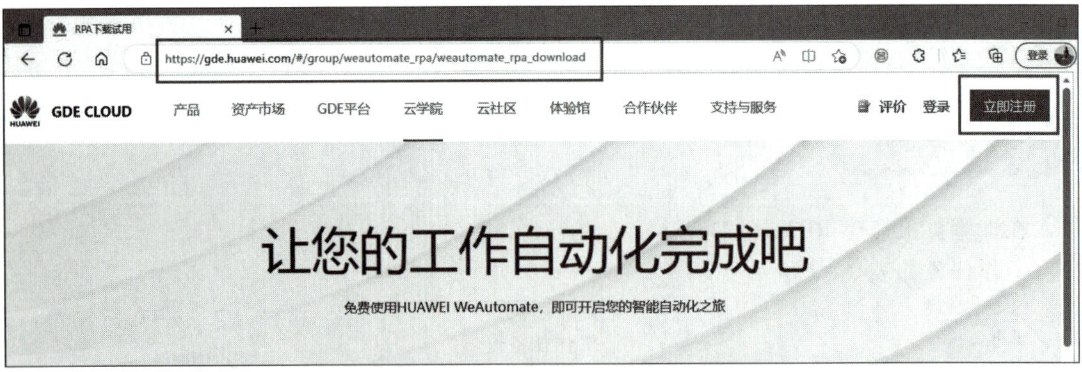

图 0－1　登录 WeAutomate 设计器下载网站

（二）注册华为 Uniportal 账号

进入网站后，点击网站右上角“立即注册”按钮，如图 0－1 所示。
网站跳转至 Uniportal 账号登录界面，如图 0－2 所示。

图 0－2 Uniportal 账号登录界面

点击 Uniportal 账号登录界面的“立即注册”按钮，进入注册 Uniportal 账号界面，用自己的手机号码注册一个华为 Uniporta 账号。

（三）用 Uniportal 账号登录 WeAutomate 设计器下载官网

在浏览器地址栏中输入以下网址：https：//gde. huawei. com/#/group/weautomate_rpa/weautomate_rpa_download，点击“登录”按钮，如图 0－3 所示。

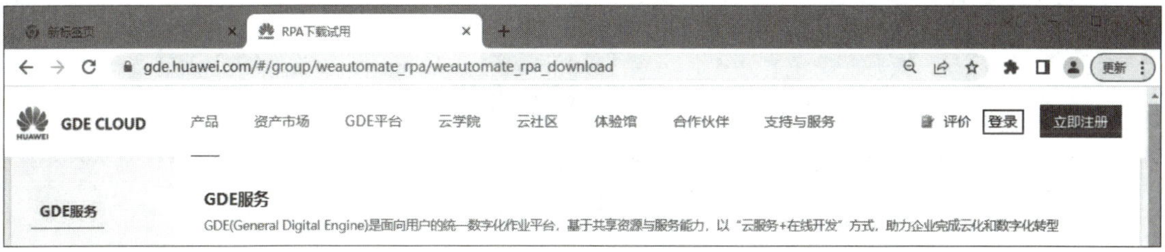

图 0－3 “登录”界面

登录后，网站弹出窗口，如图 0－4 所示，在弹出的窗口中点击“是”按钮。

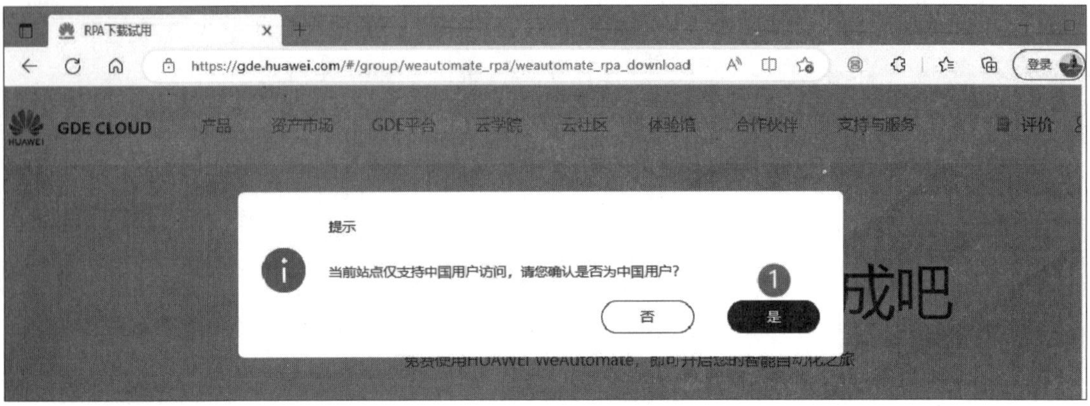

图 0－4　中国用户确认窗口

然后，网站弹出窗口，如图 0－5 所示，在弹出的窗口中点击“同意”按钮。

图 0－5　隐私声明窗口

（四）下载 WeAutomate 设计器

点击网站中的“下载”按钮获得 WeAutomate 设计器，如图 0－6 所示。

图 0－6　下载 WeAutomate 设计器界面

下载得到的是压缩包，我们需要将其解压才能运行设计器安装文件，如图 0－7 和图 0－8 所示。

图 0－7　设计器安装文件压缩包

图 0－8　解压后的设计器安装文件

【提示】编者为读者准备了设计器的安装包，请扫描二维码下载。

WeAutomate 设计器 3.1.2 安装包

二、安装 WeAutomate 设计器

（1）双击解压后的 exe 文件图标（见图 0－8）后，跟随安装向导安装设计器，如图 0－9 所示。

（2）安装完成后，双击桌面设计器图标运行设计器，如图 0－10 所示，在弹出的提示框中根据需求选择合适的配置文件，在这里我们选择 Studio 版本，即默认选项，如图 0－11 所示。

安装 WeAutomate 设计器

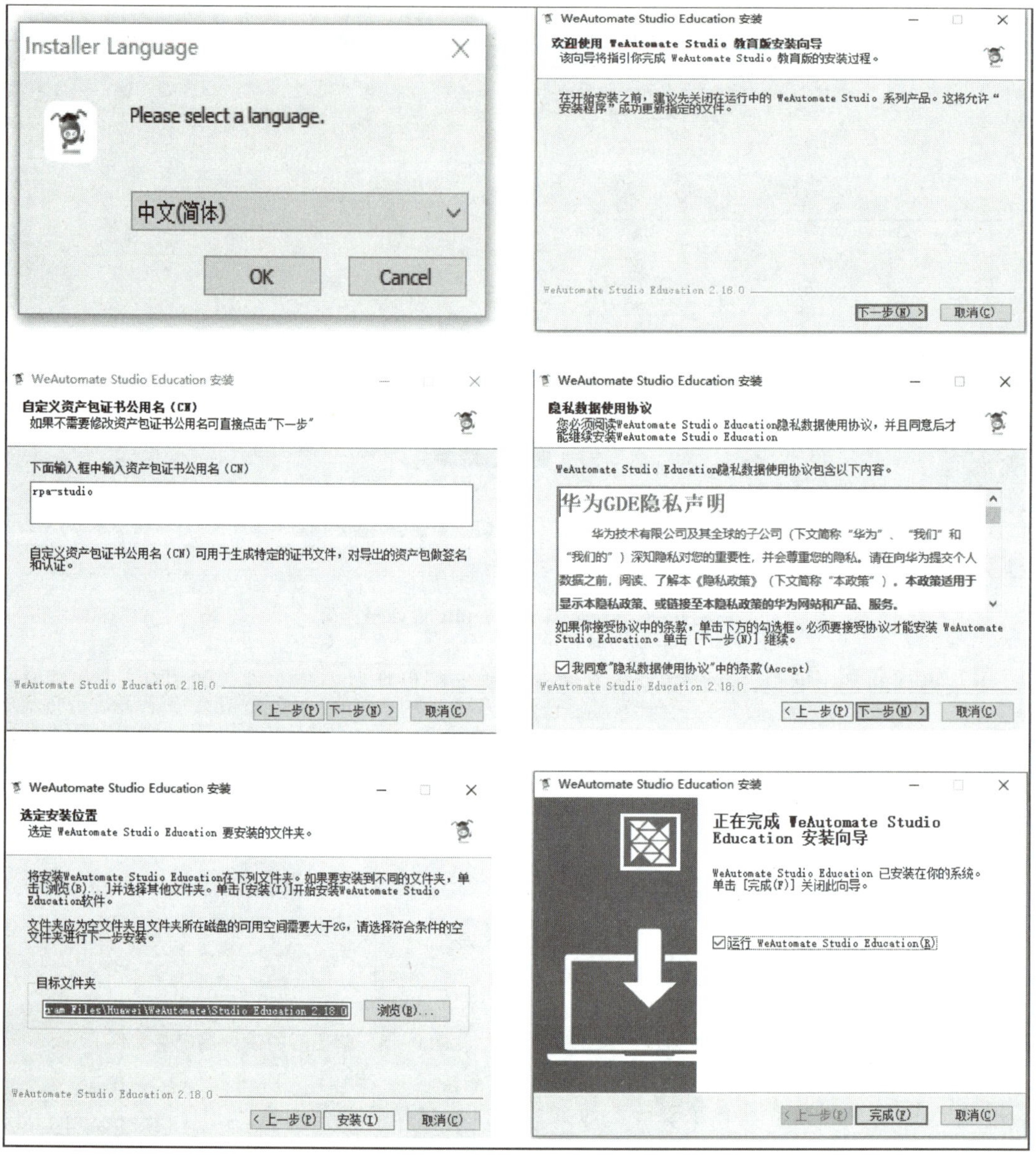

图 0－9　安装设计器

图 0－10　运行设计器

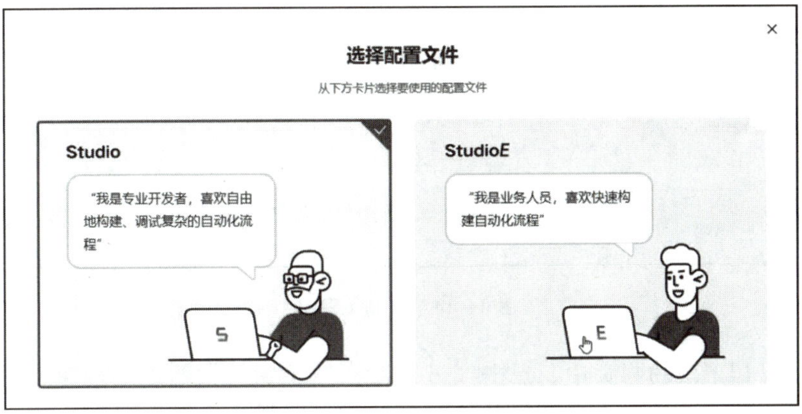

图 0－11　选择 Studio 版本

Studio 模式适合专业开发者，用于构建高度复杂的自动化流程。StudioE 模式是 Studio 的简易版本，适合没有 IT 背景，使用 Ofiice 较频繁的业务用户。

选择版本后在弹窗中点击“确定”按钮，然后设计器会自动打开并出现测试 RPA 流程，如图 0－12 所示。

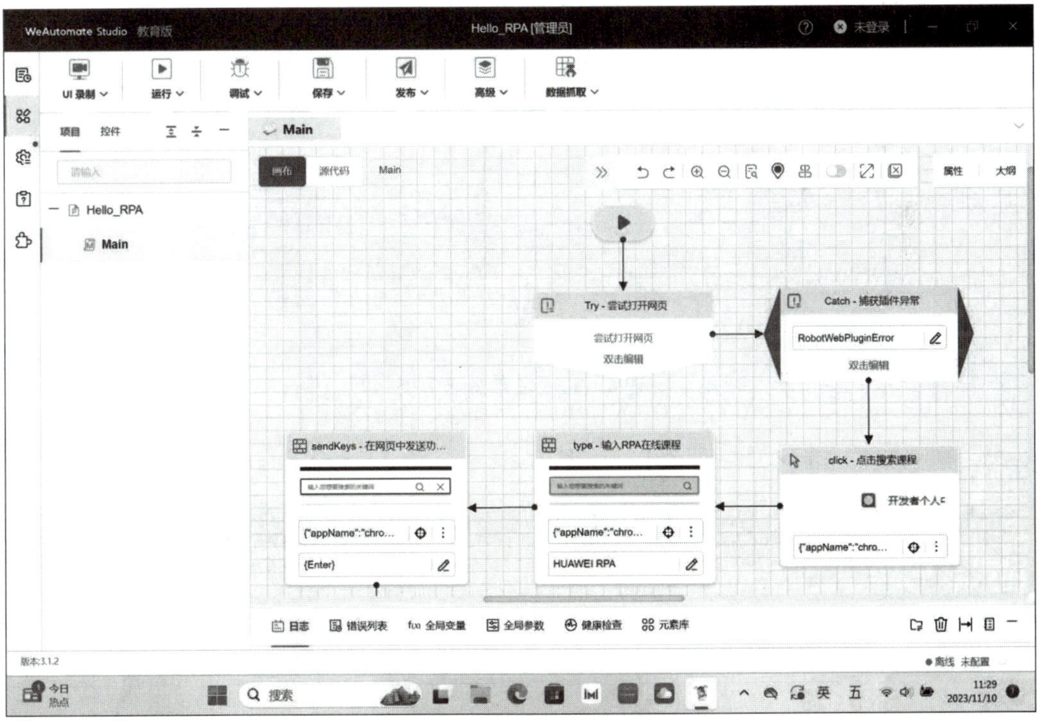

图 0－12　测试 RPA 流程

（3）激活设计器。

①点击设计器界面的“设置|许可”菜单，点击“复制”按钮复制 ESN 码，如图 0－13 所示。

图 0－13　复制 ESN 码

②回到设计器下载的网页中，点击“试用激活”按钮，粘贴上一步骤复制而来的 ESN 码到 ESN：输入栏，然后点击“获取 License”按钮，如图 0－14 所示。

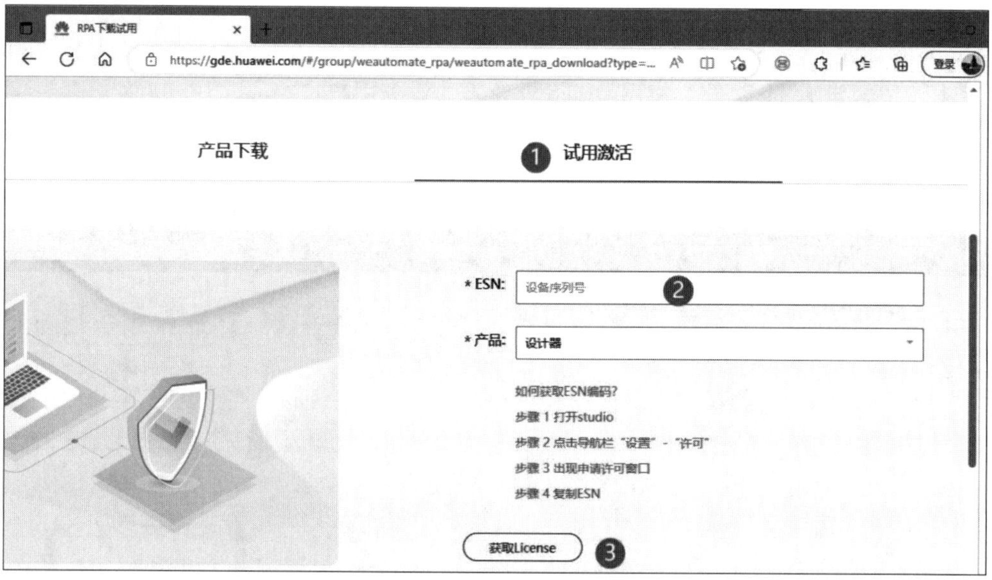

图 0－14　试用激活界面

然后网站开始下载文件，如图 0－15 所示。

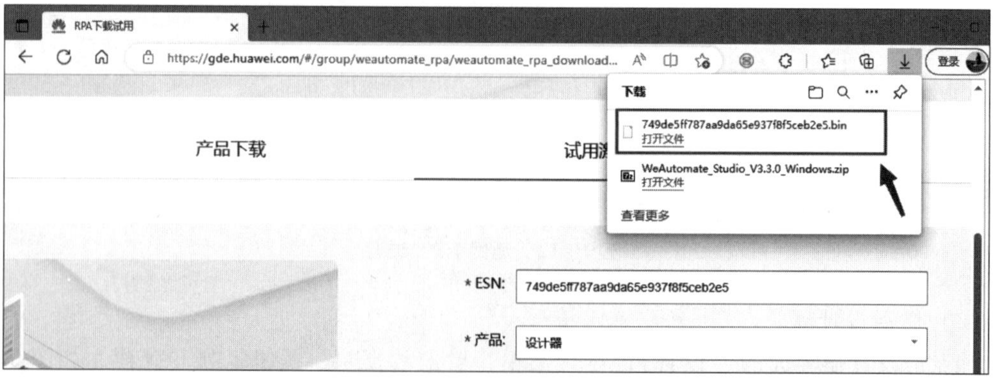

图 0－15　网站下载文件

③打开“下载”文件夹，查看下载的 BIN 文件，如图 0－16 所示。

图 0－16　BIN 文件

④在设计器中导入上一步获得的 BIN 文件。回到设计器，点击“设置|许可”中的第③步，点击“导入”按钮导入刚才下载的文件，如图 0－17 和图 0－18 所示。

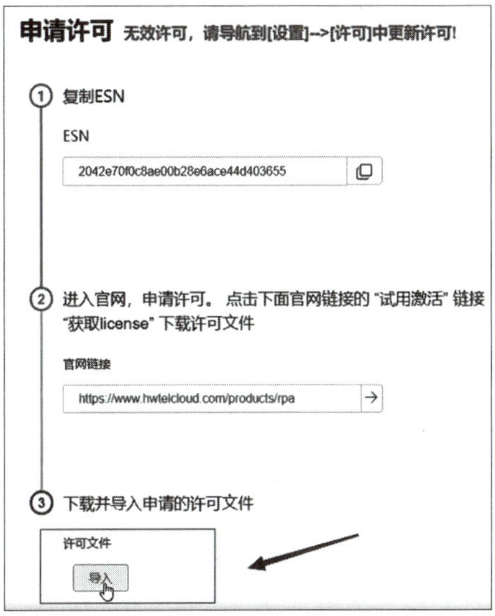

图 0－17　导入 BIN 文件 1

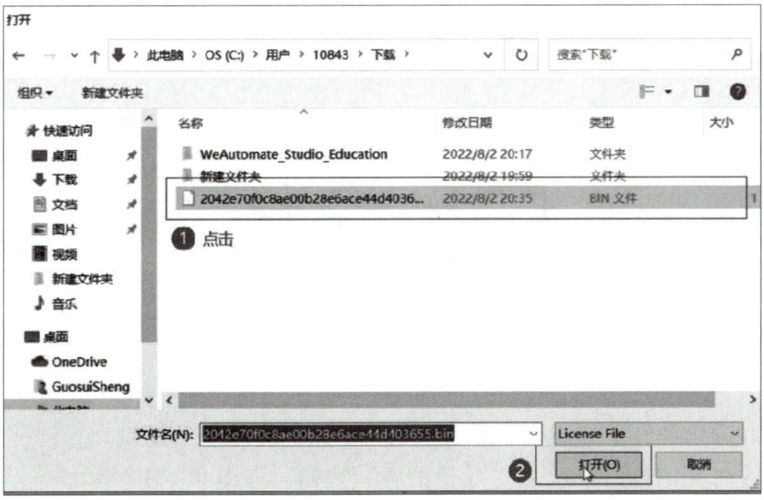

图 0－18　导入 BIN 文件 2

导入成功后的界面，如图 0－19 所示。

图 0－19　成功导入激活文件后

（4）打开谷歌浏览器扩展程序。

设计器激活后，我们还需要在谷歌浏览器（谷歌浏览器需要提前安装）中打开设计器程序的扩展。

打开扩展的方法是，第一步，打开谷歌浏览器，点击右上角“更多”菜单，如图 0－20 所示。

图 0－20　打开谷歌浏览器

第二步，在弹出的菜单中点击“扩展程序|管理扩展程序”按钮。

第三步，在打开的窗口中点击“打开扩展”按钮，如图 0－21 所示。

图 0－21　设置打开扩展

（5）完成以上步骤后，点击图 0－22 中的“运行”按钮，如果能运行成功，则表示设计器安装设置成功，可以使用了。

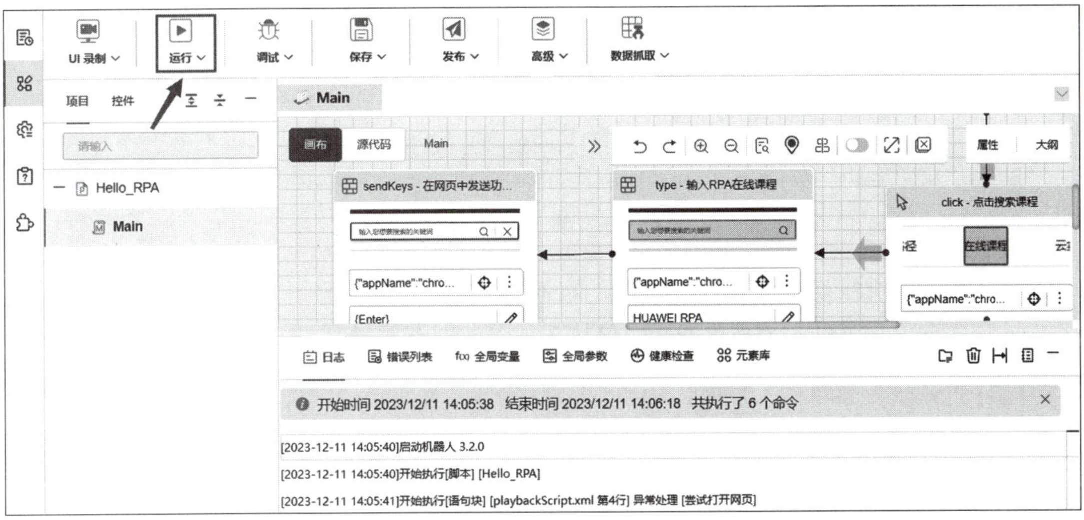

图 0－22　运行测试 RPA 流程成功

三、认识 WeAutomate 设计器

安装好设计器后，我们来了解 WeAutomate Studio 设计器的菜单和界面。

认识 WeAutomate 设计器

（一）认识界面

下面我们通过观察 WeAutomate Studio 界面了解其整体布局及主菜单的功能，请观察图 0－23。

（1）WeAutomate 界面的右上角是窗口控件菜单，按顺序从左到右的菜单功能是“最小化窗口”“最大化窗口/缩小窗口”以及“关闭窗口”。

（2）设计器的导航栏放在界面的最左侧，按顺序从上到下的菜单功能分别是“开始”“设计”“设置”“帮助”以及“扩展中心”。

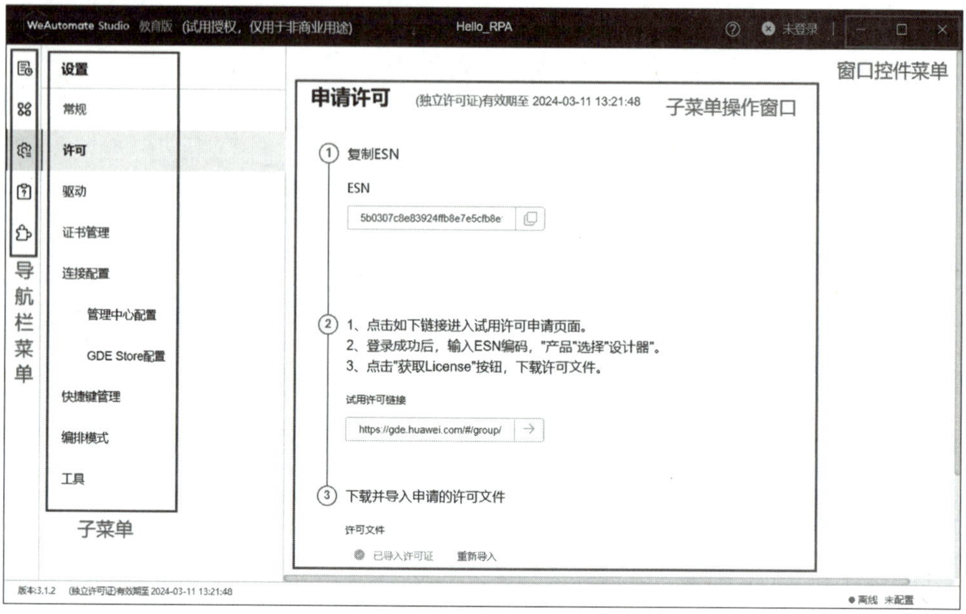

图 0－23　WeAutomate 界面

（3）点击导航栏菜单后子菜单在导航栏的右侧展开。

（4）点击子菜单后，子菜单的操作窗口在子菜单的右侧展开。

（二）"开始"菜单

"开始"菜单的主要功能是新建项目、打开项目、导入项目，最近编辑项目和从模板新建，如图 0－24 所示。

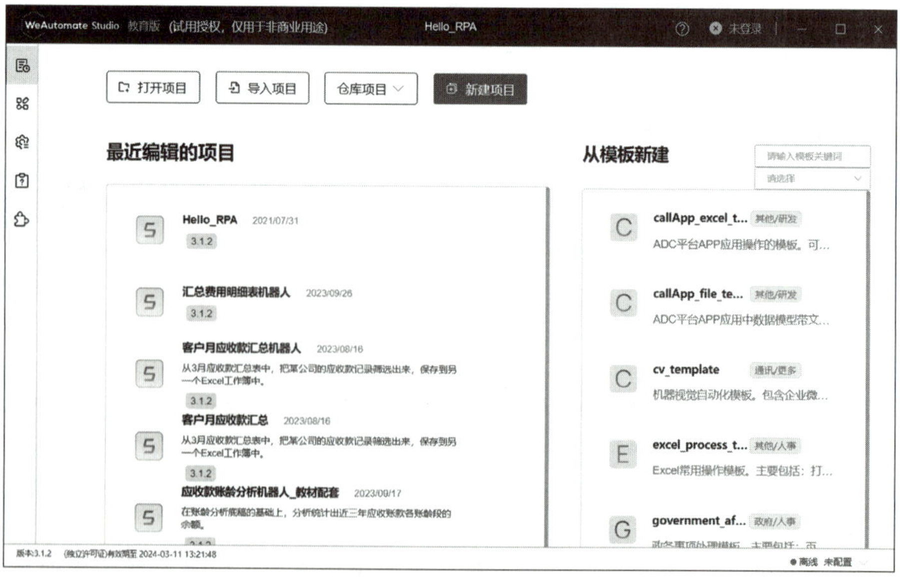

图 0－24　开始菜单

（1）点击“新建项目”按钮可以新建一个新的 RPA 流程项目文件，并存放到指定的位置。

（2）点击“打开项目”按钮可以打开一个已有的 RPA 流程项目文件。

（3）点击“导入项目”按钮可以导入一个已发布的 RPA 流程项目文件，只支持扩展名为 zip 或 gdk 的文件。

（4）“最近编辑的项目”区域显示最近编辑的项目清单，点击“项目”按钮可以打开该项目并直接在画布中编辑。

（5）“从模板新建”区域显示现有模板，用户可通过在现有模板的基础上进行修改的方式新建 RPA 流程项目。

（三）“设计”菜单

“设计”菜单的主要功能是工具栏、项目、控件、画面、源代码、控件属性、控件帮助等，如图 0－25 所示。

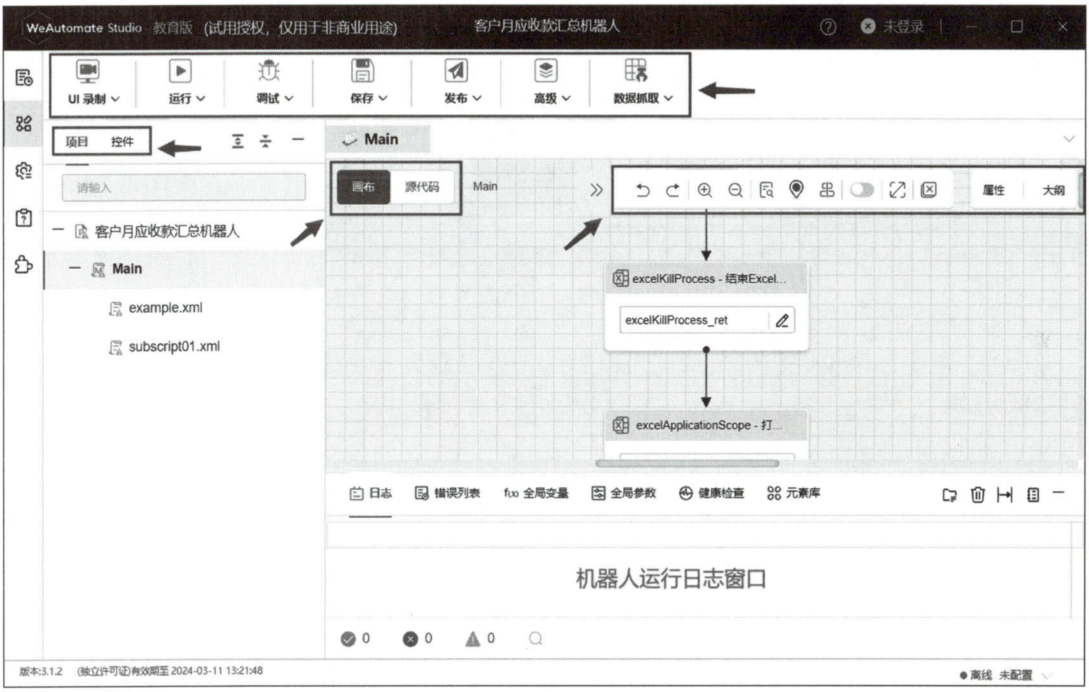

图 0－25 “设计”菜单

从“设计”菜单进入的界面是开发 RPA 机器人的主要使用界面，在画布区域搭建 RPA 机器人，并对 RPA 流程进行调试、保存、发布等。我们先来了解“设计”菜单界面的子菜单。

（1）“UI 录制”菜单集的作用是录制用户对 Web、桌面、应用程序等操作，并自动生成脚本。具体子菜单如图 0－26 所示。

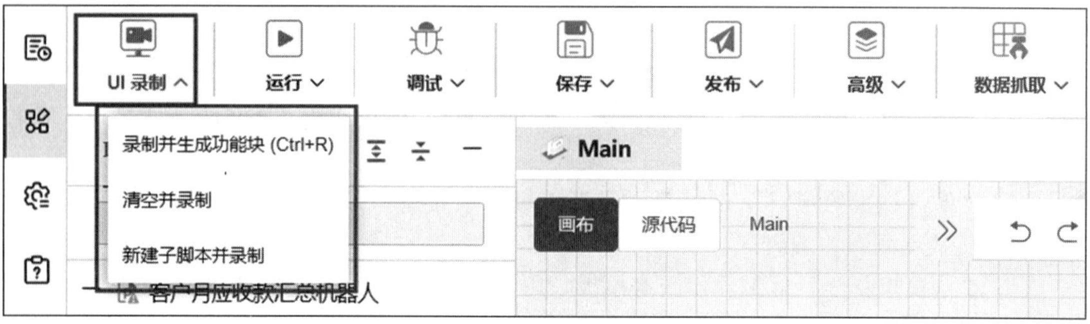

图 0-26 “UI 录制”菜单

（2）“运行”菜单集的作用是运行脚本或查看运行结果。具体子菜单如图 0-27 所示。

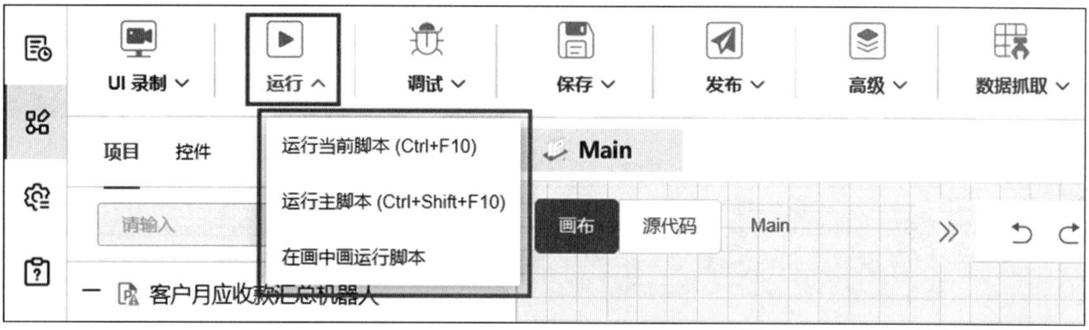

图 0-27 “运行”菜单

（3）“调试”菜单的作用是调试当前脚本，可以查看每步骤的结果。具体子菜单如图 0-28 所示。

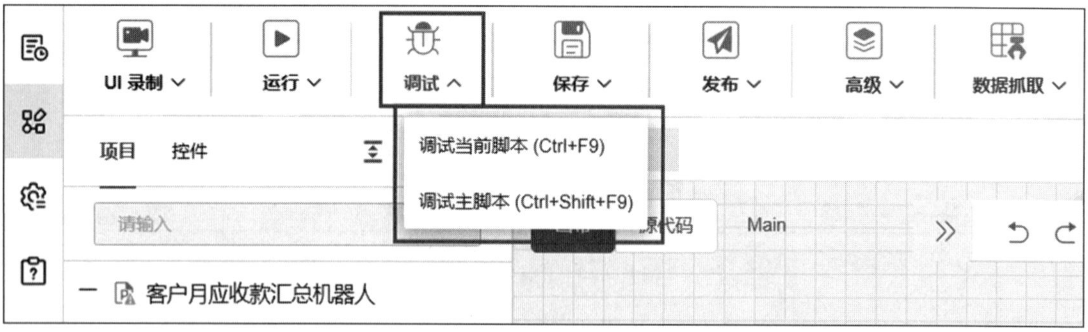

图 0-28 “调试”菜单

（4）“保存”菜单的作用是保存脚本文件，或者保存脚本时修改保存文件名或路径，或者将脚本保存为模板，以备重复使用。具体子菜单如图 0-29 所示。

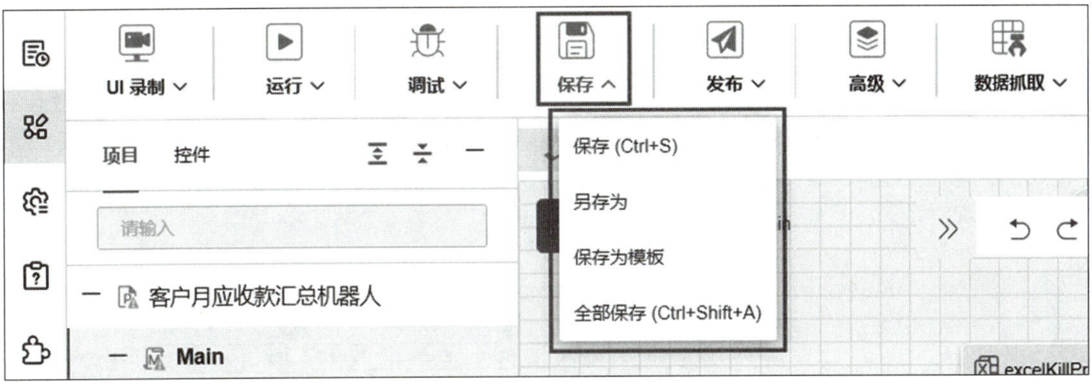

图 0-29 “保存”菜单

(5)“发布”菜单的作用是发布脚本文件以供其他用户或 RPA 流程使用，也可以查看发布记录。具体子菜单如图 0-30 所示。

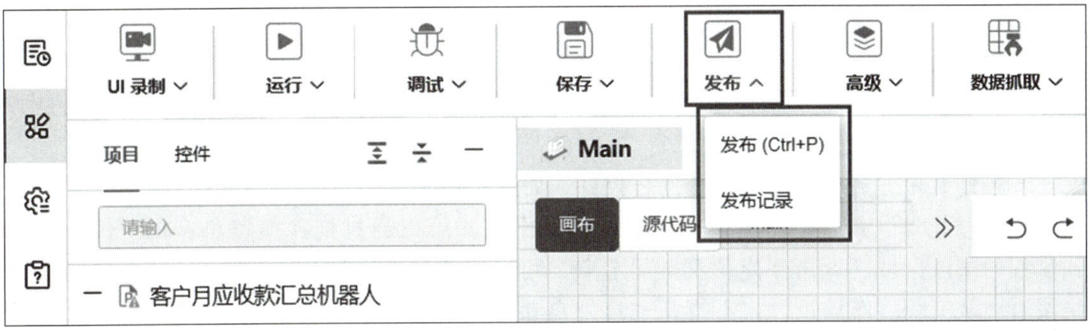

图 0-30 “发布”菜单

(6)“高级”菜单的作用是打开项目内搜索框，对项目流程进行健康检查，比如有哪些控件设计会为将来的维护带来困难等，还有就是检查脚本的完整性等，如图 0-31 所示。

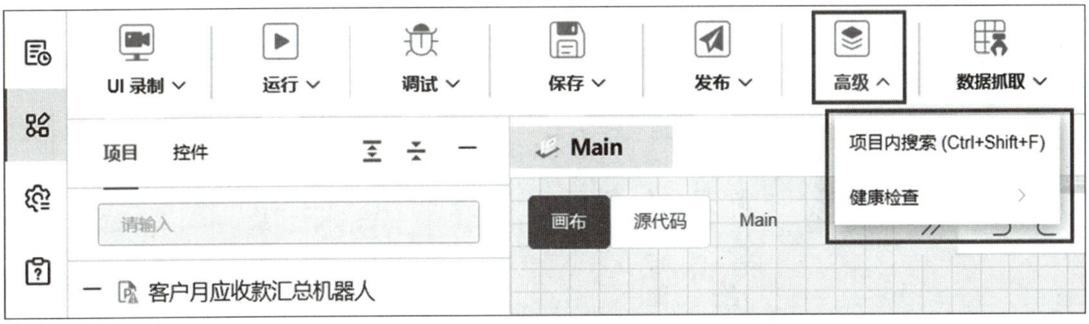

图 0-31 “高级”菜单

(7)接着，我们来了解“设计”菜单其他功能菜单，我们按图 0-32 的顺序来了解各区域键的作用。

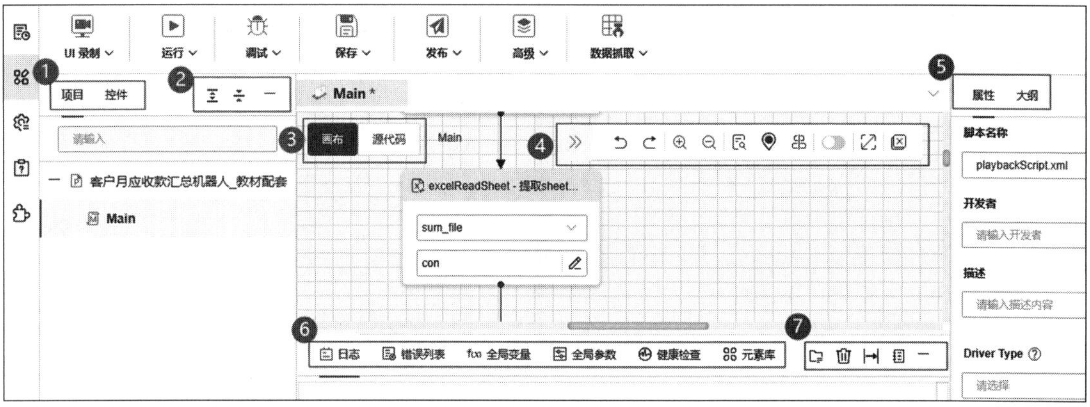

图 0－32 其他功能菜单

①“项目”区指向正在打开编辑的项目和项目保存路径，能折叠或展开当前项目的脚本。“控件”区排放了 Studio 支持的所有控件。

②从左到右的 3 个键的功能分别是“展开项目脚本”“折叠项目脚本”和“关闭项目/控件区域”。

③“画布”编辑功能是在编辑区以拖、拉控件的方式编辑流程，“源代码”功能是查看、编辑当前脚本的代码。

④控件菜单，各项功能均用于操作控件，如图 0－33 所示。

点击“概览”键可以看到整个流程的缩小图，并可以通过拖拽概览小窗口，快速定位到流程的某段区域。点击“定位到开始节点”可以定位到流程的开始位置。“自动布局”是指按直线从上而下布局控件。不打开“启用自动布局”可以自由布局控件。“收起侧边栏”指折叠或展开“项目/控件”区域。“清空”指当前脚本的全部控件。

⑤点击“属性”按钮将展开控件的属性编辑窗口。

⑥点击“日志”按钮可以显示脚本运行记录和定位到错误的控件、查看脚本中存在的“全局变量”“全局参数”和脚本“健康检查”结果。

⑦日志面板菜单，具体功能如图 0－34 所示。

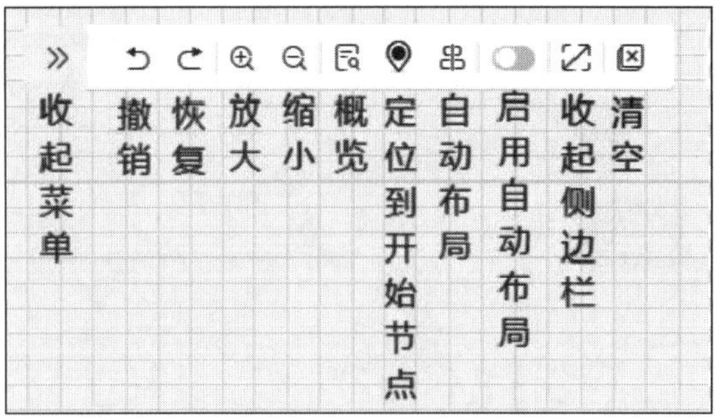

图 0－33 控件菜单

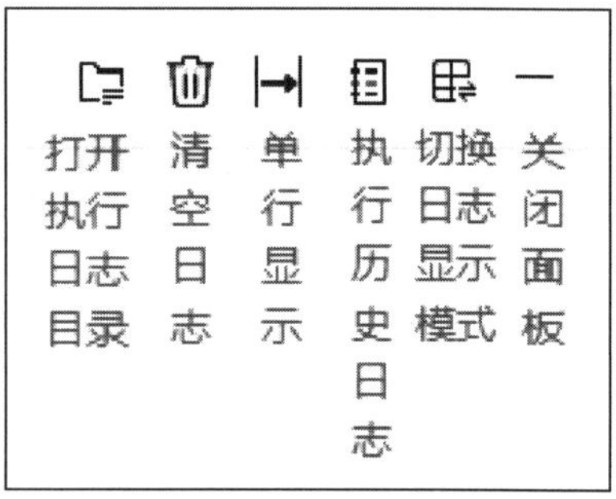

图 0－34 日志面板菜单

(四)“设置”菜单

“设置”菜单的主要功能是设置语言、项目默认保存路径、许可证、扩展驱动、快捷键等，如图 0-35 所示。

图 0-35 “设置”菜单

我们在安装设计器时，曾在“设置|许可”菜单中进行了设计器激活。在“设置|驱动”中导入 Web 驱动文件。

(五)“帮助”菜单

“帮助”菜单的主要功能是提供帮助文档，进入论坛、进入学院等，如图 0-36 所示。

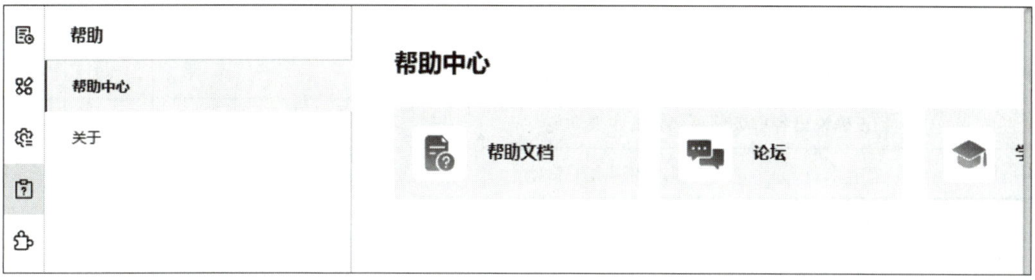

图 0-36 “帮助”菜单

(六)“扩展中心”菜单

“扩展中心”菜单的主要功能是设计器功能扩展的安装与管理等，目的是在 RPA 流程执行过程中与其他软件协同，如图 0－37 所示。

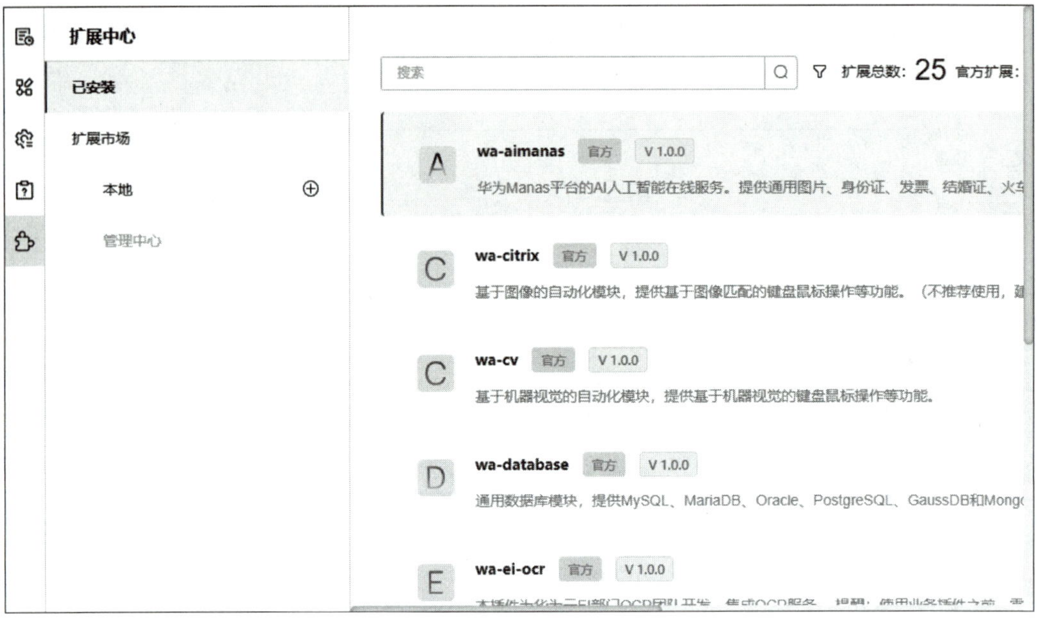

图 0－37 “扩展中心”菜单

考核与评价

考核的重点是理论知识的掌握水平、技术技能的应用水平以及职业素养水平，学习者可以从以上三个方面评价学习效果，具体评价项目及标准见表 0－2。

表 0－2　模块考核评价标准

考核项目	考核内容	配分	得分
理论知识水平	正确描述 WeAutomate 设计器界面中各部分的名称	5	
	正确说出各一级菜单的名称	5	
	正确说出各一级菜单包含的主要功能	20	
理论知识水平总分		30	
技术技能应用水平	正确下载 WeAutomate 设计器	15	
	正确安装 WeAutomate 设计器	15	
	正确设置 WeAutomate 设计器中的驱动程序	15	
技术技能应用水平总分		45	
职业素养水平	从搭建 RPA 开发环境过程认识 RPA 流程自动化，并能通过课外阅读加深对其在财务领域应用的理解	10	

续表

考核项目	考核内容	配分	得分
职业素养水平	工作过程中投入、积极、专注，能按时完成工作任务，做好工作笔记，有工作完成后归纳与反思的记录	5	
	积极探索多种 RPA 方案，并付诸实践，面对困难时主动通过各种途径探寻资料以解决问题	5	
	反复斟酌流程设计方案，在实践的过程中不断精进流程设计能力	5	
职业素养水平总分		25	
综合评价总分		100	

总结与提高

安装与配置的常见问题及解决方法。

常见问题一：Studio 安装失败。

这种情况，需检查当前登录系统的用户是否有安装权限，使用管理员权限启动安装，或者检查下系统是否安装 360 杀毒软件将 exe 程序杀掉。

常见问题二：Studio 安装成功后，运行失败或元素无法拾取。

这种情况，需检查 Chrome 浏览器中是否已有扩展程序并启动。若未安装或有错误提示，则需要重新添加扩展程序。

常见问题三：Studio 安装成功后，控件栏显示空白，设置中的插件没有自动安装。

这种情况，需检查 C 盘和安装路径所在磁盘剩余空间 >2G，以及安装时尽量使用英文安装路径。

以上具体操作及其他安装配置问题，可参考《RPA 常见安装配置问题及解决方案》（网址：https://bbs.huaweicloud.com/forum/thread-151140-1-1.html）

常见安装配置问题及解决方案

另外，可登录 Studio 后，在左侧导航栏帮助—帮助文档获取《Studio 操作指南》。

模块三　开发第一个 RPA 机器人

工作任务

机器人需要完成的工作是：从“3 月应收款汇总表.xlsx”中，把“东莞市科琳有限公司”的应收款记录筛选出来，保存到“3 月应收款汇总表 . xlsx”工作簿 Sheet2 工作表中。

工作任务如表 0 - 3 所示。

表 0 - 3　　工作任务卡

任务编号	2	任务名称	开发“客户月应收款汇总机器人”	工作区域	数字机器人实训中心
建议学时	2	参考文件或资料	WeAutomate 设计器中【消息窗口】、【打开 excel 文件】、【eval - 运行 python 表达式】、【打印】等控件的“帮助 - messageBox”		
德技兼修	(1) 接到任务时，先对任务进行整体分析，明确任务目的 (2) 基于数据源条件规划实施任务的路径 (3) 开发流程过程中遇到困难时主动寻求解决方法，耐心阅读方法说明与案例，如需求助于人时，先准备好咨询的问题，并准确、清晰地表达 (4) 检查任务成果时细致、认真、严谨，也可邀请别人一起检查 (5) 主动学习教材外的资源，了解 RPA + AI 应用于财务领域的案例，拓宽对 RPA + AI 应用的认知 (6) 养成勤学好问、勤于思考、诚恳待人、严谨细致的工作态度				
工作任务	(1) 开发“客户月应收款汇总机器人”流程 (2) 筛选结果后保存“3 月应收款汇总表 . xlsx”工作簿				

开发“客户月应收款汇总机器人”

一、绘制流程图

根据任务目的，我们先来梳理完成任务的人工流程图，如图 0 - 38 所示。

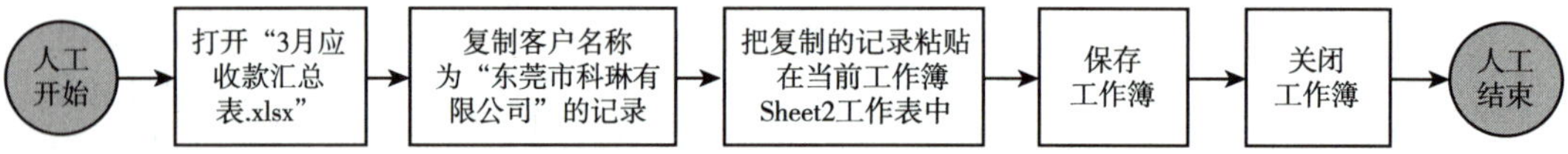

图 0 - 38　客户月应收款汇总流程图

接下来，请你先按人工操作的方式完成工作任务。

然后，使用 WeAutomate 设计器开发“客户月应收款汇总”机器人帮我们完成工作。

二、搭建机器人程序

搭建机器人项目程序

（一）新建项目

点击“开始|新建项目”按钮，如图 0 - 39 所示。

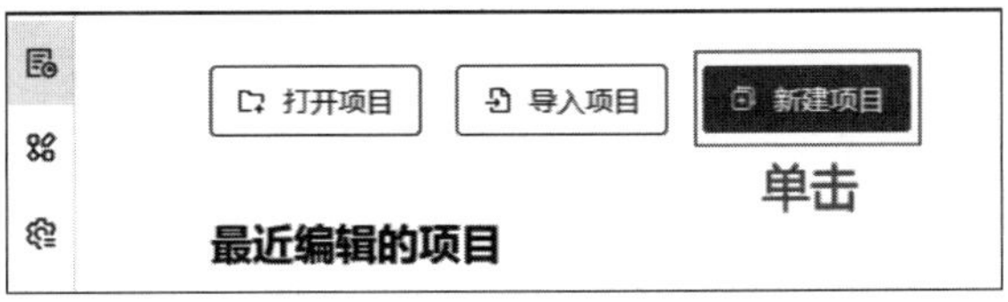

图 0 - 39　新建项目操作步骤 1

在弹出的“新建项目”对话框中输入项目名称：客户月应收款汇总机器人，选择保存路径并点击“创建”按钮，如图 0 - 40 所示。

图 0 - 40　新建项目操作步骤 2

【提示】

（1）项目名称应该以字母或中文开头，且只能包含中文、字母、数字和下划线（_），不能使用其他特殊字符，如星号（*）、斜杠（/）、井号（#）、冒号（:）、问号（?）等。

（2）在选择项目保存路径时，上级目录的名称也应该避免存在特殊字符。

（二）打开 Excel 工作簿

1. 添加【结束 Excel 进程】控件

用 RPA 打开 Excel 文件的操作与人工有所不同的是，需要在打开 Excel 文件前，先强制结束当前计算机的 Excel 进程，以确保顺利打开 Excel 文件，原因我们将在项目一了解。

在画布面板中，将鼠标移入“开始”流程的任意节点，单击左键，从弹出的窗口搜索栏中输入“结束”二字，在列出的控件列表中选择【结束 Excel 进程】控件，如图 0 - 41 所示。

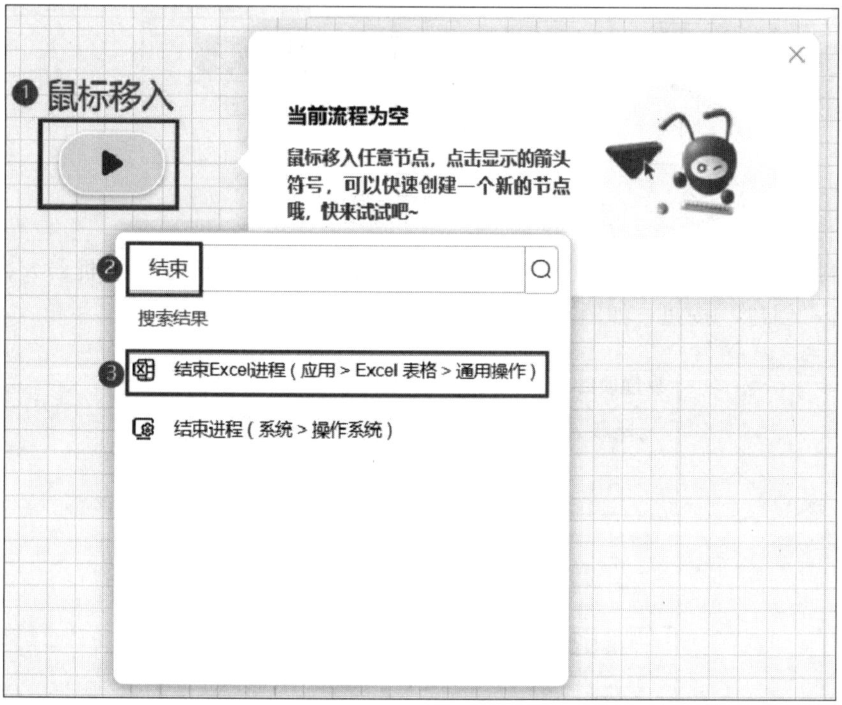

图 0－41　添加【结束 Excel 进程】控件

添加控件后的结果如图 0－42 所示。

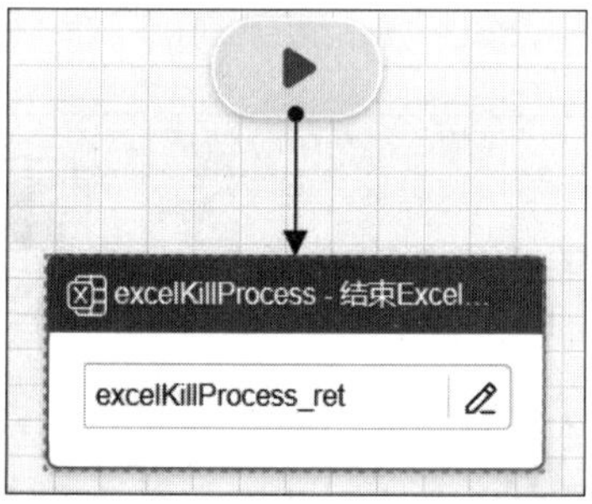

图 0－42　添加【结束 Excel 进程】控件后

2. 添加【打开 excel 文件】控件

使用上一步的方法，搜索【打开 excel 文件】控件并添加到【结束 Excel 进程】控件后面，结果如图 0－43 所示。

这时，我们看到当前选定的控件右上角出现“三角形＋叹号”的提示符，表示该控件缺乏必要的参数，我们可以在控件中灰色字提示的空白处填写必要参数，也可以在“属性”栏填写及设置更多的参数，如图 0－44 所示。

参数填写的方法有多种，比如填写“Excel 文件路径”参数可以直接在对应的方框内填写路径，也可以点击“文件夹打开”图标直接选择目标文件“3 月应收款汇总表－素材”。

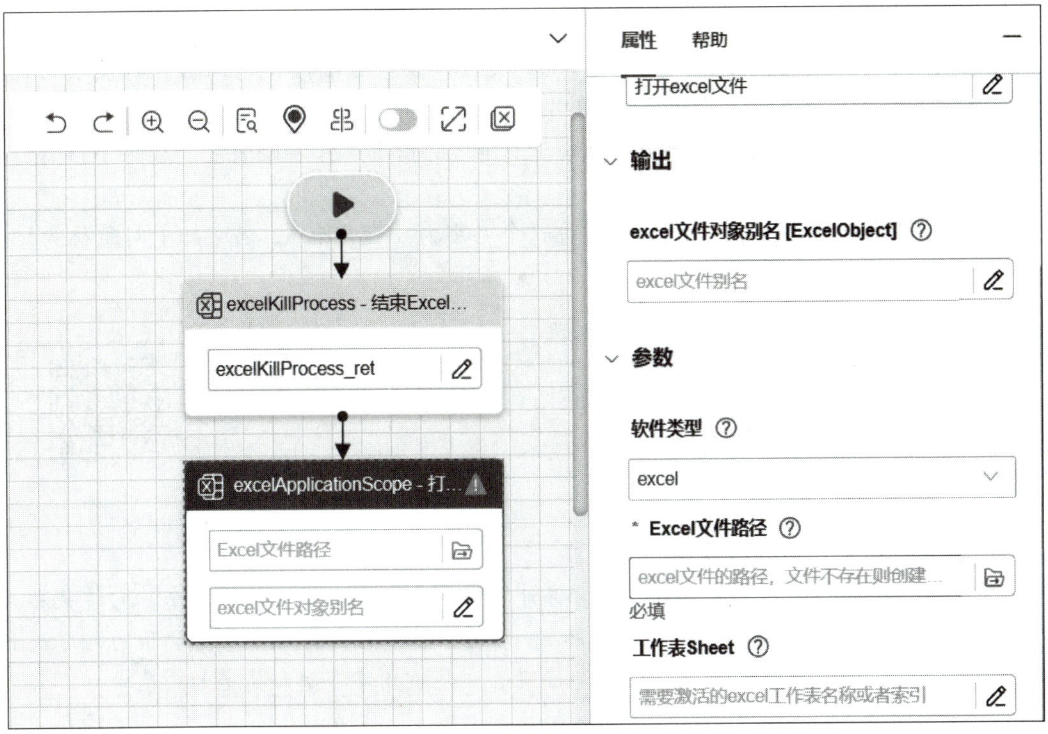

图 0－43 添加【打开 excel 文件】控件后

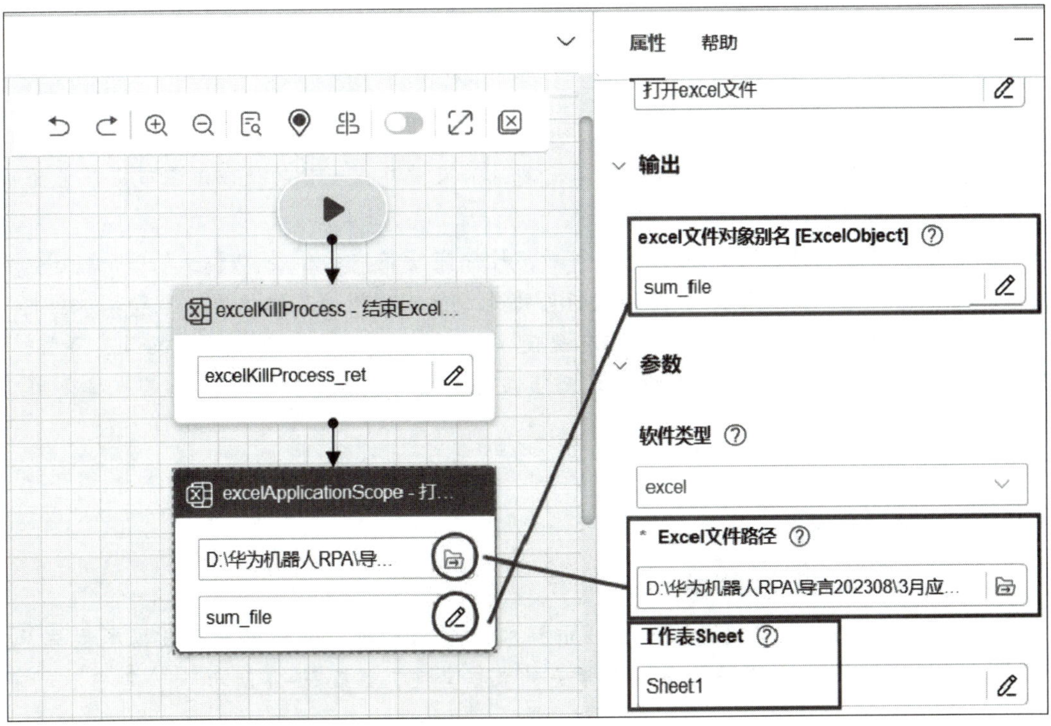

图 0－44 设置【打开 excel 文件】控件的参数

“excel 文件对象别名”是指给打开的文件起一个名字，在此 RPA 流程中，“sum_file”指代使用【打开 excel 文件】控件打开的 Excel 文件，设置方法同样有两种，直接填写在空白方框中，或点击“编辑笔”图标，在弹出的窗口中填写文件别名。

“工作表 Sheet”参数用于设置打开 Excel 工作簿的指定工作表的表名，如果不设置，则默认打开当前活动工作表。

对于给指定的对象起名字，我们通常称这个名字为“变量名”，名字加上对象称为“变量”，什么是变量呢？如下所示：

变量

一、变量的含义、命名和使用

1. 变量的含义、命名和使用

变量来源于数字，是计算机语言中储存计算结果或能表示值的抽象概念，它常被称为“盒子”，而变量名常被称为盒子的“标签”，知道了盒子的标签就可以对盒子的内容进行访问、提取、处理等，所以在流程中变量扮演着重要的数据存储和传递的角色。

2. 变量的命名

变量名称只能包含字母、数字与下划线。

变量名不能使用中文，也不能包括空格和特殊符号。例如，“x m”“x * m”“x#”这些变量名是不正确的变量名。

虽然变量名可以包含数字，但不能用数字开头。例如，“name1”是正确的变量名，但“1name”是不正确的变量名。

3. 变量的使用

在一个脚本文件中，变量名称一般不重复，如果重复，变量的值以流程节点最末的控件获取的值为此变量的值。

变量起名应遵循见名知意的原则。例如，控件变量获取的值是“本金”，那么变量名为本金的英文单词“principal”，这样做的目的是方便流程阅读及维护。

在使用控件的大多数情况下，引用或使用变量时，正确的语法是：@{变量名}。如果在 python 表达式中运用到变量，则无须在变量名外包裹“@{}”，而是直接使用变量名。

二、变量的数据类型

因为 WeAutomate 设计器是基于 Python 语言开发的，所以设计器中的数据类型与 Python 语言中的一样，我们先来了解一些常见的数据类型，如表 0-4 所示。

表 0－4　　常见数据类型表

常见数据类型	含义	示例
string/str(字符串)	一串文本	"客户月应收款汇总机器人"
int(整数)	整数	1、321
float(浮点数)	小数	3.0、7.12
list(列表)	一系列元素的集合，元素不限类型	["理财"，3，3.6]
dict(字典)	由键值对组成的一系列元素的集合	{"principal"：50000，"rate"：0.023}
Boolean(布尔)	True 值和 False 值	1 >2(返回 False)
DataFrame(表格)	二维数据结构，具有行和列的属性	数据结构跟 Excel 表格一样
Object(对象)	通用型，可以指任何对象	

变量本身没有类型，变量的类型是由变量的值决定的，如果变量值是字符串类型，那么这个变量就是字符串类型。

（三）获取数据源并创建用于储存筛选结果的变量

1. 添加【提取 sheet 内容】控件

通过【提取 sheet 内容】控件获取文件的所有内容，然后根据筛选条件在这些内容中筛选出目标内容。添加控件及参数设置如图 0－45 所示。

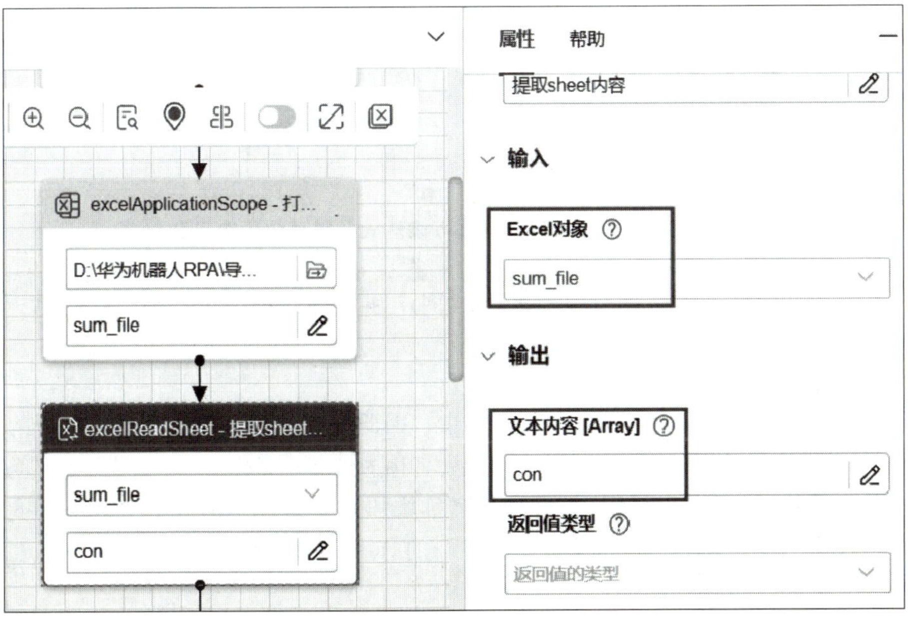

图 0－45　添加【提取 sheet 内容】控件及参数设置

参数“Excel 对象”用于设置提取内容的工作簿对象。“文本内容”参数用于设置提取的文本所存储的变量名称，所以设置了参数后整个控件的作用是从“sum_file”Excel 文件中提取 Sheet1 工作表（默认）的所有内容，并保存到变量 con 中。

2. 添加【运行 python 表达式】控件

筛选出来的数据要先保存在列表中，然后把列表内容写入 Excel 工作表中，所以这里需要一个容器——列表。

通过添加【运行 python 表达式】控件创建空列表，如图 0-46 所示。

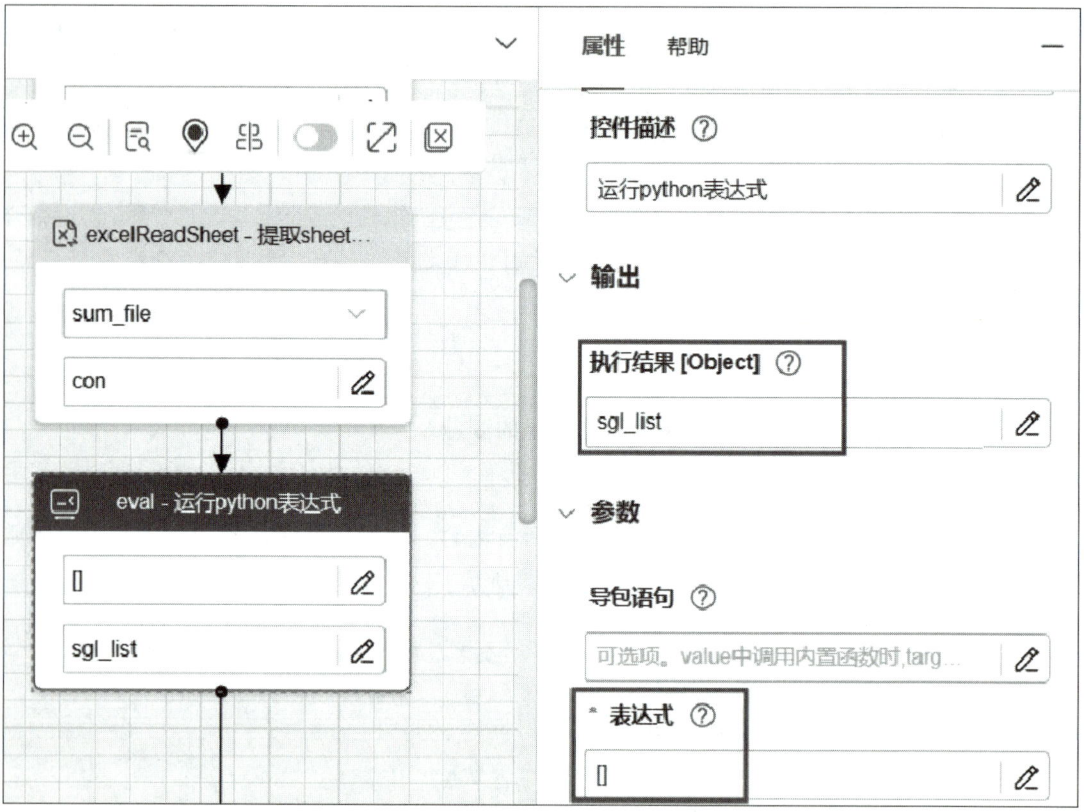

图 0-46　添加【运行 python 表达式】控件创建空列表

设置参数后的控件的作用是创建变量 sgl_list，变量 sgl_list 的值为空列表“[ ]”，等同于 Python 语句：sgl_list = [ ]。

3. 添加列名称到变量 sgl_list 中

任务要求把筛选结果保存到 Excel 工作表中，因此先把表格的列名称添加到列表 sgl_list 中，通过观察数据源表格（见图 0-47），发现列名称为“客户名称”“订单号”和“应收款”。

通过添加【执行 python 语句】控件把列名称增加到变量 sgl_list 中，如图 0-48 所示。

Python 语句“sgl_list.append(con [0])”的作用是把变量 con 的第一个元素（con [0]）通过列表方法 append 添加到变量 sgl_list 中。

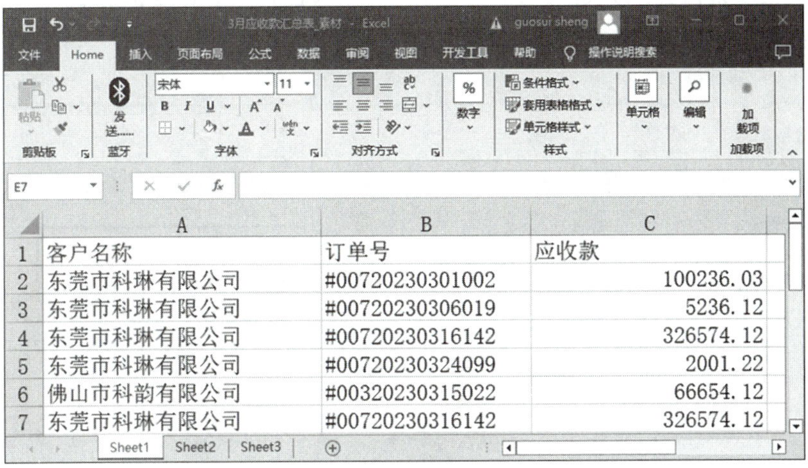

图 0－47　数据源表格

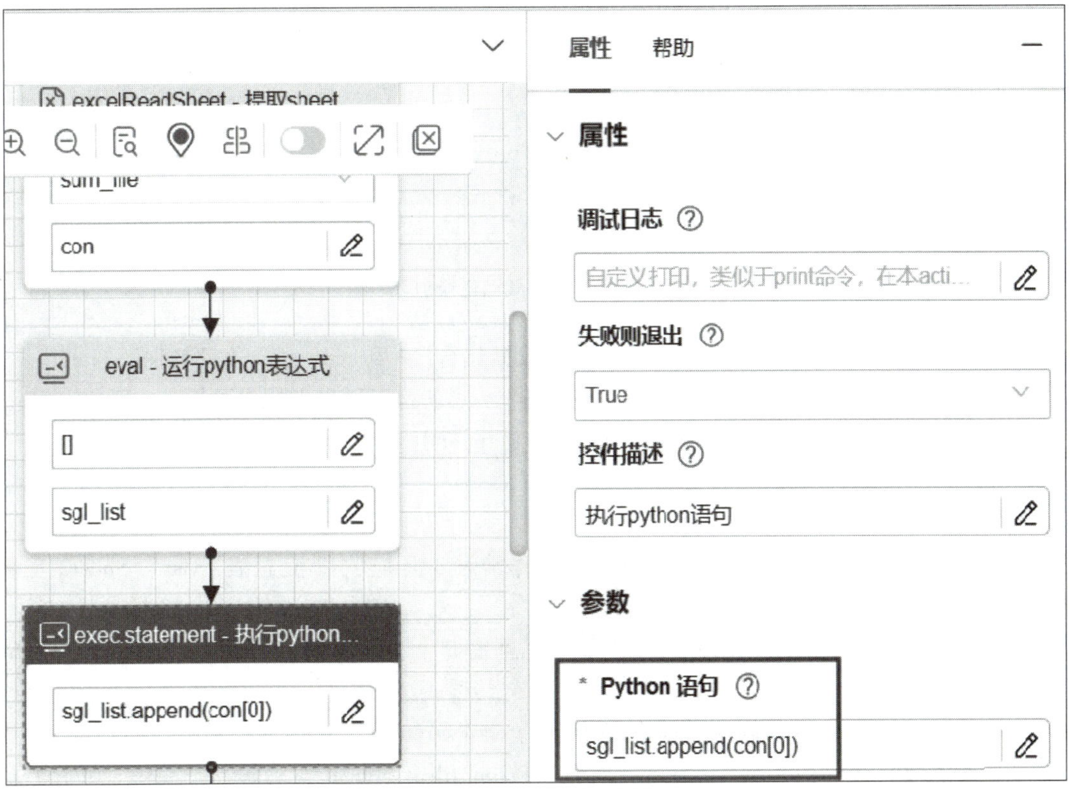

图 0－48　添加控件【执行 python 语句】

（四）筛选目标记录

筛选目标记录的思路是逐条提取记录，在提取的记录中判断第一个元素是否为“东莞市科琳有限公司”，如果是，把该条记录添加到变量 sgl_list 中，否则不作任务处理。这个过程通过添加 3 个控件完成，分别是【For(遍历/计次循环)】、【if(条件判断)】、【执行 python 语句】，如图 0-49 所示。

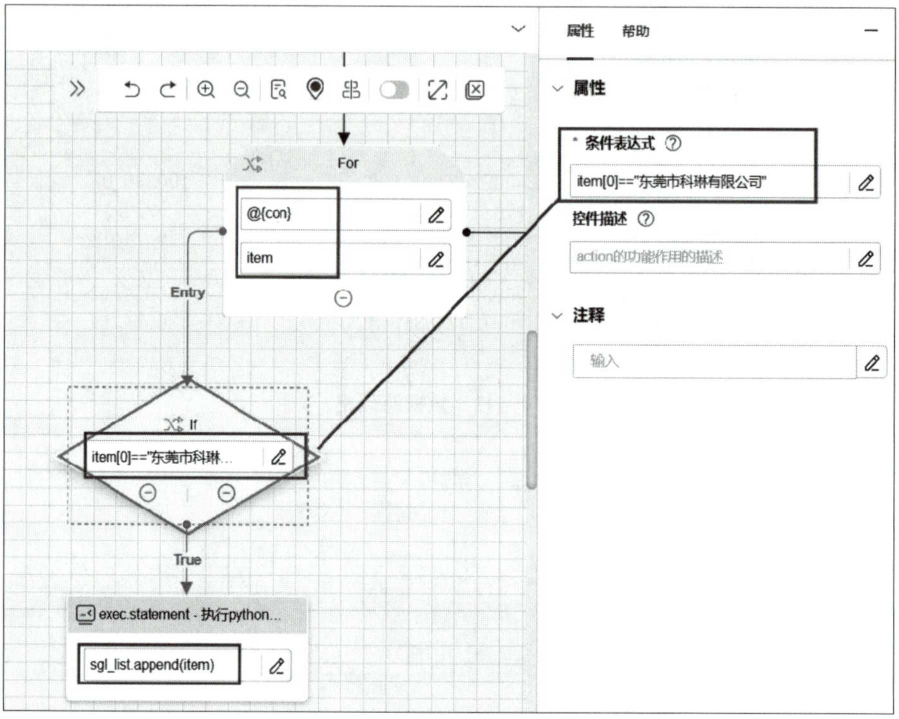

图 0-49　筛选目标记录流程

【For(遍历/计次循环)】控件的参数为“数据集合”：@{con}；“条目名称”：item。

【if】控件的参数为“条件表达式”：item[0]=="东莞市科琳有限公司"。

【执行 python 表达式】控件的参数为 sgl_list. append(item)。

(五) 保存目标记录

目标记录被筛选出来后，将写入 Excel 工作簿“3 月应收款汇总表 . xlsx” Sheet2 工作表中。

这个过程通过 2 个控件完成，分别是【消息窗口】和【写入区域】，流程如图 0-50 所示。

【消息窗口】控件的参数为“消息框内容”：@{sgl_list}。作用是查看筛选的数据。

【写入区域】控件的参数为“Excel 对象”：sum_file；“Sheet 页名称”：Sheet2；“起始位置”：A1：Y1000；“数据”：@{sgl_list}。此控件的作用是把变量 sgl_list 的内容写入 sum_file 工作簿 Sheet2 工作表的 A1 至 Y1000 区域的单元格中，如果内容区域少于 A1 至 Y1000 区域，没有内容的单元格为空。

(六) 保存并关闭 Excel 工作簿

数据写入工作表后，必须执行工作簿“保存”命令，才能让工作簿的内容更新。

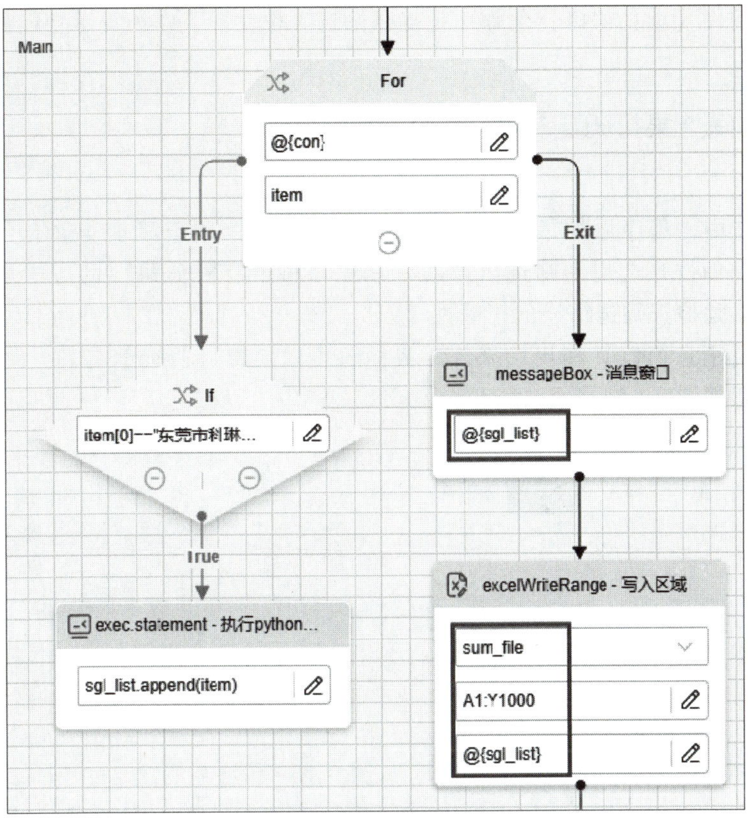

图 0－50　保存目标记录流程

这个过程通过 3 个控件完成，分别是【保存工作簿】、【关闭工作簿】和【消息窗口】控件，如图 0－51 所示。

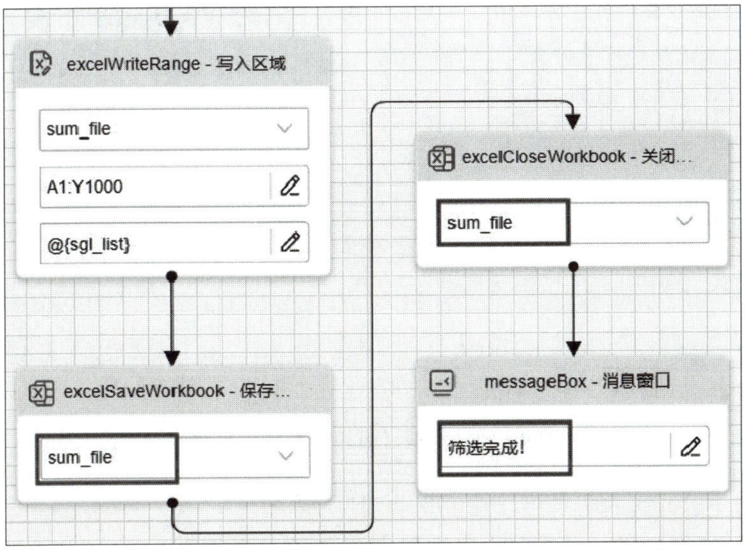

图 0－51　保存并关闭 Excel 工作簿

最后一个控件【消息窗口】的作用是提示筛选工作完成，作为提示功能使用。

三、将中间结果打印到文件中

机器人项目程序的其他操作

在图 0－52 中，程序添加了一个【消息窗口】控件，用于显示变量 sgl_list 的内容，即按筛选规则筛选出来的“东莞市科琳有限公司”的应收款记录，目的是检查筛选结果的正确性。

除了使用【消息窗口】输出结果外，我们还可以使用【打印】控件输出结果，流程如图 0－52 所示。

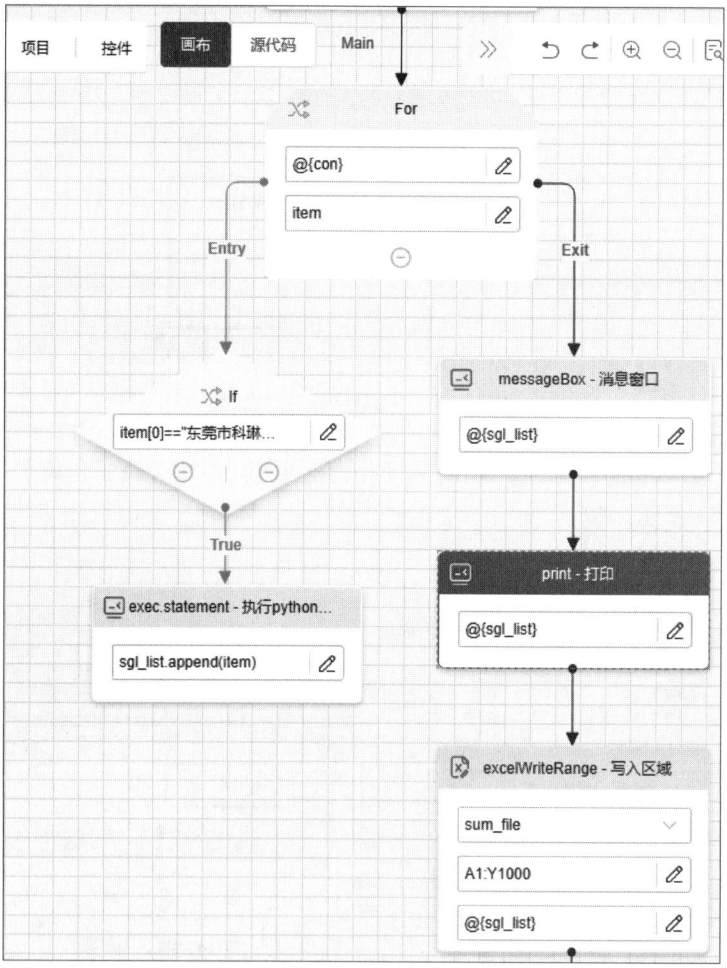

图 0－52　添加【打印】控件的流程

【打印】控件运行后的结果可以在哪里查看呢？

当【打印】控件运行时，打印内容被保存到“项目文件夹\output 文件夹\print. log”文件中，显然这不是我们平时工作常用的 Word 格式文件或 Excel 格式文件，而是一个日志文件，所谓日志（Log）是指系统所指定对象的某些操作和其操作结果按时间有序的集合，在这里就是将【打印】控件的运行结果记录起来。运行结果如图 0－53 所示。

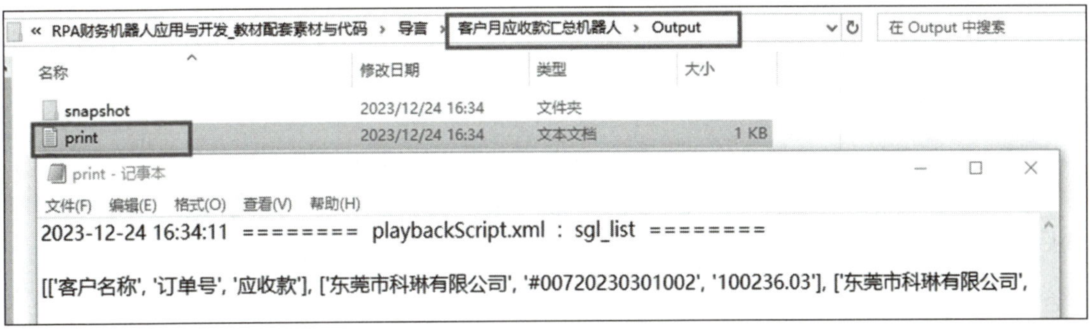

图 0－53　print. log 文件的内容

【提示】【打印】控件用于脚本的调试，所谓调试是指运行 RPA 流程以观察运行结果是否正确，运行过程是否有误。使用【打印】控件既输出了某一控件（或变量）执行的结果，又不影响流程的正常执行，是调试流程过程中一个很好的观察结果的方法。

四、调试运行程序

机器人程序搭建好之后，对程序进行调试运行，以观察程序是否能正确运行并得到正确的结果，方法是点击“设计|运行”菜单，当程序运行时，画布的下方会出现运行日志，如图 0－54 所示，日志的作用是反馈程序运行情况，帮助设计者发现出错点。

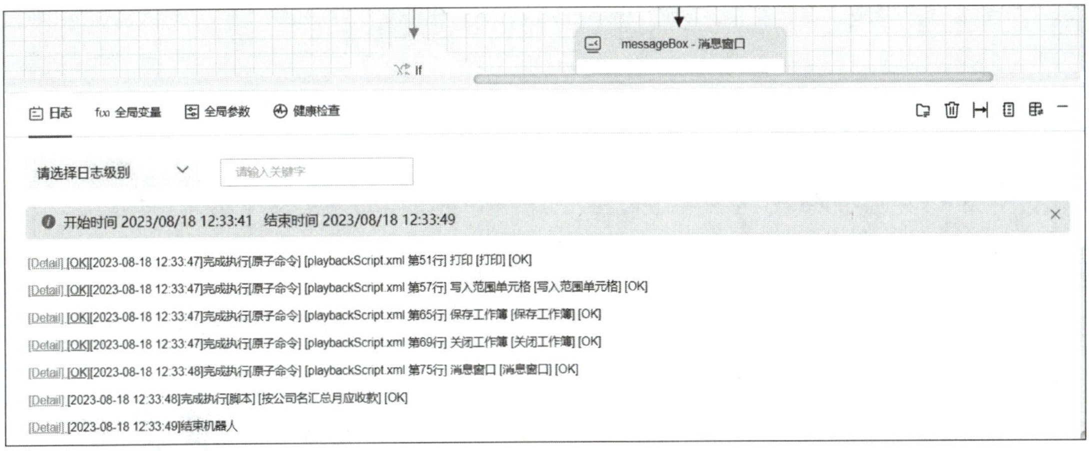

图 0－54　机器人运行日志

如果出现红字“［NOK］”则表示此处有错，用户点击红字“［NOK］”，设计器会马上定位在有错误的第一个控件上。

五、发布机器人及将项目保存为模板

（一）发布机器人

将“客户月应收款汇总机器人”脚本发布，以供其他用户或 RPA 流程使用。

单击菜单“发布|发布”，在弹出的“发布”对话框中选择机器人程序文件的保存路径，然后单击“发布”按钮，如图 0－55 所示。

图 0－55　发布客户月应收款汇总机器人

运行结果是在指定路径生成“客户月应收款汇总机器人_1.0.3”压缩文件，如图 0－56 所示。文件名中的“1.0.3”编号会随程序发布次数的不同而不同。

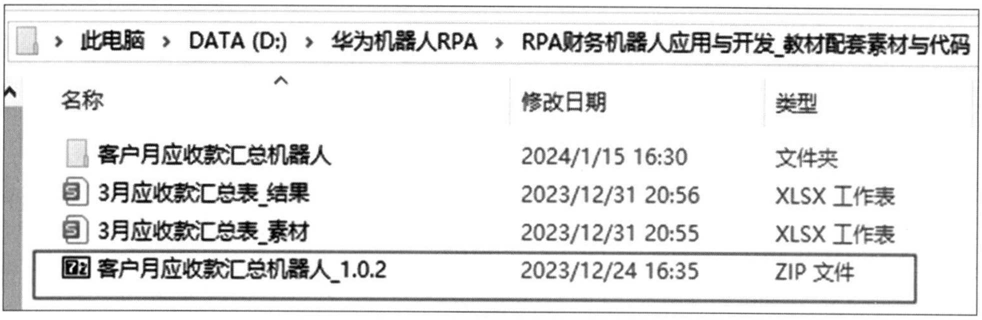

图 0－56　发布结果文件

（二）导入项目

如果收到别人发布出来的项目，可以通过“导入”的方式导入到设计器进行编辑。将上一步发布的“客户月应收款汇总机器人_1.0.3”项目导入。

点击设计器中的“开始”菜单，单击“导入项目”按钮，在弹出的窗口中点击“项目包”中的“文件夹打开”按钮，选择需要导入的项目压缩包；点击“保存路径”中的“文件夹打开”按钮，为导入的项目选择保存的路径，如图 0－57 所示。

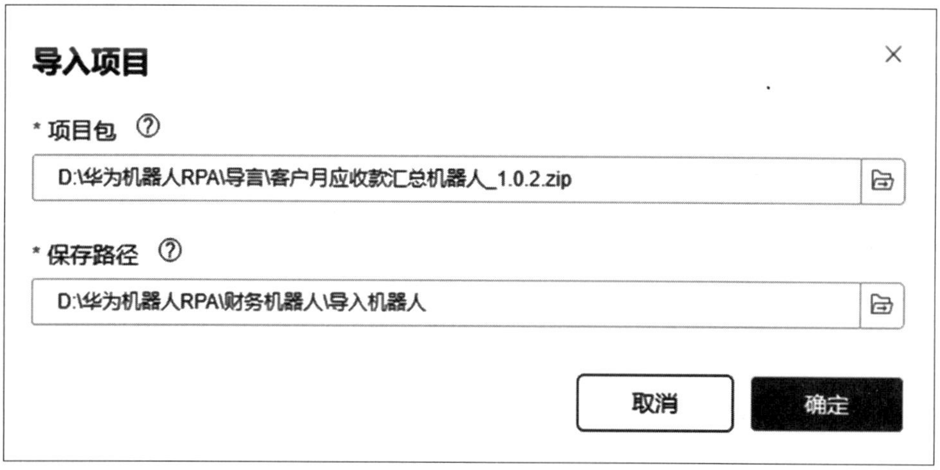

图 0－57　“导入项目”对话框

（三）保存为模板

如果某些流程项目经常需要使用，或者只需要进行少量修改就可以使用的流程项目，可以保存为模板，以便将来的使用。

单击“保存|保存为模板”按钮，在弹出的对话框中输入相关信息，单击“创建”按钮，如图 0－58 所示。

模板创建后，单击“开始”菜单，在“从模板新建”右侧的搜索栏输入“应收款”，则看见“客户应收款明细汇总”模板。直接点击该模板，可以创建该 RPA 流程，如图 0－59 所示。

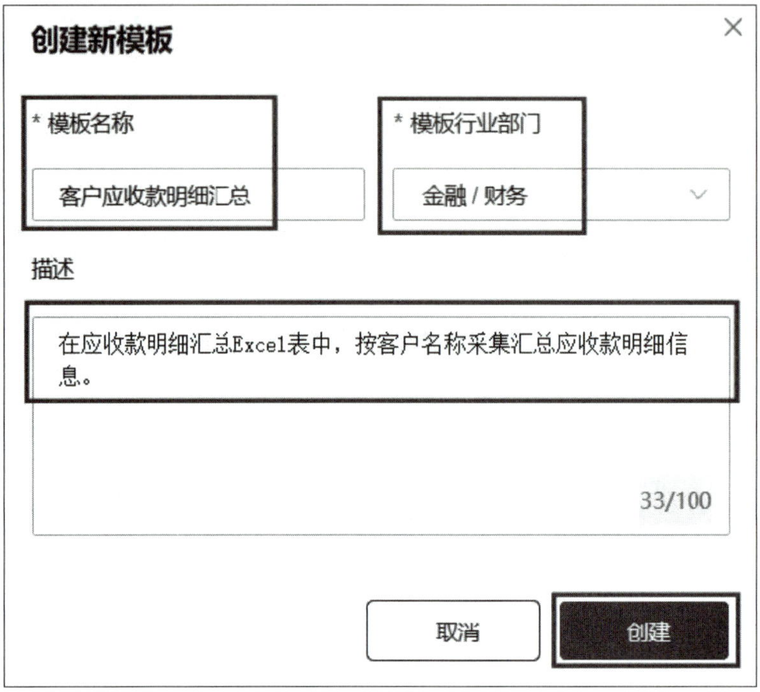

图 0－58　创建新模板

图 0－59　客户应收款明细汇总机器人模板

考核与评价

考核的重点是理论知识的掌握水平、技术技能的应用水平以及职业素养水平，学习者可以从以上 3 个方面评价学习效果，具体评价项目及标准如表 0－5 所示。

表 0－5 模块考核评价标准

考核项目	考核内容	配分	得分
理论知识水平	正确描述客户月应收款汇总机器人的流程	10	
	正确描述与解释使用的控件的属性与参数	10	
	能选择正确的控件	10	
理论知识水平总分		30	
技术技能应用水平	正确新建项目、保存项目、将项目保存为模板、发布项目	5	
	正确创建脚本、修改脚本名称	15	
	在 RPA 流程中正确添加和使用控件，正确设置控件的参数	15	
	应用设计的客户月应收款汇总机器人得到正确的结果	10	
技术技能应用水平总分		45	
职业素养水平	能归纳、总结一个 RPA 项目创建的步骤	5	
	根据业务流程的变化提出变更与改善流程的方案	5	
	工作过程中投入、积极、专注，能按时完成工作任务，做好工作笔记，有工作完成后归纳与反思的记录	5	
	积极探索多种 RPA 方案，并付诸实践，面对困难时主动通过各种途径探寻资料以解决问题	5	
	反复斟酌流程设计方案，在实践的过程中不断精进流程设计能力	5	
职业素养水平总分		25	
综合评价总分		100	

总结与提高

（1）通过开发“客户月应收款汇总机器人”我们知道，使用 WeAutomate Studio 开发 RPA 流程的重点是学会使用控件和设计流程。

（2）控件使用的重点是：

①知道用什么控件实现功能需求，即能熟练使用 WeAutomate Studio 开发 RPA 流程的前提是熟悉控件的功能。例如，希望打开 Excel 工作簿，可以使用【打开 excel 文件】控件。

②知道如何设置控件参数，控件参数的设置令控件功能个性化，例如【消息窗口】控件，参数不同，输出的提示语就不同，虽然都是消息提醒，却实现了有不同提示语的功能。

设计流程即设计按什么顺序执行什么控件，能达到让程序自动完成指定工作的过程。所以学习开发 RPA 机器人的路径首先是先熟悉控件，其次是学习设计流程，再次是学习优化流程，最后是在工作中挖掘 RPA 应用场景，为企业降本增效。

数字赋能

党的二十大报告提出，“建设现代化产业体系”“坚持把发展经济的着力点放在实体经济上”“加快发展数字经济，促进数字经济和实体经济深度融合，打造具有国际竞争力的数字产业集群”。习近平总书记在二十届中央财经委员会第一次会议上强调，加快建设以实体经济为支撑的现代化产业体系，关系我们在未来发展和国际竞争中赢得战略主动。我们要深入学习领会习近平总书记关于促进数字经济和实体经济融合发展的重要论述，全面贯彻落实党的二十大精神，大力推动数字经济和实体经济深度融合，加快建设制造强国和网络强国，着力建设以实体经济为支撑的现代化产业体系，为全面建设社会主义现代化国家提供有力支撑。

实战演练

一、不定项选择题

1. 以下对“Robotic Process Automation”的解释正确的是（　　）。

A. Robotic Process Automation 简称 RPA

B. Robotic Process Automation 指机器人流程自动化

C. Robotic Process Automation 是一种软件程序

D. 企业实施的 RPA 项目更多的是通用的 RPA 产品

2. 财务机器人对财会行业带来的机会与挑战包括但不限于（　　）。

A. 大量取代会计核算职能

B. 引发会计行业人才结构变化

C. 引发企业信息安全风险

D. 会计行业可能产生新的工作岗位

3. RPA 的技术特点是（　　）。

A. 遵循明确规则

B. 模拟人工操作

C. 非侵入式

D. 擅长进行数据分析

4. 在华为 WeAutomate 设计器画布中，增加控件的方法有（　　）。

A. 在画布区域点击某控件的箭头键，在弹出的搜索窗口中输入关键字，在搜索结果中选择目标控件

B. 在项目/控件面板中查找，然后拖拽到画布区域

C. 在属性面板中查找，然后拖拽到画布区域

D. 在日志面板中查找，然后拖拽到画布区域

5. 如何激活华为 WeAutomate 设计器？以下说法正确的是（　　）。

A. 用 Uniporta 账号登录 WeAutomate 设计器即可激活

B. 在“设置|许可”菜单中进行激活

C. 激活时需要导入 BIN 许可证文件

D. 激活后可以长期使用

二、实训题

请你跟随教材的操作步骤，完成“客户月应收款汇总机器人”，并进行调试。

导言
实训题素材

项目1
费用管理机器人

学习目标

知识学习目标：

1. 描述汇总费用明细表、撷取付款申请表数据、网银付款业务人工处理流程。
2. 根据人工处理流程各环节，选择正确的控件。
3. 解释处理 Excel 工作簿及单元格相关控件的关键参数。

技能训练目标：

1. 设计汇总费用明细表机器人、撷取付款申请表数据机器人、网银付款业务机器人流程方案。
2. 在机器人流程中正确使用控件。
3. 正确设置控件的参数。
4. 调试与修改流程至流程运行结果正确。

素养养成目标：

1. 根据费用管理的工作场景梳理业务流程，依托 RPA 提出优化方案，提升工作效率。
2. 养成善于思考、勇于探索的职业习惯。
3. 坚持精益求精的职业态度。

项目任务

本项目完成的目标：

1. 设计开发出“汇总费用明细表机器人”。
2. 设计开发出“撷取付款申请表数据机器人”。
3. 设计开发出“网银付款业务机器人”。

完成以上工作任务应提交的标志性成果：

1. 汇总费用明细表机器人程序文件及“1. 正保集团（管理费用）明细汇总主表 . xlsx”文件。

2. 撷取付款申请表数据机器人程序文件及“付款申请汇总主表 . xlsx”文件。

3. 网银付款业务机器人程序文件。

项目导图

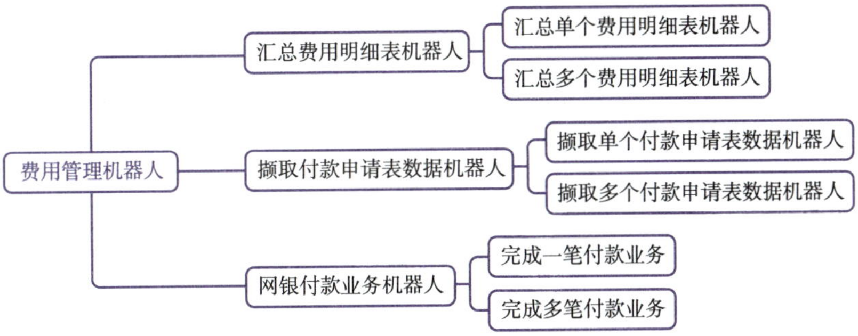

业务场景

月末，正保集团公司的财务人员有3项常规工作，分别是：

(1) 根据子公司提交的费用明细表（见图1－1），把费用明细表中除标题外的数据汇总到集团公司的费用汇总表（见图1－2）中。

	A	B	C	D	E	F	G	H	I	J	K
1	北京网中网科技有限公司（管理费用）明细表①										
2	公司名称	期间	管理费用合计	职工薪酬	折旧摊销	办公费	审计咨询	修理费	差旅费	保险费	其他
3	北京网中网科技有限公司	2023-01-31	81989.00	46950.00	0.00	2862.00	25000.00	0.00	6849.00	0.00	328.00
4											

图1－1　费用明细表

	A	B	C	D	E	F	G	H	I	J	K
1	正保集团（管理费用）明细汇总主表										
2	公司名称	期间	管理费用合计	职工薪酬	折旧摊销	办公费	审计咨询	修理费	差旅费	保险费	其他
3	中华会计网校	2023/1/31	107509.00	66549.00	21465.00	6351.00	3650.00	1800.00	4653.00	2518.00	523.00
4	北京网中网科技有限公司	2023/1/31	81989.00	46950.00	0.00	2862.00	25000.00	0.00	6849.00	0.00	328.00
5	厦门网中网软件有限公司	2023/1/31	53599.00	36851.00	0.00	3387.00	0.00	2392.00	10548.00	0.00	421.00
6	正保会计教育科技有限公司	2023/1/31	77073.00	62693.00	0.00	2516.00	0.00	2323.00	8421.00	0.00	1120.00
7	正保远见有限公司	2023/1/31	43805.00	31785.00	0.00	2664.00	2500.00	0.00	6241.00	0.00	615.00

图1－2　费用汇总表

① 本教材表中金额单位为元。

（2）将预算内常规付款申请工作簿（见图1－3）的指定数据汇总到付款申请汇总主表（见图1－4）中。

（3）将网中网贸易有限公司一批预算内常规付款申请工作簿（见图1－3）中的付款信息逐笔录入到网银系统中，完成付款业务。

	A	B
1	预算内常规付款申请	
2	申请日期：2023-06-11	
3	审批编码	202306111359000763297
4	申请人	叶广淮
5	申请部门	采购部
6	申请人职位	普通员工
7	付款公司	北京加旺电器有限公司
8	付款类型	加工费
9	付款方式	银行转账
10	收款人	北京成海喷塑加工有限公司
11	开户行	招商银行北京海淀支行
12	银行账号	110010104001305864392
13	付款总额（元）	200000
14	支付截止日期	2023-06-17
15	付款原因及说明	加工费
16	备注	
17	附件	发票.pdf
18	审批流程	已同意 2023-06-12 12:12:49
19		已同意 2023-06-12 12:25:10
20		已同意 2023-06-12 15:09:51
21		已同意 2023-06-12 15:34:26
22		已同意 2023-06-16 10:04:59

审批通过

图1－3　预算内常规付款申请工作簿

	A	B	C	D	E	F
1	付款申请汇总主表					
2	开户行	收款人	银行账号	付款总额	付款原因及说明	
3						
4						
5						

图1－4　付款申请汇总主表

请你与企业财务人员一起，研究以上业务流程，挖掘业务流程自动化机会，并尝试用WeAutomate Studio设计器开发完成这些任务的机器人，具体任务如下：

（1）为了提高费用数据汇总的准确性和效率，开发汇总费用明细表机器人。

（2）为了提高常规付款申请数据汇总的准确性和效率，开发撷取付款申请表数据机器人。

（3）为了提高网银支付的准确性和效率，开发网银付款业务机器人。

模块一　汇总费用明细表机器人

工作任务

将正保集团公司中所有子公司的管理费用明细表中的数据汇总到“1. 正保集团（管理费用）明细汇总主表 . xlsx”文件中。

工作任务如表 1－1 所示。

汇总费用明细表工作任务介绍

表 1－1　　工作任务卡

任务编号	3	任务名称	开发“汇总费用明细表机器人”	工作区域	数字机器人实训中心
建议学时	2～3	参考文件或资料	（1）WeAutomate 设计器中【文件选择框】、【文件夹选择框】、【读取区域】、【写入区域】、【结束 Excel 进程】、【打开 excel 文件】等本模块应用控件的“帮助－messageBox” （2）阅读 Python 语言中关于 golb. golb( ) 方法的说明		
德技兼修	（1）接到任务时，先对任务进行整体分析，明确任务目的 （2）基于数据源条件规划实施任务的路径 （3）开发流程过程中遇到困难时主动寻求解决方法，耐心阅读方法说明与案例，如需求助于人时，先准备好咨询的问题，并准确、清晰地表达 （4）检查任务成果时细致、认真、严谨，也可邀请别人一起检查 （5）主动学习教材外的资源，了解 RPA＋AI 应用于财务领域的案例，拓宽对 RPA＋AI 应用的认知 （6）养成勤学好问、勤于思考、诚恳待人、严谨细致的工作态度				
工作任务	（1）开发“汇总费用明细表机器人”流程 （2）应用“汇总费用明细表机器人”实现任务目的				

流程穿越

请你跟随教材的指引，通过人工操作计算机完成汇总费用明细表的工作任务。

我们将数据材料存放的文件称为源文件，即各子公司的管理费用明细表，将数据汇总后的文件称为目标文件，即明细汇总主表。

将源文件中指定工作表的数据汇总到目标文件中的工作流程是：

（1）打开存储源文件的文件夹。

（2）打开源文件，找到工作表，找到需要汇总的单元格数据，选择单元格区域，执行复制命令，关闭源工作簿。

汇总费用明细表流程穿越

（3）打开目标文件，点击汇总单元格区域的起始单元格，执行粘贴命令。

（4）重复1～3步操作直至所有源文件指定数据全部被复制、粘贴到目标文件中。

（5）保存目标文件并关闭目标文件。

以上流程如图1－5所示。

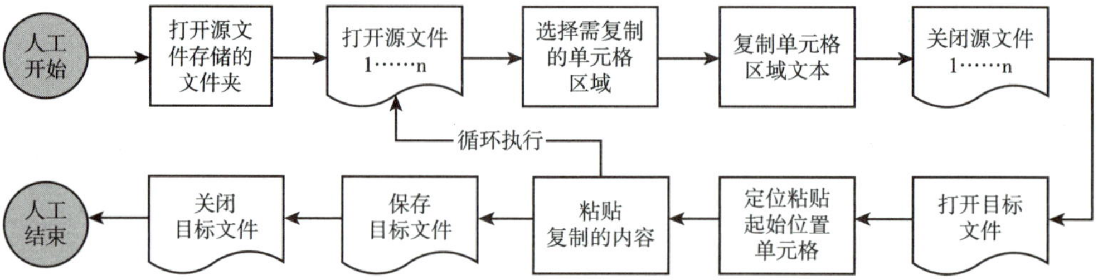

图1－5　汇总费用明细表业务流程穿越图

流程穿越[①]是流程自动化开发人员开发机器人的前提与基础，其核心是站在业务流程执行者的角度获得执行流程的真实体验，因为只有清楚地知道业务执行的人工流程，才能设计出符合此业务流程需求的RPA程序。同时，在流程穿越时细化执行步骤，并做好详细的记录，往往能帮助开发人员发现流程中的自动化机会，判断此流程是否具有自动化的价值，从而更好地标准化、优化业务流程，达到降本增效的目的。

因此，流程穿越是开发机器人过程中基础的、必须的、重要的步骤，请务必认真完成，并随时记下疑问与灵感，如表1－2所示。

表1－2　汇总费用明细表业务流程穿越记录表

执行步骤名称	此执行步骤的疑问	疑问的解决	自动化机会
例：打开源Excel工作簿	工作簿名称是否规范？	标准化工作簿文件名，文件名命名规则：公司名（管理费用）明细表.xlsx	可实现
……			

开发“汇总费用明细表机器人”

一、汇总单个费用明细表机器人

汇总单个费用明细表流程设计

1. 设计流程

现在来设计汇总单个费用明细表机器人。

① 流程穿越是让企业各级管理人员以及业务流程的制定者、管理者、支持者等与流程密切相关却并不直接执行流程的人员，以普通客户或流程执行者的角色到客户接触面以及生产一线进行现场体验，获得对管理水平和流程现状的真实体验，发现问题并解决问题的一套行之有效的工作方法。

首先，整理流程设计思路：

(1) 流程第一部分，获取源文件和目标文件路径信息，以便后续流程直接使用这些路径打开文件。

(2) 流程第二部分，复制费用数据，即源文件指定区域的信息。

(3) 流程第三部分，粘贴费用数据到目标文件，即把复制来的数据粘贴到汇总表文件的指定区域。

其次，根据思路绘制机器人程序的流程图，如图1-6所示。

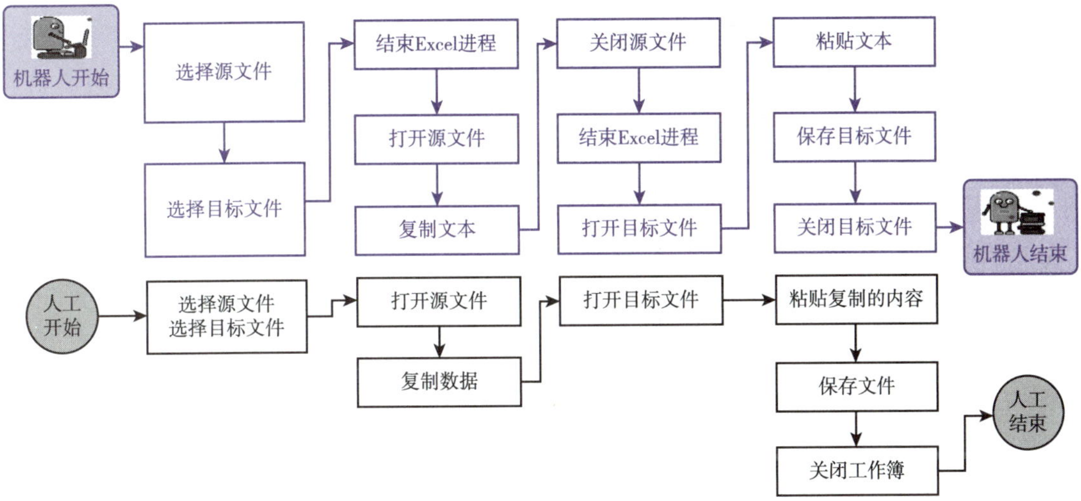

图1-6 汇总单个费用明细表机器人流程图

2. 创建新脚本

新建项目“汇总费用明细表机器人”，并在项目中创建“汇总单个费用明细表机器人”脚本。

3. 获取源文件及目标文件路径

搭建流程的第一部分：获取源文件及目标文件路径。

使用【文件选择框】控件引导用户选择源文件，这样做可以令开发的机器人完成任意Excel工作簿数据的汇总工作，扩展机器人程序的适用性，同时，使机器人具有更好的交互性，提升用户的体验感。

具体流程及控件属性设置，如表1-3所示。

表1-3 “汇总单个费用明细表机器人——获取源文件及目标文件路径”流程

序号	流程步骤	控件名称	属性	属性设置	说明
0	开始	【开始】	—	—	—
1	选择源文件	【文件选择框】	表单数据［String］	sor_fil_path	变量sor_fil_path存储源文件路径，即费用明细表文件存放的路径
			文件选择框名称	请选择费用信息存放的源文件	引导用户选择费用明细文件，这是流程的源文件

续表

序号	流程步骤	控件名称	属性	属性设置	说明
2	选择目标文件	【文件选择框】	表单数据［String］	obj_fil_path	变量 obj_fil_path 存储目标文件的路径，即汇总表文件路径
			文件选择框名称	请选择汇总费用信息的目标文件	引导用户选择汇总数据存放的目标文件

【流程设计说明】

（1）将存放费用信息的源文件路径保存在变量"sor_fil_path"中，作为"复制费用数据"流程中【打开 excel 文件】控件的参数。

（2）将汇总数据存放的目标文件路径保存在变量"obj_fil_path"中，作为"粘贴费用数据到目标文件"流程中【打开 excel 文件】控件的参数。

【流程运行结果】

流程运行结果是弹出"文件选择"窗口，如图 1－7 所示。点击"打开文件夹"按钮。

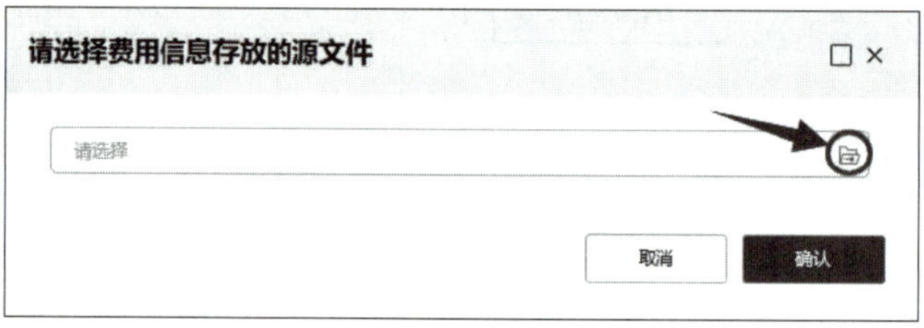

图 1－7　文件选择窗口

弹出"打开"窗口供用户选择文件，如图 1－8 所示。

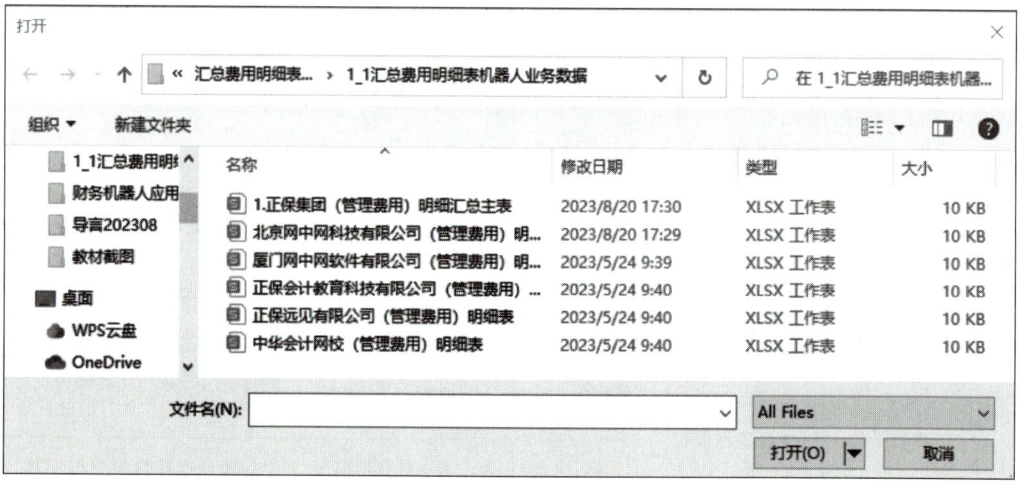

图 1－8　选择源文件的窗口

4. 复制费用数据

流程第一部分搭建完成后，搭建流程的第二部分，复制费用明细工作簿中的费用数据，在这里，我们复制“北京网中网科技有限公司（管理费用）明细表.xlsx”文件中的费用数据。

具体流程及控件属性设置如表1-4所示。

表1-4　“汇总单个费用明细表机器人——复制费用数据”流程

在“汇总单个费用明细表机器人——获取源文件及目标文件路径”流程（表1-3）下继续搭建					
序号	流程步骤	控件名称	属性	属性设置	说明
3	结束 Excel 进程	【结束 Excel 进程】	—	—	
4	打开源文件	【打开 excel 文件】	excel 文件路径	@{sor_fil_path}	根据源工作簿路径打开文件
			excel 文件对象别名［ExcelObject］	sor_fil	变量 sor_fil 是按 sor_fil_path 路径打开文件的别名，即“北京网中网科技有限公司（管理费用）明细表.xlsx”文件的别名
5	复制文本	【读取区域】	Excel 对象	sor_fil	设置复制文本的文件对象为 sor_fil
			区域	A3：Y3	指定复制费用数据的单元格区域，适当扩大获取区域以扩展机器人功能的适用性
			文本内容［Array］	sor_fil_rs	设置将北京网中网科技有限公司的费用数据保存在变量 sor_fil_rs 中
6	关闭源文件	【关闭工作簿】	Excel 对象	sor_fil	关闭源文件工作簿
7	观察复制的文本内容	【消息窗口】	消息框内容	@{sor_fil_rs}	此控件为非必要添加控件，作用是观察复制的文本内容是否正确

【流程设计说明】

（1）结束 Excel 进程是指结束计算机当前的 Excel 程序进程。

进程是正在运行的程序的实例（an instance of a computer program that is being executed）。程序是一个没有生命的实体，只有处理器赋予程序生命时，即操作系统执行程序时，它才能成为一个活动的实体，我们称之为进程。

在 Windows 操作系统中同时点击键盘中的“CTRL”+“ALT”+“DEL”键，在出现的菜单中单击“任务管理器”按钮，可以打开“任务管理器”窗口，如图1-9所示，查看、冻结或结束计算机当前的进程。在使用 RPA 机器人进行 Excel 表处理前，结束 Excel 进程，是为了避免 RPA 执行过程中可能出现的进程冲突，使 RPA 机器人的工作能顺利进行。

（2）获取 Excel 工作表中的部分数据，可以使用【读取区域】控件，在【读取区域】控件“单元格位置”参数设置时，可以根据数据的实际区域填写。如希望在图1-1所示的表格中提取第二和第三行数据时，填写参数“A2：K3”，如果希望同时获取表的名称［北京

图 1－9　任务管理器窗口

网中网科技有限公司（管理费用）明细表]，可以填写参数“A1：K3”。如果将来提取数据表格的数据从 1 行变成 50 行甚至更多，那么“单元格位置”参数就需要修改了，为了应对提取表格数据量的变化，可以适当扩大提取区域的范围，如设置参数“A1：Y1000”，以提高 RPA 机器人的复用度与灵活性。

（3）将读取区域的内容保存在变量“sor_fil_rs”中，作为“粘贴费用数据到目标文件”流程中【写入区域】控件的参数。

【流程运行结果】

流程运行结果是获得源文件的第 3 行数据，保存到变量“sor_fil_rs”中，并弹出“消息窗口”如图 1－10 所示。

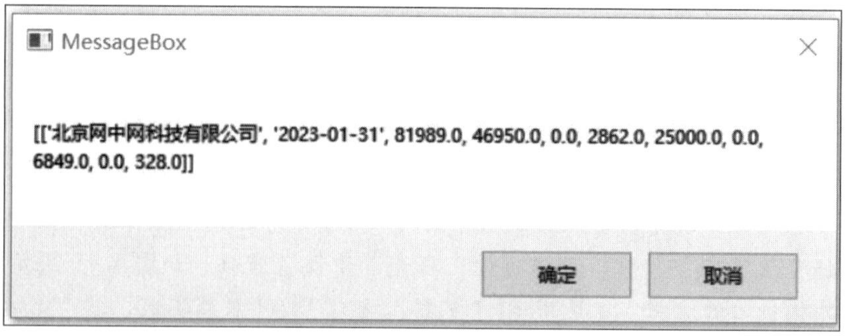

图 1－10　复制的文本内容

如果希望检查流程关键部分的运行结果是否正确，可以通过增加【消息窗口】控件，输出此部分流程结果来检查，比如，希望检查是否获取了正确的文本，则可以在序号 6【关闭工作簿】控件后增加【消息窗口】控件，设置“消息框内容”参数为：@{sor_fil_rs}。然后再次运行机器人，从弹出的消息窗口中了解读取的文本是否正确。这种通过增加【消息窗口】控件检查流程中间结果的方法是常用的调试机器人的方法。

5. 粘贴费用数据到目标文件

流程的第二部分搭建完成后，搭建流程的第三部分，粘贴费用数据到目标文件，在这里，我们把数据粘贴到“1. 正保集团（管理费用）明细汇总主表.xlsx”工作簿中。

具体流程及控件属性设置如表1－5所示。

表1－5　“汇总单个费用明细表机器人——粘贴费用数据到目标文件”流程

在“汇总单个费用明细表机器人——复制费用数据”流程（表1－4）下继续搭建

序号	流程步骤	控件名称	属性	属性设置	说明
8	结束Excel进程	【结束Excel进程】	—	—	
9	打开目标文件	【打开excel文件】	Excel文件路径	@{obj_fil_path}	根据变量obj_fil_path存储的路径打开文件
			excel文件对象别名[ExcelObject]	obj_fil	变量obj_fil是“1. 正保集团（管理费用）明细汇总主表.xlsx”工作簿的别名
10	粘贴文本	【写入区域】	Excel对象	obj_fil	设置数据粘贴的文件对象为obj_fil
			起始位置	A3:Y3	设置复制的费用数据写入的单元格区域为A3:Y3，适当扩大获取区域可扩展机器人的适用性
			数据	@{sor_fil_rs}	设置写入的内容是复制来的费用数据，即变量sor_fil_rs
11	保存目标文件	【保存工作簿】	Excel对象	obj_fil	保存目标文件obj_fil
12	关闭目标文件	【关闭工作簿】	Excel对象	obj_fil	关闭目标文件obj_fil

【流程设计说明】

（1）把获取的数据写入新工作簿指定范围单元格，是另一个新的Excel工作簿操作流程的开始。

（2）把获取的数据写入新工作簿指定范围单元格，是通过添加【写入区域】控件来实现的。通过设置此控件的3个参数：Excel对象、写入内容和目标范围，实现在某个Excel工作表把某个内容写入某单元格区域的流程。

6. 调试机器人

点击“保存”菜单，保存当前项目，点击“运行”菜单调试“汇总单个费用明细表机器人”程序，机器人运行时会弹出选择源文件的窗口和选择目标文件的窗口，请正确选择源文件为“北京网中网科技有限公司（管理费用）明细表.xlsx”文件，目标文件为“1. 正保集团（管理费用）明细汇总主表.xlsx”文件。

程序运行正常的情况下，打开“1. 正保集团（管理费用）明细汇总主表 . xlsx”文件，查看数据汇总结果。

正确的数据汇总结果如图 1－11 所示。

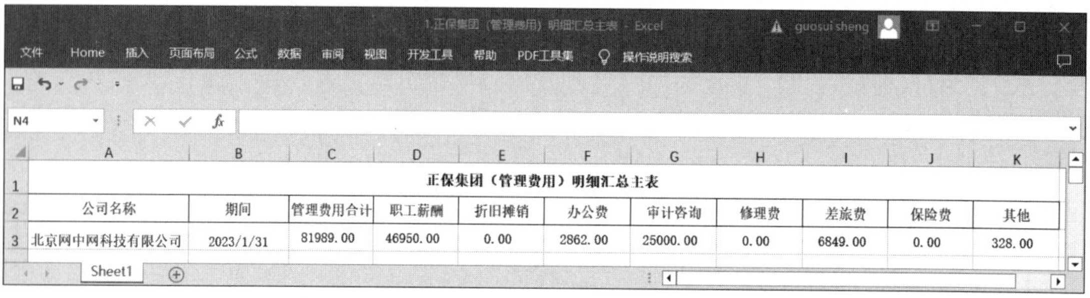

图 1－11　“汇总单个费用明细表机器人”程序运行结果

二、汇总多个费用明细表机器人

汇总多个费用明细表流程设计

接下来，我们通过添加循环，在“汇总单个费用明细表机器人”的基础上，开发“汇总多个费用明细表机器人”。

1. 设计流程

汇总多个费用明细表相当于重复执行汇总单个费用明细表，要从一批文件中获取信息的前提是把这批文件放在同一个文件夹中，并且规范这些文件的文件名，然后结合 glob. glob (value) 表达式和 For 循环（即【运行 python 表达式】控件和【For(遍历/计次循环)】控件）实现逐个文件打开并获取指定区域的单元格文本。

复制文本流程的思路及方法算是找到了，但我们还没有仔细地考虑过粘贴文本的流程细节。

把复制文本粘贴到目标文件时，是否存在与汇总单个费用明细表流程所不同的地方？

我们来研究一下。

假如目前有 3 个源文件的内容需要汇总到目标文件中，每个源文件的内容是 1 行数据，那么，汇总到目标文件后，目标文件的工作表就应该有 3 行数据。从流程执行过程中看，执行粘贴数据流程前，应该先确定粘贴的位置，而这个位置应该是目标文件当前已有数据的下一行，如图 1－12 所示。

于是，我们需要寻求自动计算粘贴文本位置的方法。

观察图 1－12，如果我们知道目标文件当前已有数据的行的数量，在这个数量上加 1 就是粘贴文本的位置行所在，如何知道目标文件当前已有数据的行的数量？有这么一个控件：【提取 sheet 内容】，它可以将表格中的所有内容提取出来，返回的结果是以行为元素的列表。只要计算出这个列表的元素个数，即知道表格里有多少行是有数据的，而这个计算列表元素个数的方法就是 Python 语言中的 len( ) 函数。

到这里，流程的重点问题想明白了，那么我们来设计汇总多个费用明细表机器人。

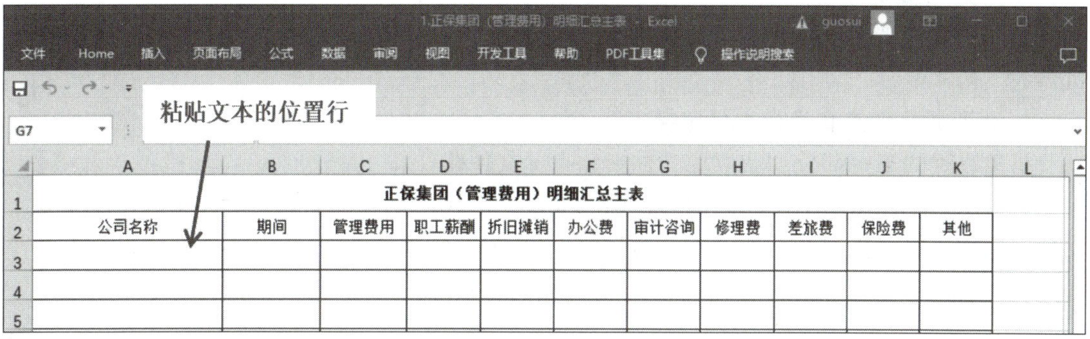

图1－12　确定粘贴文本的位置说明图

首先，整理流程设计思路：

（1）流程第一部分，获取源文件夹和目标文件路径信息，以便后续流程直接使用这些路径打开文件。

（2）流程第二部分，循环遍历源文件路径列表，循环完毕时弹出“费用明细表汇总完成”窗口。

（3）流程第三部分，复制费用数据，即当前遍历的源文件中指定区域的信息。

（4）流程第四部分，粘贴各费用数据到目标文件，即把复制来的数据粘贴到汇总文件的指定区域。

然后，根据思路绘制机器人程序的流程图，如图1－13所示。

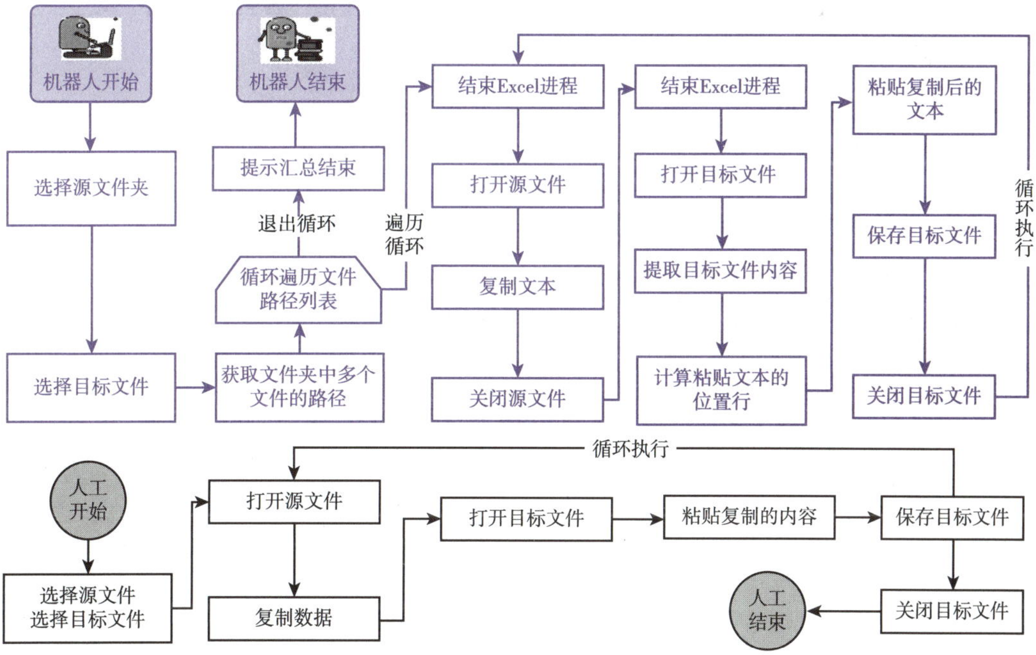

图1－13　汇总多个费用明细表流程图

2. 创建新脚本

打开“汇总费用明细表机器人”项目，在此项目中创建新脚本“汇总多个费用明细表机器人”脚本。

3. 获取源文件夹和目标文件路径

搭建流程的第一部分：获取源文件夹和目标文件路径。

与汇总单个费用明细表不同的是，源文件数量由一个变成多个，源文件集是存放在一个文件夹中的，具体流程及控件属性设置如表1-6所示。表格中**加粗的内容**为与“汇总单个费用明细表流程”不同的内容。

表1-6　“汇总多个费用明细表机器人——获取源文件夹和目标文件路径”流程

序号	流程步骤	控件名称	属性	属性设置	说明
0	开始	【开始】	—	—	—
1	选择源文件夹	**【文件夹选择框】**	文件夹对话框数据[String]	**sor_fol_path**	变量存储源文件夹路径，即费用明细表的文件夹的路径
			文件夹对话框名称	**请选择费用明细表存储的文件夹**	引导用户选择费用明细表存储的文件夹
2	选择目标文件	【文件选择框】	表单数据[String]	obj_fil_path	变量存储目标文件的路径，即汇总工作簿文件路径
			文件选择框名称	请选择汇总费用信息的目标文件	引导用户选择汇总信息存放的目标文件

4. 循环遍历源文件路径列表

第一部分流程搭建完成后，搭建流程的第二部分，即循环遍历源文件路径列表，具体流程及控件属性设置如表1-7所示。

表1-7　“汇总多个费用明细表机器人——循环遍历源文件路径列表”流程

在“汇总多个费用明细表机器人——获取源文件夹和目标文件路径”流程（表1-6）下继续搭建					
序号	流程步骤	控件名称	属性	属性设置	说明
3	获取文件夹中多个文件的路径	【运行python表达式】	导包语句	import glob	导入glob模块
			表达式	**glob.glob(sor_fol_path+"*明细表*")**	获取源文件夹中所有文件名带有“明细表”的文件的路径并生成列表
			执行结果	sor_fil_pathes	获取的所有文件的路径保存在变量sor_fil_pathes中
4	观察获取的路径结果	【消息窗口】	消息框内容	@{sor_fil_pathes}	此控件为非必要添加控件，作用是观察获取的路径是否正确
5	循环遍历文件路径列表	【For(遍历/计次循环)】	数据集合	@{sor_fil_pathes}	遍历的对象是文件路径的列表sor_fil_pathes

续表

序号	流程步骤	控件名称	属性	属性设置	说明
5	循环遍历文件路径列表	【For(遍历/计次循环)】	条目名称	sor_fil_path	循环提取的单个文件路径存储在变量 sor_fil_path 中

接序号 5 控件，退出循环（【For(遍历/计次循环)】—Exit）后的流程

序号	流程步骤	控件名称	属性	属性设置	说明
6	提示汇总结束	【消息窗口】	消息框内容	费用明细表汇总完成	提示汇总完成

【流程设计说明】

(1) 流程结合使用【文件夹选择框】控件和【运行 python 表达式 (eval)】控件实现了一次获取多个文件的路径。通过设置【运行 python 表达式】控件的 3 个参数：导包语句、表达式和执行结果，实现导入包含 glob( ) 函数的包，编写 glob( ) 表达式获取文件夹中文件路径的列表，最后把列表保存在变量中的流程。

流程中的关键元素是【运行 python 表达式】控件及控件中的表达式参数：glob. glob (value) 表达式。

glob. glob(value) 表达式

此表达式将返回指定路径文件夹中符合条件的所有文件路径的列表。此处列表的概念与 Python 语言中的列表概念一致，具体解释见后文。

glob. glob ( ) 表达式

表达式中第一个“glob”表示“glob”模块名，第二个“glob”表示“glob”模块里的“glob”函数。因为“glob”函数存在于“glob”模块中，要使用“glob”函数，必须先导入“glob”模块 (import glob)。

参数 value 是指定的文件路径，即选择的多个文件的路径，因为“value”参数只能是一个值，通常的写法是“选择文件所在的文件夹路径 +"\ *"”，“"\ *"”表示路径文件夹中的所有文件，“"\ *. xlsx"”表示路径文件夹中的所有扩展名为 xlsx 的文件，即 Excel 格式文件，“"\ * 明细表 *"”表示路径文件夹中的所有文件名带有“明细表”的文件。具体案例如图 1 - 14 所示。

初始文件夹fo内文件： a明细表.xlsx　b明细表.xlsx　汇总主表.xlsx

调用glob()方法： glob.glob('d:\fo'+'*明细表')

调用后结果： ['d:\\fo\\a明细表.xlsx','d:\\fo\\b明细表.xlsx']

图 1 - 14　glob. glob(value) 表达式案例

例如表 1 - 6 中，sor_fol_path 指代文件夹“D:\华为机器人 RPA\项目 1\1. 1 业务数据”，所以“sor_fol_path +"\ * 明细表 *"”，表示该文件夹下的所有文件名带有“明细表”的文件。

其中“＊”表示不确定数量的字符，常常被称作通配符。

【提示】如果需要一次保存多个文件的路径，前提是把所有希望选择的文件存放在同一个文件夹中，并且文件名中应带有相同的特征字符，如这里的“明细表”就是特征字符。

【提示】需要注意的是参数中使用的引号是英文符号的引号。

list 列表

列表（list）是包含0个或多个对象引用的有序序列，形如，list_1 =［1，2，3］。

列表是用中括号（［］）括起来的有序数据集合，集合里的数据元素可以是数字，字符串，列表本身，每个元素之间用英文逗号隔开，每个元素都有自己的编号，称之为索引，如图1－15所示。

列表

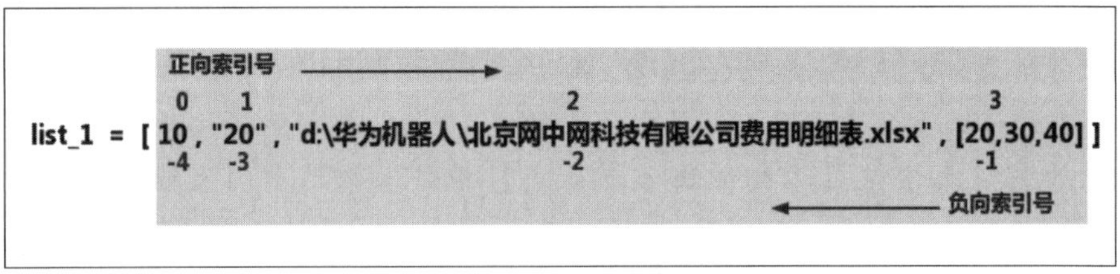

图1－15　列表与索引

元素“10”的索引号是“0”，也可以是“－4”，索引是列表元素在列表中的位置，通过索引号，可以定位列表元素，比如 list_1［0］指列表 list_1 的第一个元素，即索引号为0的元素，该元素的值是数字“10”，list_1［1:3］则指列表 list_1 中索引号为1和2的两个元素，即字符串“20”和表示路径的字符串“d:\华为机器人\北京网中网有限公司费用明细表.xlsx”。

列表是可以循环遍历的，循环遍历的意思是把列表中的元素按顺序逐个取出并执行相同的系列操作，比如列表 list =［″a. xlsx″，″b. xlsx″，″c. xlsx″］，将第一个元素“a. xlsx”文件取出，执行“打开”的动作，再将第二个元素“b. xlsx”取出，执行“打开”的动作，最后将第三个元素“c. xlsx”取出，执行“打开”的动作。

关于列表的其他功能，我们在用到的时候再学习。

（2）【For(遍历/计次循环)】控件的作用是把“sor_fil_pathes”列表中的文件按顺序取出，执行“Entry”指向费用汇总流程，直到最后一个文件信息被汇总后，【For(遍历/计次循环)】控件将执行“Exit”指向的流程，在此处为打开消息窗口，显示“费用明细表汇总完成”。

For遍历或计次循环

【流程运行结果】

流程将会弹出两个消息窗口，分别是表1－7中序号4和序号6控件的返回结果，如图1－16和图1－17所示。

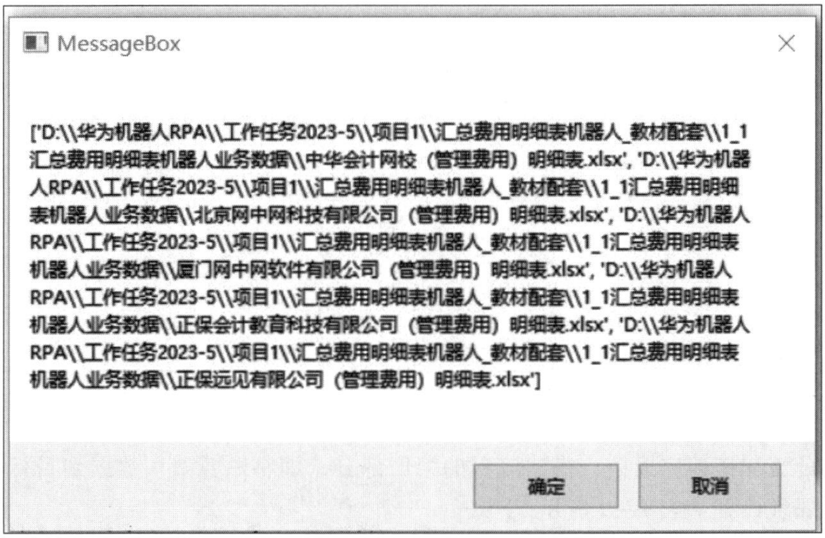

图 1-16　变量 sor_fil_pathes 的值

图 1-17　提示汇总结束窗口

5. 复制费用数据

第二部分流程搭建完成后，搭建流程的第三部分，即复制费用数据，具体流程及控件属性设置如表 1-8 所示。

表 1-8　“汇总多个费用明细表机器人——复制费用数据”流程

在“汇总多个费用明细表机器人——循环遍历源文件路径列表”流程（表 1-7）下继续搭建					
接序号 5 控件，进入循环（【For(遍历/计次循环)】—Entry）后的流程					
序号	流程步骤	控件名称	属性	属性设置	说明
7	结束 Excel 进程	【结束 Excel 进程】	—	—	
8	打开源文件	【打开 excel 文件】	Excel 文件路径	@{**sor_fil_path**}	按当前遍历提取的文件路径 sor_fil_path 打开 Excel 文件
			excel 文件对象别名［ExcelObject］	sor_fil	变量 sor_fil 是当前打开的 Excel 文件对象的别名

续表

接序号5控件，进入循环（【For(遍历/计次循环)】—Entry）后的流程					
序号	流程步骤	控件名称	属性	属性设置	说明
9	复制文本	【读取区域】	Excel 对象	sor_fil	
			区域	**A3：Z10**	设置读取的区域，适当扩大获取区域以扩展机器人的适用性
			文本内容［Array］	sor_fil_rs	将读取的费用数据保存在变量 sor_fil_rs 中
10	关闭源文件	【关闭工作簿】	Excel 对象	sor_fil	关闭 sor_fil 文件

6. 粘贴各费用数据到目标文件

第三部分流程搭建完成后，搭建流程的第四部分，即粘贴各费用数据到目标文件，具体流程及控件属性设置如表1－9所示。

表1－9　“汇总多个费用明细表机器人——粘贴各费用数据到目标文件”流程

在“汇总多个费用明细表机器人——复制费用数据”流程（表1－8）下继续搭建					
序号	流程步骤	控件名称	属性	属性设置	说明
11	结束 Excel 进程	【结束 Excel 进程】	—	—	
12	打开目标文件	【打开 excel 文件】	Excel 文件路径	@｛obj_fil_path｝	变量 obj_fil_path 为流程第一部分获取的目标文件路径变量
			excel 文件对象别名［ExcelObject］	obj_fil	变量 obj_fil 为目标工作簿，即“1. 正保集团（管理费用）明细汇总主表.xlsx”工作簿的别名
13	提取目标文件内容	**【提取 sheet 内容】**	**Excel 对象**	**obj_fil**	目标文件
			文本内容［Array］	**obj_fil_va**	将提取的目标文件内容保存在变量 obj_fil_va 中
14	计算粘贴文本的位置行	**【运行 python 表达式】**	**表达式**	**len(obj_fil_va)+1**	
			执行结果	**row_num**	把表达式计算出来的行数加1后保存在变量 row_num 中
15	粘贴复制后的文本	【写入区域】	Excel 对象	obj_fil	
			起始位置	**A@｛row_num｝：Z@｛row_num｝**	设置数据写入位置为目标文件当前数据行的下一行的单元格区域，适当扩大获取区域以扩展机器人的适用性
			数据	@｛sor_fil_rs｝	写入复制的费用数据
16	保存目标文件	【保存工作簿】	Excel 对象	obj_fil	
17	关闭目标文件	【关闭工作簿】	Excel 对象	obj_fil	

【流程设计说明】

（1）len( ) 函数的作用是计算列表元素的数量，具体用法如下：

len( ) 函数的语法规则是：len(列表变量名)

Python 表达式“len(obj_fil_va) +1”的结果是计算提取内容的表格已经填有内容的行数，然后加“1”，计算出粘贴文本的位置行次。

（2）提取表格内容。如果需要复制工作表的全部内容，可以使用【提取 sheet 内容】控件，此控件的作用是复制二维表中的所有单元格数据，每复制一行，返回一个列表，该列表中的元素为该行中每个单元格的数据，并且按复制单元格从左到右的顺序排列，所有行列表又作为整个工作表的列表元素，并按行次顺序排列，所以控件返回的数据是嵌套列表，具体结果如图 1-18 所示。

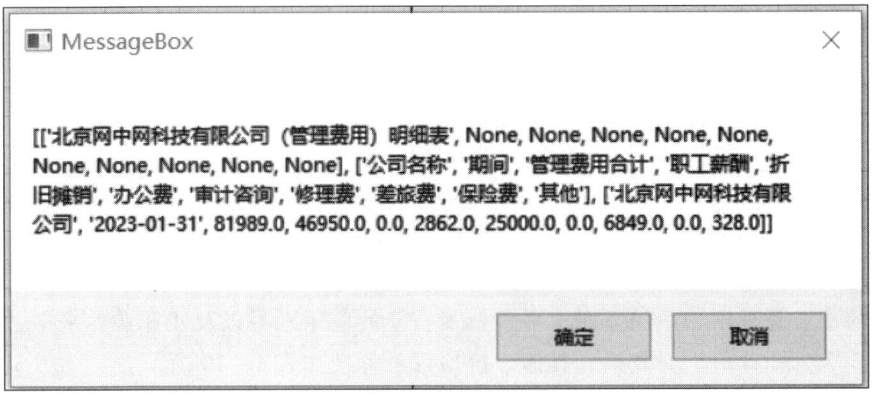

图 1-18　提取表格全部内容运行结果

从结果可知，【提取 sheet 内容】获取的是表格内容的嵌套列表，表格中的所有内容，如图 1-19 所示。

	A	B	C	D	E	F	G	H	I	J	K
1	北京网中网科技有限公司（管理费用）明细表										
2	公司名称	期间	管理费用合计	职工薪酬	折旧摊销	办公费	审计咨询	修理费	差旅费	保险费	其他
3	北京网中网科技有限公司	2023-01-31	81989.00	46950.00	0.00	2862.00	25000.00	0.00	6849.00	0.00	328.00
4											

图 1-19　提取表格信息图例

（3）在表 1-9 序号 15 的【写入区域】控件中，将“起始位置”参数从 A3：Y3，修改为“A@{row_num}：Z@{row_num}”，实现动态调整写入区域的位置。

7. 调试机器人

点击“保存”菜单，保存当前项目，点击“运行”菜单调试“汇总多个费用明细表机器人”程序，机器人运行时会弹出文件夹选择窗口和文件选择窗口，请正确选择源文件夹为保存费用明细表的文件夹，目标文件为“1. 正保集团（管理费用）明细汇总主表 . xlsx”文件。

程序运行正常的情况下，打开“1. 正保集团（管理费用）明细汇总主表 . xlsx”文件，查看数据汇总结果。正确的数据汇总结果如图 1－20 所示。

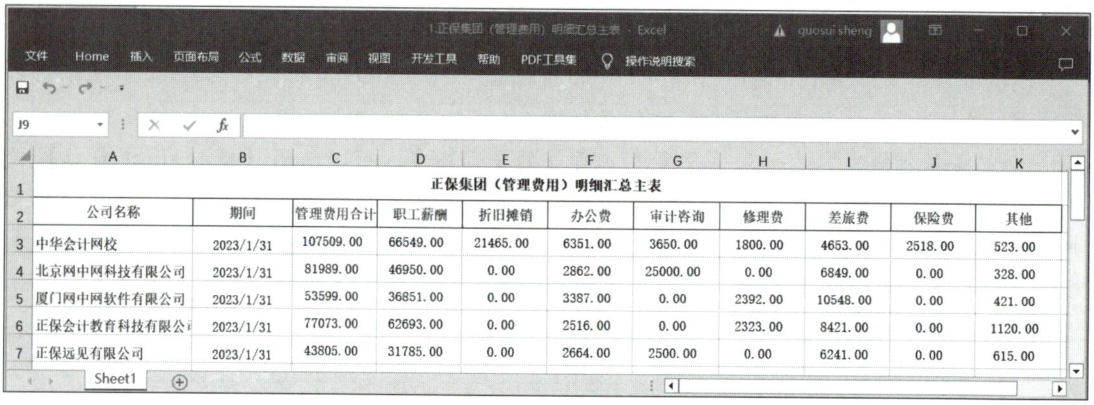

正保集团（管理费用）明细汇总主表

公司名称	期间	管理费用合计	职工薪酬	折旧摊销	办公费	审计咨询	修理费	差旅费	保险费	其他
中华会计网校	2023/1/31	107509.00	66549.00	21465.00	6351.00	3650.00	1800.00	4653.00	2518.00	523.00
北京网中网科技有限公司	2023/1/31	81989.00	46950.00	0.00	2862.00	25000.00	0.00	6849.00	0.00	328.00
厦门网中网软件有限公司	2023/1/31	53599.00	36851.00	0.00	3387.00	0.00	2392.00	10548.00	0.00	421.00
正保会计教育科技有限公司	2023/1/31	77073.00	62693.00	0.00	2516.00	0.00	2323.00	8421.00	0.00	1120.00
正保远见有限公司	2023/1/31	43805.00	31785.00	0.00	2664.00	2500.00	0.00	6241.00	0.00	615.00

图 1－20 “汇总多个费用明细表机器人”运行结果

到此，汇总费用明细表机器人开发完成。

考核与评价

考核的重点是理论知识的掌握水平、技术技能的应用水平以及职业素养水平，学习者可以从以上 3 个方面评价学习效果，具体评价项目及标准如表 1－10 所示。

表 1－10 模块考核评价标准

考核项目	考核内容	配分	得分
理论知识水平	正确描述费用明细表数据汇总的人工流程并绘制流程图	10	
	正确描述与解释费用明细表数据汇总 RPA 机器人流程图	10	
	能选择正确的控件	10	
理论知识水平总分		30	
技术技能应用水平	制定费用明细表数据汇总的 RPA 流程方案	5	
	正确绘制汇总费用明细表 RPA 机器人流程图	15	
	在 RPA 流程中正确添加和使用控件，正确设置控件的参数	15	
	应用设计的汇总费用明细表机器人得到正确的结果	10	
技术技能应用水平总分		45	
职业素养水平	能比较分析出不同流程方案的优势	5	
	根据业务流程的变化提出变更与改善流程的方案	5	

续表

考核项目	考核内容	配分	得分
职业素养水平	工作过程中投入、积极、专注，能按时完成工作任务，做好工作笔记，有工作完成后归纳与反思的记录	5	
	积极探索多种 RPA 方案，并付诸实践，面对困难时主动通过各种途径探寻资料以解决问题	5	
	反复斟酌流程设计方案，在实践的过程中不断精进流程设计能力	5	
职业素养水平总分		25	
综合评价总分		100	

总结与提高

（1）使用 glob. glob(value) 表达式时，需要在【运行 python 表达式】控件中设置“导包语句”参数为“import glob”，控件才能正确运行。参数 value 的值是用引号包裹的文件路径。

（2）【打开 excel 文件】控件中的“软件类型”参数默认为“Excel”，可以选择“WPS”。

（3）【读取区域】控件中的适当扩展获取单元格范围，这样设置的机器人能适应更多的获取文本的业务情境，免去因获取区域不够大而频繁修改 RPA 控件参数的麻烦。对于【写入区域】控件参数的设置逻辑与此一样。

（4）注意区分【文件选择框】控件和【文件夹选择框】控件，在运行【文件选择框】控件时，用户将被要求选择文件对象，而无法选择文件夹对象，而在运行【文件夹选择框】控件时，用户将被要求选择文件夹对象，而无法选择文件对象。

（5）汇总费用明细表机器人的设计思路是循环执行从源文件工作表中获取区域文本写入目标文件区域单元格。使用【For(遍历/计次循环)】控件实现循环获取区域文本，写入目标工作表之前，使用【运行 python 表达式】计算当前工作表的已有行数，加 1 后得到本次循环应写入区域的行次。

模块二　撷取付款申请表数据机器人

工作任务

撷取付款申请表数据工作任务介绍

将正保集团公司发生的付款申请的部分数据进行汇总，撷取“预算内常规付款申请工作簿 . xlsx”中的“开户行”“收款人”“银行账号”

“付款总额”和“付款原因及说明”数据，汇总到“付款申请汇总主表 . xlsx”中。

工作任务如表 1 – 11 所示。

表 1 – 11　　工作任务卡

任务编号	4	任务名称	开发“撷取付款申请表数据机器人”	工作区域	数字机器人实训中心
建议学时	2～3	参考文件或资料	(1) WeAutomate 设计器中【读取单元格（excelReadCell）】、【写入单元格】、【列出目录下的文件】等本模块应用控件的“帮助 – messageBox” (2) 阅读 Python 语言中关于 append( ) 方法的说明		
德技兼修	(1) 接到任务时，先对任务进行整体分析，明确任务目的 (2) 基于数据源条件规划实施任务的路径 (3) 开发流程过程中遇到困难时主动寻求解决方法，耐心阅读方法说明与案例，如需求助于人时，先准备好咨询的问题，并准确、清晰地表达 (4) 检查任务成果时细致，认真，严谨，也可邀请别人一起检查 (5) 主动学习教材外的资源，了解 RPA + AI 应用于财务领域的案例，拓宽对 RPA + AI 应用的认知 (6) 养成勤学好问、勤于思考、诚恳待人、严谨细致的工作态度				
工作任务	(1) 开发“撷取付款申请表数据机器人”流程 (2) 应用“撷取付款申请表数据机器人”实现任务目的				

流程穿越

撷取付款申请表数据流程穿越

请你跟随教材的指引，通过人工操作计算机，完成撷取付款申请表指定数据并汇总到目标文件中的工作任务。

我们将数据材料存放的文件称为源文件，即各个预算内常规付款申请表，将数据汇总后的文件称为目标文件，即付款申请汇总主表。

首先，对数据源进行观察，我们发现，要撷取的数据在源工作表中并不是连续分布的，并且汇总到目标工作表时，数据列的排列顺序也与源工作表中的不一样，如图 1 – 21 所示。

因此，要完成源文件内数据的复制与粘贴，只能逐个单元格进行操作。

撷取付款申请表指定数据并汇总到目标文件的工作流程是：

(1) 打开存储预算内常规付款申请表 Excel 文件的文件夹。

(2) 打开预算内常规付款申请表源文件，找到需要撷取的一个单元格数据，执行复制命令。

(3) 打开目标文件，点击数据写入的单元格，执行粘贴命令，如图 1 – 21 所示。

(4) 重复执行以上 (2)～(3) 步的复制与粘贴的动作，直到当前预算内常规付款申请表指定的数据均被复制并粘贴在目标文件中。

(5) 关闭源文件。

(6) 重复以上 (2)～(4) 步操作直至所有预算内常规付款申请表的目标数据全部被复制、粘贴到目标文件工作表中。

(7) 保存目标文件并关闭目标文件。

以上流程如图 1 – 22 所示。

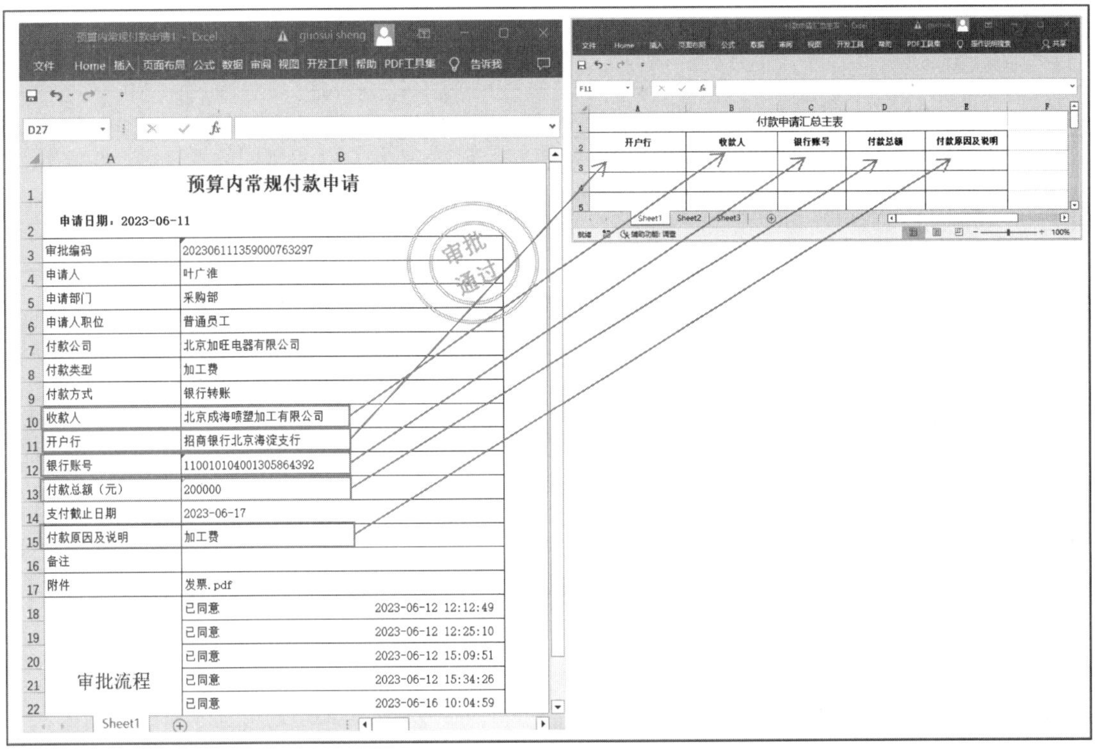

图 1－21 源文件与目标文件的关系

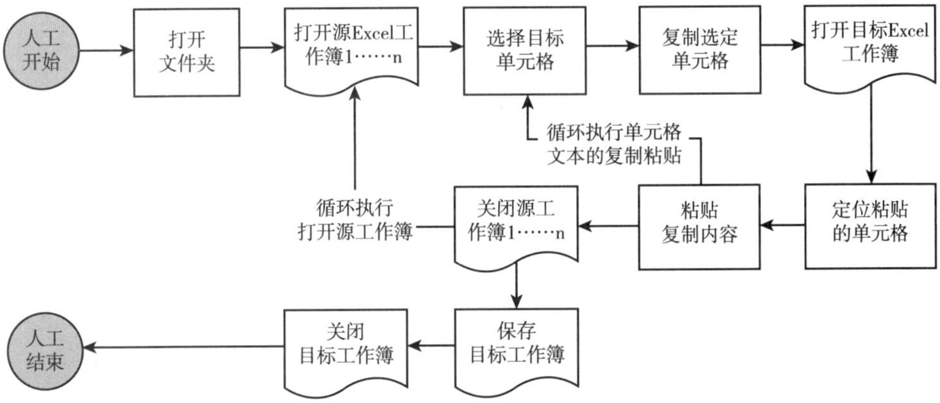

图 1－22 撷取付款申请表数据业务流程穿越图

流程穿越是开发机器人过程中基础的、必须的、重要的步骤，请务必认真完成，并随时记下疑问与灵感，如表 1－12 所示。

表 1－12 撷取付款申请表数据业务流程穿越记录表

执行步骤名称	此执行步骤的疑问	疑问的解决	自动化机会
例：粘贴复制文本到目标工作表	如何提高粘贴复制文本到目标工作表的流程效率	把复制来的文本先存放在一个列表中，然后一次性写入目标工作表	可实现

续表

执行步骤名称	此执行步骤的疑问	疑问的解决	自动化机会
……			

开发“撷取付款申请表数据机器人”

在执行流程穿越时，我们发现撷取的单元格不是连续的，粘贴到目标单元格时排列顺序也与源工作表中的不一样，那么就不能使用上一模块学习到的【读取区域】控件和【写入区域】控件了，我们需要逐个单元格进行复制，再写入指定的单元格中。

为了降低开发的难度，我们先来开发撷取单个付款申请表数据机器人，调试成功后，再开发撷取多个付款申请表数据机器人。

一、撷取单个付款申请表数据机器人

撷取单个付款申请表数据流程设计

1. 设计流程

现在来设计“撷取单个付款申请表数据机器人”的流程。

首先，整理流程设计思路：

（1）流程第一部分，获取源文件和目标文件路径信息，以便后续流程直接使用这些路径打开文件。

（2）流程第二部分，复制预算内常规付款申请表指定单元格数据。

（3）流程第三部分，粘贴复制数据到目标工作表，即把复制来的数据粘贴到汇总文件的指定单元格内。

然后，根据思路绘制机器人程序的流程图，如图 1－23 所示。

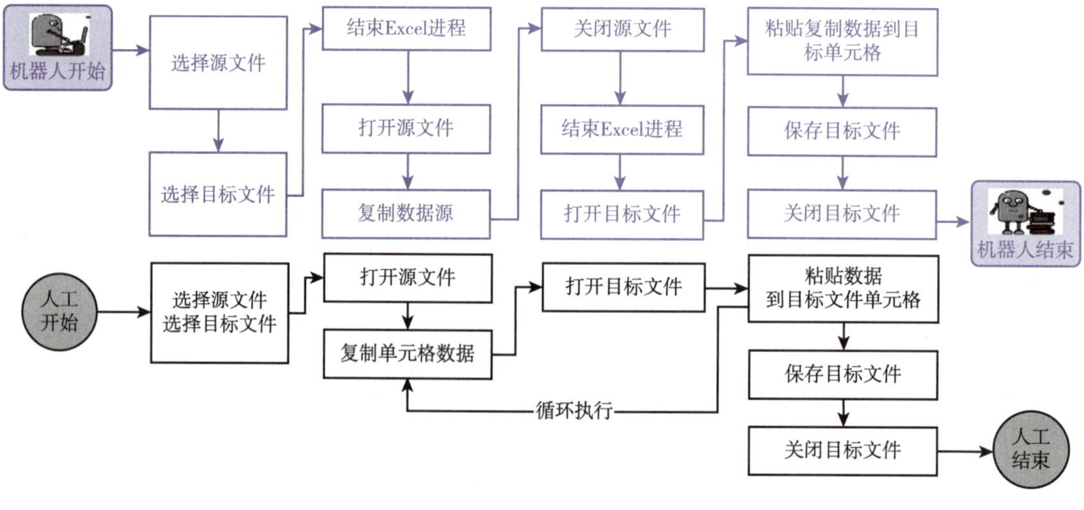

图 1－23　撷取单个付款申请表数据流程图

2. 创建项目与脚本

新建项目“撷取付款申请表数据机器人”，并在此项目下新建脚本“撷取单个付款申请表机器人”。

3. 获取源文件和目标文件路径

搭建流程的第一部分：获取源文件和目标文件路径。

设计“消息窗口”用于引导用户选择源文件与目标文件。

具体流程及控件属性设置如表1－13所示。

表1－13 “撷取单个付款申请表机器人——获取源文件及目标文件路径”流程

序号	流程步骤	控件名称	属性	属性设置	说明
0	开始	【开始】	—	—	—
1	选择源文件	【文件选择框】	表单数据［String］	sor_fil_path	变量sor_fil_path存储了源文件路径，即预算内常规付款申请工作簿文件存放的路径
			文件选择框名称	请选择一个预算内常规付款申请表Excel文件	引导用户选择预算内常规付款申请工作簿文件，这是流程的源文件
2	选择目标文件	【文件选择框】	表单数据［String］	obj_fil_path	变量obj_fil_path存储了目标文件的路径，即付款申请汇总主表.xlsx文件路径
			文件选择框名称	请选择汇总信息存放的目标文件	引导用户选择汇总信息存放的目标文件，即付款申请汇总主表.xlsx

4. 复制单元格数据

第一部分流程搭建完成后，搭建流程的第二部分，复制预算内常规付款申请表中的指定单元格数据，在这里，我们从“预算内常规付款申请1.xlsx”文件sheet1工作表中按顺序获取开户行、收款人、银行账号、付款总额、付款原因及账号5项信息。

具体流程及控件属性设置如表1－14所示。

表1－14 “撷取单个付款申请表机器人——复制单元格数据”流程

在“撷取单个付款申请表机器人——获取源文件及目标文件路径”流程（表1－13）下继续搭建					
序号	流程步骤	控件名称	属性	属性设置	说明
3	结束Excel进程	【结束Excel进程】	—	—	
4	打开源文件	【打开excel文件】	Excel文件路径	@{sor_fil_path}	变量sor_fil_path存储的是源文件路径变量
			excel文件对象别名［ExcelObject］	sor_fil	变量sor_fil为“预算内常规付款申请1.xlsx”文件对象的别名

续表

序号	流程步骤	控件名称	属性	属性设置	说明
5	复制数据	【读取单元格（excelReadCell）】	Excel 对象	sor_fil	读取 sor_fil 文件的内容
			单元格	B11	预算内常规付款申请 1. xlsx 文件中第一个工作表地址为 B11 的单元格
			单元格内容［String］	bank	变量 bank 存储了单元格 B11 的值（开户行信息）
6	复制数据	【读取单元格（excelReadCell）】	Excel 对象	sor_fil	
			单元格	B10	
			单元格内容［String］	com	变量 com 保存单元格 B10 的值（收款人）
7	复制数据	【读取单元格（excelReadCell）】	Excel 对象	sor_fil	
			单元格	B12	
			单元格内容［String］	acc	变量 acc 保存单元格 B12 的值（银行账号）
8	复制数据	【读取单元格（excelReadCell）】	Excel 对象	sor_fil	
			单元格	B13	
			单元格内容［String］	pam	变量 pam 保存单元格 B13 的值（付款总额）
9	复制数据	【读取单元格（excelReadCell）】	Excel 对象	sor_fil	
			单元格	B15	
			单元格内容［String］	rema	变量 rema 保存单元格 B15 的值（付款原因及说明）
10	关闭源文件	【关闭工作簿】	Excel 对象	sor_fil	关闭源文件工作簿
11	观察复制的文本内容	【消息窗口】	消息框内容	@{bank}，@{com}，@{acc}，@{pam}，@{rema}	此控件为非必要添加控件，作用是观察撷取的文本内容是否正确

【流程设计说明】

获取 Excel 工作表中分散单元格的值是通过【读取单元格（excelReadCell）】控件完成的，通过设置此控件的 3 个参数：Excel 对象，单元格以及单元格内容［String］实现复制某个 Excel 工作表某个单元格的值并把值保存到某个变量的流程。

【流程运行结果】

增加了序号 11 控件后，流程运行后的结果如图 1－24 所示。图中显示了撷取 5 个单元格的内容。

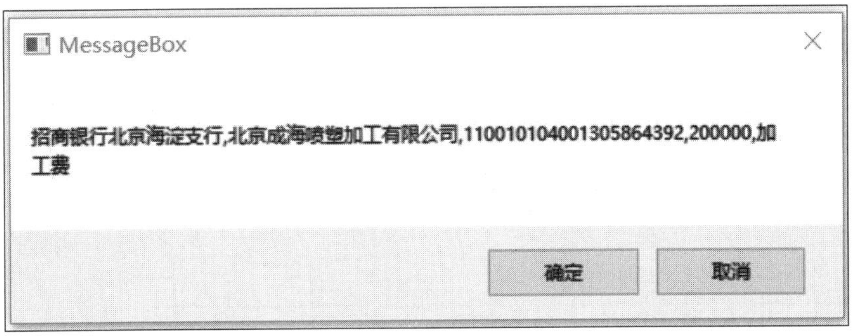

图1-24　序号11的消息窗口显示撷取的5个单元格的内容

5. 粘贴付款数据到目标文件

第二部分流程搭建完成后，搭建流程的第三部分，粘贴费用数据到目标文件，在这里，我们把数据粘贴到“付款申请汇总主表.xlsx”工作簿中。

具体流程及控件属性设置如表1-15所示。

表1-15　“撷取单个付款申请表机器人——粘贴付款数据到目标文件”流程

在“撷取单个付款申请表机器人——复制单元格数据”（表1-14）下继续搭建

序号	流程步骤	控件名称	属性	属性设置	说明
12	结束Excel进程	【结束Excel进程】	—	—	
13	打开目标文件	【打开excel文件】	Excel文件路径	@{obj_fil_path}	变量obj_fil_path存储了目标文件的路径
			excel文件对象别名[ExcelObject]	obj_fil	变量obj_fil为“付款申请汇总主表.xlsx”文件对象的别名
14	粘贴复制数据到目标单元格	【写入单元格】	Excel对象	obj_fil	设置写入数据的文件对象为obj_fil
			目标单元格	A3	设置数据写入的单元格
			写入内容	@{bank}	写入变量bank的值，即开户行信息
15	粘贴复制数据到目标单元格	【写入单元格】	Excel对象	obj_fil	
			目标单元格	B3	
			写入内容	@{com}	写入变量com的值，即付款人信息
16	粘贴复制数据到目标单元格	【写入单元格】	Excel对象	obj_fil	
			目标单元格	C3	
			写入内容	@{acc}	写入变量acc的值，即银行账号信息
17	粘贴复制数据到目标单元格	【写入单元格】	Excel对象	obj_fil	
			目标单元格	D3	

续表

序号	流程步骤	控件名称	属性	属性设置	说明
17	粘贴复制数据到目标单元格	【写入单元格】	写入内容	@{pam}	写入变量 pam 的值，即付款总额信息
18	粘贴复制数据到目标单元格	【写入单元格】	Excel 对象	obj_fil	
			目标单元格	E3	
			写入内容	@{rema}	写入变量 rema 的值，即付款原因及说明信息
19	保存目标文件	【保存工作簿】	Excel 对象	obj_fil	
20	关闭目标文件	【关闭工作簿】	Excel 对象	obj_fil	

【流程设计说明】

控件【写入单元格】的作用是把指定的变量或数据写入 Excel 工作表指定的单元格内。

6. 调试机器人

点击“保存”菜单，保存当前项目，点击“运行”菜单调试“撷取单个付款申请表机器人”程序，机器人运行时会弹出选择源文件的窗口和选择目标文件的窗口，请正确选择源文件为“预算内付款申请 1. xlsx”文件，目标文件为“付款申请汇总主表 . xlsx”文件。

程序运行正常的情况下，打开“付款申请汇总主表 . xlsx”文件，查看数据汇总结果。

正确的数据汇总结果如图 1－25 所示。

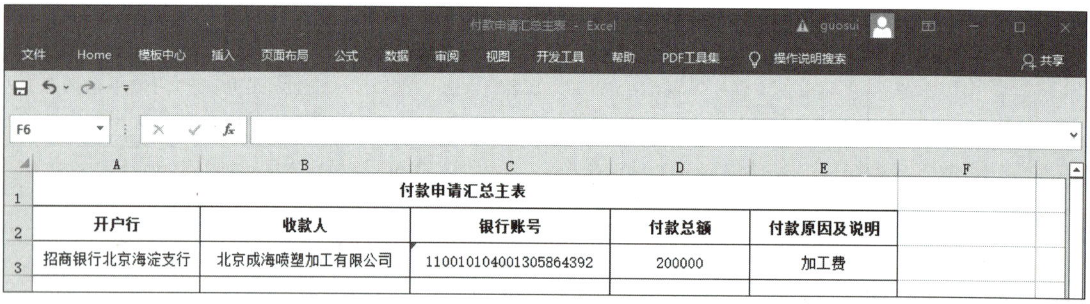

图 1－25　“撷取单个付款申请表机器人”流程运行结果

二、撷取多个付款申请表数据机器人

接下来，我们通过增加循环，把“撷取单个付款申请表机器人”改造为“撷取多个付款申请表数据机器人”。

1. 设计流程

首先，思考在单表数据汇总的基础上多表的数据汇总还要解决什么问题？然后，找出解决这些问题的方法。

与单表汇总流程比较，多表汇总的问题是：

（1）多表数据的自动撷取。

（2）多表数据逐个写入目标文件。

解决以上问题的思路有两个。

思路一：

（1）流程的第一部分：获取源工作簿文件夹中的所有文件的路径，并保存为列表类型数据。

（2）流程的第二部分：遍历源文件列表，结合单表数据撷取的思路读取数据，关闭源文件。

（3）流程的第三部分：将撷取的数据写入目标文件，写入时注意行次依次递增。

（4）循环执行第（2）至第（3）步，直到遍历结束。

（5）流程的第四部分：保存并关闭目标文件。

撷取多个付款申请表数据流程设计

思路一的流程图如图 1－26 所示：

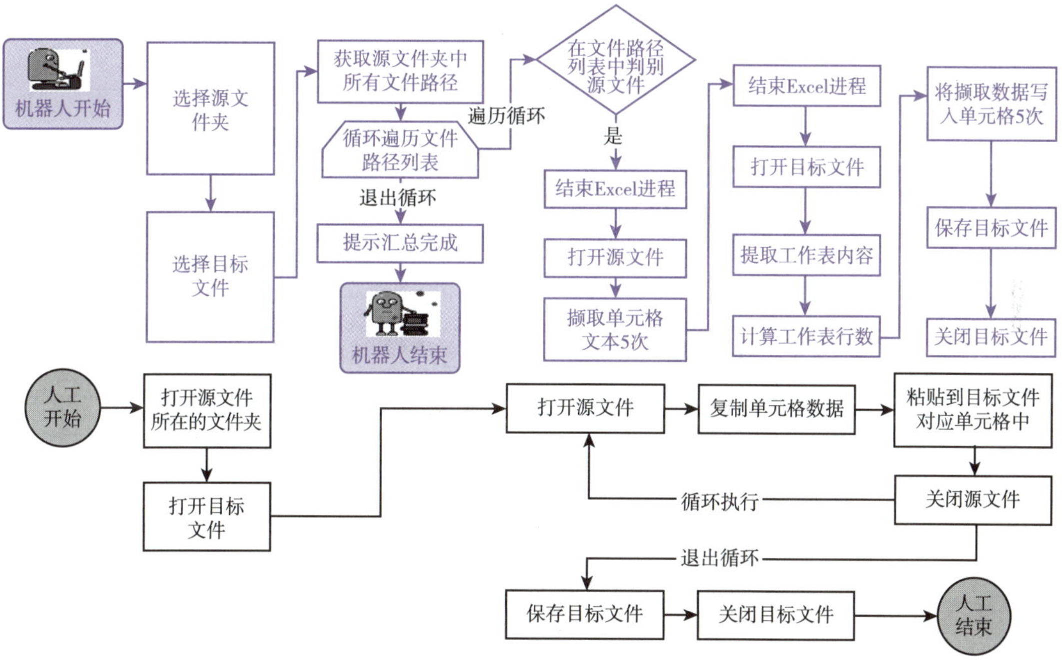

图 1－26　撷取多个付款申请表数据机器人流程图（思路一）

思路二：

（1）流程的第一部分：获取源文件存储的文件夹和目标文件路径。

（2）流程的第二部分：从源文件夹中获取所有文件的路径，并保存到列表 s 中。

（3）流程的第三部分：遍历变量 s，提取付款申请表的全部内容保存到列表变量 p 中，用列表切片的方法从列表 p 中一次性提取 5 个单元格数据，然后关闭源文件，接着将这些数据作为元素保存到列表变量 c 中，跟着把列表变量 c 作为元素，再汇总到列表变量 l 中。循环执行此流程，直至所有源文件数据被全部获取。这时列表变量 l 包含了从 n 个预算内常规付款申请表撷取的单元格的值，形如，[[a1，b1，c1，d1，e1]，[a2，b2，c2，d2，e2]，[a3，b3，c3，d3，e3]，……]。

（4）流程的第四部分：打开目标文件，计算工作表当前非空行数，定义写入数据的起始行为当前行数加 1。然后把列表 l 数据一次性写入目标文件指定范围的单元格，最后保存并关闭目标工作簿。

【提示】以上思路的关键流程是第（3）步，通过细致地观察数据源文件的工作表，我们发现每个付款申请表需要撷取的目标数据所在的单元格地址都是一样的，比如，各个付款申请表中开户行信息所在单元格地址都是 B11，于是产生了先提取整个工作表的内容，再从工作表内容列表中提取固定位置的元素，从而实现一次性提取 5 个信息的目的。比如，如果变量 p 是表内容列表，那么 p [10][1] 表示 Excel 工作表单元格 B11 的值，p [10][1] 指向变量 p 第 10 个元素中的第 2 个元素，即 Excel 工作表中第 11 行第 2 列的单元格的值。如果每个付款申请表中要撷取的目标位置都不一样，没有一定的规律，那么，为了实现流程自动化，我们可以考虑标准化付款申请表，令每一个付款申请表的格式标准化，内容标准化，从而提高业务流程的效率。

思路二的流程图如图 1 - 27 所示。

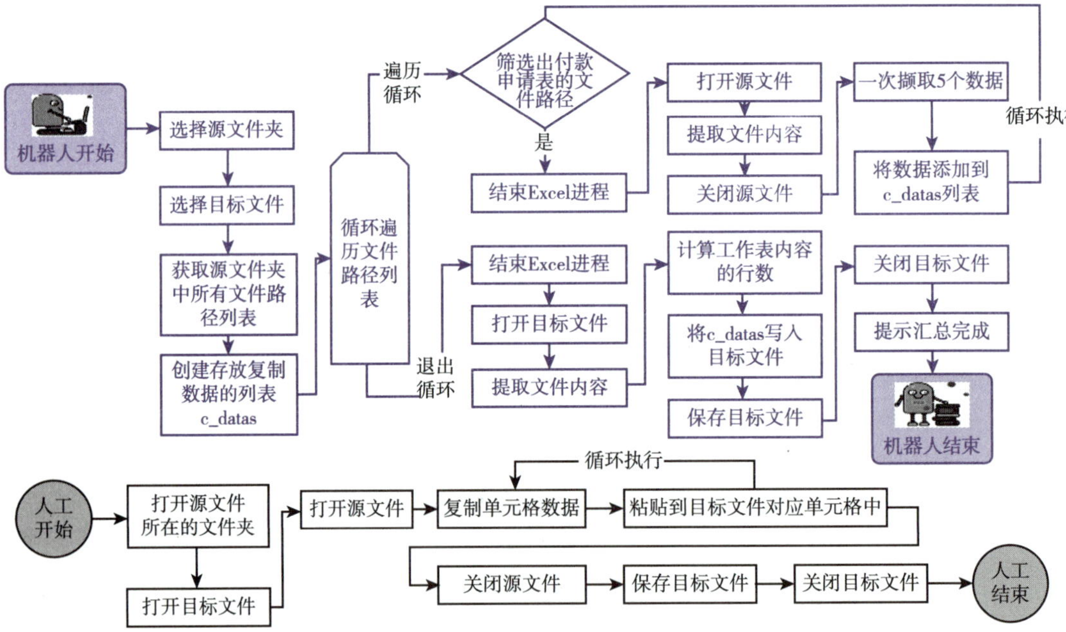

图 1 - 27　撷取多个付款申请表数据机器人流程图（思路二）

方法二的流程归纳起来就是先读取源工作表中的指定数据，然后存放在一个嵌套列表中，最后一次性写入目标文件。

比较以上两种思路，思路二优于思路一。原因有：①在数据读取方面，思路二是一次性读取一个工作表的所有数据，而思路一是逐个单元格提取，思路二流程更简短。②在数据写入方面，思路二是将从各表读取的数据先存放到一个列表中，然后将整个列表一次性写入目标文件，方法流程更简短。③思路二的机器人后台执行步骤有“6 +8 × 源工作表数量 +8”个，“6”表示进入循环前流程的执行步骤数量，第一个“8”表示进入遍历循环时，执行的步骤数量，第二个“8”表示退出循环执行的步骤数量，思路一的机器人后台执行步骤有“5 +(4 +5 +4 +5 +2) × 源工作表数量 +1”个（第一个“5”表示进入循环前的执行步骤数量，第一个“4”表示撷取单元格数据 5 次前执行的步骤，第二个“5”表示撷取单元格数据 5 次，第二个“4”表示撷取单元格数据 5 次后执行的步骤，第三个“5”表示数据写入单元格 5 次，“2”表示数据写入单元格后执行的步骤）。假设源工作表有 1000 个，那么方法二的机器人后台执行步骤有“6 +8 ×1000 +8 =8014（步）”，方法一的机器人后台执行步骤有“5 +(4 +5 +4 +5 +2) ×1000 +1 =20006（步）”，假设机器人执行每个步骤的时间是一样的，那么同样是处理 1000 个工作表，方法二的机器人比方法一的机器人约快 2.50 倍，如表 1 -16 所示。

表 1 -16　　两种设计方法效率计算表

步骤数据 / 方法类型	进入循环前执行的步骤数量 a	单次循环执行的步骤数量 b	退出循环执行的步骤数量 c	工作量 d	总工作步骤数量 e e = a + b × d + e	单位工作时间 f I = Ixe	工作效率 g g = e ÷ 8014
方法一	5	20	1	1000	20006	20006	2. 50
方法二	6	8	8	1000	8014	8014	1

因为思路二更有效率上的优势，接下来，我们使用思路二搭建“撷取多个付款申请表数据机器人”。

2. 创建新脚本

在“撷取付款申请表数据机器人”项目下新建脚本“撷取多个付款申请表数据机器人”。

3. 获取源文件夹和目标文件路径

搭建流程的第一部分：获取源文件夹和目标文件路径。

因为源工作簿有多个，所以先将这些源工作簿保存在同一个文件夹中，因此对数据源的获取指向源数据所在的文件夹。

具体流程及控件属性设置如表 1 -17 所示。表格中**加粗的内容**为与“撷取单个付款申请表数据机器人”不同的内容。

表 1 -17　　“撷取多个付款申请表数据机器人——获取源文件夹和目标文件路径”流程

序号	流程步骤	控件名称	属性	属性设置	说明
0	开始	【开始】	—	—	—
1	选择源文件夹	【文件夹选择框】	文件夹对话框数据［String］	**sor_fol_path**	变量 sor_fol_path 存储了源文件夹路径，即预算内常规付款申请表的文件夹的路径
			文件夹对话框名称	**请选择预算内付款申请表存储的文件夹**	引导用户选择预算内常规付款申请表存储的文件夹

续表

序号	流程步骤	控件名称	属性	属性设置	说明
2	选择目标文件	【文件选择框】	表单数据［String］	obj_fil_path	变量 obj_fil_path 存储了目标文件的路径，即汇总工作簿文件路径
			文件选择框名称	请选择汇总信息存放的目标文件	引导用户选择汇总信息存放的目标文件

4. 获取源文件的路径列表并创建空列表

第一部分流程搭建完成后，搭建流程的第二部分，获取源文件的路径列表并创建空列表。

在本项目的模块一，我们使用【运行 python 表达式】控件和 glob( ) 函数获取了源文件夹中文件名包含“明细表”的文件的路径信息，现在我们学习一个直接获取指定文件夹中全部文件路径的控件，它就是【列出目录下的文件（fileList)】控件（下文简称【列出目录下的文件】)，然后结合【if(条件分支)】控件筛选出文件名中包含“常规付款申请”的文件路径。

具体流程及控件属性设置如表 1－18 所示。

表 1－18　“撷取多个付款申请表机数据器人——获取源文件的路径列表并创建空列表”流程

在“撷取多个付款申请表数据机器人——获取源文件夹和目标文件路径”流程（表 1－17）下继续搭建					
序号	流程步骤	控件名称	属性	属性设置	说明
3	获取源文件夹中所有文件路径列表	【列出目录下的文件】	目标路径	@{sor_fol_path}	获取源文件夹 sor_fol_path 包含的所有文件的路径
			文件列表［Array］	all_path_list	变量 all_path_list 存储源文件夹中所有文件的路径列表
4	观察获取的文件路径是否正确	【消息窗口】	消息框内容	文件夹中包含以下文件：@{all_path_list}	此控件为非必要添加控件，作用是观察源文件夹中所有文件的路径是否正确
5	创建存放复制数据的列表	【运行 python 表达式】	表达式	[]	创建空列表（列表是用英文中括号包裹的元素），此处中括号中没有任何内容，即表示是空列表
			执行结果	c_datas	给空列表命名为：c_datas，接下来，这个变量将用于存放每个工作表所撷取的单元格的值的列表

流程运行结果如图 1－28 所示，展示的是序号 4【消息窗口】执行的结果。

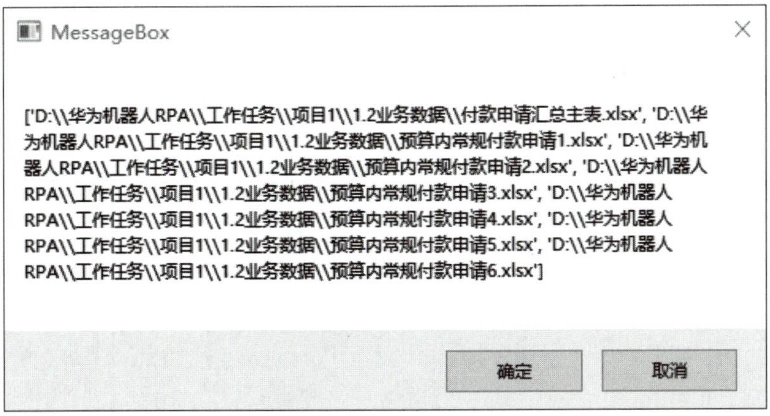

图1－28　流程运行结果

5. 循环撷取数据并存入列表

第二部分流程搭建完成后，搭建流程的第三部分，循环撷取数据并存入 c_datas 列表。具体流程及控件属性设置如表1－19所示。

表1－19　“撷取多个付款申请表数据机器人——循环撷取数据并存入列表”流程

在“撷取多个付款申请表数据机器人——获取源文件的路径列表并创建空列表”流程（表1－18）下继续搭建					
序号	流程步骤	控件名称	属性	属性设置	说明
6	循环遍历文件路径列表	【For(遍历/计次循环)】	数据集合	@{all_path_list}	变量 all_path_list 指文件路径的列表
			条目名称	fil_path	变量 fil_path 存储了循环提取的单个文件路径
接序号6控件，进入循环（【For(遍历/计次循环)】—Entry）后的流程					
序号	流程步骤	控件名称	属性	属性设置	说明
7	筛选付款申请表的文件路径	【If(条件分支)】	条件表达式	“常规付款申请” in fil_path	判断遍历的文件名是否包含“常规付款申请”，如果“是”，则进入以下流程，“否”则不作任何操作
接序号7控件，条件判断结果为“True”时，进入（【If(条件分支)】—True）后的流程					
序号	流程步骤	控件名称	属性	属性设置	说明
8	结束 Excel 进程	【结束 Excel 进程】	—	—	
9	打开源文件	【打开 excel 文件】	Excel 文件路径	@{fil_path}	变量 fil_path 指当前遍历提取的文件路径
			excel 文件对象别名[ExcelObject]	sr_fil	变量 sr_fil 为当前路径指向 Excel 文件对象的别名

续表

序号	流程步骤	控件名称	属性	属性设置	说明
10	提取文件内容	【提取 sheet 内容】	Excel 对象	sr_fil	变量 sr_fil 指序号 9 控件打开的文件对象
			文本内容［Array］	sor_fil_va	将提取的目标文件内容保存在变量 sor_fil_va 中
11	关闭源文件	【关闭工作簿】	Excel 对象	sr_fil	关闭指定文件对象工作簿
12	一次撷取 5 个数据	【运行 python 表达式】	表达式	［sor_fil_va［10］［1］，sor_fil_va［9］［1］，sor_fil_va［11］［1］，sor_fil_va［12］［1］，sor_fil_va［14］［1］］	从提取的 sheet 内容中（变量 sor_fil_va），撷取目标单元格的值，并组成列表
			执行结果	she_va	把当前表达式组成的列表保存到变量 she_va 中
13	将数据添加到 c_datas 列表中	【执行 python 语句（exec. statement）】	python 语句	c_datas. append（she_va）	把变量 she_va 的值添加到 c_datas 列表中，执行结果是把当前工作表撷取的单元格的值的列表汇集到 c_datas 列表中

如果在序号 13【执行 python 语句】控件下增加【消息窗口】展示变量 c_datas 的值，流程运行后的结果如图 1－29 所示。

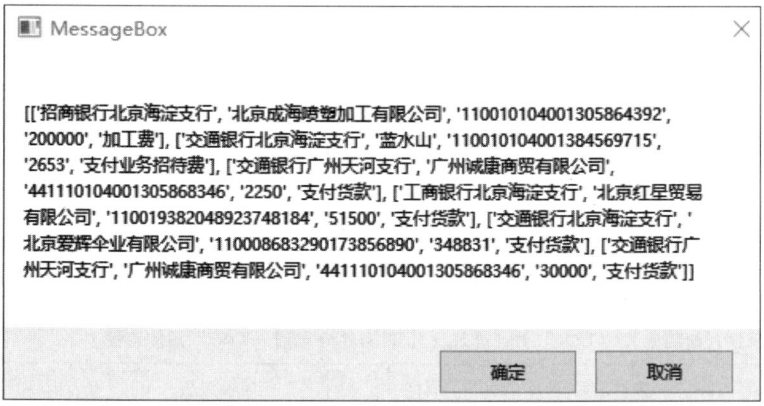

图 1－29　“撷取多个付款申请表机器人——循环撷取数据并存入列表”流程运行结果

【流程设计说明】

（1）在【For(遍历/计次循环)】控件下的“Entry”方向添加【If(条件分支)】控件，通过【If(条件分支)】控件筛选判断当前文件的文件名是否包含“常规付款申请”，即源文件。

（2）读取源工作表指定单元格内容的方法是结合【运行 python 表达式】控件和列表切片一次性读取工作表中所有的指定数据，并保存到列表中。此表达式返回值是一个列表，列表的元素就是指定单元格的值。单元格的值是通过列表切片和列表索引号获取的，源工作表的列表索引如图 1－30 所示。

行索引号 \ 列索引号	0	1
0	预算内常规付款申请	
1	申请日期：2020-06-11	
2	审批编码	202006111359000763297
3	申请人	叶广淮
4	申请部门	采购部
5	申请人职位	普通员工
6	付款公司	北京加旺电器有限公司
7	付款类型	加工费
8	付款方式	银行转账
9	收款人	北京成海喷塑加工有限公司
10	开户行	招商银行北京海淀支行
11	银行账号	110010104001305864392
12	付款总额（元）	200000
13	支付截止日期	2019-06-07
14	付款原因及说明	加工费
15	备注	
16	附件	发票.pdf
17	审批流程	已同意 2020-06-12 12:12:49
18		已同意 2020-06-12 12:25:10
19		已同意 2020-06-12 15:09:51
20		已同意 2020-06-12 15:34:26
21		已同意 2020-06-16 10:04:59
22		已同意 2020-06-16 14:36:10
23		已同意 2020-06-16 15:30:15

图 1－30　按索引号提取单元格内容

开户行信息对应的行索引号是 10，列索引号是 1，所以使用列表切片 sor_fil_va［10］［1］可以提取“招商银行北京海淀支行”。

（3）序号 13【执行 python 语句】控件的作用是将变量 she_va 添加到列表 c_datas 中，实现了把源工作表撷取的单元格的值的列表汇总到一个变量中。其中使用了一个关键方法：append() 方法。

append() 方法

append() 方法属于列表类型的方法，它的作用是给列表添加元素，语法规则是：

<列表变量>. append(添加内容)

例如，有一列表 lis =［['一月应付款', 2256300]］，给 lis 列表添加一

append () 方法

个元素：['二月应付款', 36985300]，会得到以下结果，如图 1－31 所示。

初始列表lis：	[['一月应付款' ,2256300]]
调用append()方法：	lis.append(['二月应付款' ,36985300])
调用后结果：	[['一月应付款' ,2256300],['二月应付款' ,36985300]]

图 1－31　append( ) 方法案例

6. 将撷取的数据写入目标文件

第三部分流程搭建完成后，搭建流程的第四部分，将撷取的所有数据一次性汇总到目标文件中。

具体流程及控件属性设置如表 1－20 所示。

表 1－20　“撷取多个付款申请表数据机器人——将撷取的数据写入目标文件”流程

在“撷取多个付款申请表数据机器人——循环撷取数据并存入列表”流程（表 1－19）下继续搭建					
接序号 6 控件，退出循环（【For(遍历/计次循环)】—Exit）后的流程					
序号	流程步骤	控件名称	属性	属性设置	说明
14	结束 Excel 进程	【结束 Excel 进程】	—	—	
15	打开目标文件	【打开 excel 文件】	Excel 文件路径	@{obj_fil_path}	变量 obj_fil_path 是流程第一部分获取的目标文件路径变量
			excel 文件对象别名［ExcelObject］	obj_fil	变量 obj_fil 为目标文件对象的别名，即“付款申请汇总主表.xlsx”工作簿的别名
16	提取文件内容	【提取 sheet 内容】	Excel 对象	obj_fil	目标文件
			文本内容［Array］	obj_fil_va	将提取的目标文件内容保存在变量 obj_fil_va 中
17	计算工作表内容的行数	【运行 python 表达式】	表达式	len(obj_fil_va)＋1	计算数据写入行的行次
			执行结果	row_num	计算结果存储在变量 row_num 中
18	将 c_datas 写入目标文件	【写入区域】	Excel 对象	obj_fil	设置数据写入的对象为 obj_fil
			起始位置	A@{row_num}：E10000	适当扩大获取区域以扩展机器人的适用性
			数据	**@{c_datas}**	写入撷取的数据
19	保存目标文件	【保存工作簿】	Excel 对象	obj_fil	
20	关闭目标文件	【关闭工作簿】	Excel 对象	obj_fil	
21	提示汇总完成	【消息窗口】	消息框内容	汇总完成	提示汇总完成

7. 调试机器人

点击“保存”菜单，保存当前项目，点击“运行”菜单调试“撷取多个付款申请表数据机器人”程序，机器人运行时会弹出选择源文件夹的窗口和选择目标文件的窗口，请正确选择源文件夹为保存预算内付款申请表的文件夹，目标文件为“付款申请汇总主表 . xlsx”文件。

程序运行正常的情况下，打开“付款申请汇总主表 . xlsx”文件，查看数据汇总结果。

正确的数据汇总结果如图 1－32 所示。

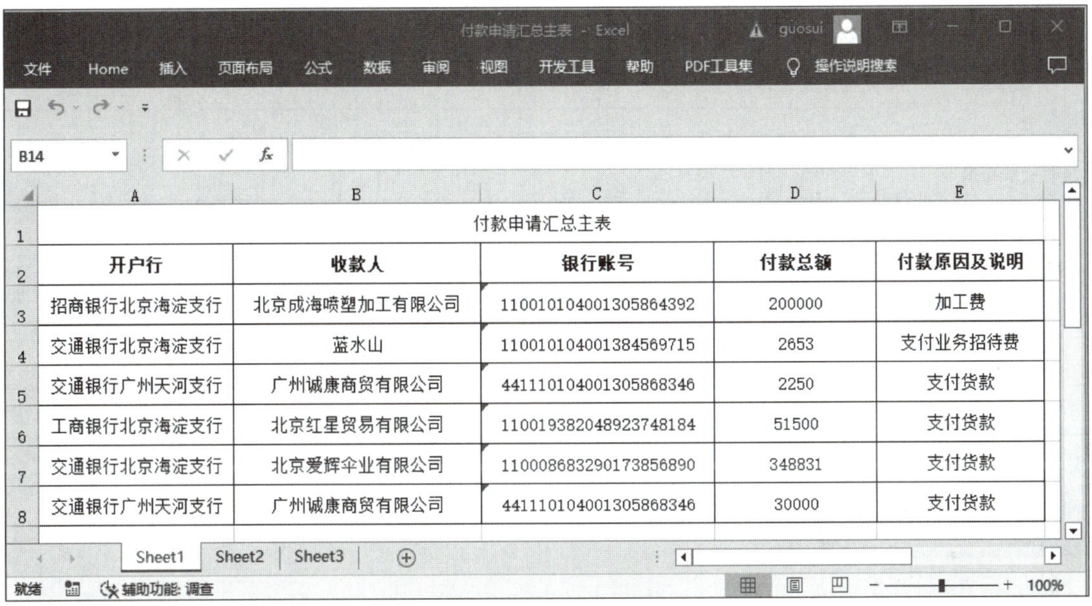

付款申请汇总主表

开户行	收款人	银行账号	付款总额	付款原因及说明
招商银行北京海淀支行	北京成海喷塑加工有限公司	110010104001305864392	200000	加工费
交通银行北京海淀支行	蓝水山	110010104001384569715	2653	支付业务招待费
交通银行广州天河支行	广州诚康商贸有限公司	441110104001305868346	2250	支付货款
工商银行北京海淀支行	北京红星贸易有限公司	110019382048923748184	51500	支付货款
交通银行北京海淀支行	北京爱辉伞业有限公司	110008683290173856890	348831	支付货款
交通银行广州天河支行	广州诚康商贸有限公司	441110104001305868346	30000	支付货款

图 1－32　撷取多个付款申请表数据机器人运行结果

到此，撷取付款申请表数据机器人开发完毕。

考核与评价

考核的重点是理论知识的掌握水平、技术技能的应用水平以及职业素养水平，学习者可以从以上 3 个方面评价学习效果，具体评价项目及标准如表 1－21 所示。

表 1－21　模块考核评价标准

考核项目	考核内容	配分	得分
理论知识水平	正确描述撷取付款申请表数据的人工流程并绘制流程图	10	
	正确描述与解释撷取付款申请表数据 RPA 机器人流程图	10	
	能选择正确的控件	10	
理论知识水平总分		30	

续表

考核项目	考核内容	配分	得分
技术技能应用水平	制定撷取付款申请表数据的 RPA 流程方案	5	
	正确绘制撷取付款申请表数据 RPA 机器人流程图	15	
	在 RPA 流程中正确添加和使用控件，正确设置控件的参数	15	
	应用设计的撷取付款申请表数据机器人得到正确的结果	10	
技术技能应用水平总分		45	
职业素养水平	能比较分析出不同流程方案的优势	5	
	根据业务流程的变化提出变更与改善流程的方案	5	
	工作过程中投入、积极、专注，能按时完成工作任务，做好工作笔记，有工作完成后归纳与反思的记录	5	
	积极探索多种 RPA 方案，并付诸实践，面对困难时主动通过各种途径探寻资料以解决问题	5	
	反复斟酌流程设计方案，在实践的过程中不断精进流程设计能力	5	
职业素养水平总分		25	
综合评价总分		100	

总结与提高

（1）获取单个单元格数据的控件是【读取单元格】，但一次只能提取一个单元格数据，当需要在一个工作表中提取不连续的多个单元格数据时，应该使用按行、列索引号访问表格数据的方式进行一次性提取的思路。

（2）撷取付款申请表数据机器人的设计思路是循环执行打开源数据文件及撷取目标单元格数据并添加到设定的列表中的操作，数据收集完毕，一次写入目标文件中。使用【文件夹选择框】控件获取源数据文件所在文件夹的路径，用于遍历循环打开文件之用，通过【For(遍历/计次循环)】控件遍历源文件路径实现逐个打开源文件，结合使用【提取 sheet 内容】控件、【运行 python 表达式】控件和使用索引号访问列表元素的方法获取单个文件指定的单元格数据，写入目标工作表之前，使用【运行 python 表达式】计算当前工作表的已有行数，加 1 后得到本次循环应写入单元格范围的行次，并适当扩大写入的范围。

模块三　网银付款业务机器人

工作任务

将网中网贸易有限公司一批“预算内常规付款申请单.xlsx”文件中的付款信息逐笔录入到网银系统中，完成付款业务。

工作任务如表1-22所示。

网银付款业务工作任务介绍

表1-22　工作任务卡

任务编号	5	任务名称	开发“网银付款业务机器人”	工作区域	数字机器人实训中心
建议学时	2~3	参考文件或资料	WeAutomate设计器中【打开网页】、【在网页中输入文本】、【鼠标单击网页元素】等本模块应用控件的“帮助-messageBox”		
德技兼修	(1) 接到任务时，先对任务进行整体分析，明确任务目的 (2) 基于数据源条件规划实施任务的路径 (3) 开发流程过程中遇到困难时主动寻求解决方法，耐心阅读方法说明与案例，如需求助于人时，先准备好咨询的问题，并准确、清晰地表达 (4) 检查任务成果时细致、认真、严谨，也可邀请别人一起检查 (5) 主动学习教材外的资源，了解RPA+AI应用于财务领域的案例，拓宽对RPA+AI应用的认知 (6) 养成勤学好问、勤于思考、诚恳待人、严谨细致的工作态度				
工作任务	(1) 开发“网银付款机器人”流程 (2) 应用“网银付款机器人”实现任务目的				

流程穿越

网银付款业务流程穿越

请你跟随教材的指引，通过人工操作计算机完成网银付款的工作任务。

我们将数据材料存放的文件称为源文件，即各个“预算内常规付款申请单.xlsx”文件。

根据付款申请单的付款信息在网银系统进行支付的工作流程是：

(1) 打开存储源文件的文件夹。

(2) 登录网银系统网站（虚拟实训平台网上银行网址：http://ebank-rpa.netinnet.cn/jh_bank/login），如图1-33所示。

(3) 输入账号（110010104001305864 30）和密码（123456），登入网银系统。

(4) 点击“企业单笔付款”“付款录入”按钮，进入付款录入界面。

（5）打开“预算内常规付款申请单1.xlsx”文件（见图1－34），找到“收款人账号”等付款信息单元格数据，选择单元格区域，执行复制命令。

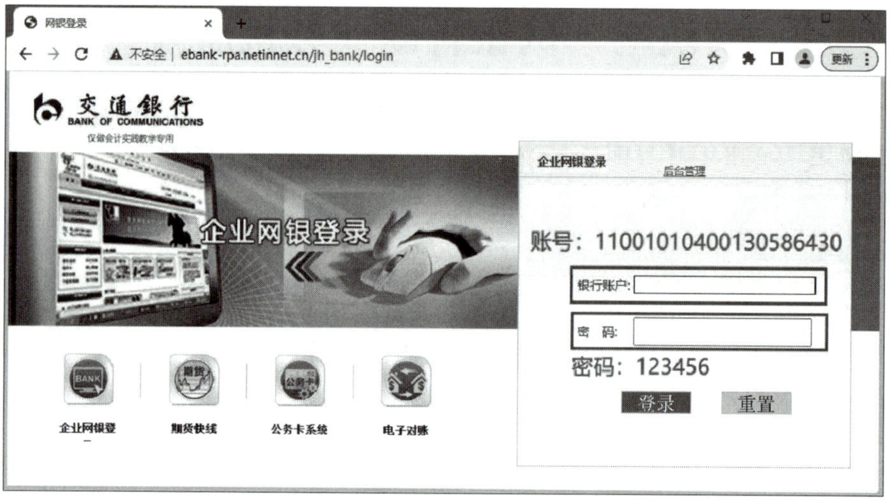

图1－33　虚拟实训平台网上银行登录界面

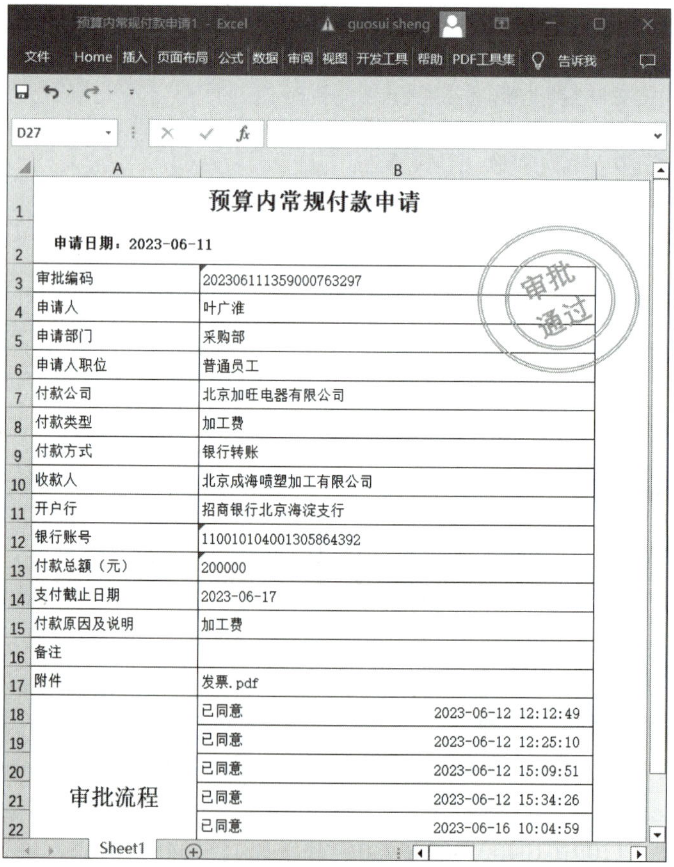

图1－34　付款申请表

(6) 在付款录入界面，执行粘贴命令，录入所有付款信息后，点击“保存”按钮，完成该笔付款业务。

(7) 重复以上操作直至所有付款申请单都录入网银系统中，完成支付。

(8) 关闭网银系统网站。

以上流程如图 1－35 所示。

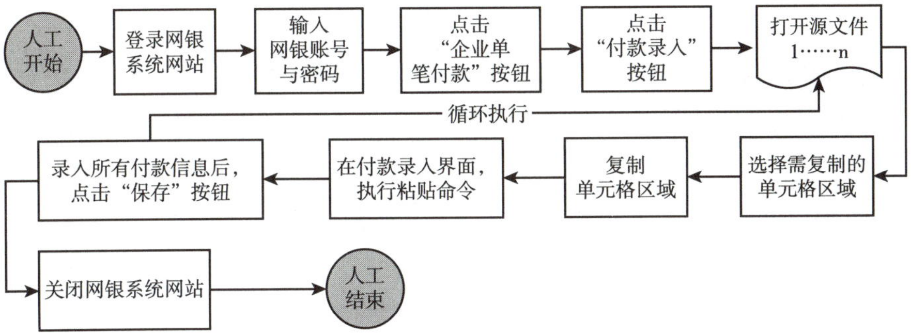

图 1－35　网银付款业务穿越流程图

流程穿越是开发机器人过程中基础的、必须的、重要的步骤，请务必认真完成，并随时记下疑问与灵感，如表 1－23 所示。

表 1－23　网银付款业务流程穿越记录表

执行步骤名称	此执行步骤的疑问	疑问的解决	自动化机会
例：网银网站默认的收款方所在银行是“交通银行”	在机器人流程中如何进行判断切换为其他银行？	先判断付款申请表中的“收款方所在银行”，如果不是交通银行，则添加选择银行的流程，否则，直接填写其他付款信息	可实现
……			

开发“网银付款业务机器人”

一、完成一笔付款业务机器人

完成一笔付款业务流程设计

1. 设计流程

现在来设计完成一笔付款业务完整流程的机器人。

首先整理流程设计思路：

(1) 流程第一部分，获取源文件路径。

(2) 流程第二部分，登录网银系统，然后进入单笔付款网页。

(3) 流程第三部分，打开源文件，然后提取付款信息。

(4) 流程第四部分，填写、保存网银付款信息，完成网银付款业务。在这个流程执行时，我们发现，付款信息界面中默认选择的“收款方所在银行”是“交通银行”（见图1－36），如果当前收款方银行不是“交通银行”，那么这个选项就要被改变。因此，要在流程中加入一个条件判断的设计，即根据付款申请表中的收款方信息，修改付款信息界面中“收款方所在银行”项为“其他银行”，并输入“其他银行”的内容，接着，流程可以退出判断，执行填写其他付款信息的流程。如果当前收款方银行是默认的“交通银行”，那么直接执行判断流程退出后的流程。

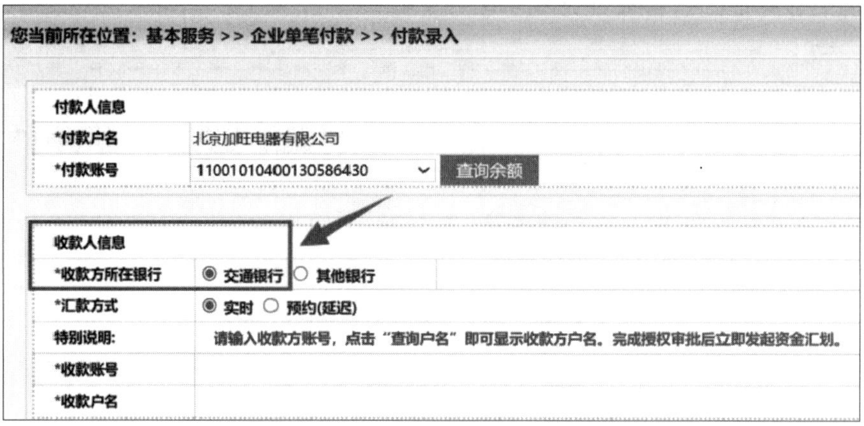

图1－36　付款信息录入界面

然后，根据思路绘制机器人程序的流程图，如图1－37所示。

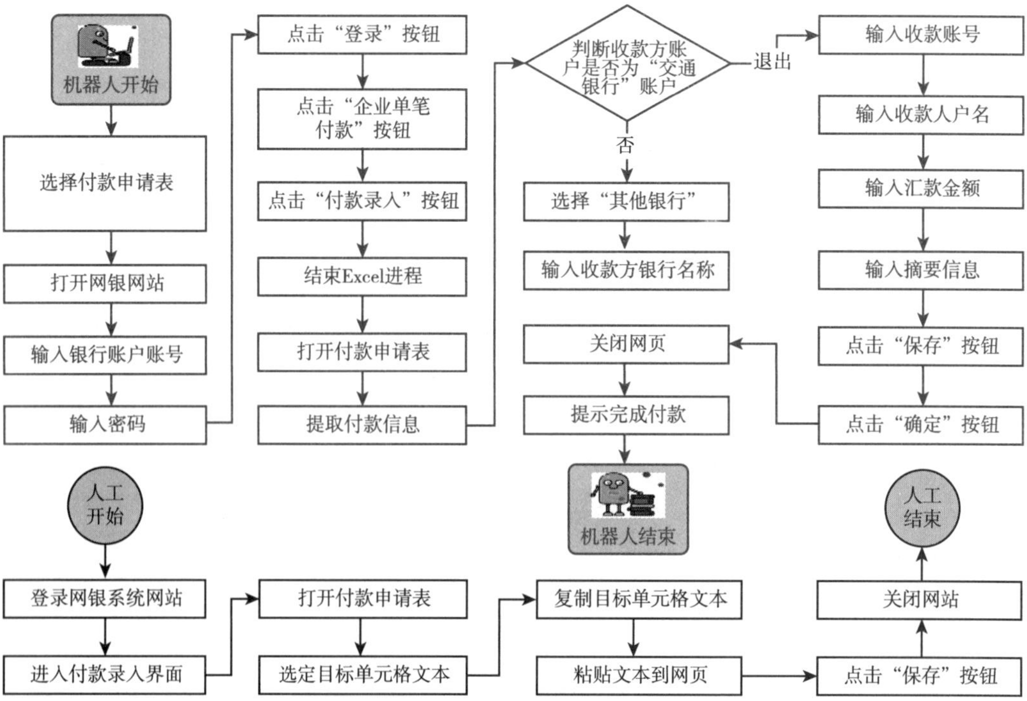

图1－37　完成一笔付款业务流程

2. 创建新脚本

新建项目“网银付款业务机器人”，并在此项目下新建脚本“完成一笔付款业务机器人”脚本。

3. 获取源文件路径

搭建流程的第一部分：获取源文件路径。

具体流程及控件属性设置如表 1－24 所示。

表 1－24 “完成一笔付款业务机器人——获取源文件路径”流程

序号	流程步骤	控件名称	属性	属性设置	说明
0	开始	【开始】	—	—	—
1	选择付款申请表	【文件选择框】	表单数据［String］	pay_fil_path	变量 pay_fil_path 存储源文件路径，即付款申请表文件存放的路径
			文件选择框名称	请选择付款申请表文件	引导用户选择“预算内常规付款申请1”文件，这是流程的源文件

【流程设计说明】

将选择的付款申请源文件保存在变量“pay_fil_path”中，作为后续流程第三部分，打开源文件，提取付款信息流程控件【打开 excel 文件】的参数。

4. 登录网银系统

人工登录网上银行网站时，需要首先打开浏览器，在浏览器中输入网页地址进入网站。RPA 机器人可以实现自动打开指定网页的功能，需要重复进入网页时，RPA 机器人会节省大量工作时间。使用 RPA 机器人打开网页，首先需要打开浏览器的扩展，安装方法在导言的模块二中有详细说明。

设置完毕 WeAutomate Studio 设计器的浏览器扩展后，可使用 RPA 机器人直接打开指定的网页。本模块中，尝试使用 RPA 控件打开交通银行的网上银行网站执行后续操作。使用到的控件为【打开网页 openurl】控件。其中网页地址为交通银行教学模拟网页，网址为 http：//ebank－rpa. netinnet. cn/jh_bank/login。

下面，我们搭建流程的第二部分，登录网银系统并进入单笔付款网页。登录网银系统的界面请参考图 1－33。

具体流程及控件属性设置如表 1－25 所示。

表 1－25 “完成一笔付款业务机器人——登录网银系统”流程

在“完成一笔付款业务机器人——获取源文件路径”流程（表 1－24）下继续搭建

序号	流程步骤	控件名称	属性	属性设置	说明
2	打开网银网站	【打开网页】	网页地址	http：//ebank－rpa. netinnet. cn/jh_bank/login	登录指定网站

续表

序号	流程步骤	控件名称	属性	属性设置	说明
2	打开网银网站	【打开网页】	浏览器类型	chrome	选择谷歌浏览器
3	输入银行账户账号	【在网页中输入文本】	输入位置		点击控件的拾取器后，拾取彩色方框的区域
			输入内容	11001010400130586430	输入银行账号
4	输入密码	【在网页中输入文本】	输入位置		拾取彩色方框的区域
			输入内容	123456	输入登录密码
5	点击“登录”按钮	【鼠标单击网页元素】	目标元素		网页元素所在页面见图 1 – 33
6	点击“企业单笔付款”按钮	【鼠标单击网页元素】	目标元素		网页元素所在页面见图 1 – 38
7	点击“付款录入”按钮	【鼠标单击网页元素】	目标元素		网页元素所在页面见图 1 – 39

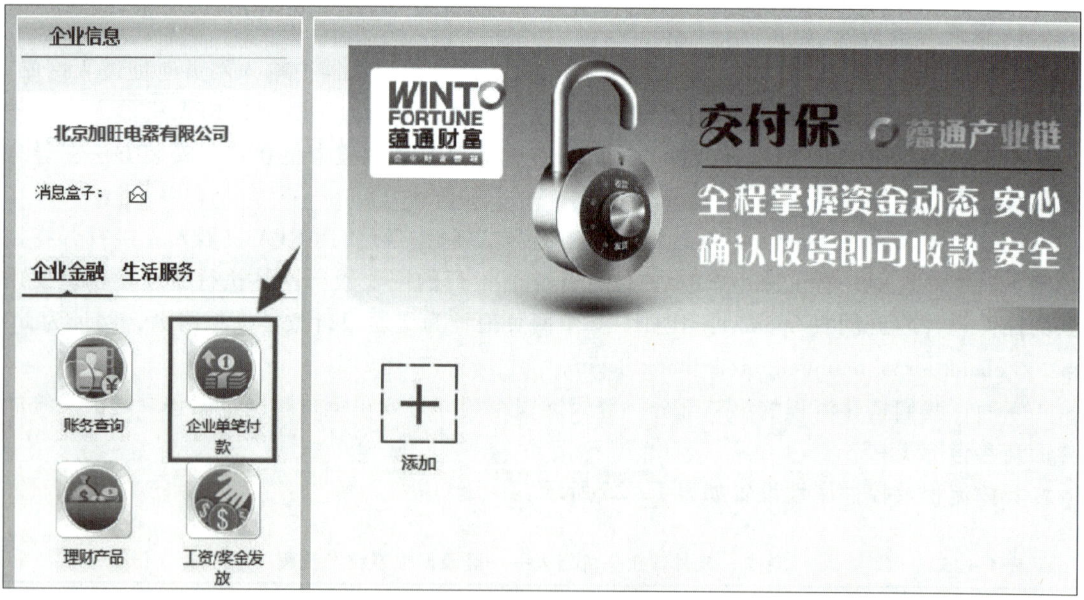

图 1 – 38　企业单笔付款页面

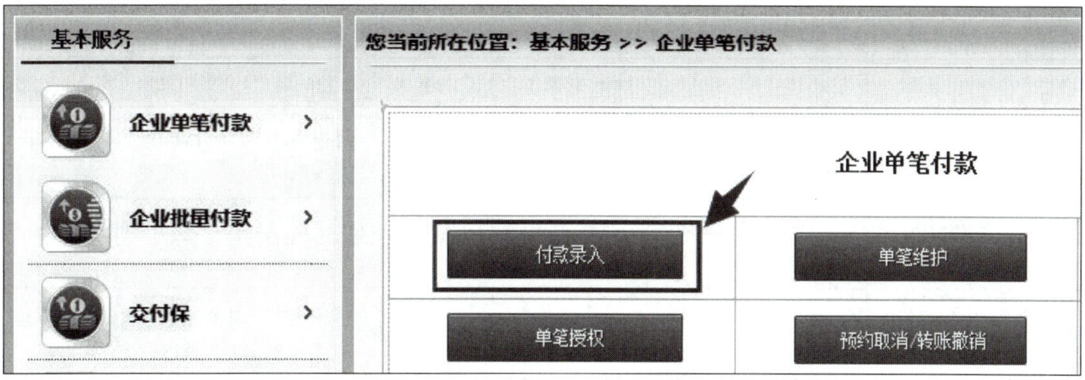

图 1－39　付款录入页面

【流程设计说明】

拾取网页元素的方法

（1）依次按照打开网上银行网站、登录网银系统和进入付款录入界面的步骤，添加【打开网页】、【在网页中输入文本】、【鼠标单击网页元素】控件以及设置控件的相关参数。

（2）登录网银系统时需要输入企业银行账户和密码，使用【在网页中输入文本】控件实现选择网页中的文本框元素，输入指定文本，实现文本的自动录入。

（3）当需要点击网页元素时，使用【鼠标单击网页元素】控件实现自动左键点击指定网页元素。

（4）当我们要拾取网页元素时，先点击控件的拾取器，然后移动鼠标到目标位置，通过点击鼠标左键确认拾取的元素。

（5）【鼠标单击网页元素】控件中"模拟人工点击"参数，当值为 False 或空时自动化接口触发点击，针对文件选择框需使用模拟人工点击的方式。

5. 从源文件中提取付款信息

流程第二部分搭建完成后，搭建流程的第三部分，打开源文件，然后提取付款信息。具体流程及控件属性设置如表 1－26 所示。

表 1－26　"完成一笔付款业务机器人——从源文件中提取付款信息"流程

在"完成一笔付款业务机器人——登录网银系统"流程（表 1－25）下继续搭建					
序号	流程步骤	控件名称	属性	属性设置	说明
8	结束 Excel 进程	【结束 Excel 进程】	—	—	
9	打开付款申请表	【打开 excel 文件】	Excel 文件路径	@{pay_fil_path}	变量 pay_fil_path 存储的是流程第一部分选择的源文件路径
			excel 文件对象别名［ExcelObject］	pay_fil	变量 pay_fil 是"预算内常规付款申请 1. xlsx"文件的别名

续表

序号	流程步骤	控件名称	属性	属性设置	说明
10	提取付款信息	【提取 sheet 内容】	Excel 对象	pay_fil	在 pay_fil 文件中提取内容
			文本内容［Array］	pay_items	将提取的内容保存在变量 pay_items 中
11	关闭付款申请表	【关闭工作簿】	Excel 对象	pay_fil	关闭付款申请表
12	观察提取的内容	【消息窗口】	消息框内容	@｛pay_items｝	此控件为非必要添加控件，作用是观察提取的表格内容是否正确

【流程设计说明】

从“预算内常规付款申请 1xlsx”工作表中提取表格的全部信息，保存在变量 pay_items 中，此变量是嵌套列表。

【流程运行结果】

提取的表格内容展示在消息窗口中，如图 1－40 所示。

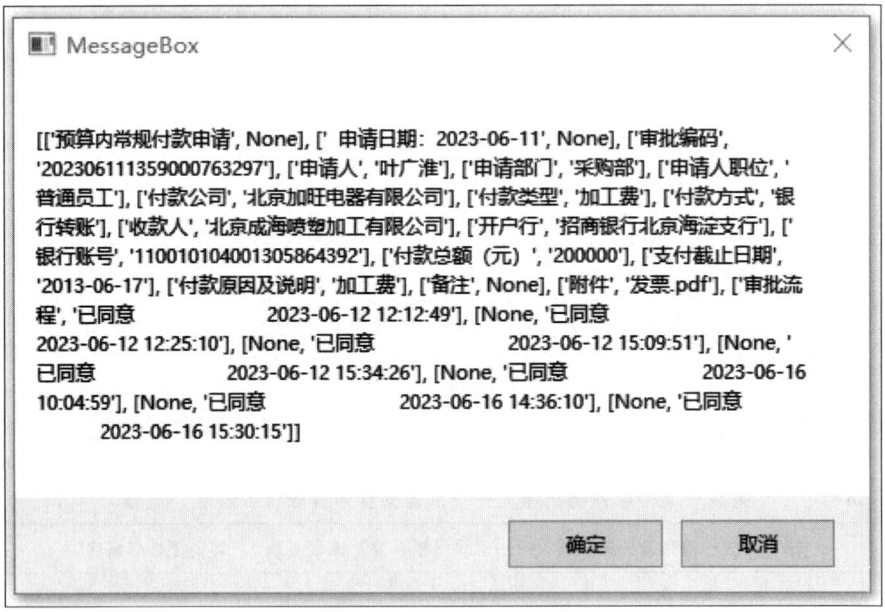

图 1－40　提取的表格内容

6. 完成网银付款业务

流程第三部分搭建完成后，搭建流程的第四部分，填写、保存网银付款信息，完成网银付款业务。

具体流程及控件属性设置如表 1－27 所示。

表 1－27　“完成一笔付款业务机器人——完成网银付款”流程

在“完成一笔付款业务机器人——从源文件中提取付款信息”流程（表 1－26）下继续搭建

序号	流程步骤	控件名称	属性	属性设置	说明
13	判断收款方账号是否为“交通银行”账户	【if(条件分支)】	条件表达式	"交通银行" in pay_items[10][1]	判断表格的第 11 行第 2 列的单元格的值是否为“交通银行”

接序号 13 控件，进入分支判断（【if(条件分支)】—False）后的流程

序号	流程步骤	控件名称	属性	属性设置	说明
14	选择“其他银行”	【鼠标单击网页元素】	目标元素		拾取彩色方框的区域
15	输入收款方银行名称	【在网页中输入文本】	输入位置		拾取彩色方框的区域
			输入内容	@{pay_items[10][1]}	

接序号 13 控件，进入分支判断（【if(条件分支)】—Exit）后的流程

序号	流程步骤	控件名称	属性	属性设置	说明
16	输入收款账号	【在网页中输入文本】	输入位置		
			输入内容	@{pay_items[11][1]}	根据列表索引填入收款账号信息，数据位于第 12 行第 2 列，索引即为 11 和 1
17	输入收款人户名	【在网页中输入文本】	输入位置		
			输入内容	@{pay_items[9][1]}	根据列表索引填入收款户名信息，数据位于第 10 行第 2 列，索引即为 9 和 1
18	输入汇款金额	【在网页中输入文本】	输入位置		
			输入内容	@{pay_items[12][1]}	根据列表索引填入汇款金额信息，数据位于第 13 行第 2 列，索引即为 12 和 1
19	输入摘要信息	【在网页中输入文本】	输入位置		
			输入内容	@{pay_items[14][1]}	根据列表索引填入摘要信息，数据位于第 15 行第 2 列，索引即为 14 和 1
20	点击“保存”按钮	【鼠标单击网页元素】	目标元素		网页元素所在页面见图 1－41
21	点击“确定”按钮	【鼠标单击网页元素】	目标元素		在弹出的窗口中拾取“确定”网页元素

续表

序号	流程步骤	控件名称	属性	属性设置	说明
22	关闭网页	【关闭网页窗口】	目标元素	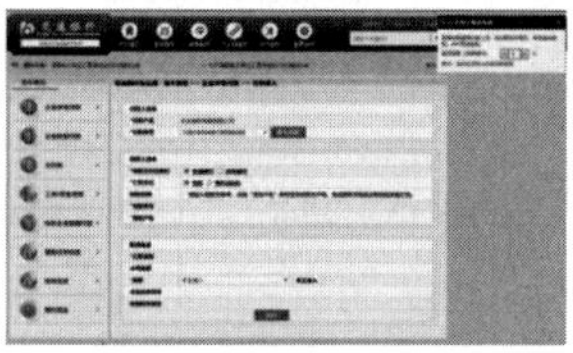	关闭付款信息导入网页
23	提示完成付款	【消息窗口】	消息框内容	网银付款业务完成!	拾取当前页面

【流程设计说明】

本流程网页元素所在页面如图 1－41 所示。

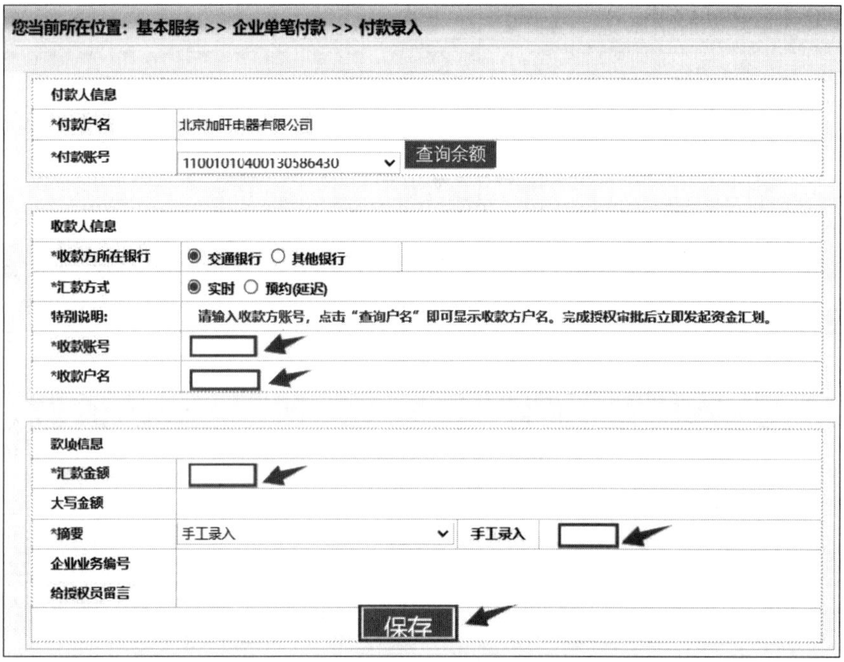

图 1－41　流程的第四部分涉及的网页元素

7. 调试机器人

点击“保存”菜单，保存当前项目，点击“运行”菜单调试“完成一笔付款业务机器人”程序，机器人运行时会弹出选择源文件的窗口，请正确选择“预算内常规付款申请1. xlsx”文件。

程序运行完毕后，点击浏览器的“后退”键（即浏览器左上角的向左箭头），返回到首页（如图 1－38 所示），继续点击“账务查询|账户明细查询|交易明细查询|末页”按钮，能查询到最近一笔付款业务的详细情况，如图 1－42 所示。

图 1－42　完成一笔付款业务机器人运行结果

二、完成多笔付款业务机器人

完成多笔付款业务流程设计

接下来，我们通过添加循环，在“完成一笔付款业务机器人”的基础上，开发“完成多笔付款业务机器人”。

1. 设计流程

完成多笔付款业务流程相当于重复执行完成一笔付款业务的流程，因此“完成多笔付款业务机器人”的循环出现在循环读取不同付款申请表的内容上。在机器人设计上的思路就是，把一批需要执行付款业务的付款申请表放在同一个文件夹中，然后在“打开付款申请表”流程前依次增加“获取付款申请表路径”流程与“循环打开付款申请表”流程，实现读取不同付款申请表，完成不同付款业务的需求。

到这里，流程的重点问题想明白了，接下来我们来设计完成多笔付款业务机器人。

首先，整理流程设计思路：

（1）流程第一部分，获取源文件夹路径。

（2）流程第二部分，登录网银系统，然后进入单笔付款网页。

（3）流程第三部分，获取付款申请文件路径列表，循环遍历付款申请文件路径列表。

（4）流程第四部分，打开源文件，然后提取付款信息。

（5）流程第五部分，填写、保存网银付款信息，完成网银付款业务。

其次，根据思路绘制机器人程序的流程图，如图 1－43 所示。

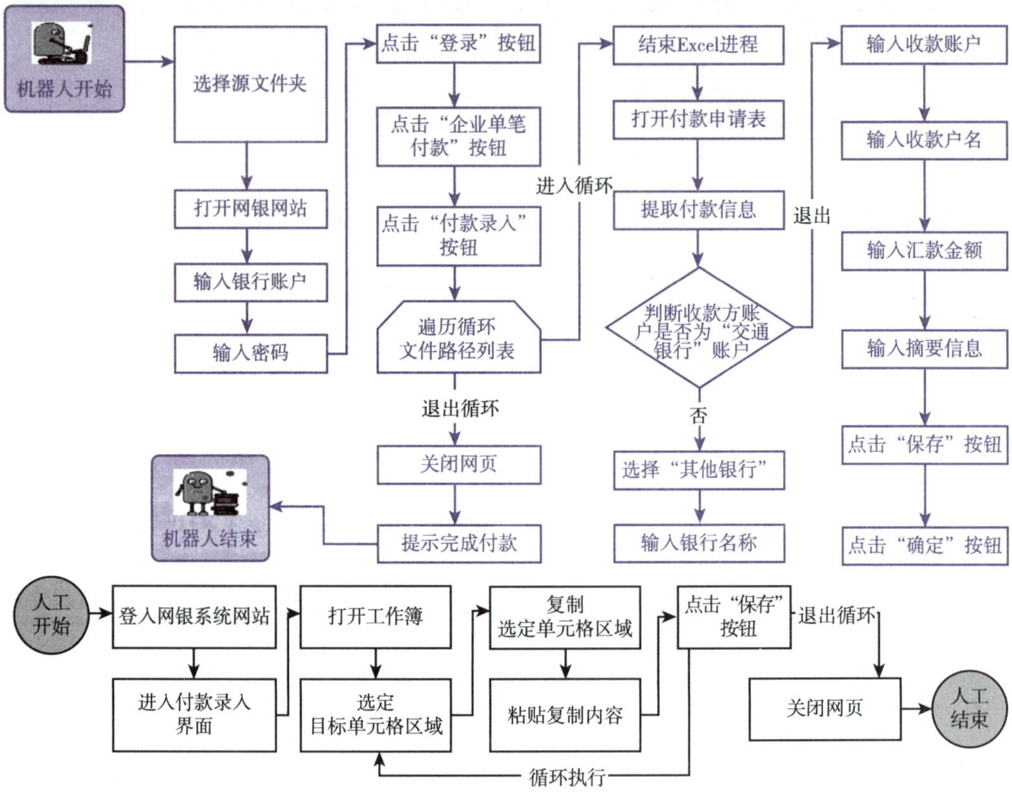

图 1－43　完成多笔付款业务流程

2. 创建新脚本

在项目“网银付款业务机器人”中创建“完成多笔付款业务机器人”脚本。

3. 获取源文件夹路径

搭建流程的第一部分：获取源文件路径。

具体流程及控件属性设置如表 1－28 所示。

表 1－28　“完成多笔付款业务机器人——获取源文件路径”流程

序号	流程步骤	控件名称	属性	属性设置	说明
0	开始	【开始】	—	—	—
1	选择付款申请表	【文件夹选择框】	文件夹对话框数据［String］	pay_fol_path	变量 pay_fol_path 存储源文件所在文件夹路径，即付款申请表文件所在文件夹的路径
			文件对话框名称	请选择付款申请表存储的文件夹	引导用户选择付款申请表存储的文件夹，这是流程的源文件夹

【流程设计说明】

将选择的源文件夹路径保存在变量“pay_fol_path”中，作为后续流程第三部分，获取源文件路径列表，【列出目录下的文件】控件的参数。

4. 登录网银系统

流程的第一部分搭建完成后，搭建流程的第二部分。

具体流程及控件属性设置如表 1 – 29 所示。

表 1 – 29　　“完成多笔付款业务机器人——登录网银系统”流程

在“完成多笔付款业务机器人——获取源文件路径”流程（表 1 – 28）下继续搭建					
序号	流程步骤	控件名称	属性	属性设置	说明
2 ~ 7	同“完成一笔付款业务机器人——登录网银系统”流程（表 1 – 25）中的 2 ~ 7 步骤				

5. 循环遍历文件路径列表

流程的第二部分搭建完成后，搭建流程的第三部分。

具体流程及控件属性设置如表 1 – 30 所示。

表 1 – 30　　“完成多笔付款业务机器人——循环遍历文件路径列表”流程

在“完成多笔付款业务机器人——登录网银系统”流程（表 1 – 29）下继续搭建					
序号	流程步骤	控件名称	属性	属性设置	说明
8	遍历循环文件路径列表	【运行 python 表达式】	导包语句	import glob	导入 glob 模块
			表达式	glob. glob(pay_fol_path + "\ * ")	获取源文件夹中所有文件的名称列表
			执行结果	pay_fil_pathes	获取的所有文件的路径保存在变量 pay _ fil _ pathes 中
9	遍历循环文件路径列表	【For(遍历/计次循环)】	数据集合	@ {pay_fil_pathes}	变量 pay_fil_pathes 存储了文件路径的列表
			条目名称	file_path	变量 file_path 存储了循环提取的单个文件路径
接序号 9 控件，退出循环（【For(遍历/计次循环)】—Exit）后的流程					
序号	流程步骤	控件名称	属性	属性设置	说明
10	关闭网页	【关闭网页窗口】	网页元素	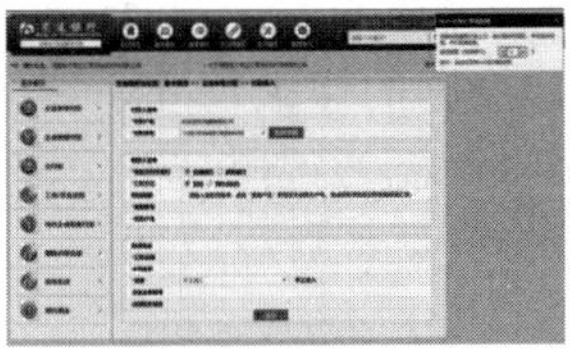	关闭付款信息导入页面
11	提示完成付款	【消息窗口】	消息框内容	网银付款业务完成	提示付款完成

6. 从源文件中提取付款信息

流程第三部分搭建完成后，搭建流程的第四部分，打开源文件，然后提取付款信息。具体流程及控件属性设置如表 1 - 31 所示。

表 1 - 31　“完成多笔付款业务机器人——从源文件中提取付款信息”流程

<table>
<tr><td colspan="6">在“完成多笔付款业务机器人——循环遍历文件路径列表”流程（表 1 - 30）下继续搭建</td></tr>
<tr><td colspan="6">接序号 9 控件，进入循环（【For(遍历/计次循环)】—Entry）后的流程</td></tr>
<tr><td>序号</td><td>流程步骤</td><td>控件名称</td><td>属性</td><td>属性设置</td><td>说明</td></tr>
<tr><td>12</td><td>结束 Excel 进程</td><td>【结束 Excel 进程】</td><td>—</td><td>—</td><td></td></tr>
<tr><td rowspan="2">13</td><td rowspan="2">打开付款申请表</td><td rowspan="2">【打开 excel 文件】</td><td>Excel 文件路径</td><td>@{file_path}</td><td>变量 file_path 是当前循环的文件路径</td></tr>
<tr><td>excel 文件对象别名
[ExcelObject]</td><td>pay_fil</td><td>变量 pay_fil 是当前打开的文件的别名</td></tr>
<tr><td rowspan="2">14</td><td rowspan="2">提取付款信息</td><td rowspan="2">【提取 sheet 内容】</td><td>Excel 对象</td><td>pay_fil</td><td>在 pay_fil 文件中提取内容</td></tr>
<tr><td>文本内容
[Array]</td><td>pay_items</td><td>将提取的内容保存在变量 pay_items中</td></tr>
</table>

7. 完成网银付款业务

流程的第四部分搭建完成后，搭建流程的第五部分。

具体流程及控件属性设置如表 1 - 32 所示。

表 1 - 32　“完成多笔付款业务机器人——完成网银付款业务”流程

<table>
<tr><td colspan="6">在“完成多笔付款业务机器人——从源文件中提取付款信息”流程（表 1 - 31）下继续搭建</td></tr>
<tr><td>序号</td><td>流程步骤</td><td>控件名称</td><td>属性</td><td>属性设置</td><td>说明</td></tr>
<tr><td>15 ~ 23</td><td colspan="5">同“完成一笔付款业务机器人——完成网银付款业务”流程（表 1 - 27）序号 13 ~ 21 流程</td></tr>
</table>

8. 调试机器人

点击“保存”菜单，保存当前项目，点击“运行”菜单调试“完成多笔付款业务机器人”程序，机器人运行时会弹出选择源文件的窗口，请正确选择 6 个预算内常规付款申请文件所在的文件夹。

程序运行完毕后，点击浏览器的“后退”键（即浏览器左上角的向左箭头），返回到首页（如图 1 - 38 所示），继续点击“账务查询|账户明细查询|交易明细查询|末页”按钮，能查询到最近已经付款业务的详细情况，如图 1 - 44 所示。

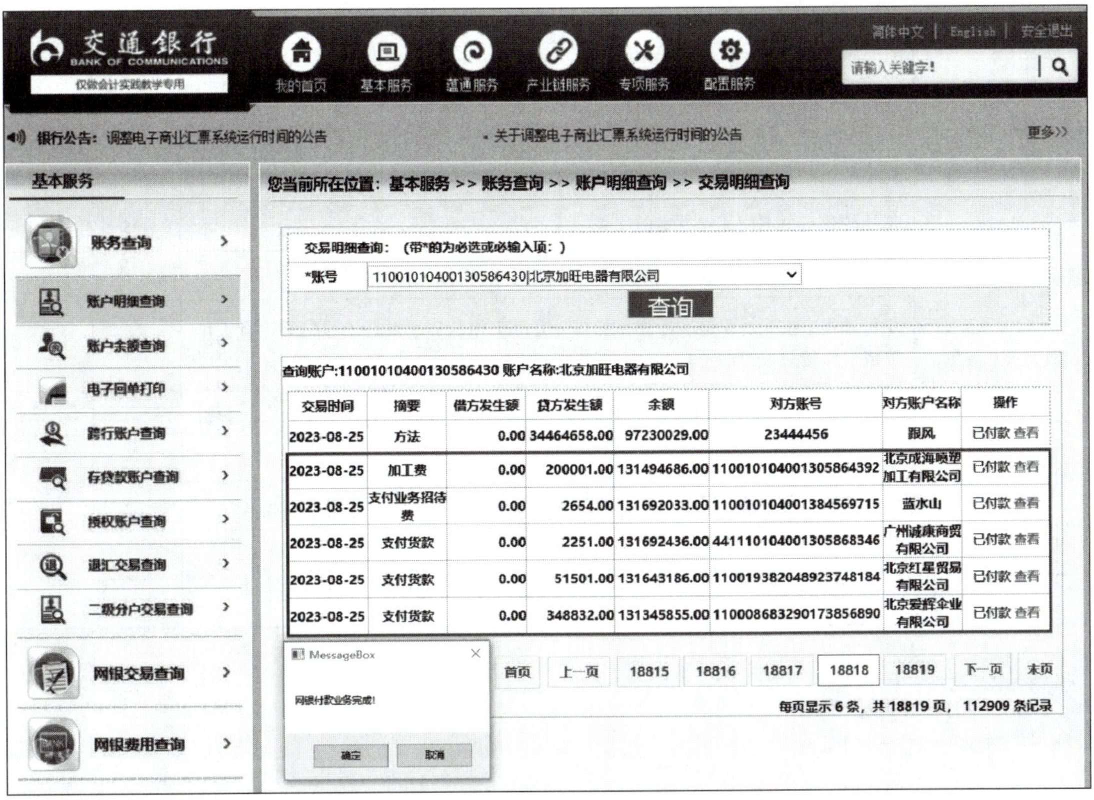

图1-44　完成多笔付款业务机器人运行结果

考核与评价

考核的重点是理论知识的掌握水平、技术技能的应用水平以及职业素养水平，学习者可以从以上3个方面评价学习效果，具体评价项目及标准见表1-33所示。

表1-33　模块考核评价标准

考核项目	考核内容	配分	得分
理论知识水平	正确描述网银付款的人工流程并绘制流程图	10	
	正确描述与解释网银付款RPA机器人流程图	10	
	能选择正确的控件	10	
理论知识水平总分		30	
技术技能应用水平	制定网银付款的RPA流程方案	5	
	正确绘制网银付款RPA机器人流程图	15	
	在RPA流程中正确添加和使用控件，正确设置控件的参数	15	

续表

考核项目	考核内容	配分	得分
技术技能应用水平	应用设计的网银付款机器人得到正确的结果	10	
技术技能应用水平总分		45	
职业素养水平	能比较分析出不同流程方案的优势	5	
	根据业务流程的变化提出变更与改善流程的方案	5	
	工作过程中投入、积极、专注，能按时完成工作任务，做好工作笔记，有工作完成后归纳与反思的记录	5	
	积极探索多种 RPA 方案，并付诸实践，面对困难时主动通过各种途径探寻资料以解决问题	5	
	反复斟酌流程设计方案，在实践的过程中不断精进流程设计能力	5	
职业素养水平总分		25	
综合评价总分		100	

总结与提高

（1）【在网页中输入文本】控件中的“输入位置”参数需要在网页中拾取文本框元素，“输入内容”参数中填入需要录入文本框中的数据。

（2）【鼠标单击网页元素】控件中的“目标元素”参数需要在网页中拾取按钮元素，“模拟人工点击”参数默认为 False，即根据目标元素的自动化接口触发点击，参数为 True 时，将通过模拟人工点击的方式触发点击。

数字赋能

党的十八大以来，以习近平同志为核心的党中央深刻洞察新一轮科技革命和产业变革趋势，牢牢把握全球信息化发展与数字化转型的重大历史机遇，高度重视、全面布局、统筹推进网络强国、数字中国建设。党的二十大擘画了全面建设社会主义现代化强国、以中国式现代化全面推进中华民族伟大复兴的宏伟蓝图，明确了新时代新征程党和国家事业发展的目标任务，特别是高度重视信息化数字化发展，就加快建设网络强国、数字中国提出一系列新要求，作出一系列新部署。我们要全面贯彻落实党的二十大精神，充分发挥信息化数字化对中国式现代化的驱动引领作用，不断推动网络强国、数字中国建设，把握新机遇、塑造新优势、实现新发展，为全面建设社会主义现代化国家、全面推进中华民族伟大复兴提供有力支撑。

实战演练

一、不定期选择题

1. 在 WeAutomate3. 1. 2 中，如果希望获取一个文件的路径，可以选择使用（　　）控件。

A. 文件选择框

B. 选择文件框

C. 文件夹选择框

D. 选择文件/目录框

2. 在 WeAutomate3. 1. 2 中，【文件选择框】控件的（　　）属性用于设置保存获取文件路径的变量名。

A. 表单数据

B. 文件路径

C. 文件选择框名称

D. 文件对话框数据

3. 如果需要一次读入“try”文件夹中的多个文件，以下选项中使用控件及控件属性设置正确的是（　　）。

A. 使用【文件夹选择框】控件获取“try”文件夹的路径

B. 在【文件夹选择框】控件中设置“文件夹对话框数据”属性的值为 try_list

C. 结合使用【文件夹选择框】控件和【运行 python 表达式】控件获取“try”文件夹中文件的路径

D. 【运行 python 表达式】控件中“python 表达式”属性的值为：glob. glob(try_list +"*")

4. 运行 WeAutomate3. 1. 2【列出目录下的文件】控件后，得到的结果是（　　）。

A. 存放在文件夹内带扩展名的所有文件名

B. 存放在文件夹内带扩展名的文件名的列表

C. 存放在文件夹内带扩展名的文件名的字典

D. 存放在文件夹内带扩展名的文件

5. 在 Excel 工作表指定区域中写入内容的正确流程是（　　）。

A. 【打开 Excel 文件】—>【写入区域】—>【保存工作簿】—>【关闭工作簿】—>【结束 Excel 进程】

B. 【结束 Excel 进程】—>【打开 Excel 文件】—>【写入区域】—>【关闭工作簿】

C. 【打开 Excel 文件】—>【写入区域】—>【保存工作簿】—>【结束 Excel 进程】

D. 【结束 Excel 进程】—>【打开 Excel 文件】—>【写入区域】—>【保存工作簿】—>【关闭工作簿】

6. 下述关于【写入单元格】控件的 3 个参数的描述正确的有（　　）。

A. “Excel 对象”指需写入内容的工作簿，可以直接用变量表示

B. “工作表 Sheet”指需要写入内容的工作表，此时工作表所在的工作簿往往包含多个工作表

C. “目标单元格”指内容写入的位置，可以是一个单元格或单元格区域

D. “写入内容”指已经收集好的内容，一般存放在变量中，填写此参数时，直接写入存放数据的变量名

7. 图1-45流程执行的结果是（　　）。

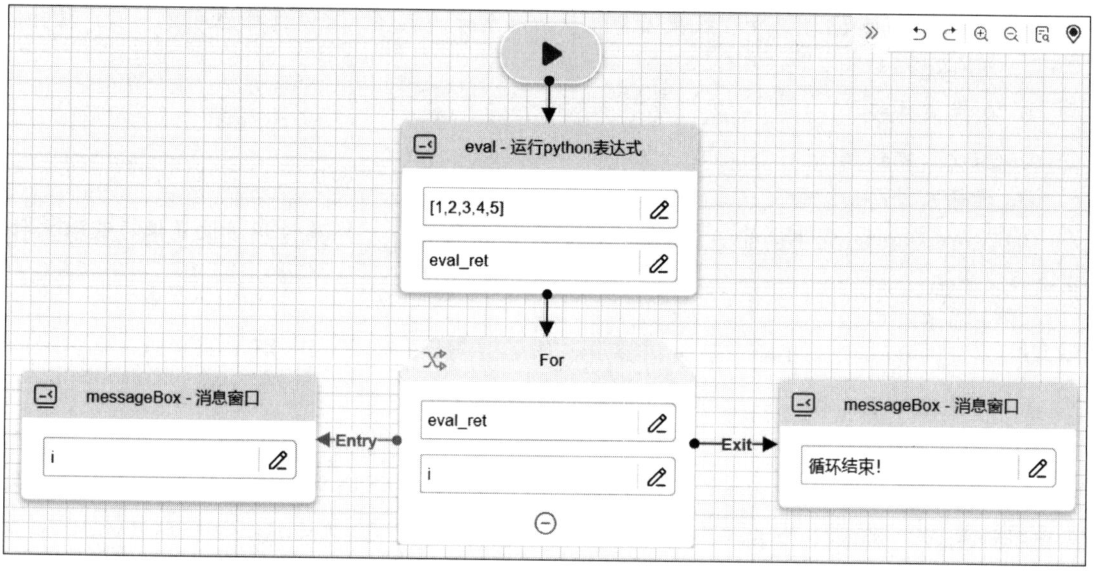

图1-45

A. 弹出5个消息窗口，按顺序显示“1”“2”“3”“4”和“5”，最后显示“循环结束!”消息窗口

B. 弹出5个消息窗口，按顺序显示“0”“1”“2”“3”和“4”，最后显示“循环结束!”消息窗口

C. 弹出5个消息窗口，按顺序显示“i”“i”“i”“i”和“i”，最后显示“循环结束!”消息窗口

D. 弹出10个消息窗口，按顺序显示“i”“循环结束!”，反复5次

8. 使用【在网页中输入文本】控件时，以下说法正确的是（　　）。

A. 设置“输入内容”属性值时，值需要用引号包裹

B. 设置“输入内容”属性值时，如果值是文字，则需要用引号包裹

C. 设置“输入内容”属性值时，如果值是数字，则不需要用引号包裹

D. 设置“输入内容”属性值时，值不需要用引号包裹

9. 以下控件中有“Web应用元素拾取器（）”的控件为（　　）。

A. 【网页元素是否存在】控件

B. 【在网页中输入文本】控件

C. 【鼠标单击网页元素】控件

D. 【打开网页】控件

10. 用WeAutomate设计器撷取分散单元格内容写入新工作表可以使用以下（　　）设

计思路，其中（　　）设计思路更优。

A. 打开源工作表——撷取分散单元格内容（撷取时分别将单元格内容保存在不同的变量中）——关闭源工作表——打开目标工作表——提取工作表内容——计算工作表行数——将提取的单元格内容写入目标单元格（分多次写入）——保存目标工作簿——关闭目标工作簿。如此循环直到所有工作表指定的内容全部被撷取完毕

B. 打开源工作表——撷取分散单元格内容（撷取时分别将单元格内容保存在不同的变量中）——关闭源工作表——打开目标工作表——将提取的单元格内容写入目标单元格（分多次写入）——保存目标工作簿——关闭目标工作簿。如此循环直到所有工作表指定的内容全部被撷取完毕

C. 打开源工作表——一次撷取多个分散单元格内容并以列表的形式保存——关闭源工作表——打开目标工作表——将保存撷取的单元格内容列表写入目标单元格区域——保存目标工作簿——关闭目标工作簿。如此循环直到所有工作表指定的内容全部被撷取完毕

D. 打开源工作表——一次撷取多个分散单元格内容并以列表的形式保存——关闭源工作表——打开目标工作表——提取工作表内容——计算工作表行数——将保存撷取的单元格内容列表写入目标单元格区域——保存目标工作簿——关闭目标工作簿。如此循环直到所有工作表指定的内容全部被撷取完毕

二、实训题

复苏集团财务姚名对近3年一季度的销售量进行分析，在分析前进行数据汇总底稿的编制。

数据源为“近3年一季度销量数据分析底稿.xlsx”中的“2020年1季度销售量表”“2021年1季度销售量表”和“2022年1季度销售量表”，如图1－46所示。

	A	B	C	D
1	客户名称	1月销量	2月销量	3月销量
2	北京爱酷智能科技有限公司	10322	3510	6495
3	深圳神州泰业科技发展有限公司	610	9560	836
4	深圳众鸿天信息技术有限公司	7807	4461	11855
5	深圳科蓝软件系统股份有限公司	3470	9981	4677
6	深圳祥和正业科技发展有限公司	1315	9704	6191
7	深圳鑫万佳科技发展有限公司	3594	2467	8195
8	怀来卡泰来电子科技有限公司	5684	4864	6035
9	深圳博通智雅科技发展有限公司	6848	10796	583
10	深圳军开普电子模具科技有限公司	8239	10131	1333
11	深圳聚宝网络科技有限公司	11922	4066	7373
12	深圳麦哲科技有限公司	12117	3343	12240
13	深圳华夏聚龙自动化股份公司	3903	9587	10457

图1－46

请设计及开发“编制销量分析底稿机器人”。

【要求】

将近3年一季度销量数据汇总到“近3年一季度销量数据分析底稿.xlsx”中的“2020年至2022年销量汇总底稿”工作表中，并通过“检验”工作表对机器人的工作结果进行查验。汇总底稿和检验表的内容如图1-47和图1-48所示。

客户	2020年1月销售量	2020年2月销售量	2020年3月销售量	2020年1季度销量合计	2021年1月销售量	2021年2月销售量

图1-47

	客户	2020年1月销售量	2020年2月销售量	2020年3月销售量	2020年1季度销量合计	2021年1月销售量	2021年2月销售量	2021年3月销售量
2	余额表合计金额	1258572.00	1334374.00	1284640.00	3877586.00	1288147.00	1277446.00	1347123.00
3	汇总底稿合计金额	0.00	0.00	0.00	0.00	0.00	0.00	0.00
4	差额	1258572.00	1334374.00	1284640.00	3877586.00	1288147.00	1277446.00	1347123.00

图1-48

【实训素材】

近3年一季度销售数据分析底稿.xlsx。

项目1
实训题素材

项目2 薪酬管理机器人

学习目标

知识学习目标：

1. 描述批量发送工资表邮件业务、批量读取业绩周报邮件业务人工处理流程。

2. 根据人工操作业务流程各环节，选择正确的控件。

3. 解释处理邮件相关控件的关键参数。

技能训练目标：

1. 制定批量发送工资表邮件业务、批量读取业绩周报邮件业务的RPA流程方案。

2. 在批量发送工资表邮件业务、批量读取业绩周报邮件业务的RPA流程中选择和正确使用控件。

3. 正确设置控件的参数。

4. 调试与修改流程至流程运行结果正确。

素养养成目标：

1. 根据薪酬管理的工作场景特点梳理业务流程，依托RPA提出优化流程的方案，提升工作效率。

2. 养成善于思考、勇于探索的职业习惯。

3. 坚持精益求精的职业态度。

项目任务

本项目完成的目标：

1. 设计开发出“批量发送工资表邮件机器人”。

2. 设计开发出“批量读取业绩周报邮件机器人”。

完成以上工作任务应提交的标志性成果：

1. 批量发送工资表邮件机器人程序文件及发送结果截图。

2. 批量读取业绩周报邮件机器人程序文件，按照要求批量下载邮件附件后存入的“邮件附件”文件夹中。

项目导图

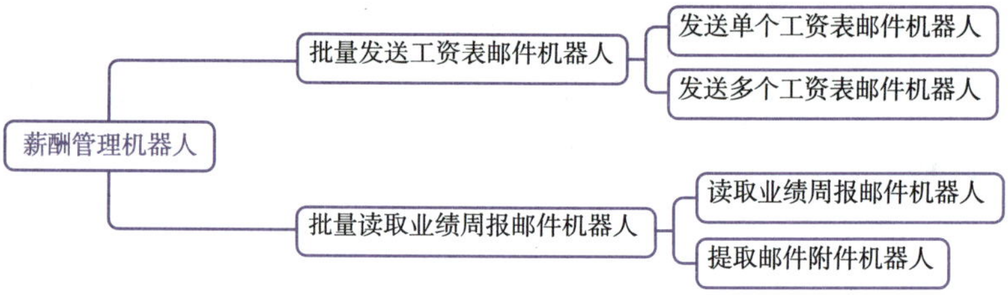

业务场景

（1）月初，正保集团公司的财务人员张韵要给公司的每一位员工发送电子工资条，员工的工资信息存放在“XX 工资条 . xlsx”工作簿中（见图 2－1），小张需要将一批员工的工资表通过电子邮件发送到员工的电子邮箱中。员工电子邮件地址存放在“员工电子邮件地址信息表 . xlsx”中，如图 2－2 所示。

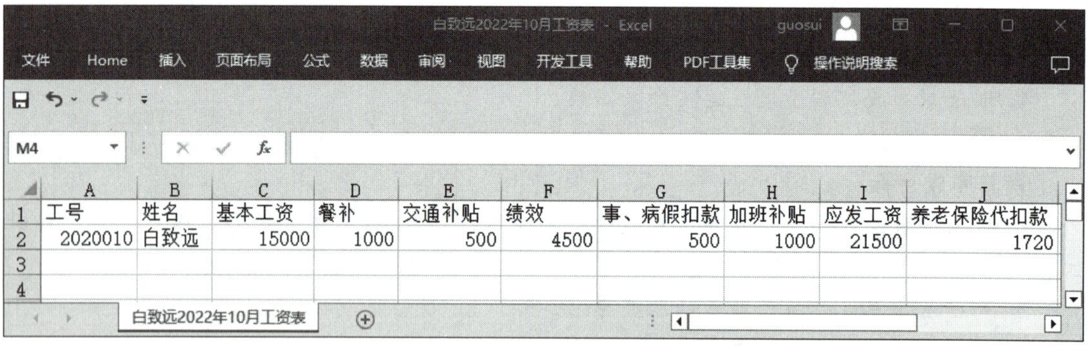

	A	B	C	D	E	F	G	H	I	J
1	工号	姓名	基本工资	餐补	交通补贴	绩效	事、病假扣款	加班补贴	应发工资	养老保险代扣款
2	2020010	白致远	15000	1000	500	4500	500	1000	21500	1720
3										
4										

图 2－1　员工工资表内容

（2）广州劲风家电有限公司销售部员工每周结束时要提交本周销售业绩周报（见图 2－3）到指定的邮箱。月度终了，财务人员李莎登录邮箱，下载销售人员提交的销售业绩周报邮件到“邮件附件”文件夹中，然后把各人员的销售业绩周报 Excel 文件复制到“业绩周报”文件夹中。

收件人姓名	收件人地址
柳易	luiyi@126.com
李光祖	665532@qq.com
秦伯羽	QinBY@163.com
崔峤	125498@qq.com
吴阳修	4587963325@qq.com
林光	LinG@yaohu.com
张时	ZhShi@yaohu.com
刘远	45798665@qq.com
陆成	LuCheng@126.com
白致远	5987458@qq.com

图 2－2　员工电子邮件地址信息表

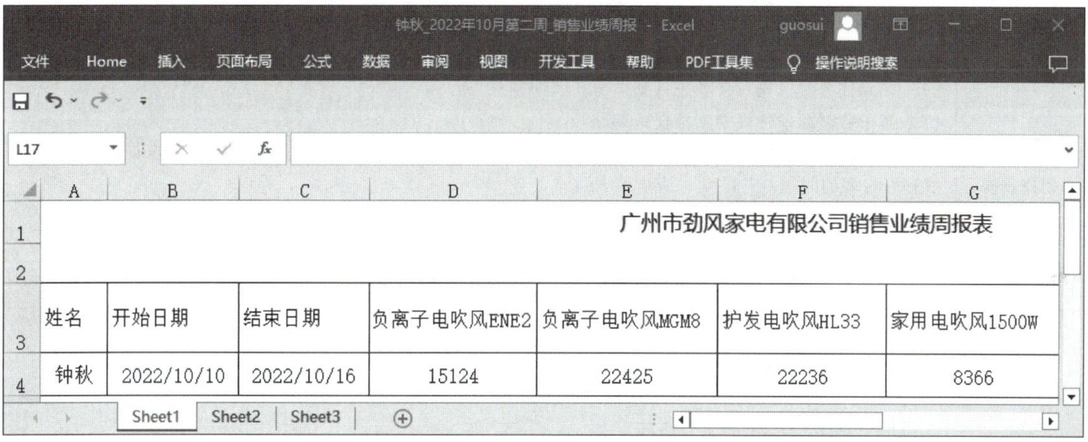

广州市劲风家电有限公司销售业绩周报表

姓名	开始日期	结束日期	负离子电吹风ENE2	负离子电吹风MGM8	护发电吹风HL33	家用电吹风1500W
钟秋	2022/10/10	2022/10/16	15124	22425	22236	8366

图 2－3　业务员业绩周报

请你与企业财务人员一起，研究以上业务流程，挖掘业务流程自动化的机会，并尝试用 WeAutomate Studio 设计器开发完成这些任务的机器人，具体任务如下：

（1）为了提高多个邮件发送的工作效率和准确性，开发批量发送工资表邮件机器人。

（2）为了提高读取多个邮件，下载并汇总指定格式邮件附件的工作效率和准确性，开发批量读取业绩周报邮件机器人。

模块一　批量发送工资表邮件机器人

工作任务

批量发送
工资表邮件
工作任务介绍

将各员工的工资表文件通过电子邮箱发送到各位员工的电子邮箱中，工作任务如表2-1所示。

表2-1　工作任务卡

任务编号	6	任务名称	开发“批量发送工资表邮件机器人”	工作区域	数字机器人实训中心
建议学时	2~3	参考文件或资料	(1) WeAutomate设计器中【发送邮件】、【重命名Sheet页】、【获取时间】等本模块应用控件的“帮助-messageBox” (2) 开启SMTP、POP3传输协议的方法		
德技兼修	(1) 接到任务时，先对任务进行整体分析，明确任务目的 (2) 基于数据源条件规划实施任务的路径 (3) 开发流程过程中遇到困难时主动寻求解决方法，耐心阅读方法说明与案例，如需求助于人时，先准备好咨询的问题，并准确、清晰地表达 (4) 检查任务成果时细致、认真、严谨，也可邀请别人一起检查 (5) 主动学习教材外的资源，了解RPA+AI应用于财务领域的案例，拓宽对RPA+AI应用的认知 (6) 养成勤学好问、勤于思考、诚恳待人、严谨细致的工作态度				
工作任务	(1) 开发“批量发送工资表邮件机器人”流程 (2) 应用“批量读取业绩周报邮件机器人”实现任务目的				

流程穿越

批量发送
工资表邮件
流程穿越

请你跟随教材的指引，通过人工操作计算机，完成发送多个工资表到员工电子邮箱的工作任务。

发送多个邮件的工作流程是：

(1) 打开存储电子邮箱地址的文件。

(2) 在打开的浏览器中输入电子邮箱网址，登录发件人邮箱。

(3) 点击“写信”按钮。

(4) 复制存储电子邮箱地址文件中的邮箱地址。

(5) 粘贴到收件人地址处。

(6) 输入主题、正文并添加员工工资表作为附件。

（7）检查内容无误后，发送邮件。

（8）重复步骤 4 ~7，直到所有员工工资信息全部发送完毕后退出邮箱。

以上流程如图 2 -4 所示。

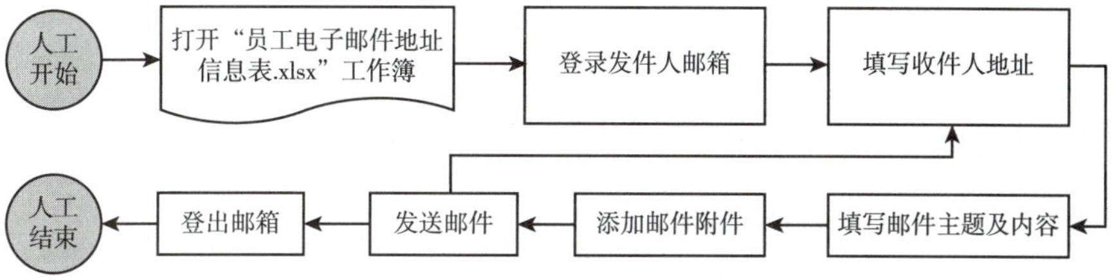

图 2 -4　批量发送邮件人工处理流程图

流程穿越是开发机器人过程中基础的、必须的、重要的步骤，请务必认真完成，并随时记下疑问与灵感，如表 2 -2 所示。

表 2 -2　批量发送邮件业务流程穿越记录表

执行步骤名称	此执行步骤的疑问	疑问的解决	自动化机会
例：填写邮件主题及内容，添加邮件附件	如何设置按人名匹配邮件内容及邮件附件，更有利于流程的自动化	提取“员工电子邮件地址信息表”的内容到列表，根据列表元素中的姓名匹配工资表文件名中的姓名	可实现
……			

开发“批量发送工资表邮件机器人”

发送单个
工资表邮件
流程设计

一、发送单个工资表邮件机器人

用机器人程序发送邮件与人工发送邮件有一个重要区别。

人工发送电子邮件的流程是打开邮箱网站，输入账号与密码登录邮箱，然后编辑邮件并发送。

但用机器人批量发送邮件并不是直接、简单地重复人工的操作，机器人登录邮箱是通过获取电子邮箱的操作权限来使用邮箱的功能，具体步骤是先开启 SMTP/POP3 传输协议，接着获得授权码。

1. 开启 SMTP/POP3 传输协议

下面我们以 QQ 邮箱为例，开启 SMTP/POP3 协议，其他邮箱服务商的开启思路类同。

人工操作的具体流程是：

（1）打开 QQ 邮箱首页 https://mail. qq. com/，输入发件人账号密码，登录邮箱。

（2）点击上方“设置—账户”按钮，向下拖动界面至“POP3/IMAP/SMTP/Exchange/CardDAV/CalDAV 服务”的位置。选择“开启服务：POP3/SMTP 服务”，点击“开启”按钮，如图 2－5 所示。

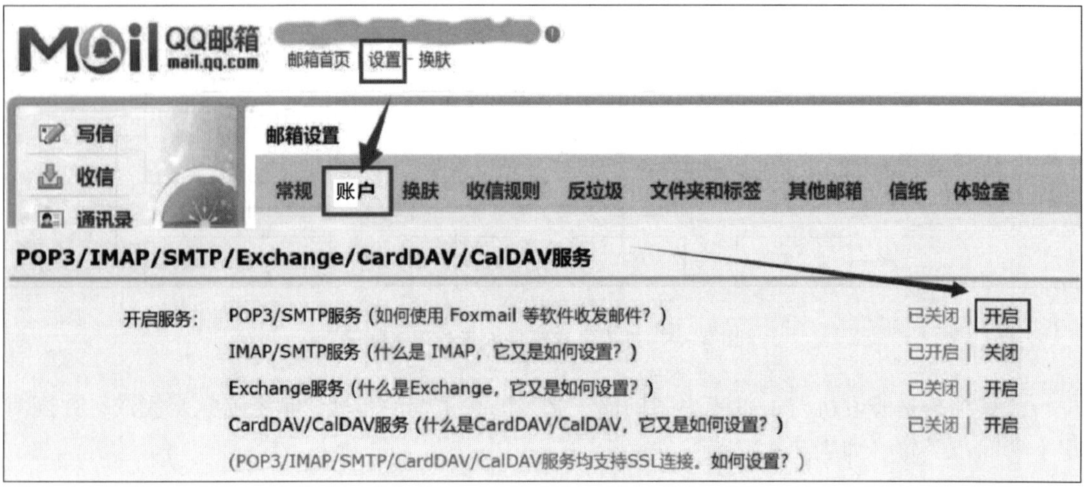

图 2－5　开启 POP3/SMTP 服务

2. 获取授权码

点击“开启”按钮后，弹出图 2－6 所示的窗口，通过绑定的密保手机编辑短信内容“配置邮件客户端”，发送至 1069070069。

获取电子邮箱授权码的方法

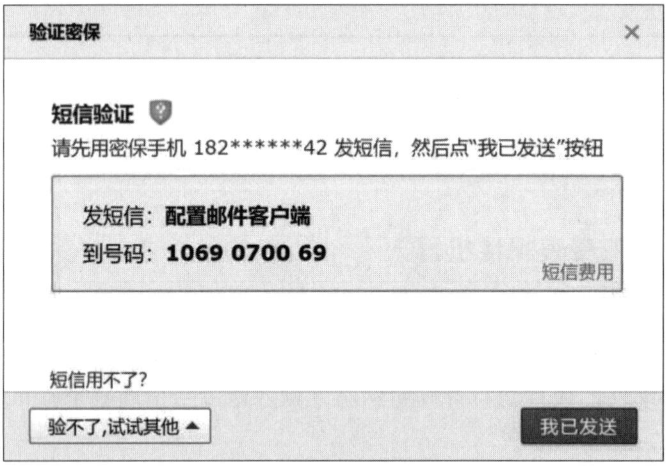

图 2－6　验证密保窗口

发送完毕后，点击右下角“我已发送”按钮，界面会弹出一个 16 位的授权码窗口，如图 2－7 所示。

授权码获取完成后，安全退出 QQ 邮箱。

在开启 POP3/SMTP 服务和获取授权码之后，我们获得了让机器人登录发件人邮箱的钥匙，建议把登录邮箱的账号和授权码保存在文本文件中，方便调试机器人时使用。

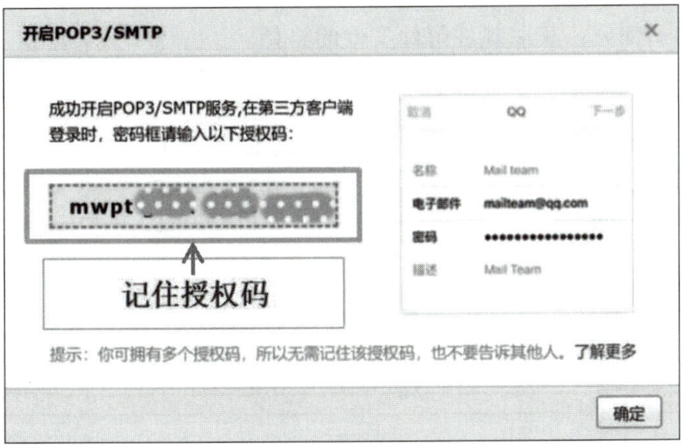

图 2－7　获得授权码

3. 设计流程

接下来设计发送单个工资表邮件机器人。

首先，整理流程设计思路：

流程第一部分，获取即将发送邮件的附件文件的路径。

流程第二部分，获取发件人邮件地址、授权码和收件人邮件地址。

流程第三部分，发送带附件的电子邮件。

其次，根据思路绘制机器人程序的流程图，如图 2－8 所示。

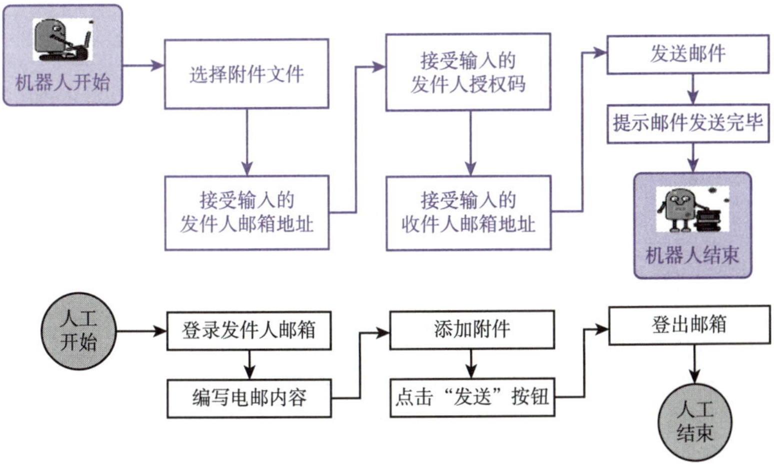

图 2－8　发送单个工资表邮件机器人

4. 创建新脚本

创建“批量发送工资表邮件机器人”项目，并在项目中创建“发送单个工资表邮件机器人”脚本。

5. 获取即将发送邮件的附件文件的路径

搭建流程的第一部分：获取邮件附件文件的路径。

具体流程及控件属性设置如表 2 - 3 所示。

表 2 - 3　“发送单个工资表邮件机器人——获取邮件附件文件的路径”流程

序号	流程步骤	控件名称	属性	属性设置	说明
0	开始	【开始】	—	—	—
1	选择附件文件	【文件选择框】	文件选择框名称	请选择白致远的工资表文件	引导用户选择“白致远工资条 . xlsx”文件，这是邮件附件
			表单数据	payr_fil_path	

6. 获取发件人邮箱地址、授权码和收件人邮箱地址

流程第一部分搭建完成后，搭建流程的第二部分，获取发件人邮箱地址、授权码和收件人邮箱地址。

具体流程及控件属性设置如表 2 - 4 所示。

表 2 - 4　“发送单个工资表邮件机器人——获取发件人邮箱地址、授权码和收件人邮箱地址”流程

在“发送单个工资表邮件机器人——获取邮件附件文件的路径”流程（表 2 - 3）下继续搭建					
序号	流程步骤	控件名称	属性	属性设置	说明
2	接受输入的发件人邮箱地址	【输入对话框】(system. simpleDialog)	对话框内容[String]	acc	变量 acc 存储用户输入的内容
			输入标签内容	请输入发件人的邮箱地址	提示用户输入什么内容
3	接受输入的发件人邮箱授权码	【输入对话框】(system. simpleDialog)	对话框内容[String]	psword	变量 psword 存储用户输入的内容
			输入标签内容	请输入发件人的邮箱授权码	提示用户输入什么内容
4	接受输入的收件人邮箱地址	【输入对话框】(system. simpleDialog)	对话框内容[String]	bzy_eml_add	变量 bzy_eml_add 存储用户输入的内容
			输入标签内容	请输入白致远电邮地址	提示用户输入什么内容

【流程设计说明】

【输入对话框】控件用于接受流程使用者输入的内容，并把内容以字符串的格式存储在指定的变量中。所以当流程希望输入的内容是其他类型数据时，往往需要在【输入对话框】控件后增加数据类型转换控件，实现数据类型的转换。

7. 发送带附件的电子邮件

流程第二部分搭建完成后，搭建流程的第三部分，发送带附件的电子邮件。

具体流程及控件属性设置如表 2 - 5 所示。

表 2-5　“发送单个工资表邮件机器人——发送带附件的电子邮件”流程

在“发送单个工资表邮件机器人——获取发件人邮件地址、密码和收件人邮件地址”流程（表 2-4）下继续搭建

序号	流程步骤	控件名称	属性	属性设置	说明
5	发送邮件	【发送邮件】（smtp）	登录凭证——邮箱服务器	smtp. qq. com	指定邮箱服务器地址，此处使用 QQ 邮箱
			登录凭证——邮箱账号	@{acc}	从变量 acc 中获取发件人邮箱账号
			登录凭证——邮箱密码	@{psword}	从变量 psword 中获取发件人邮箱授权码
			内容设置——邮件正文模板	白致远先生您好： 工资表已发送至您的邮箱，详情请查阅附件，如有问题请回复至本邮箱	邮件正文的具体内容 符号： 表示换行
			内容设置——主题	白致远工资表	邮件主题的具体内容
			内容设置——邮件附件	@{payr_fil_path}	从变量 payr_fil_path 中获取邮件附件文件存放的地址
			发送设置——发件人	@{acc}	从变量 acc 中获取发件人邮箱账号
			发送设置——收件人	@{bzy_eml_add}	从变量 bzy_eml_add 中获取收件人邮箱账号
6	提示发送邮件完成	【消息窗口】	消息框内容	邮件发送完毕！	

8. 调试机器人

点击“保存”菜单，保存当前项目，点击“运行”菜单调试“发送单个工资表邮件机器人”程序，机器人运行时会弹出选择员工工资表文件的消息窗口，请正确选择文件名为“白致远工资条 . xlsx”的文件。

然后按提示输入发件人邮箱地址，发件人邮箱授权码和收件人邮箱地址。基于程序测试目的，发件人、收件人邮箱地址和授权码均使用你的信息。

程序运行正常的情况下，收件人邮箱会收到邮件，如图 2-9 所示。

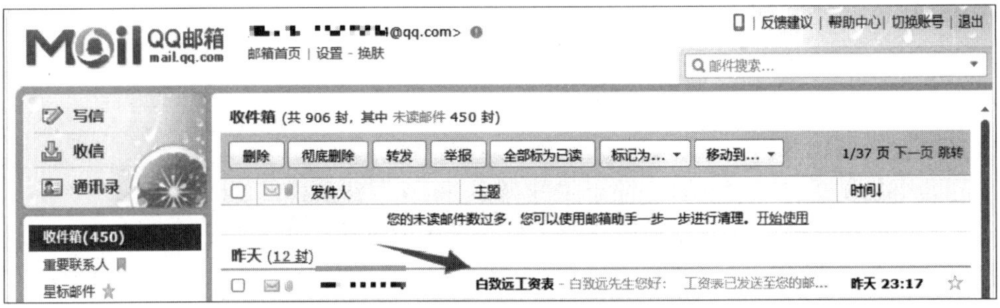

图 2-9　收件人邮箱收到的邮件

打开邮件查看邮件内容，如图 2－10 所示。

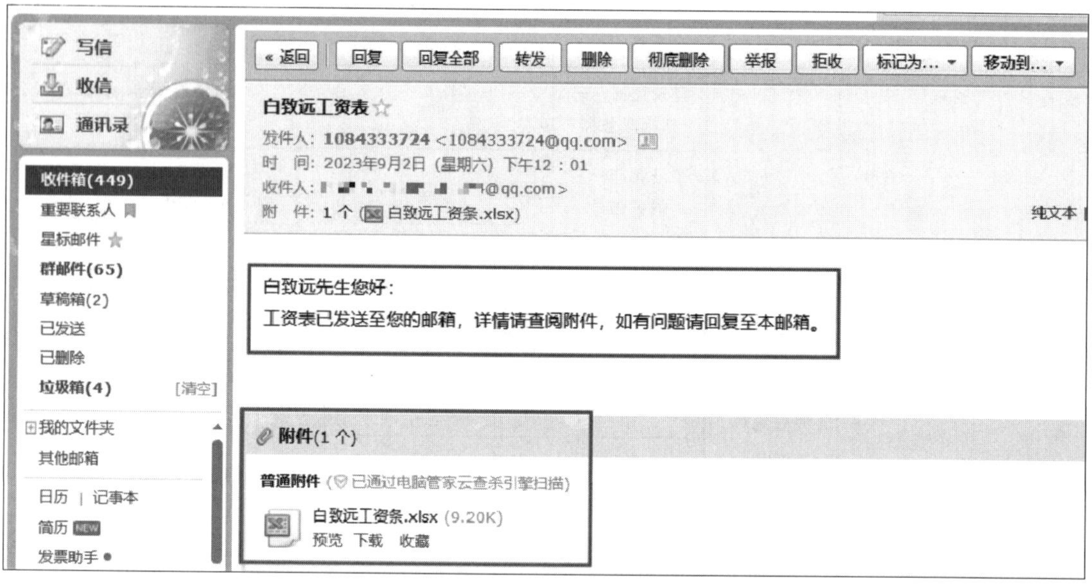

图 2－10　邮件内容

二、发送多个工资表邮件机器人

发送多个工资表邮件流程设计

接下来，我们通过添加循环，在“发送单个工资表邮件机器人”的基础上，开发“发送多个工资表邮件机器人”。

1. 设计流程

在此机器人流程中，除了需要增加循环实现发送多个工资表给不同的收件人之外，还需要把 Excel 工作表的名称从默认的“Sheet1”修改为“姓名月份工资表”，如“白致远 8 月工资表”。

现在来设计“发送多个工资表邮件机器人”的流程。

首先，整理流程设计思路：

（1）流程的第一部分：获取员工工资表文件路径列表以及存储员工电子邮箱地址文件路径。

（2）流程的第二部分：获取发件人邮箱地址及授权码。

（3）流程的第三部分：计算重命名工作表名称的年月。

（4）流程的第四部分：重命名工资表中的工作表名称。

（5）流程的第五部分：循环发送电子邮件。

由于本工作任务的机器人流程较之前的复杂，我们将按流程步骤绘制子流程图，把子流程图组合，便成为总流程图。

2. 创建新脚本

在“批量发送工资表邮件机器人”项目下，创建“发送多个工资表邮件机器人”脚本。

3. 获取工资表路径列表及收件人邮箱地址文件路径

首先绘制子流程图，如图2－11所示。

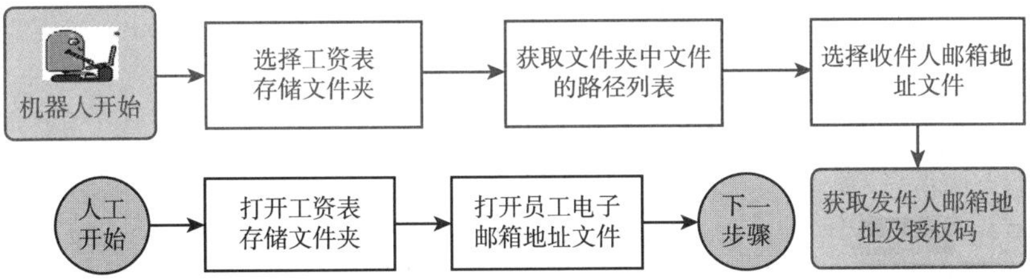

图2－11 获取工资表路径列表及收件人邮箱地址文件路径子流程图

搭建流程的第一部分：获取工资表路径列表及收件人邮箱地址文件路径。

具体流程及控件属性设置如表2－6所示。

表2－6 “发送多个工资表邮件机器人——获取工资表路径列表及收件人邮箱地址文件路径”流程

序号	流程步骤	控件名称	属性	属性设置	说明
0	开始	【开始】	—	—	—
1	选择工资表存储文件夹	【文件夹选择框】	文件夹对话框数据	payr_fol_path	变量payr_fol_path存储工资表存储文件夹的路径
			文件夹对话框名称	请选择员工工资表存储的文件夹	引导用户选择工资表存储的文件夹
2	获取文件夹中文件的路径列表	【列出目录下的文件】	文件列表［Array］	p_fil_pths_list	获取的路径以列表的形式保存在变量p_fil_pths_list中
			目标路径	@{payr_fol_path}	设置列出payr_fol_path文件夹中的文件路径
3	选择收件人邮箱地址的文件	【文件选择框】	表单数据［String］	eml_add_fil_path	变量eml_add_fil_path存储收件人邮箱地址文件的路径
			文件选择框名称	请选择员工电子邮件信息表文件	引导用户选择收件人邮箱地址文件

【流程设计说明】

【列出目录下的文件】控件的功能是获取指定的文件夹中全部文件的路径，并保存为列表。

4. 获取发件人邮箱地址及授权码

首先绘制子流程图，如图2－12所示。

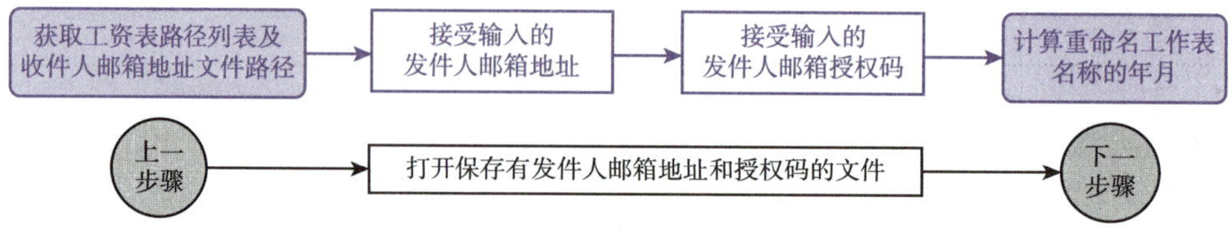

图 2-12　获取发件人邮箱地址及授权码子流程图

流程第一部分搭建完成后，搭建流程的第二部分，获取发件人邮箱地址及授权码。具体流程及控件属性设置如表 2-7 所示。

表 2-7　“发送多个工资表邮件机器人——获取发件人邮箱地址及授权码”流程

在“发送多个工资表邮件机器人——获取工资表路径列表及收件人邮箱地址文件路径”流程（表 2-6）下继续搭建					
序号	流程步骤	控件名称	属性	属性设置	说明
4~5	同“发送单个工资表邮件机器人——获取发件人邮箱地址、授权码和收件人邮箱地址”流程（表 2-4）中的 2~3 步骤				

5. 计算重命名工作表名称的年月

因为工资的发放时间是通过薪酬计算时间段的后一个月的某一天，比如，薪酬计算的时间段是某年的 2 月，那么工资的发放一般在 3 月的某一天。如果使用控件获取了当前计算机的“年”和“月”的值，那么工资表的名称中表示“年”和“月”的值应该是多少？这个问题恐怕不会只有唯一的答案，因为除了在 3 月发 2 月的工资的情况外，还要考虑跨年的情况，比如，2024 年 1 月发 2023 年 12 月的工资。

为了把事情弄清楚，我们来绘制一个用于计算工资表名称中表示“年”和“月”的流程图，如图 2-13 所示。

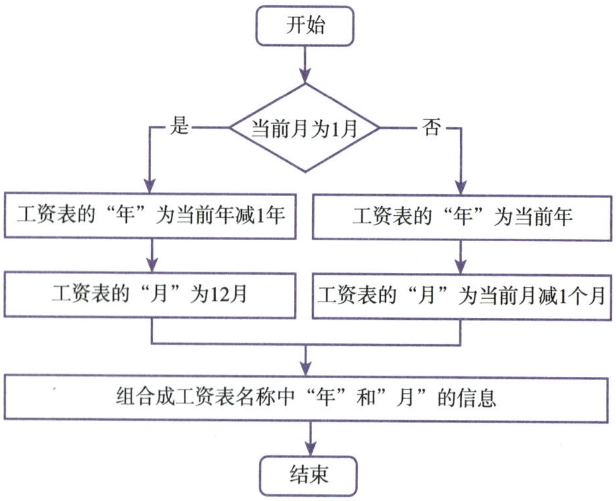

图 2-13　计算工资表名称中表示“年”和“月”的逻辑

明确了计算的逻辑后，我们来绘制子流程图，如图 2-14 所示。

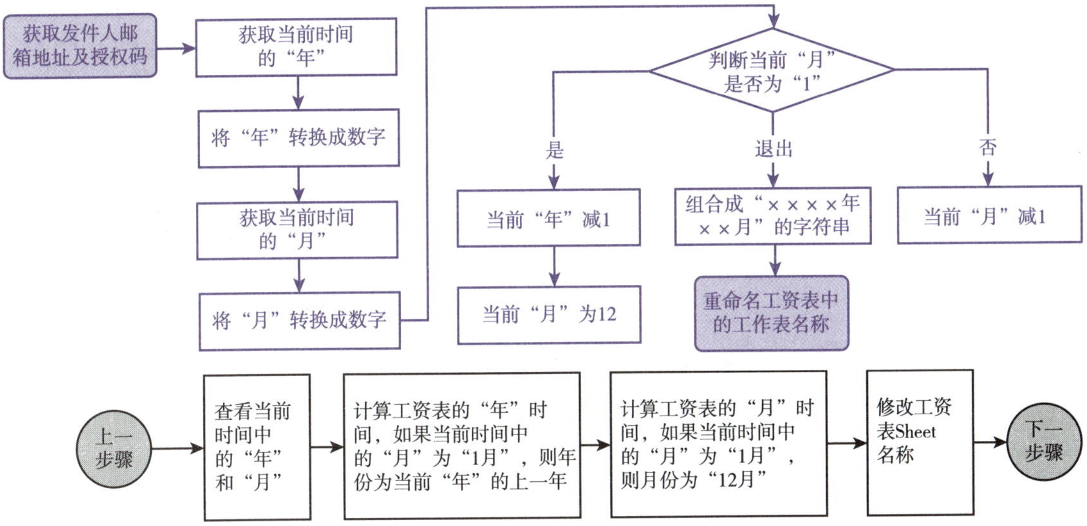

图 2－14　计算重命名工作表名称的年月子流程图

流程第二部分搭建完成后，搭建流程的第三部分，计算重命名工作表名称的年月。具体流程及控件属性设置如表 2－8 所示。

表 2－8　“发送多个工资表邮件机器人——计算重命名工作表名称的年月”流程

在“发送多个工资表邮件机器人——获取发件人邮箱地址及授权码”流程（表 2－7）下继续搭建					
序号	流程步骤	控件名称	属性	属性设置	说明
6	获取当前时间的“年”	【获取时间】	时间格式	% Y	指定获取当前时间中的“年”
			时间［String］	get_year	获取的“年”为字符串格式，保存在变量 get_year 中
7	将“年”转换成数字	【运行 python 表达式】	表达式	int(get_year)	通过 int( ) 函数把变量 get_year 的数据类型转换为整型
			执行结果	year	把转型后的值保存在变量 year 中
8	获取当前时间的“月”	【获取时间】	时间格式	% m	指定获取当前时间中的“月”
			时间［String］	get_month	
9	将“月”转换成数字	【运行 python 表达式】	表达式	int(get_month)	
			执行结果	month	
10	观察变量 year 与 month 的值	【消息窗口】	消息框内容	获取的“年”为：@｛year｝；获取的“月”为：@｛month｝	**添加此控件只用于观察年和月的数据，为流程中的非必要步骤**
11	判断当前“月”是否为“1”	【If(条件分支)】	条件表达式	month == 1	判断当前时间的“月”是否为 1

续表

序号	流程步骤	控件名称	属性	属性设置	说明
接序号 11 控件，条件判断结果为“True”时进入（【If(条件分支)】—True）的流程					
12	当前“年”减 1	【运行 python 表达式】	表达式	year - 1	计算“年”的值
			执行结果	year	把计算结果保存在变量 year 中
13	当前月为“12”	【运行 python 表达式】	表达式	12	定义“月”的值
			执行结果	month	**把“12”保存到变量 month 中**
接序号 11 控件，条件判断结果为“False”时进入（【If(条件分支)】—False）的流程					
序号	流程步骤	控件名称	属性	属性设置	说明
14	当前“月”减 1	【运行 python 表达式】	表达式	month - 1	计算“月”的值
			执行结果	month	把计算结果保存在变量 month 中
接序号 11 控件，退出条件判断时进入（【If(条件分支)】—Exit）的流程					
序号	流程步骤	控件名称	属性	属性设置	说明
15	组合成“××××年××月”的字符串	【运行 python 表达式】	表达式	str(year) +"年" + str(month) +"月"	组合文件名称的日期，str( )函数实现了把整型数据转换为字符串数据，“+”号为连接字符串类型数据的连接符号
			执行结果	date	把组合的数据字符串保存在变量 date 中
16	观察数据 date 的值	【消息窗口】	消息框内容	@{date}	**添加此控件只用于观察数据，为流程中的非必要步骤**

【流程设计说明】

【获取时间】控件为我们获得计算机当前的时间数据，该数据由“年”“月”“日”“时”“分”“秒”等组成，通常我们只需要时间数据中的部分数值，此时通过设置参数“时间格式”来实现，此参数要设置的值有：

(1)%y，表示两位数的年份（00 - 99）

(2)%Y，表示四位数的年份（0000 - 9999）

(3)%m，表示月份（01 - 12）

(4)%d，表示月内某一天（0 - 31）

(5)%H，表示 24 小时制小时数（0 - 23）

(6)%I，表示 12 小时制小时数（01 - 12）

(7)%M，表示分钟数（00 - 59）

(8)%S，表示秒（00 - 59）

……

6. 重命名工资表中的工作表名称

计算好工资表的时间后，循环修改工资表中工作表名称的流程。

首先绘制子流程图，如图 2 - 15 所示。

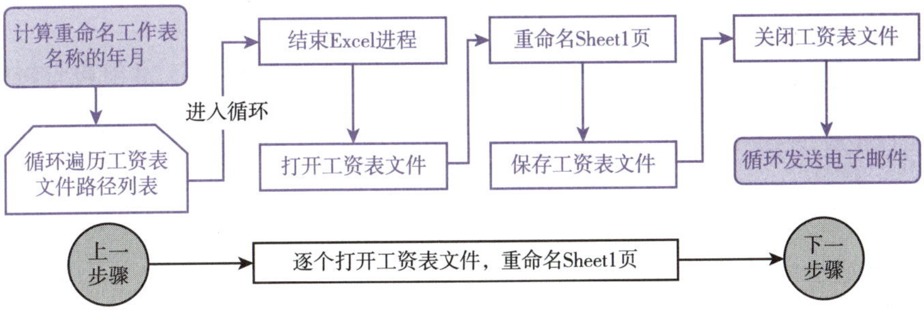

图 2-15　重命名工资表中的工作表名称子流程图

流程的第三部分搭建完成后，搭建流程的第四部分，重命名工资表中的工作表名称。具体流程及控件属性设置如表 2-9 所示。

表 2-9　“发送多个工资表邮件机器人——重命名工资表中的工作表名称”流程

在“发送多个工资表邮件机器人——计算重命名工作表名称的年月”流程（表 2-8）下继续搭建					
序号	流程步骤	控件名称	属性	属性设置	说明
17	循环遍历工资表文件路径列表	【For(遍历计次循环)】	数据集合	@{p_fil_pths_list}	循环获取变量 p_fil_pths_list 存储的工资表文件路径，准备循环打开文件
			条目名称	p_fil_path	变量 p_fil_path 存储了当前遍历循环的文件路径
接序号 17 控件，进入循环（【For(遍历/计次循环)】—Entry）后的流程					
序号	流程步骤	控件名称	属性	属性设置	说明
18	结束 Excel 进程	【结束 Excel 进程】	—	—	
19	打开工资表文件	【打开 excel 文件】	文件对象别名	p_fil	将打开的文件保存在变量 p_fil 中
			Excel 文件路径	@{p_fil_path}	打开当前路径的工资表文件
20	重命名 Sheet1 页	【重命名 Sheet 页】	Excel 对象	p_fil	设置重命名的文件对象为 p_fil
			选择 sheet 页方式	名称	按 Sheet 页名称重命名
			选择 sheet 页	Sheet1	设置修改前的 Sheet 页名称
			目标 sheet 名称	@{date} 工资表	设置修改后的 Sheet 页名称
21	保存工资表文件	【保存工作簿】	Excel 对象	p_fil	
22	关闭工资表文件	【关闭工作簿】	Excel 对象	p_fil	

【流程设计说明】

【重命名 Sheet 页】控件可实现对 Excel 工作簿中工作表名称的修改，其中“选择 sheet 页”参数用于设置修改前的 Sheet 页名称，“目标 sheet 名称”参数用于设置修改后的 Sheet 页名称。结合循环的使用，可实现批量修改 Excel 工作簿中工作表名称。本流程运行后结果如图 2-16 所示。

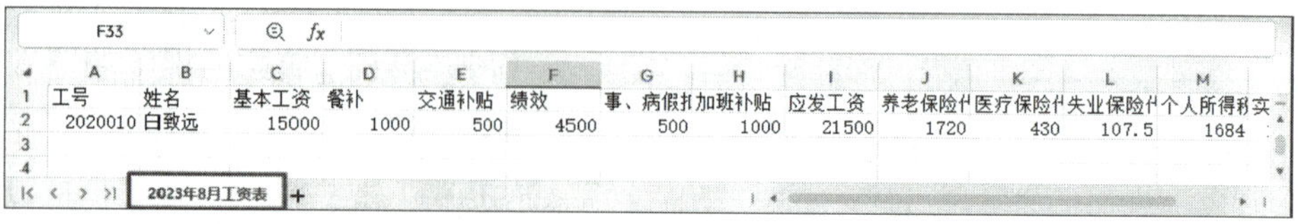

图 2－16　重命名工资表中的工作表名称流程执行后的结果

7. 循环发送电子邮件

首先绘制子流程图，如图 2－17 所示。

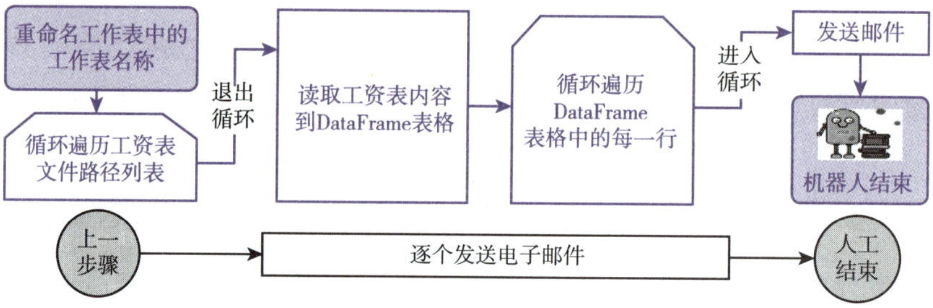

图 2－17　循环发送电子邮件子流程图

流程的第四部分搭建完成后，搭建流程的第五部分，循环发送电子邮件。具体流程及控件属性设置如表 2－10 所示。

表 2－10　　“发送多个工资表邮件机器人——循环发送电子邮件”流程

在“发送多个工资表邮件机器人——重命名工资表中的工作表名称”流程（表 2－9）下继续搭建					
接表 2－9 中序号 17 控件，退出循环（【For（遍历/计次循环）】—Exit）后的流程					
序号	流程步骤	控件名称	属性	属性设置	说明
23	读取工资表内容到 DataFrame 表格	【读取 excel 到表格】	表格对象	eml_add_fil	读取的内容被保存为 DataFrame 对象，保存在变量 eml_add_fil 中
			Excel 文件路径	@{eml_add_fil_path}	从指定路径读取 excel 文件内容到程序
24	循环遍历 DataFrame 表格中的每一行	【按行遍历表格】	行数据	eml_add	循环遍历的 DataFrame 对象，这里指员工电子邮件地址信息表的内容
			DataFrame 表	eml_add_fil	循环提取的每个员工的姓名和电子邮件地址信息
接序号 24 控件，进入循环（【按行遍历表格】—Entry）后的流程					
序号	流程步骤	控件名称	属性	属性设置	说明
25	发送邮件	【发送邮件】	登录凭证——邮箱服务器	smtp. qq. com	指定邮箱服务器地址，此处使用 qq 邮箱

续表

接序号 24 控件，进入循环（【按行遍历表格】—Entry）后的流程					
序号	流程步骤	控件名称	属性	属性设置	说明
25	发送邮件	【发送邮件】(smtp)	登录凭证——邮箱账号	@{acc}	从变量中获取发件人邮箱账号
			登录凭证——邮箱密码	@{psword}	从变量中获取发件人邮箱授权码
			内容设置——邮件正文模板	@{eml_add[0]}先生、女士您好： @{date}工资表已发送至您的邮箱，详情请查阅附件，如有问题请回复至本邮箱	变量"eml_add [0]"的值是员工姓名，即"员工电子邮箱地址表"中每一行的第一个元素 邮件正文的具体内容 符号： 表示换行
			内容设置——主题	@{eml_add[0]} @{date} 工资表	邮件主题的具体内容
			内容设置——邮件附件	@{payr_fol_path}\@{eml_add[0]}工资条.xlsx	邮件附件文件存放的地址
			发送设置——发件人	@{acc}	从变量中获取发件人邮箱账号
			发送设置——收件人	@{eml_add[1]}	变量"eml_add [1]"的值是员工邮箱地址，即"员工电子邮箱地址表"中每一行的第二个元素
26	提示发送邮件完成	【消息窗口】	消息框内容	邮件发送完毕！	提示发送邮件完成

【流程设计说明】

【pandasForEachRow】控件的作用

（1）在【发送邮件】控件中，使用变量"eml_add [0]"表示"姓名"，使用变量"eml_add [1]"表示"邮箱地址"。

（2）【读取 excel 到表格】控件的作用是读取"员工电子邮件地址信息表.xlsx"到程序中，读取的数据在程序里保存为 DataFrame 类型数据，此类型数据的样子类似二维表，可以被【按行遍历表格】控件遍历。

（3）【按行遍历表格】控件的作用是从 DataFrame 二维表中循环提取出每一行的数据，循环取出的"行"保存为字符串类型。

8. 调试机器人

点击"保存"菜单，保存当前项目，点击"运行"菜单调试"发送多个工资表邮件机器人"程序，机器人运行时会弹出选择员工工资文件存储文件夹的窗口，请选择"工资表"文件夹，弹出选择员工电子邮件信息表文件窗口时，请选择"员工电子邮件地址信息表.

xlsx”文件，弹出输入对话框时，请正确填写发件人的电子邮箱地址和电子邮箱授权码。

由于教材提供的“员工电子邮件地址信息表 . xlsx”中的地址是虚拟的电邮地址，在调试机器人时，会出现报错，同时收到来自 qq. com 的退信（在收件箱中），如图 2-18 所示。

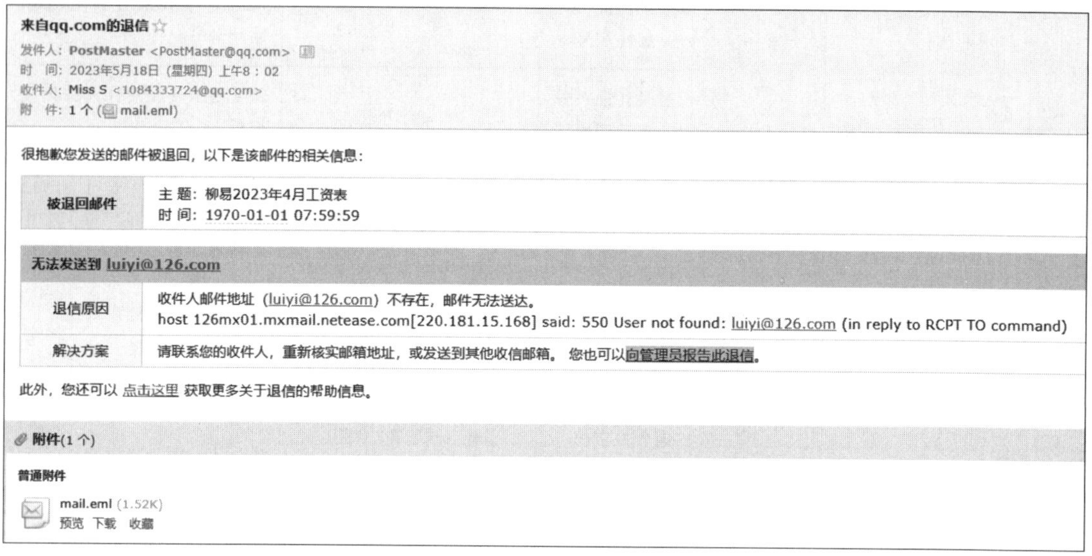

图 2-18 邮件发送失败后的退信邮件

为了检查机器人邮件发送流程的运行结果，需要将员工的电子邮件地址全部换成自己的电子邮箱地址，把“员工电子邮件地址信息表 . xlsx”工作簿“模拟发送地址”工作表中的地址列换成自己的电子邮箱地址，并且把第一行“收件人”所在行删除，如图 2-19 所示。

图 2-19 修改收件人邮箱为自己的邮箱地址

程序运行正常的情况下，收件人邮箱会收到一批邮件，如图 2-20 和图 2-21 所示。

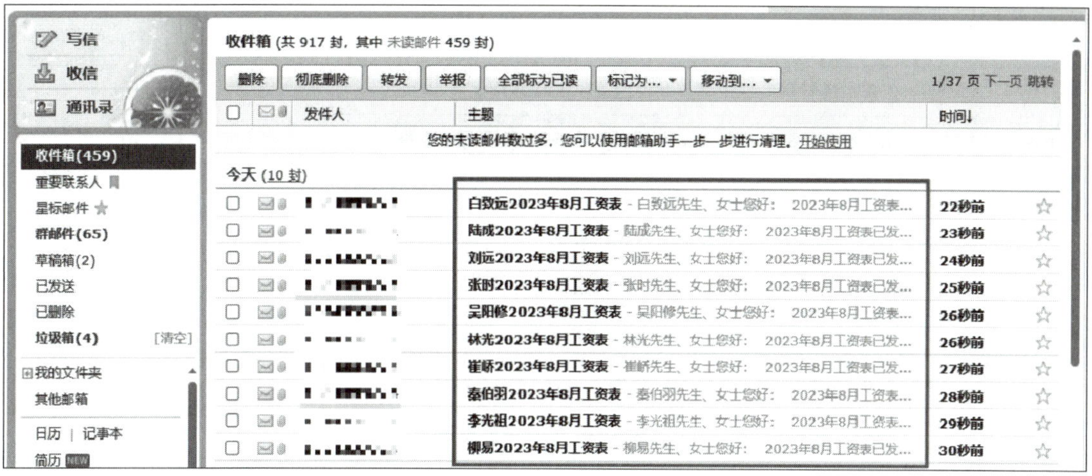

图 2-20　收件人邮箱收到的邮件

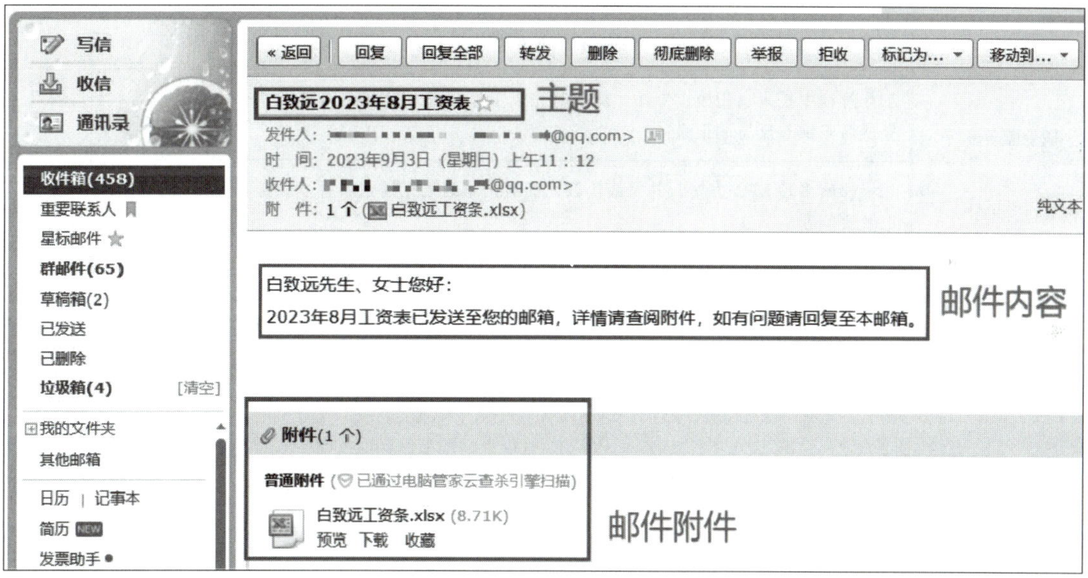

图 2-21　邮件的内容

请不要频繁发送邮件，否则会遭遇邮箱服务被禁。

到此，“批量发送工资表邮件机器人”开发完毕。

考核与评价

考核的重点是理论知识的掌握水平、技术技能的应用水平以及职业素养水平，学习者可以从以上 3 个方面评价学习效果，具体评价项目及标准如表 2-11 所示。

表 2-11　　模块考核评价标准

考核项目	考核内容	配分	得分
理论知识水平	正确描述批量发送工资表邮件的人工流程并绘制流程图	10	
	正确描述与解释批量发送工资表邮件 RPA 机器人流程图	10	
	能选择正确的控件	10	
理论知识水平总分		30	
技术技能应用水平	正确地执行流程穿越，得到正确的结果，并能发现流程中需要标准化的内容	10	
	制定批量发送工资表邮件的 RPA 流程方案	10	
	正确绘制批量发送工资表邮件 RPA 机器人流程图	5	
	在 RPA 流程中正确添加和使用控件，正确设置控件的参数	10	
	应用设计的批量发送工资表邮件机器人得到正确的结果	10	
技术技能应用水平总分		45	
职业素养水平	能比较分析出不同流程方案的优势	5	
	根据业务流程的变化提出变更与改善流程的方案	5	
	工作过程中投入、积极、专注，能按时完成工作任务，做好工作笔记，有工作完成后归纳与反思的记录	5	
	积极探索多种 RPA 方案，并付诸实践，面对困难时主动通过各种途径探寻资料以解决问题	5	
	反复斟酌流程设计方案，在实践的过程中不断精进流程设计能力	5	
职业素养水平总分		25	
综合评价总分		100	

总结与提高

（1）RPA 程序作为一个邮件客户端，在用于邮件操作之前，必须开启邮件传输协议，协议开启之后，获取的邮箱授权码需妥善保管，在 RPA 批量发送邮件机器人的开发和运行中替代原有的邮箱密码。

（2）【发送邮件】控件可以单独用于发送单个邮件，但是添加【输入对话框】控件接收发件人的邮箱和授权码有利于提高安全性。

（3）【打开 excel 文件】控件中的“软件类型”参数默认为“Excel”，也可以选择“WPS”。

（4）批量发送邮件机器人运行之前，必须完善收件人信息表，确保表中的收件人名称和邮箱的格式规范、内容有效，可以实际发送。

模块二　批量读取业绩周报邮件机器人

批量读取业绩周报邮件工作任务介绍

工作任务

从收件箱中将本月销售业绩周报电子邮件的附件下载到名为“两位年两位月两位日－两位年两位月两位日邮件及附件”文件夹中，然后复制业绩周报 Excel 格式文件到“两位年两位月两位日－两位年两位月当前日业绩周报”文件夹中。

工作任务如表 2－12 所示。

表 2－12　　工作任务卡

任务编号	7	任务名称	开发“批量读取业绩邮件”机器人	工作区域	数字机器人实训中心
建议学时	2~3	参考文件或资料	（1）WeAutomate 设计器中【获取邮件】、【调用子脚本】、【创建目录】等本模块应用控件的“帮助－messageBox” （2）阅读时间计算的流程代码		
德技兼修	（1）接到任务时，先对任务进行整体分析，明确任务目的 （2）基于数据源条件规划实施任务的路径 （3）开发流程过程中遇到困难时主动寻求解决方法，耐心阅读方法说明与案例，如需求助于人时，先准备好咨询的问题，并准确、清晰地表达 （4）检查任务成果时细致、认真、严谨，也可邀请别人一起检查 （5）主动学习教材外的资源，了解 RPA＋AI 应用于财务领域的案例，拓宽对 RPA＋AI 应用的认知 （6）养成勤学好问、勤于思考、诚恳待人、严谨细致的工作态度				
工作任务	（1）开发“批量读取业绩邮件机器人”流程 （2）应用“批量读取业绩邮件机器人”实现任务目的				

流程穿越

批量读取业绩周报邮件流程穿越

请你跟随教材的指引，通过人工操作计算机完成读取多个邮件及汇总业绩的工作任务。

读取多个邮件及汇总业绩的工作流程是：

（1）新建文件夹“两位年两位月两位日－两位年两位月当前日邮件及附件”和“两位年两位月两位日－两位年两位月当前日业绩周报”文件夹。

（2）登录“收件人邮箱”按钮。

（3）点击收件箱。

（4）打开主题包含“销售业绩周报”的邮件。

（5）下载附件到“业绩周报”文件夹中。

（6）重复以上3、4和5步操作直至所有销售业绩周报邮件及附件都被下载至业绩周报文件夹中。

（7）退出邮箱。

以上流程如图2-22所示。

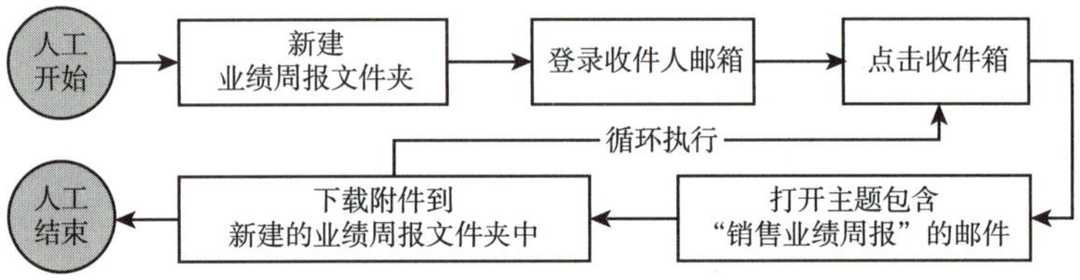

图2-22　批量读取邮件业务人工处理流程图

流程穿越是开发机器人过程中基础的、必须的、重要的步骤，请务必认真完成，并随时记下疑问与灵感，如表2-13所示。

表2-13　批量读取附件及汇总业绩业务流程穿越记录表

执行步骤名称	此执行步骤的疑问	疑问的解决	自动化机会
例：打开主题包含“销售业绩周报”的邮件	被发送的邮件是否有规定的标准？比如，主题名称的规范等	要求被发送邮件满足的规范，比如，规范的主题名称，规范的附件名称等	可实现
……			

对于能否解决在流程穿越记录表中提出的问题，是本机器人是否具有开发与应用价值的基础，因此企业需要对发送销售业绩邮件的业务人员提出以下要求，目的是标准化邮件信息以及Excel文件信息，实现该业务的流程自动化。

销售部业务员通过电子邮箱发送销售业绩周报时的标准是：

①电子邮件的主题为：销售业绩周报；

②电子邮件的正文为：姓名+年+月+周+销售业绩周报，比如，钟秋2022年10月第四周销售业绩周报；

③个人销售业绩周报以附件的方式发送，附件的命名规则：姓名_年月周_销售业绩周报.xlsx，比如，钟秋_2022年10月第四周_销售业绩周报.xlsx。

开发“批量读取业绩周报邮件机器人”

一、“读取业绩周报邮件机器人”

读取业绩周报邮件流程设计

1. 设计流程

在流程穿越的基础上，设计读取业绩周报邮件机器人。

首先，整理流程设计思路：

流程第一部分，获取收件人邮箱的地址和授权码。

流程第二部分，确定下载邮件的日期区间。

流程第三部分，创建用于保存邮件及附件的目录。

流程第四部分，下载邮件内容及附件。

然后，根据思路绘制机器人程序的流程图，如图2－23所示。

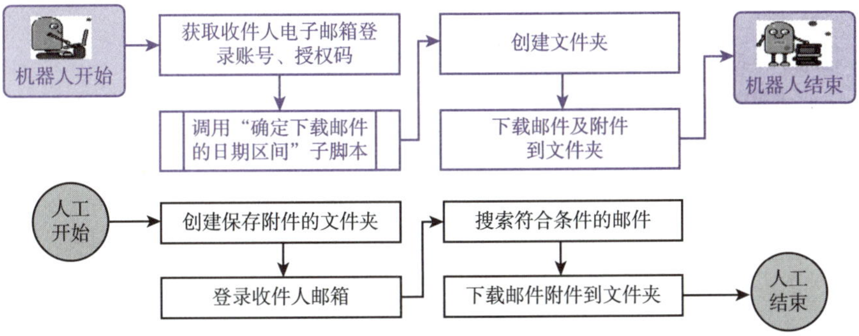

图2－23 读取业绩周报邮件机器人流程图

2. 创建新脚本

创建“批量读取业绩周报邮件机器人”项目，并在项目中创建“读取业绩周报邮件机器人”脚本。

3. 获取收件人电子邮箱地址及授权码

搭建流程的第一部分：获取收件人邮箱地址及授权码。

具体流程及控件属性设置如表2－14所示。

表2－14 “读取业绩周报邮件机器人——获取收件人邮箱地址及授权码”流程

序号	流程步骤	控件名称	属性	属性设置	说明
0	开始	【开始】	—	—	—
1	获取收件人邮箱地址、授权码	【输入对话框】	对话框内容［String］	acc	变量acc存储用户输入的内容
			输入标签内容	请输入收件人的邮箱地址	提示用户输入什么内容
		【输入对话框】	对话框内容［String］	psword	变量psword存储用户输入的内容
			输入标签内容	请输入收件人的邮箱授权码	提示用户输入什么内容

4. 确定下载邮件的日期区间

如何确定下载邮件的日期区间？首先，我们要明确规则，财务人员统计的销售业绩是月度销售业绩，比如，以“周”为单位，一个月内完整周的业绩是统计的对象，则销售人员一般会发送4至5个销售业绩周报至财务部的指定邮箱，而个人销售业绩上报的时间往往是结束周的下一周的开端。

如何确定下载邮件的日期区间

以 2022 年 10 月为例，月历如图 2-24 所示。

图 2-24　2022 年 10 月月历

2022 年 10 月有 4 个完整周，销售业务员上报第四周销售业绩周报的时间一般在 10 月 31 日到 11 月 4 日之间，所以财务人员下载目标邮件的邮件收件日期区间一般为 2022 年 10 月 1 日至 2022 年 11 月 5 日后，也就是本月的销售业绩周报会到下月初下载。

如果将财务人员当天登录邮箱下载邮件的时间称为当前日期，那么下载邮件的日期区间就是上月 1 号至当前日期。但如果我们这样设置日期，往往不能获取当前日期的邮件，只能获取到当前日期的前一天的邮件，所以，要获取到当前日期的邮件，我们需要将下载邮件日期区间的结束日期定义为当前“日”加 1。比如，假设 2022 年 11 月 6 日为当前日期，则下载邮件的开始日期为 2022 年 10 月 1 日，结束日期为 2022 年 11 月 7 日。

这样看来，问题似乎比较简单，我们在获取计算机当前日期的基础上，在“日”的值上加 1 就好了。一般来说，这个思路是可以的，但如果遇到当前日期比较特殊，那问题就有点棘手了。比如，当前日期为 10 月 31 日，那结束日期就不能为 10 月 32 日，而是 11 月 1 日，如果定义为 10 月 32 日为结束日期，程序会报错，如此，等等。

在这里，我们要考虑到全年中各种日期的情况，下面我们来梳理一下所有的日期情况。

（1）每年都有 12 个月，1 到 9 月的月份数字为 1 位，为了符合设计表示日期的规则（4 位年 2 位月 1 或 2 位日），要在 1 到 9 月的月份前加上“0”。

（2）根据月份来判断当前日是否为当月的最后一天，每年的 1、3、5、7、8、10 月有 31 天，所以遇到这些月份的当前日是 31 时，它的后一天表示为“月份 +1”，“日”为 1。每年的 4，6，9，11 月有 30 天，所以遇到这些月份的当前日是 30 时，它的后一天为“月份 +1”，“日”为 1。

（3）如果遇到当前日期为 12 月 31 日，那么，它的后一天为“年度 +1”，“月份 +1”，“日”为 1。

（4）如果遇到当前日期为平年 2 月 28 日，它的后一天为 3 月 1 日。

(5) 如果遇到当前日期为闰年2月28日，它的后一天为2月29日，如果遇到当前日期为润年2月29日，它的后一天为3月1日。

【提示】关于确定下载邮件日期区间的流程不需要掌握，在教材配套的实训素材代码中已经内置了这段流程代码，可通过【调用子脚本（Subproess)】控件直接使用。如对流程感兴趣可打开“批量读取业绩邮件机器人_ 教材配套”项目下的“确定下载邮件的日期区间”脚本进行学习。

流程的第一部分搭建完成后，搭建流程的第二部分，确定下载邮件的日期区间。

具体流程及控件属性设置如表2-15所示。

表2-15 “读取业绩周报邮件机器人——确定下载邮件的日期区间”流程

在“读取业绩周报邮件机器人——获取收件人邮箱地址及授权码”流程（表2-14）下继续搭建					
序号	流程步骤	控件名称	属性	属性设置	说明
2	调用“确定下载邮件的日期区间”子脚本	【调用子脚本】Subprocess	脚本路径	确定下载邮件的日期区间.xml	调用本项目下的子脚本

【流程设计说明】

通过【调用子脚本】控件调用“确定下载邮件日期区间”脚本后，获得“FirstDayofMonth”变量的值，此值为下载邮件日期区间的起始日；获得“gettime”变量的值，此值为下载邮件日期区间的结束日。同时这两个值也可以作为新建文件夹（用于保存下载的邮件及附件）的名称中表示时间段的部分。

【提示】

在设计器中还有一个调用子脚本的控件——【调用子脚本（CallScript)】，它是一个相对独立的流程，除非特别声明，此控件中的变量不能被主脚本调用。在本任务中，只能使用【调用子脚本（Subprocess)】控件。

5. 创建文件夹

流程的第二部分搭建完成后，搭建流程的第三部分，创建邮件及附件保存的目录。

具体流程及控件属性设置如表2-16所示。

表2-16 “读取业绩周报邮件机器人——创建文件夹”流程

在“读取业绩周报邮件机器人——确定下载邮件的日期区间”流程（表2-15）下继续搭建					
序号	流程步骤	控件名称	属性	属性设置	说明
3	创建文件夹	【创建目录】	目录路径	mail_folder_path	变量保存创建的目录的路径
			父目录	D:\华为机器人RPA\项目二	创建的目录所在的上一级目录路径
			目录名	读取邮件及附件	所创建的目录的名称为：读取邮件附件

6. 下载邮件及附件到文件夹

流程的第三部分搭建完成后，搭建流程的第四部分，读取邮件及附件到文件夹。

具体流程及控件属性设置如表 2－17 所示。

表 2－17　“读取业绩周报邮件机器人——下载邮件及附件到文件夹”流程

在“读取业绩周报邮件机器人——创建文件夹”流程（表 2－16）下继续搭建					
序号	流程步骤	控件名称	属性	属性设置	说明
4	下载邮件及附件到文件夹	【获取邮件】（pop）	登录凭证——邮箱服务器	pop. qq. com	设置收件人邮箱服务器
			登录凭证——邮箱账号	@{acc}	设置收件人邮箱账号为变量 acc 的值
			登录凭证——邮箱密码	@{psword}	设置收件人邮箱密码为变量 psword 的值
			筛选邮件日期	@{FirstDayOfMonth}－@{gettime}	设置获取邮件的日期区间
			筛选主题	销售业绩周报	设置筛选邮件的主题为“销售业绩周报”
			接收设置——邮件存放路径	@{mail_folder_path}	除此以外，“接收设置”的其他参数采用默认参数
5	提示邮件读取完成	【消息窗口】	消息框窗口	邮件读取完成！	

【流程设计说明】

使用【获取邮件】（pop）控件还可以按发件人、收件人等条件对邮箱中的邮件进行筛选，具体在“按相关人筛选”参数中进行设置，如图 2－25 所示。

图 2－25　“按相关人筛选”参数

7. 调试机器人

在调试本机器人之前，请先执行素材程序“批量读取业绩周报机器人”中“发送业绩周报邮件”脚本，选择“2－2 批量读取业绩周报邮件机器人素材”文件夹发送。

点击“保存”菜单，保存当前项目，点击“运行”菜单调试“读取业绩周报邮件机器人”程序，机器人运行时会弹出输入收件人邮箱地址的输入对话框时，请输入收件人邮箱地址，弹出输入收件人邮箱授权码输入对话框时，请输入收件人邮箱授权码。

机器人运行结束后，会生成“读取邮件及附件”文件夹，在此文件夹中存储读取的邮件内容，如图 2－26 所示。

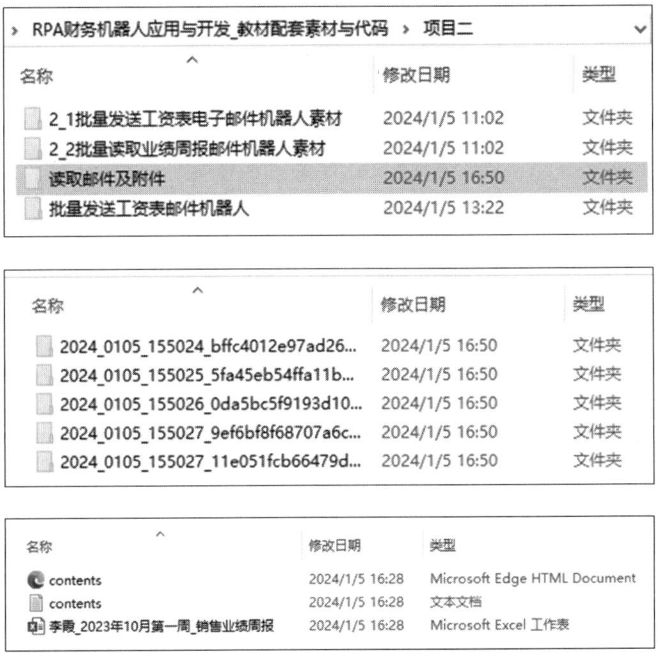

图 2－26 机器人生成的文件夹以及获取的邮件内容

二、“提取邮件附件机器人”

提取邮件附件流程设计

接下来，在“读取业绩周报邮件机器人”的基础上，我们来设计“提取邮件附件机器人”。

1. 设计流程

现在来设计“提取邮件附件机器人”的流程。

首先，整理流程设计思路：

流程的第一部分：读取多个邮件。

流程的第二部分：筛选“业绩周报．xlsx”文件。

流程的第三部分：复制文件到“业绩周报”文件夹。

然后，根据思路绘制机器人程序的流程图，如图 2 - 27 所示。

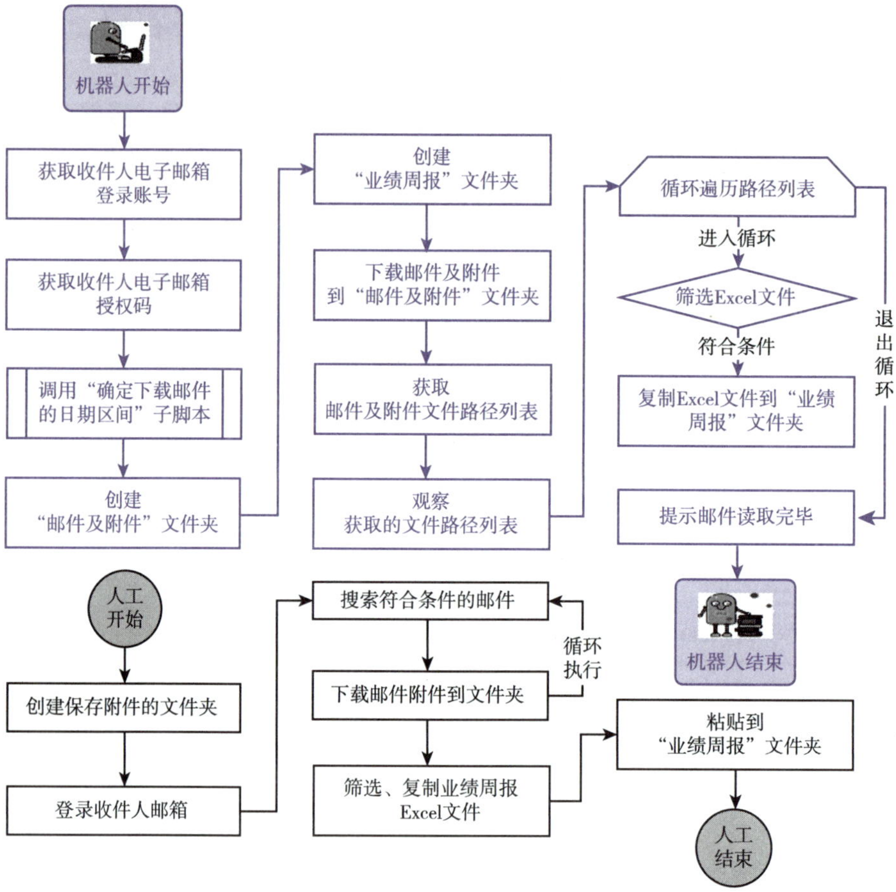

图 2 - 27　提取邮件附件机器人流程图

2. 创建新脚本

在“批量读取业绩周报邮件机器人”项目下，创建“提取邮件附件机器人”脚本。

3. 读取邮件

搭建流程的第一部分：读取多个邮件。

具体流程及控件属性设置如表 2 - 18 所示。

表 2 - 18　“提取邮件附件机器人——读取邮件”流程

序号	流程步骤	控件名称	属性	属性设置	说明
0	开始	【开始】	—	—	—
1	获取收件人邮箱地址	【输入对话框】	对话框内容［String］	acc	变量 acc 存储用户输入的内容
			输入标签内容	请输入收件人的邮箱地址	提示用户输入什么内容

续表

序号	流程步骤	控件名称	属性	属性设置	说明
2	获取收件人邮箱授权码	【输入对话框】	对话框内容[String]	psword	变量 psword 存储用户输入的内容
			输入标签内容	请输入收件人的邮箱授权码	提示用户输入什么内容
3	调用“确定下载邮件的日期区间”子脚本	【调用子脚本】Subprocess	脚本路径	确定下载邮件的日期区间.xml	调用本项目下的子脚本“确定下载邮件的日期区间.xml”
4	创建“邮件及附件”文件夹	【创建目录】	目录路径	mail_folder_path	变量 mail_folder_path 保存创建的目录的路径
			父目录	D:\华为机器人 RPA\项目二	创建的目录所在的上一级目录路径，请根据实际情况选择目录
			目录名	@{FirstDayOfMonth}-@{gettime} 邮件及附件	所创建的目录的名称为：@{FirstDayOfMonth}-@{gettime} 邮件
5	创建“业绩周报”文件夹	【创建目录】	目录路径	d_folder_path	
			父目录	D:\华为机器人 RPA\项目二	请根据实际情况选择目录
			目录名	@{FirstDayOfMonth}-@{gettime} 业绩周报	
6	下载邮件及附件到“邮件及附件”文件夹	【获取邮件】(pop)	登录凭证——邮箱服务器	pop.qq.com	设置收件人邮箱服务器
			登录凭证——邮箱账号	@{acc}	设置收件人邮箱账号为变量 acc 的值
			登录凭证——邮箱密码	@{psword}	设置收件人邮箱密码为变量 psword 的值
			筛选邮件日期	@{FirstDayOfMonth}-@{gettime}	设置获取邮件的日期区间
			筛选主题	销售业绩周报	设置筛选邮件的主题
			接收设置——邮件存放路径	@{mail_folder_path}	除此以外，“接收设置”的其他参数采用默认参数

【流程设计说明】

假如今天是 2023 年 11 月 20 日，文件夹名称表达式“@{FirstDayOfMonth}-@{gettime} 邮件”的值为“20231001-20231121 邮件”；筛选邮件日期表达式“@{First DayOfMonth}-@{gettime}”的值为“20231001-20231121”。

【调用子脚本（Subprocess）】控件

4. 提取邮件附件

流程的第一部分搭建完成后，搭建流程的第二部分，提取邮件附件。

具体流程及控件属性设置如表 2－19 所示。

表 2－19　“提取邮件附件机器人——提取邮件附件”流程

在“提取邮件附件机器人——读取邮件”流程（表 2－18）下继续搭建					
序号	流程步骤	控件名称	属性	属性设置	说明
7	获取邮件附件文件路径列表	【列出目录下的文件】	目标路径	@{mail_folder_path}	获取指定变量 mail_folder_path 目录下的文件的路径，并保存为列表
			文件列表	files_path_list	变量 files_path_list 存储文件路径列表
8	观察获取的路径列表	【消息窗口】	消息框内容	@{files_path_list}	为非必要控件，主要作用是观察获取的文件路径
9	循环遍历路径列表	【For(遍历/计次循环)】	数据集合	@{files_path_list}	遍历文件路径列表 files_path_list，逐个筛选目标文件（Excel 文件）
			条目名称	file_path	当前的循环变量，即当前遍历的文件路径
接序号 9 控件，进入循环（【For(遍历/计次循环)】—Entry）后的流程					
序号	流程步骤	控件名称	属性	属性设置	说明
10	筛选 Excel 文件	【If(条件分支)】	条件表达式	".xlsx" in file_path	以文件路径包含“.xlsx”为筛选条件

5. 复制 Excel 文件到指定文件夹

流程的第二部分搭建完成后，搭建流程的第三部分，筛选邮件。

具体流程及控件属性设置如表 2－20 所示。

表 2－20　“提取邮件附件机器人——创建文件夹”流程

在“提取邮件附件机器人——提取邮件附件”流程（表 2－19）下继续搭建					
接序号 10 控件，条件判断结果为“True”时进入（【If(条件分支)】—True）后的流程					
序号	流程步骤	控件名称	属性	属性设置	说明
11	复制 Excel 文件到“业绩周报”文件夹	【复制文件】	资源文件路径	@{file_path}	设置需要复制的文件的路径为变量 file_path 的值
			目标路径	@{d_folder_path}	指定复制文件的存储文件夹为变量 d_folder_path 的值
			覆盖文件	True	如果目标路径中存在相同的文件，则覆盖
接序号 9 控件，退出循环（【For(遍历/计次循环)】—Exit）后的流程					
序号	流程步骤	控件名称	属性	属性设置	说明
12	提示邮件读取完毕	【消息窗口】	消息框内容	邮件读取完毕！	

6. 调试机器人

执行“批量读取业绩邮件”流程的前提是邮箱中有“业绩”邮件，所以需要**先把教材配套的业绩表发送到自己的邮件中**，然后，再执行本流程，结果如图 2－28 至图 2－30 所示。

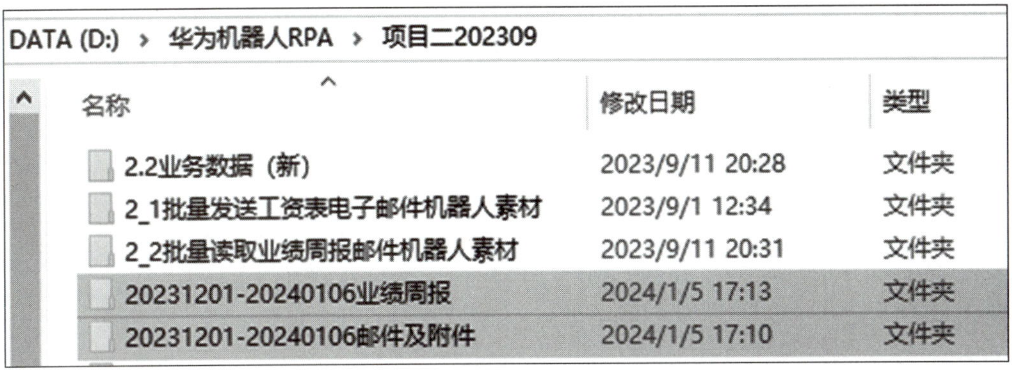

图 2－28　生成“邮件”及“业绩周服”文件夹

图 2－29　下载的邮件

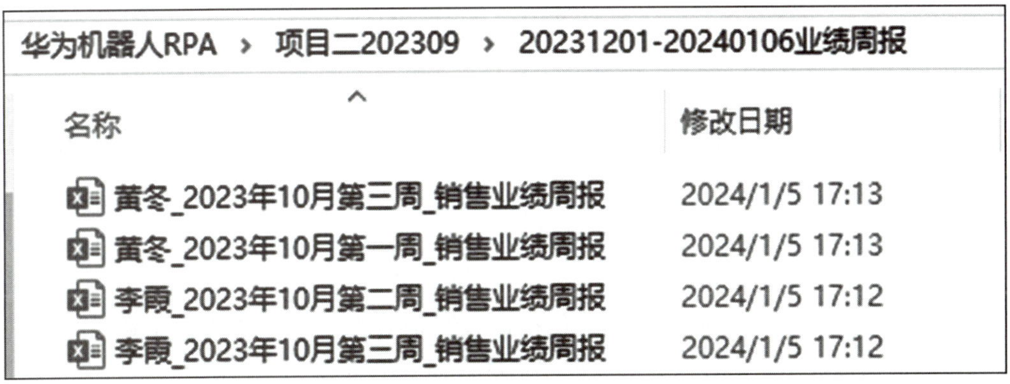

图 2－30　提取的邮件附件

至此，“批量读取邮件及汇总业绩机器人”开发完成。

考核与评价

考核的重点是理论知识的掌握水平、技术技能的应用水平以及职业素养水平，学习者可以从以上3个方面评价学习效果，具体评价项目及标准如表2-21所示。

表2-21 模块考核评价标准

考核项目	考核内容	配分	得分
理论知识水平	正确描述批量读取业绩周报邮件的人工流程并绘制流程图	10	
	正确描述与解释批量读取业绩周报邮件RPA机器人流程图	10	
	能选择正确的控件	10	
理论知识水平总分		30	
技术技能应用水平	正确地执行流程穿越，得到正确的结果，并能发现流程中需要标准化的内容	10	
	制定批量读取业绩周报邮件的RPA流程方案	10	
	正确绘制批量读取业绩周报邮件RPA机器人流程图	5	
	在RPA流程中正确添加和使用控件，正确设置控件的参数	10	
	应用设计的批量读取业绩邮件机器人得到正确的结果	10	
技术技能应用水平总分		45	
职业素养水平	能比较分析出不同流程方案的优势	5	
	根据业务流程的变化提出变更与改善流程的方案	5	
	工作过程中投入、积极、专注，能按时完成工作任务，做好工作笔记，有工作完成后归纳与反思的记录	5	
	积极探索多种RPA方案，并付诸实践，面对困难时主动通过各种途径探寻资料以解决问题	5	
	反复斟酌流程设计方案，在实践的过程中不断精进流程设计能力	5	
职业素养水平总分		25	
综合评价总分		100	

总结与提高

（1）在开发“批量读取业绩周报邮件机器人”前，先进行一系列业务流程的标准化，其中包括邮件信息及邮件附件内容的标准化，因为如果出现诸如邮件的主题不统一，发送时间不统一，附件格式不统一等问题，就会影响到机器人的应用，所以，我们不但要有开发简单应用场景的机器人的能力，更应该具备全方位看待流程中的标准化与自动化的关系的能力。

(2)【获取邮件】控件中有一个参数为“邮件相关信息”，如图 2－31 所示，此变量的内容是【获取邮件】控件执行的结果，它保存了邮件的相关信息，可以在【获取邮件】控件后添加【消息窗口】控件查看。

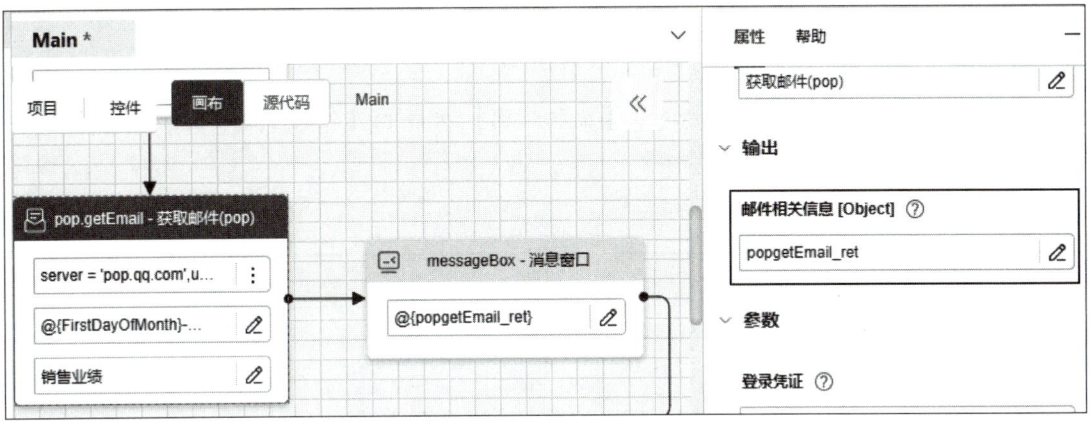

图 2－31 “邮件相关信息”参数

数字赋能

数字技术是数字时代驱动人类社会生产方式、生活方式和治理方式变革的关键力量。数字经济与实体经济深度融合，正在给人类生产生活带来一系列革命性变化和创造性成果。党的二十大报告对促进数字经济和实体经济深度融合作出重大部署，提出“加快发展数字经济，促进数字经济和实体经济深度融合，打造具有国际竞争力的数字产业集群”。2022 年底召开的中央经济工作会议强调：“要大力发展数字经济，提升常态化监管水平，支持平台企业在引领发展、创造就业、国际竞争中大显身手”。这为我们推动数字经济高质量发展、促进数字经济与实体经济深度融合指明了前进方向。

实战演练

一、不定项选择题

1. 执行表 2－22 控件，返回结果是（　　）。

表 2－22

控件名称	属性	属性设置
【获取时间】	时间格式	% Y
	时间［String］	getY

A. getY 表示返回两位数的年份（00－99）;%Y 用于定义返回数据格式为日期型格式

B. getY 表示返回两位数的年份（0000－9999）;%Y 用于定义返回数据格式为日期型格式

C. %Y 表示返回四位数的年份（0000－9999），返回日期型数据格式；getY 是变量，用于储存返回值

D. %Y 表示返回四位数的年份（00－99），返回日期型数据格式；getY 是变量，用于储存返回值

2. 在表2－23控件搭建的流程中，【获取时间】控件和【运行 python 表达式】控件都有“getY”变量，它们的内容是什么？

表2－23

控件名称	属性	属性设置
【获取时间】	时间格式	%Y
	时间［String］	getY
【运行 python 表达式】	表达式	int(getY)
	执行结果	getY

A. 【获取时间】控件中的变量“getY”内容是4位数的年份，【运行 python 表达式】控件中的变量“getY”内容是4位整数的数字

B. 【获取时间】控件中的变量“getY”内容是2位数的年份，【运行 python 表达式】控件中的变量“getY”内容是2位整数的数字

C. 【获取时间】控件中的变量“getY”内容是4位数的年份，【运行 python 表达式】控件中的变量“getY”内容是4位数字的字符串

D. 【获取时间】控件中的变量“getY”内容是2位数的字符串，【运行 python 表达式】控件中的变量“getY”内容是2位整数的数字

3. 以下（　　）控件返回日期“月份”。

A.

控件名称	属性	属性设置
【获取时间】	时间格式	%m
	时间［String］	getm

B.

控件名称	属性	属性设置
【获取时间】	时间格式	%M
	时间［String］	getm

C.

控件名称	属性	属性设置
【获取时间】	时间格式	%M
	时间［String］	getM

D.

控件名称	属性	属性设置
【获取时间】	时间格式	%m
	时间［String］	getM

4. 在图 2－32 控件中，【运行 python 表达式】控件中属性“表达式”的值应该是（　　），结果返回“2023 年 1 月”。

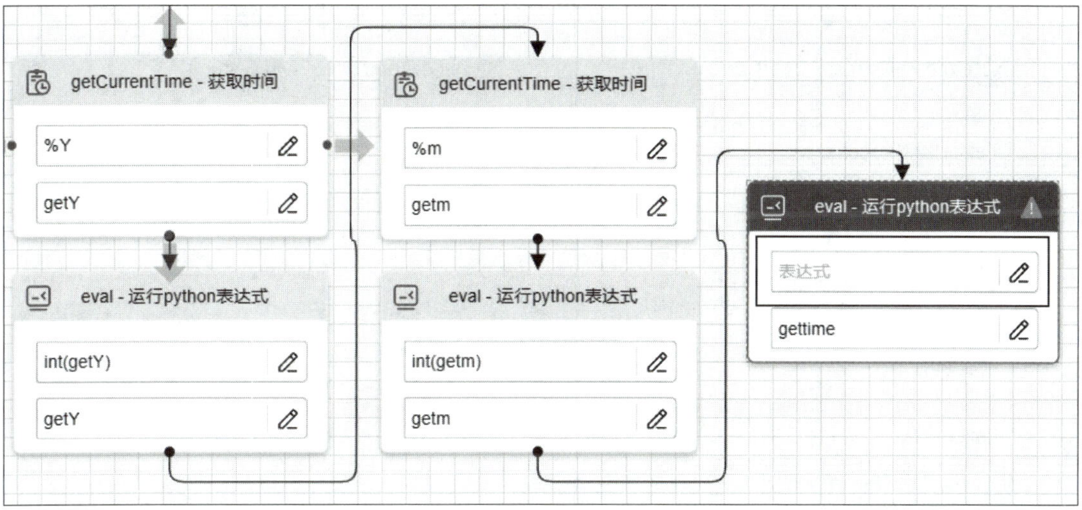

图 2－32

A. str(“ getY ”) +”年” + str(“ getm ”) +”月”

B. str(getY) +”年” + str(getm) +”月”

C. str(getY) + 年 + str(getm) + 月

D. str(getY) ,”年” + str(getm) ,”月”

5. 图 2－33 工作表在流程中用变量“file”表示，在图 2－34 的流程执行过程中，以下说法正确的是（　　）。

A. 变量 excel 是 DataFrame(二维表）类型数据

B. 变量 list1 是列表类型数据，变量 item 是列表 list1 中的元素

C. 当循环遍历到第 3 次时，【if(条件分支)】控件中的 forloop 变量值为 4

D. 当循环遍历到第 3 次时，获取的是秦伯羽的数据

	A	B	C	D	E	F	G	H	I
1	工号	姓名	基本工资	餐补	交通补贴	绩效	事、病假扣款	加班补贴	应发工资
2	2020001	柳易	6000	1000	500	1800	0	2000	11300
3	2020002	李光祖	7000	1000	500	2100	300	1500	11800
4	2020003	秦伯羽	6000	1000	500	1800	0	500	9800
5	2020004	崔峤	9000	1000	500	2700	0	2000	15200
6	2020005	吴阳修	10000	1000	500	3000	0	0	14500
7	2020006	林光	20000	1000	500	6000	400	0	27100
8	2020007	张时	12000	1000	500	3600	0	0	17100
9	2020008	刘远	8000	1000	500	2400	0	0	11900
10	2020009	陆成	8000	1000	500	2400	0	300	12200
11	2020010	白致远	15000	1000	500	4500	500	1000	21500

图 2－33

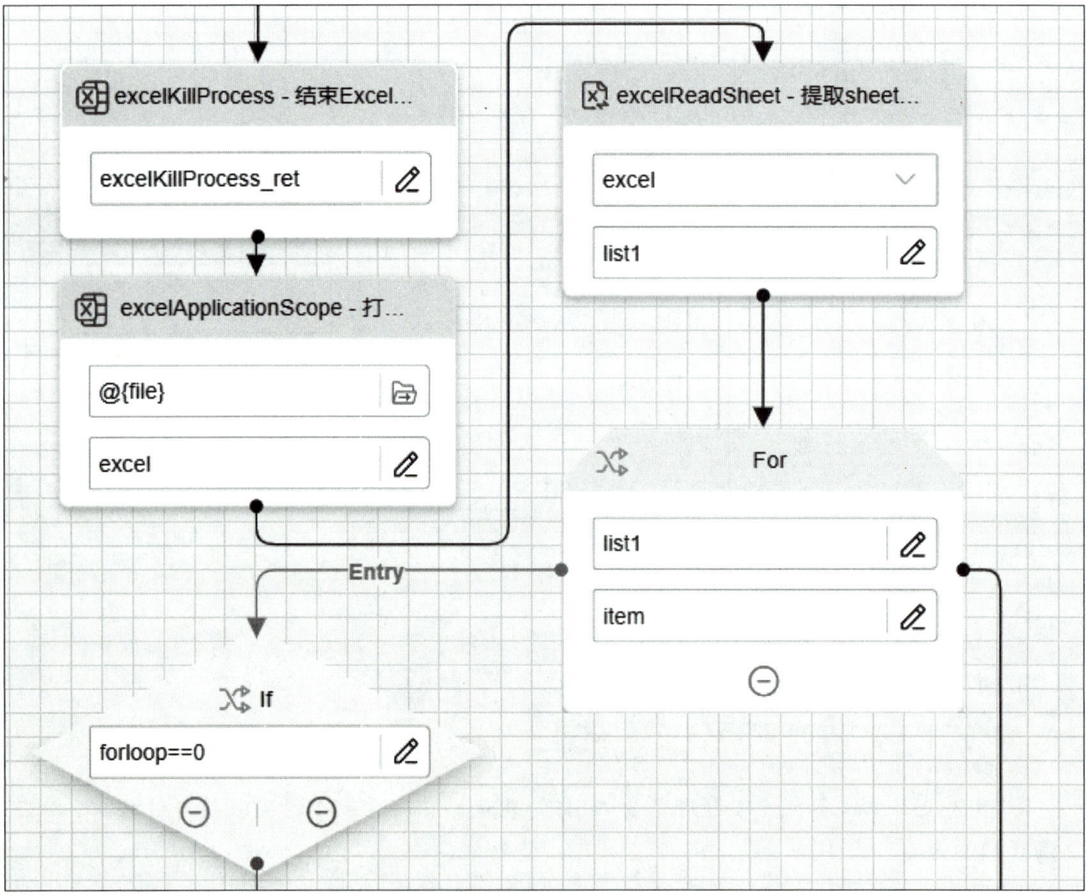

图 2－34

6. 以下流程中，与【For(遍历/计次循环)】控件和【按行遍历表格】控件搭配正确的是（　　）。

A.

控件名称	属性	属性设置
【读取 excel 到表格】	Excel 文件路径	@{file}
	表格对象	excel
【For(遍历/计次循环)】	数据集合	excel
	条目名称	item

B.

控件名称	属性	属性设置
【读取 excel 到表格】	Excel 文件路径	@{file}
	表格对象	excel
【按行遍历表格】	DataFrame 表	excel
	行数据	data

C.

控件名称	属性	属性设置
【打开 excel 文件】	Excel 文件路径	@{file}
	Excel 文件对象别名	excel
【按行遍历表格】	DataFrame 表	excel
	行数据	data

D.

控件名称	属性	属性设置
【打开 excel 文件】	Excel 文件路径	@{file}
	Excel 文件对象别名	excel
【提取 sheet 内容】	Excel 对象	excel
	文本内容	list
【For(遍历/计次循环)】	数据集合	list
	条目名称	item

7. 在图 2－35【发送邮件】控件中的“登录凭证”参数中，邮箱密码是指（　　）。

A. 收件人邮箱登录密码

B. 发件人邮箱登录密码

C. 收件人邮箱登录授权码

D. 发件人邮箱登录授权码

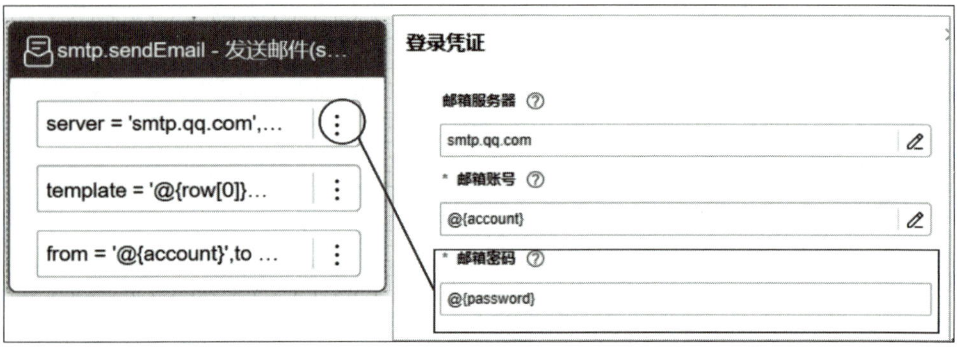

图 2-35

8. 在图 2-36 中【发送邮件】控件中的“内容设置”参数中，邮件附件是指（　　）。

图 2-36

A. 邮件附件文件的名称

B. 邮件附件文件的路径

C. 邮件附件文件夹的路径

D. 给邮件附件文件起的新名称

9. 在使用【创建目录】控件（见图 2-37）创建文件夹时，以下说法正确的是（　　）。

A. 在“父目录”参数中输入“@{WORK_DIR}”的作用是设置新创建的文件夹将存放在机器人流程项目所在的当前文件夹中

B. 点击“父目录”参数中  按键可以打开“选择文件夹”窗口，在此窗口中直接指定新创建的文件夹将存放的文件夹

C. 在“父目录”参数中直接输入路径时，路径需要带引号

D. 在“父目录”参数中直接输入路径时，路径需要带“@”号

图 2－37

10. 在使用图 2－38 中【获取邮件（pop）】控件获取邮件时，以下说法正确的是（　　）。

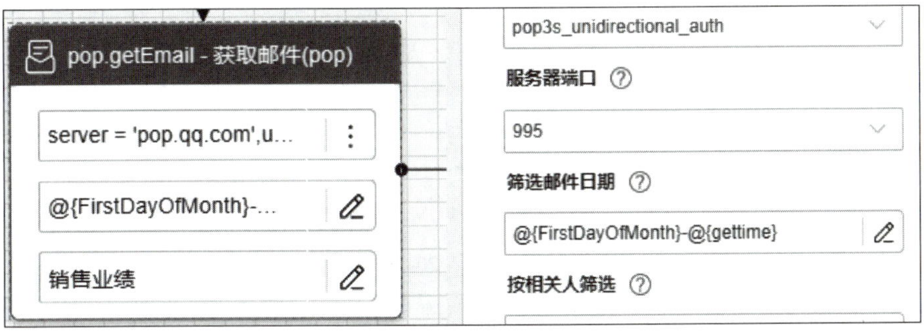

图 2－38

A. 【获取邮件（pop）】控件中“筛选邮件日期”参数的格式如：2023/02/10－2023/03/09

B. 【获取邮件（pop）】控件中“筛选邮件日期”参数的格式如：20230210－20230309

C. 为了能准确获取邮件，一般需要做事前的规划，其中一项是要求邮件发件人给邮件定义一个包含指定字眼的主题

D. 执行【获取邮件（pop）】控件后，获取的每一份邮件的具体内容将放在不同的文件夹中

二、实训题

网中网贸易公司负责往来账款管理的账务人员董乐需要把本月的应收账款对账单（见图 2－39）发送给客户。

网中网贸易公司对账单

TO:清丽洗涤有限责任公司

电话:0744-89764459

地址:清丽洗涤有限责任公司

截至 2023 年 2 月 28 日，贵公司尚欠我司货款为：人民币 98650 元

大写（人民币）：玖万捌仟陆佰伍拾元整。

账期超过 6 个月，已超出我司应收账款管理期限，请尽快安排付款。

此对账单核对无误后，请于 5 日内签字回传，未回传则视为贵公司认可。

深表谢意！

客户确认（盖章）：

FROM：网中网贸易公司

2023 年 2月 28 日

图 2－39

请设计及开发“批量发送对账单邮件机器人”。

【要求】

1. 发送邮件的主题为：2023 年 2 月对账单；
2. 发送邮件正文为：

某公司：

请查收 2023 年 2 月对账单，对账核对无误后，请于 5 日内签字回传，未回传视为贵公司认可。

如有问题，请随时联系反馈至本邮箱。

祝

商祺

3. 对账单 PDF 文件以邮件附件的方式发送。

【实训素材】

1. 应收账款对账单文件夹。
2. 客户电子邮件信息表 . xlsx。

项目 2
实训题素材

项目3
账龄分析机器人

学习目标

知识学习目标：

1. 描述编制账龄分析底稿、应收账款账龄分析人工处理流程。
2. 根据人工操作业务流程各环节，选择正确的控件。
3. 解释处理邮件相关控件的关键参数。

技能训练目标：

1. 制定编制账龄分析底稿、应收账款账龄分析的RPA流程方案。
2. 在编制账龄分析底稿、应收账款账龄分析的RPA流程中选择和正确使用控件。
3. 正确设置控件的参数。
4. 调试与修改流程至流程运行结果正确。

素养养成目标：

1. 根据账龄分析的工作场景特点梳理业务流程，依托RPA提出优化流程的方案，提升工作效率。
2. 养成善于思考、勇于探索的职业习惯。
3. 坚持精益求精的职业态度。

项目任务

本项目完成的目标：

1. 设计开发出“编制账龄分析底稿机器人”。
2. 设计开发出“应收账款账龄分析机器人”。

完成以上工作任务应提交的标志性成果：

1. 编制账龄分析底稿机器人程序文件及账龄分析底稿 Excel 文件。
2. 应收账款账龄分析机器人程序文件及 2020 至 2022 年账龄分析 Excel 工作表。

项目导图

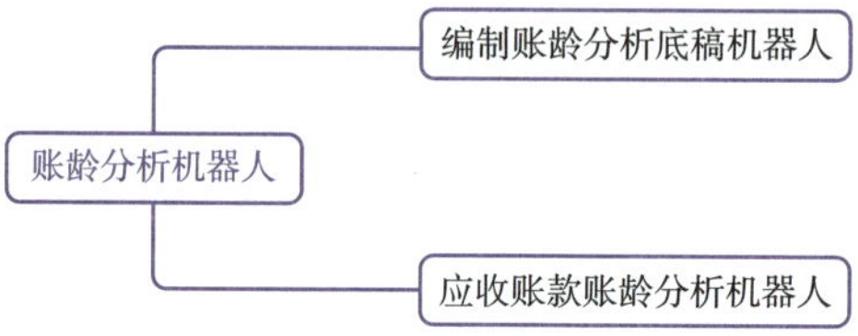

业务场景

1. 网中网贸易公司财务部经理要求财务人员李礼把客户近 3 年（即 2020 年、2021 年、2022 年）各年应收款（见图 3－1）按期初余额、本期借方发生额、本期贷方发生额和期末余额汇总至应收款账龄分析底稿工作簿（见图 3－2）中。

	A	B	C	D	E
1	客户名称	年初余额	借方金额	贷方金额	年末余额
2	北京爱酷智能科技有限公司	770754.04	1208657.74	725851.48	1253560.30
3	深圳神州泰业科技发展有限公司	4000.00	18000.00	18000.00	4000.00
4	深圳众鸿天信息技术有限公司	(2770.00)	0.00	0.00	(2770.00)
5	深圳科蓝软件系统股份有限公司	1500.00	0.00	0.00	1500.00
6	深圳祥和正业科技发展有限公司	(880.00)	0.00	0.00	(880.00)
7	深圳鑫万佳科技发展有限公司	113220.00	89700.00	82890.00	120030.00
8	怀来卡泰来电子科技有限公司	29970.00	207700.00	218390.00	19280.00

2020年应收款余额表 | 2021年应收款余额表 | 2022年应收款余额表 | 2020 …

图 3－1　年度应收款余额明细表

	A	B	C	D	E	F	G	H	I	J	K
1	客户	2020年年初余额	2020年借方发生额	2020年贷方发生额	2020年年末余额	2021年借方发生额	2021年贷方发生额	2021年年末余额	2022年借方发生额	2022年贷方发生额	2022年年末余额
2											
3											
4											
5											

… | 2022年应收款余额表 | 2020年至2022年应收款汇总底稿 | 检验

图 3－2　近 3 年应收款账龄分析底稿工作簿

2. 然后，李礼在账龄分析底稿（见图 3－3）的基础上分析出各公司“1 年以内”“1～2 年”“2～3 年”和“3 年以上”的未收回账款的情况，进一步编制出应收账款账龄分析明细表.xlsx，如图3-4所示。

	A	B	C	D	E
1	客户	2020年年初余额	2020年借方发生额	2020年贷方发生额	2020年年末余额
2	北京爱酷智能科技有限公司	770754.04	1208657.74	725851.48	1253560.3
3	深圳神州泰业科技发展有限公司	4000	18000	18000	4000
4	深圳众鸿天信息技术有限公司	-2770	0	0	-2770
5	深圳科蓝软件系统股份有限公司	1500	0	0	1500
6	深圳祥和正业科技发展有限公司	-880	0	0	-880
7	深圳鑫万佳科技发展有限公司	113220	89700	82890	120030
8	怀来卡泰来电子科技有限公司	29970	207700	218390	19280
9	深圳博通智雅科技发展有限公司	-8000	0	0	-8000
10	深圳军开普电子模具科技有限公司	259670	0	180000	79670
11	深圳聚宝网络科技有限公司	60000	0	0	60000
12	深圳麦哲科技有限公司	-1180	74840	77540	-3880
13	深圳华夏聚龙自动化股份公司	-910	0	0	-910
14	深圳汇和乾元科技发展有限公司	334140	0	0	334140
15	启融普惠（北京）科技有限公司	36000	0	0	36000
16	深圳兆维自服装备技术有限公司	0	24370	23260	1110
17	深圳意帆盛世体育文化有限公司	450	0	0	450
18	北京市华科南方电子设备有限公司	-11050	0	0	-11050
19	中电恒宇（北京）科技有限公司	808	0	0	808
20	深圳紫光图文系统有限公司	-720	0	0	-720
21	深圳铭盛佳业商贸有限公司	-450	0	0	-450
22	深圳中科安瑞科技有限责任公司	4900	0	0	4900
23	深圳赛尔启航软件有限公司	-5600	0	0	-5600

图3-3 各年应收账款明细表

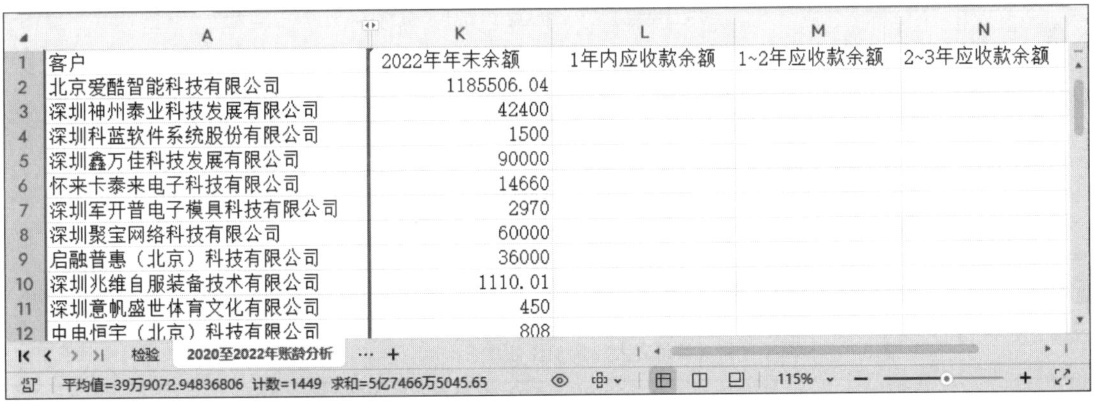

	A	K	L	M	N
1	客户	2022年年末余额	1年内应收款余额	1~2年应收款余额	2~3年应收款余额
2	北京爱酷智能科技有限公司	1185506.04			
3	深圳神州泰业科技发展有限公司	42400			
4	深圳科蓝软件系统股份有限公司	1500			
5	深圳鑫万佳科技发展有限公司	90000			
6	怀来卡泰来电子科技有限公司	14660			
7	深圳军开普电子模具科技有限公司	2970			
8	深圳聚宝网络科技有限公司	60000			
9	启融普惠（北京）科技有限公司	36000			
10	深圳兆维自服装备技术有限公司	1110.01			
11	深圳意帆盛世体育文化有限公司	450			
12	中电恒宇（北京）科技有限公司	808			

图3-4 应收账款账龄分析明细表

请与企业财务人员一起，研究以上业务流程，挖掘业务流程自动化的机会，并尝试用WeAutomate Studio设计器开发完成这些任务的机器人，具体任务如下：

（1）为了提高编制账龄分析底稿结果的准确性和工作效率，开发编制账龄分析底稿机器人。

（2）为了进行应收账款账龄分析，开发编制应收账款账龄分析明细表机器人。

模块一　编制账龄分析底稿机器人

工作任务

按“客户名称”将正保集团公司2020年、2021年及2022年的应收款余额表数据进行汇总，写入新的工作表“2020年至2022年应收款汇总底稿”中。将“2020年至2022年应收款汇总底稿”表中的数据按年进行累计，并将年度累计数据写入“检验”表中，对汇总数据的正确性进行校验。

编制账龄分析底稿工作任务介绍

工作任务如表3－1所示。

表3－1　　工作任务卡

任务编号	8	任务名称	开发“编制账龄分析底稿机器人”	工作区域	数字机器人实训中心
建议学时	2~3	参考文件或资料	（1）WeAutomate设计器中【读取excel工作表】、【执行python语句】等本模块应用控件的“帮助－messageBox” （2）阅读Python语言中关于DataFrame数据类型、<表格变量>.columns＝[ ]、iloc [ ]、fillna( ) 方法的说明		
德技兼修	（1）接到任务时，先对任务进行整体分析，明确任务目的 （2）基于数据源条件规划实施任务的路径 （3）开发流程过程中遇到困难时主动寻求解决方法，耐心阅读方法说明与案例，如需求助于人时，先准备好咨询的问题，并准确、清晰地表达 （4）检查任务成果时细致、认真、严谨，也可邀请别人一起检查 （5）主动学习教材外的资源，了解RPA＋AI应用于财务领域的案例，拓宽对RPA＋AI应用的认知 （6）养成勤学好问、勤于思考、诚恳待人、严谨细致的工作态度				
工作任务	（1）开发“编制账龄分析底稿机器人”流程 （2）应用“编制账龄分析底稿机器人”实现任务目的				

流程穿越

在动手操作之前，先对数据源进行仔细地观察，边观察边理解任务目标，思考任务实施的方法。

编制账龄分析底稿流程穿越

通过观察数据源，我们发现数据源有以下几个特点：

（1）3个应收款余额表中，显示的内容均是“客户名称”“年初余额”“借方金额”“贷方金额”和“年末余额”。

（2）在单个应收款余额表中，“客户名称”列的值没有重复。

（3）在3个应收款余额表中，“客户名称”列中同一个客户名称在不同的工作表中的位置可能不同。

（4）前一年的“年末余额”列的值与后一年“年初余额”列的值相等。

（5）2020年应收款余额表有196条数据，2021年应收款余额表有239条数据，2022年应收款余额表有293条数据，说明3年中客户数量逐年增加，“客户名称”列的内容会不同。

根据了解到的情况，我们发现以下几个问题：

（1）如何根据“客户名称”进行数据拼接？因为同一个客户名称在不同的源工作表中的位置可能不相同，可能也不存在位置上的规律，不能直接使用复制粘贴的方法。

（2）如何处理重复的数据列？比如，2020年的“年末余额”列的值与2021年“年初余额”列的值相等。

（3）用什么方法快速增加拼接后的工作表数据的列合计？

（4）如何检验数据结果的正确性？

如何找到解决问题的方法？通过书籍？上网搜索？向同学、师长讨教？自己探索？

我想都可以！

解决以上问题的方法可以是：

①对于第（1）个问题，先把3年的“客户名称”进行复制，然后粘贴到“2020年至2022年应收款汇总底稿”A列中，通过筛选删除重复的客户名称，然后用Excel软件中的Vlookup函数获取3个源工作表中对应客户名称的数据，并填写到“2020年至2022年应收款汇总底稿”中。

②对于第（2）个问题，汇总时，不取2021年和2022年“年初余额”列数据。

③对于第（3）个问题，用Excel软件中的SUM( )函数增加“2020年至2022年应收款汇总底稿”B列到K列的合计。

④对于第（3）个问题，在“检验”工作表中创建与“2020年至2022年应收款汇总底稿”工作表相同的列，增加“余额表合计金额”行以及“汇总底稿合计金额”行，然后计算相同列下两行的差，如果差为0，则汇总数据正确，否则，结果不正确。

好了，一切准备就绪，可以开始执行任务了。

请你跟随教材的指引，通过人工操作计算机把2020年至2022年应收款余额表的数据按“客户名称”汇总到2020年至2022年应收款汇总底稿工作表，并对结果进行查验。

编制账龄分析底稿的工作流程是：

（1）打开“账龄分析底稿.xlsx”工作簿。

（2）分别复制2020年、2021年和2022年应收款余额表中“客户名称”列数据，并按顺序粘贴至“2020年至2022年应收款汇总底稿”表A列中。

（3）清洗“2020年至2022年应收款汇总底稿”表A列数据，使用Excel软件中的“数据|删除重复值”去掉重复的客户名称。

（4）复制各年应收款余额表中的除“客户名称”外的列字段，依次粘贴到“2020年至2022年应收款汇总底稿”表的第一行中，不取2021年和2022年“年初余额”列字段。

（5）用Excel软件中的“Vlookup”函数获取2020年、2021年和2022年应收款余额表中相同客户的数据。部分单元格及公式如表 3－2 所示。

表 3－2　2020 年至 2022 年应收款汇总底稿工作表部分单元格公式表

单元格地址	公式
B2	if(isna(VLOOKUP(A2,'2020 年应收款余额表'! A:E,2,0)) = True,0,VLOOKUP(A2,'2020 年应收款余额表'! A:E,2,0))
C2	if(isna(VLOOKUP(A2,'2020 年应收款余额表'! A:E,3,0)) = True,0,VLOOKUP(A2,'2020 年应收款余额表'! A:E,3,0))
F2	if(isna(VLOOKUP(A2,'2021 年应收款余额表'! A:E,3,0)) = True,0,VLOOKUP(A2,'2021 年应收款余额表'! A:E,3,0))

填写好工作表中第 2 行数据的公式后，直接按列复制公式，即根据“客户名称”列的值获取相应的数据。

（6）在“2020 年至 2022 年应收款汇总底稿”工作表的非空行的下一行 B 列填写列合计公式 **SUM（B2：Bn）**，“n”为编写公式单元格的上一行的行号，此行的 C 列至 K 列的公式与 B 列公式类同。

（7）在“检验”工作表中创建与“2020 年至 2022 年应收款汇总底稿”相同的列，增加“余额表合计金额”行，B 列的计算公式是：**SUM（'2020 年应收款余额表'！B：B）**。增加“汇总底稿合计金额”行，B 列的计算公式是：**SUM（'2020 年至 2022 年应收款汇总底稿'！B：B）**。依此类推，设置第二行和第三行其他单元格的公式。增加“差额”列，B 列的计算公式是：**B2－B3**，C 列的计算公式是：**C2－C3**，其他各列的计算公式均为当前列的第 2 行单元格数值减去当前列的第 3 行单元格数值。

（8）判断编制结果是否正确，如果“差额”列全为“0”，则正确，否则，编制结果不正确。

以上流程如图 3－5 所示。

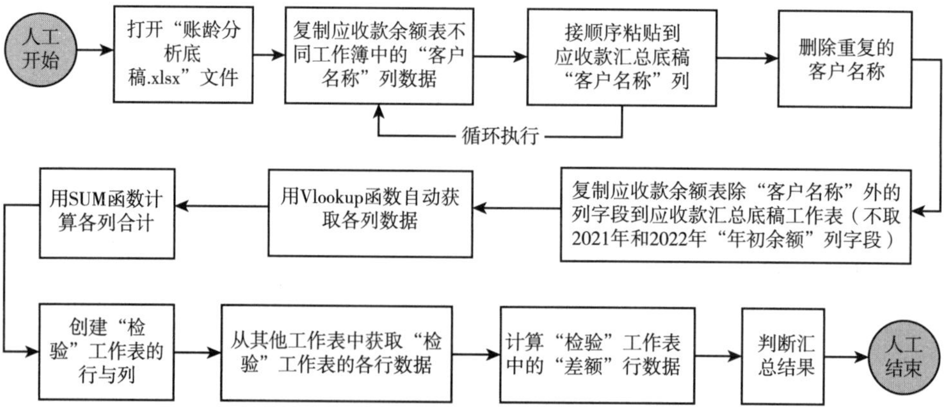

图 3－5　编制账龄分析底稿人工处理流程图

流程穿越是开发机器人过程中基础的、必须的、重要的步骤，请务必认真完成，并随时记下疑问与灵感，如表3－3所示。

表3－3　　编制账龄分析底稿业务流程穿越记录表

执行步骤名称	此执行步骤的疑问	疑问的解决	自动化机会
例：采集列数据	在自动化流程中，对于列值相同的列，是先全部复制再删除还是有选择地复制更便利？	除“客户名称”外，修改其他列字段为：××××年列字段，例如，××××年年初余额，然后，程序根据列字段名称的特征自动识别及删除多余的列	可实现
……	……	……	……

开发“编制账龄分析底稿机器人”

编制账龄分析底稿流程设计

一、设计流程

现在来设计“编制账龄分析底稿机器人”的流程。

首先，整理流程设计思路：

（1）流程的第一部分：读取2020年、2021年和2022年应收款余额表，并分别保存到变量df2020，df2021和df2022中。

（2）流程的第二部分：根据“客户名称”列的值，把表格df2020，df2021和df2022进行横向拼接。

（3）流程的第三部分：修改列标签为“××××年列字段”格式，同时删除多余的列。

（4）流程的第四部分：整理数据及汇总数据，把整理好的数据写入“2020年至2022年应收款汇总底稿”工作表。

（5）流程的第五部分：在定义好公式的“检验”工作表中检验汇总数据的正确性。

其次，根据思路绘制机器人程序的流程图，如图3－6所示。

最后，我们开始开发编制账龄分析底稿的机器人。

二、创建项目与脚本

新建项目“编制账龄分析底稿机器人”，在Main脚本中搭建机器人。

三、读取数据源Excel工作表

搭建流程的第一部分：读取数据源Excel工作表。

需要读取的工作表是：2020年应收余额表、2021年应收款余额表和2022年应收款余

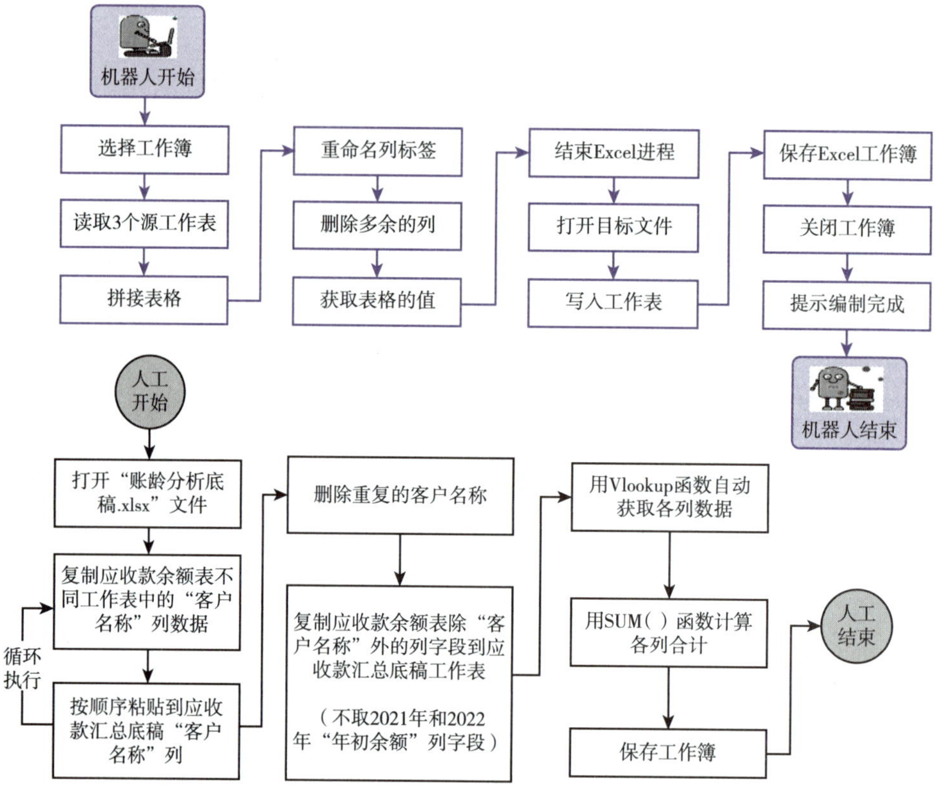

图 3-6　编制账龄分析底稿机器人流程图

额表，它们保存在同一个工作簿“账龄分析底稿.xlsx”中。

具体流程及控件属性设置如表 3-4 所示。

表 3-4　“编制账龄分析底稿机器人——读取数据源 Excel 工作表”流程

序号	流程步骤	控件名称	属性	属性设置	说明
0	开始	【开始】	—	—	—
1	选择工作簿	【文件选择框】	表单数据［String］	fil_path	变量 fil_path 存储源工作簿文件路径，数据源工作表和目标工作表都放在同一个 Excel 文件中
			文件选择框名称	请选择账龄分析底稿 Excel 文件	提示选择源工作簿，即“账龄分析底稿.xlsx”
2	读取 3 个源工作表	【读取 excel 到表格】	Excel 文件路径	@{fil_path}	读取变量 fil_path 的值指向的工作簿文件
			Sheet 名称	2020 年应收款余额表	如果读取的 Excel 工作簿包含多个工作表，则通过设置“Sheet 名称”来指定读取的表格

续表

序号	流程步骤	控件名称	属性	属性设置	说明
2	读取 3 个源工作表	【读取 excel 到表格】	表格对象	df2020	读取工作表后，保存在变量 df2020 中，此时被读取的工作表在设计器中保存为 DataFrame 格式，这种格式是类似二维表的表格数据格式
3	读取 3 个源工作表	【读取 excel 到表格】	Excel 文件路径	@{fil_path}	
			Sheet 名称	2021 年应收款余额表	
			表格对象	df2021	
4	读取 3 个源工作表	【读取 excel 到表格】	Excel 文件路径	@{fil_path}	
			Sheet 名称	2022 年应收款余额表	
			表格对象	df2022	
5	观察读取后的表格内容	【消息窗口】	消息框内容	@{df2020}	**只用于观察读取的数据，为非必要步骤**

【流程设计说明】

把 Excel 工作表读取到程序中是通过【读取 excel 到表格】控件实现的，读取的工作表在程序中转变为 Pandas 库中的 DataFrame 表格类型的数据，**我们常常将此类型的数据称为“表格”**。

【流程运行结果】

此段流程运行结果如图 3－7 所示。

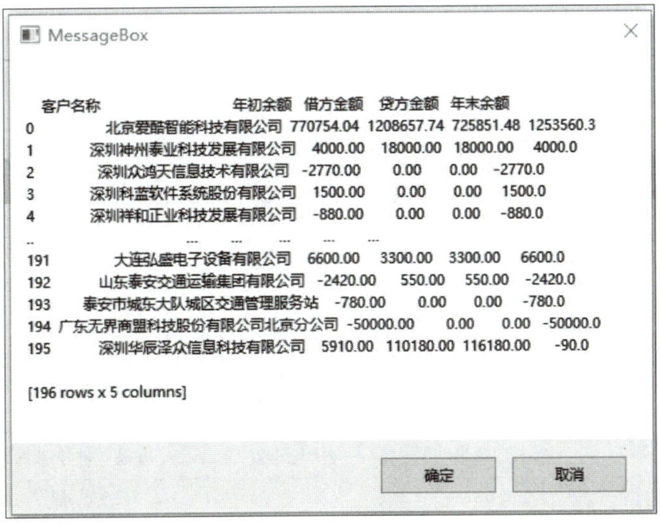

图 3－7 “编制账龄分析底稿机器人——读取数据源 Excel 工作表”流程运行结果

从运行结果中我们发现，消息窗口中显示的数据似乎与在 Excel 工作表中看到的有点不同，读取到的数据的列标签并不像 Excel 工作表那样显示为“A”“B”“C”等，而行索引也不是从“1”开始。

接下来，我们通过图 3－8 认识“表格”的元素。

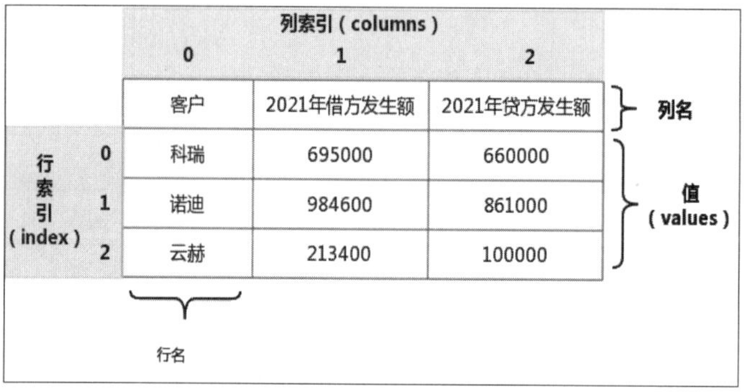

图 3－8　DataFrame 表格元素

行索引号和列索引号是系统赋予的，都是从“0”开始的自然数。行索引号从上往下排列，列索引号从左到右排列，列名可以在创建表格时自定义。

对 DataFrame 表格中的行、列、值的操作常常与索引号、行名和列名结合起来，在下面的流程中，我们将体会更多这方面的应用。

四、拼接表格

第一部分流程搭建完成后，进入搭建流程的第二部分，根据“客户名称”列的值，把表格 df2020，df2021 和 df2022 进行横向拼接。

具体流程及控件属性设置如表 3－5 所示。

表 3－5　“编制账龄分析底稿机器人——拼接表格”流程

序号	流程步骤	控件名称	属性	属性设置	说明
在“编制账龄分析底稿机器人——读取数据源 Excel 表格”流程（表 3－4）下继续搭建					
6	拼接表格	【运行 python 表达式】	导包语句	import pandas	导入 pandas 库[①]，因为需要用到该库中的 merge( ) 函数
			表达式	pandas. merge(df2020, df2021, on =“客户名称”, how =“ outer ”). fillna(0)	通过 Python 表达式实现两个 DataFrame 表格的拼接
			执行结果	merge_data	拼接后的结果保存在变量 merge_data 中

① Python 的核心数据分析支持库。

续表

序号	流程步骤	控件名称	属性	属性设置	说明
7	拼接表格	【运行 python 表达式】	导包语句	import pandas	虽然序号 6 控件已经导入过 pandas 库了，但当我们再使用该库的方法时，仍然需要再次导入
			表达式	pandas. merge(merge_data, df2022, on =“客户名称”, how =“ outer ”). fillna(0)	
			执行结果	merge_data	再次拼接表格后的结果存储在变量 merge_data 中，此后变量 merge_data 的值替代了序号 6 控件变量 merge_data 的值
8		【消息窗口】	消息框内容	@{merge_data}	**只用于观察数据，为非必要步骤**

【流程运行结果】

此段流程运行结果如图 3 –9 所示。

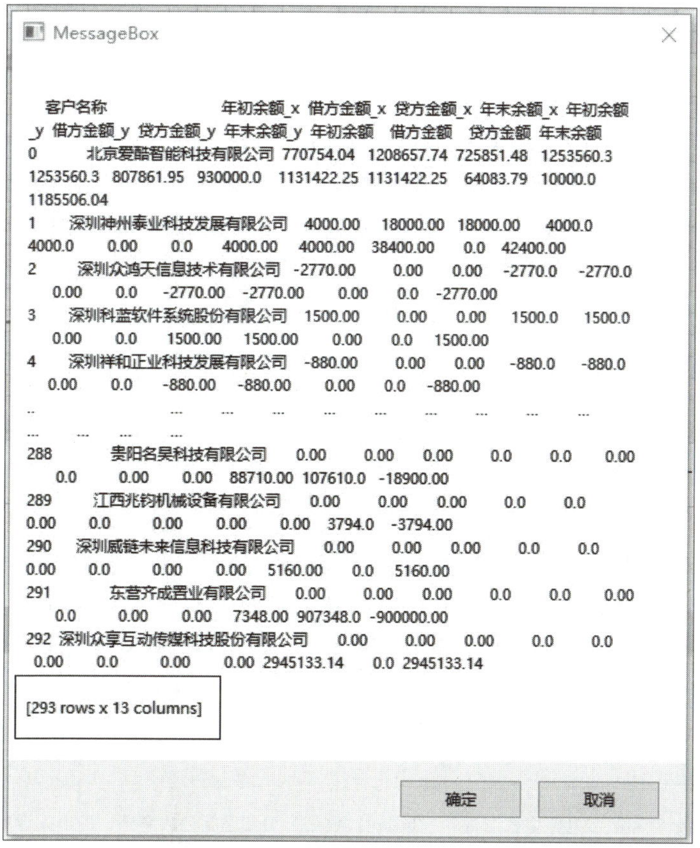

图 3 –9 “编制账龄分析底稿机器人——拼接表格”流程运行结果

【流程设计说明】

（1）为了编制2020年至2022年的应收款账龄分析底稿，需要将这3张表格进行拼接，但pandas. merge( )方法一次只能拼接2个表格，所以拼接3个表格要分2步来完成，先将2020年与2021年的表格拼接成1张新的表格merge_data，再将merge_data表格与2022年的表格进行拼接。所以我们使用了2个【运行python表达式】控件，该控件的表达式参数使用了pandas. merge( )方法实现表格的拼接。

pandas. merge( )方法

pandas. merge( )方法的语法规则如下：

pandas. merge（左表变量,右表变量,how =,on =）

pandas. merge ( )函数

第一个参数“左表变量”，用于设置拼接的其中一个表，拼接后此表的内容将放置在左边。

第二个参数“右表变量”，用于设置拼接的另一个表，拼接后此表的内容将放置在右边。

第三个参数“how =”，用于设置拼接的方式，“outer”表示取两表的并集，“inner”表示取两表的交集。

第四个参数“on =”，用于设置用于连接的键（即列名），该键必须同时存在于左右两个表格中，如果没有设置，并且其他参数也未设置，那么将会以2个表格的列名交集作为连接键。

因此表达式：pandas. merge(df2020，df2021，on =“客户名称”，how =“outer”)的作用是根据“客户名称”把表格df2020和df2021进行拼接，保存并集数据（全部数据）。

（2）【运行python表达式】控件的表达式参数中还使用了fillna( )方法。此方法的作用是删除表格中的空值，空值包括：NaN，Nan，nan，空值不是空格或“0”，它表示什么也没有，因为空格或“0”在计算内部也有对应的二进制码①，但空值没有。

如果【运行python表达式】控件的表达式参数改为：pandas. merge(df2020，df2021，on =“客户名称”，how =“outer”)，运行的结果将如图3－10所示。

fillna( )方法

fillna( )方法的作用是将所有“NaN”值替换成设置的值，比如df表格中所有“NaN”值替换成“0. 00”。

fillna( )方法的语法规则是：< DataFrame 对象 >. fillna（替换值）

具体应用方法如图3－11所示。

从流程运行结果（见图3－10）中可以看出，拼接的表格有293行和13列。拼接表格的列名为系统自定义列名，这个列名不能清晰地说明列值的意义，接下来我们按“2020年至2022年应收款汇总底稿”工作表的列字段对拼接表格的列名进行修改。

---

① 二进制码。在数学和数字电路中，二进制（binary）数是指用二进制记数系统，即以2为基数的记数系统表示的数字。在这一系统中，数通常用两个不同的符号0（代表零）和1（代表一）来表示。数字电子电路中，逻辑门的实现直接应用了二进制，因此现代的计算机和依赖计算机的设备里都用到二进制。

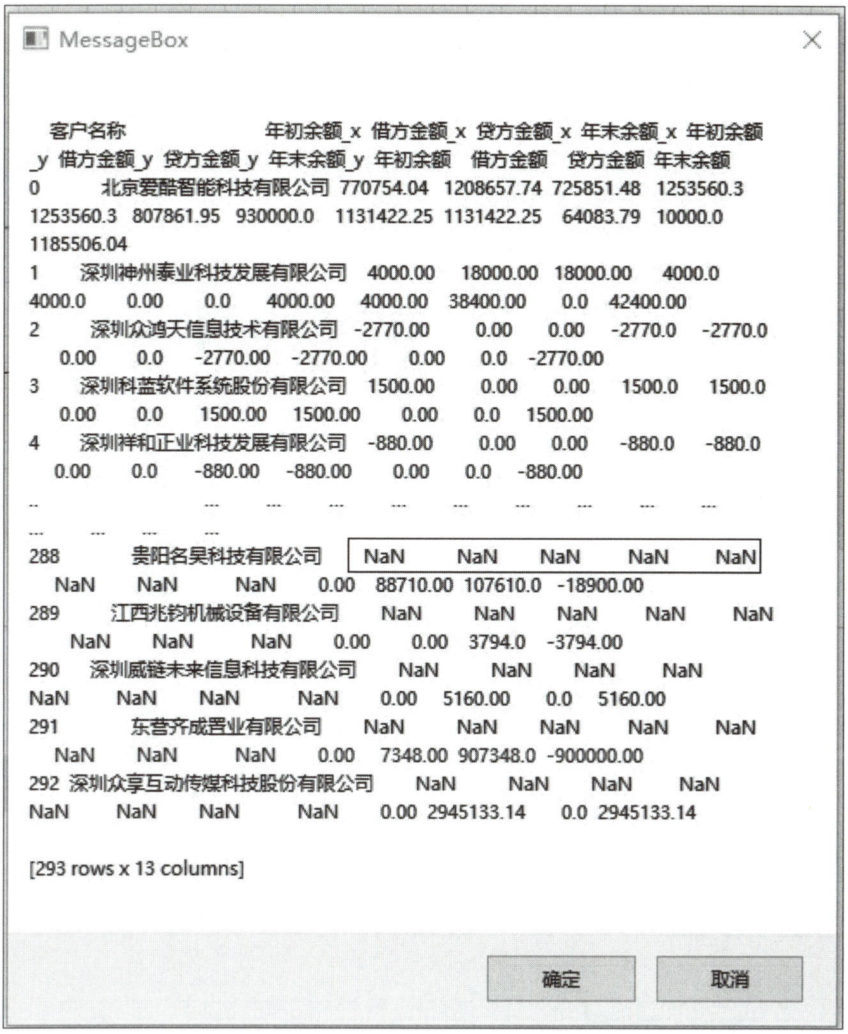

图 3－10　拼接表格出现空值

```
初始表格df：      客户   金额   金额
               0   A    100    NaN
               1   B    NaN    320

调用.fillna()方法： df.fillna(0.00)

调用后结果：      客户   金额   金额
               0   A    100    0.00
               1   B    0.00   320
```

图 3－11　fillna( ) 方法应用

五、修改列名及删除多余的列

第二部分流程搭建完成后，进入搭建流程的第三部分，修改系统自定义列名为“××××年列字段”格式，同时删除多余的“年初余额”列。

具体流程及控件属性设置如表3－6所示。

表3－6　“编制账龄分析底稿机器人——修改列名及删除多余的列”流程

在“编制账龄分析底稿机器人——拼接表格”流程（表3－5）下继续搭建					
序号	流程步骤	控件名称	属性	属性设置	说明
9	重命名列标签	【执行 python 语句】	Python 语句	如图3－12所示	通过重置表格 merge_data 的 columns 属性达到修改表格列名的目的，重置的列名集合是用引号包裹的列名的列表
10	删除多余的列	【删除列(pandas.deleteCloumn)】	表格对象	@{merge_data}	设置要删除列的表格对象为 merge_data
			筛选条件	[“2021年年初余额”,“2022年年初余额”]	设置要删除列的列名为“2021年年初余额”与“2022年年初余额”，列名或列名集合用中括号包裹
11	观察整理后的数据	【消息窗口】	消息框内容	@{merge_data}	**只用于观察数据，为非必要步骤**

Python 语句

```
merge_data.columns=[
    "客户名称","2020年年初余额","2020年借方发生额",
    "2020年贷方发生额","2020年年末余额",
    "2021年年初余额","2021年借方发生额",
    "2021年贷方发生额","2021年年末余额",
    "2022年年初余额","2022年借方发生额",
    "2022年贷方发生额","2022年年末余额"
    ]
```

图3－12　修改列名【执行 python 语句】控件 Python 语句参数的值

【流程运行结果】

此流程运行结果如图3－13所示。

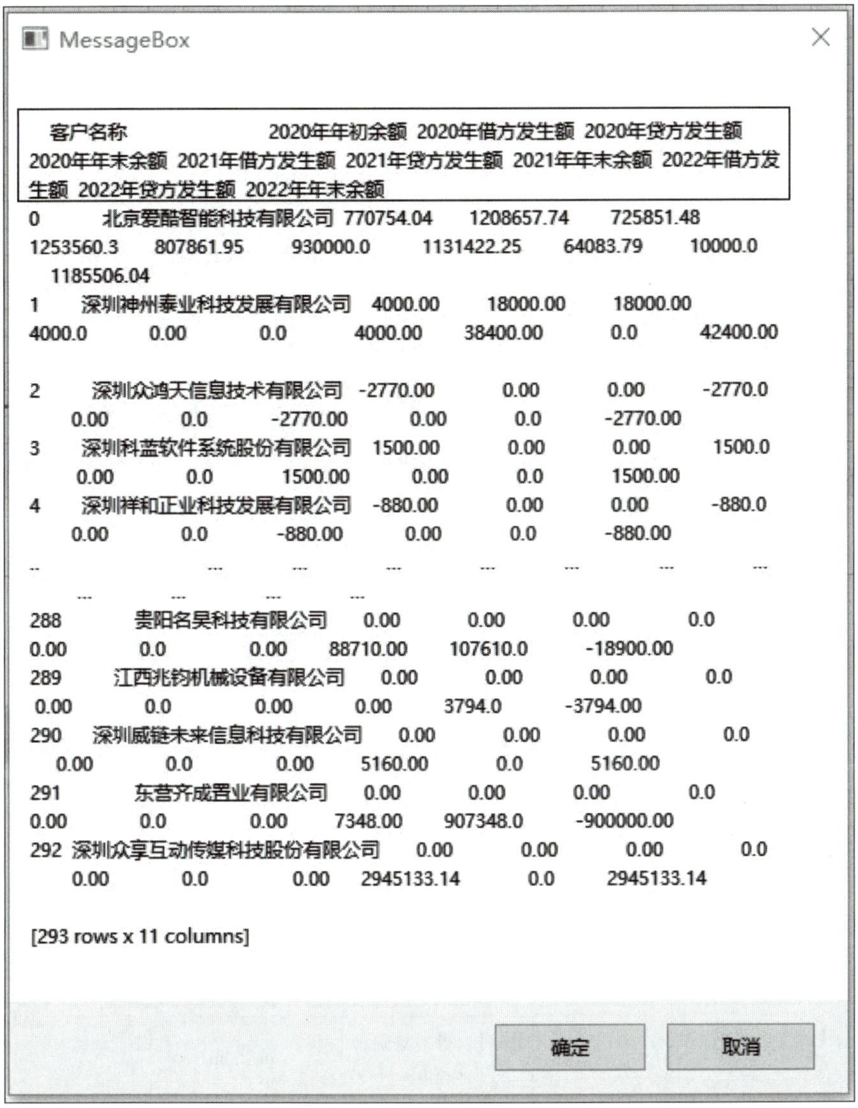

图3-13 “编制账龄分析底稿机器人——修改列名及删除多余的列”流程运行结果

【流程设计说明】

（1）使用【执行python语句】控件设置Python语句：<DataFrame对象>.columns = [ ]，实现了修改整个表格的列名，它表示用列表中的元素替代设置表格的列名，所以等号右边的列表的元素必须与<DataFrame对象>的列数量一致。【执行python语句】控件和【运行python表达式】控件的差别在于是否要将Python表达式的执行结果赋值给变量。例如，序号7【运行python表达式】控件有“表达式”和“执行结果”2个参数，其中“执行结果”参数merge_data就保存了“表达式”参数执行的结果，即拼接后的表格，而【执行python语句】控件没有“执行结果”参数，它往往是在某对象上执行Python语句，从而达到改变这个对象的目的。

（2）使用控件【删除列】删除 DataFrame 表格中的列，无论一次删除多少列，均要将列名分别用引号包裹后，作为列表的元素放在列表中，写进“筛选条件”参数里。

六、整理及汇总数据

第三部分流程搭建完成后，搭建流程的第四部分，把表格 merge_data 整理好，然后写入“2020 年至 2022 年应收款汇总底稿”工作表。

具体流程及控件属性设置如表 3－7 所示。

表 3－7　“编制账龄分析底稿机器人——整理数据及汇总数据”流程

在“编制账龄分析底稿机器人——修改列名及删除多余的列”流程（表 3－6）下继续搭建					
序号	流程步骤	控件名称	属性	属性设置	说明
12	获取表格的值	【运行 python 表达式】	导包语句	—	
			表达式	merge_data. values. tolist( )	获取表格 merge_data 的值（此时值的数据类型为 DataFrame），然后转换值的数据类型为列表
			执行结果	merge_data	用值列表替换原来的变量 merge_data 的值
13	结束 Excel 进程	【结束 Excel 进程】	—	—	
14	打开目标文件	【打开 excel 文件】	Excel 文件路径	@{fil_path}	变量 fil_path 存储了账龄分析底稿 . xlsx 工作簿路径
			Sheet 页名称	2020 年至 2022 年应收款汇总底稿	设置需要打开的工作表
			Excel 文件对象别名［ExcelObject］	sum_table	
15	写入工作表	【写入区域】	Excel 对象	sum_table	
			Sheet 页名称	2020 年至 2022 年应收款汇总底稿	
			起始位置	A2	
			数据	@{merge_data}	
16	保存 Excel 工作簿	【保存工作簿】	Excel 对象	sum_table	
17	关闭工作簿	【关闭工作簿】	Excel 对象	sum_table	
18	提示编制完成	【消息窗口】	消息框内容	数据汇总完毕！	

【流程设计说明】

（1）序号 12【运行 python 表达式】控件的作用是获取整个表格的值并把该值转换为列

表的数据类型，之所以要转换类型，是因为使用【写入区域】控件把数据写入 Excel 表格时，要使用列表类型的数据。

（2）如何理解序号 12【运行 python 表达式】控件的“表达式”参数：merge_data. values. tolist( ) 呢？我们可以把表达式分成 2 个部分理解，第一部分是：<DataFrame 对象>. values，第二部分是：. tolist( )，如图 3－14 所示。

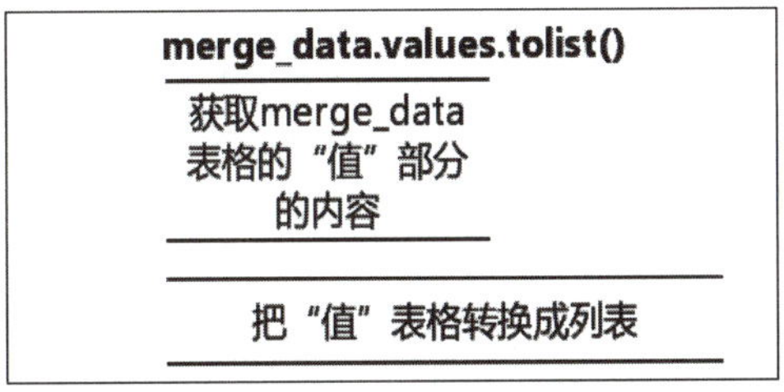

图 3－14　理解表达式 merge_data. values. tolist( )

七、调试机器人

点击“保存”菜单，保存当前项目，点击“运行”菜单调试“编制账龄分析底稿机器人”程序，机器人运行时会弹出选择源文件的窗口，请正确选择源文件为“账龄分析底稿 . xlsx”。

程序运行正常的情况下，打开“账龄分析底稿 . xlsx”文件，查看数据汇总结果。

正确的数据汇总结果如图 3－15 所示。

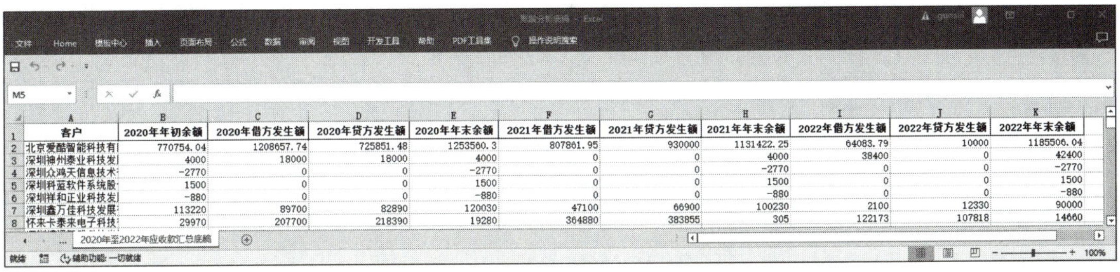

	A	B	C	D	E	F	G	H	I	J	K
1	客户	2020年年初余额	2020年借方发生额	2020年贷方发生额	2020年年末余额	2021年借方发生额	2021年贷方发生额	2021年年末余额	2022年借方发生额	2022年贷方发生额	2022年年末余额
2	北京爱酷智能科技有	770754.04	1208657.74	725851.48	1253560.3	807861.95	930000	1131422.25	64083.79	10000	1185506.04
3	深圳神州泰业科技发	4000	18000	18000	4000	0	0	4000	38400	0	42400
4	深圳众鸿天信息技术	-2770	0	0	-2770	0	0	-2770	0	0	-2770
5	深圳科蓝软件系统股	1500	0	0	1500	0	0	1500	0	0	1500
6	深圳祥和正业科技发	-880	0	0	-880	0	0	-880	0	0	-880
7	深圳鑫万佳科技发展	113220	89700	82890	120030	47100	66900	100230	2100	12330	90000
8	怀来卡泰来电子科技	29970	207700	218390	19280	364880	383855	305	122173	107818	14660

图 3－15　数据写入单元格流程运行结果

八、检验结果

如何检验机器人编制的账龄分析底稿数据是否正确呢？

如果“2020 年应收款余额表”工作表中的“年初余额”列合计数与“2020 年至 2022 年应收款汇总底稿”工作表中“2020 年年初余额”列合计数相等，那么底稿工作表中

“2020 年年初余额”列的数据就是正确的，同理，其他数据可以用相同的方法进行检验。

于是，可以在“账龄分析底稿 . xlsx”文件中增加“检验”工作表，内容如图 3 – 16 所示。

	A	B	C	D	E	F	G	H
1	客户	2020年年初余额	2020年借方发生额	2020年贷方发生额	2020年年末余额	2021年借方发生额	2021年贷方发生额	2021年年末余额
2	余额表合计金额	17642486.28	62767985.71	69630691.17	10779780.82	111908808.05	96640695.25	26047893.62
3	汇总底稿合计金额	17642486.28	62767985.71	69630691.17	10779780.82	111908808.05	96640695.25	26047893.62
4	差额	-	-	-	-	-	-	-

图 3 – 16　检验结果工作表

单元格区域 B2：K4 设置公式自动从其他工作表中取数，例如，单元格 B2 的公式为：= SUM（'2020 年应收款余额表'！B：B），单元格 B3 的公式为：= SUM（'2020 年至 2022 年应收款汇总底稿'！B：B），单元格 B4 的公式为：= B2 – B3。其他单元格的公式依此类推。

如果“差额”行为空，则说明机器人编制的数据正确。

到此，编制账龄分析底稿机器人开发完毕。

考核与评价

考核的重点是理论知识的掌握水平、技术技能的应用水平以及职业素养水平，学习者可以从以上 3 个方面评价学习效果，具体评价项目及标准如表 3 – 8 所示。

表 3 – 8　模块考核评价标准

考核项目	考核内容	配分	得分
理论知识水平	正确描述编制账龄分析底稿的人工流程并绘制流程图	10	
	正确描述与解释编制账龄分析底稿 RPA 机器人流程图	10	
	能选择正确的控件	10	
理论知识水平总分		30	
技术技能应用水平	制定编制账龄分析底稿的 RPA 流程方案	5	
	正确绘制编制账龄分析底稿 RPA 机器人流程图	15	
	在 RPA 流程中正确添加和使用控件，正确设置控件的参数	15	
	应用设计的编制账龄分析底稿机器人得到正确的结果	10	
技术技能应用水平总分		45	
职业素养水平	能比较分析出不同流程方案的优势	5	
	根据业务流程的变化提出变更与改善流程的方案	5	
	工作过程中投入、积极、专注，能按时完成工作任务，做好工作笔记，有工作完成后归纳与反思的记录	5	

续表

考核项目	考核内容	配分	得分
职业素养水平	积极探索多种 RPA 方案，并付诸实践，面对困难时主动通过各种途径探寻资料以解决问题	5	
	反复斟酌流程设计方案，在实践的过程中不断精进流程设计能力	5	
职业素养水平总分		25	
综合评价总分		100	

总结与提高

（1）通过【读取 excel 工作表】控件获取的数据是 DataFrame 类型数据，是二维数组，在此称为“表格”，但它不同于 Excel 表。表格有行索引和列索引，结合使用行、列索引号描述数据的位置与范围，从而实现数据获取与修改。

（2）结合使用【执行 python 语句】控件和 pandas. merge( ) 方法，表格可以实现两两拼接。

（3）常用的维护表格的操作有获取与修改列名、获取与修改表格值，删除列等。修改列名时需要将全表的列标签按顺序组成列表，作为【执行 python 语句】控件表达式的内容。

（4）编制账龄分析底稿机器人的设计思路是将获取的源数据工作表进行拼接，修改列标签，删除多余的列，获取表格的值并转换为列表类型数据，然后把整理好的数据写入汇总底稿工作表。使用【读取 excel 工作表】控件获取工作表内容，通过【执行 python 语句】控件和 pandas. merge( ) 方法对表格进行拼接，通过【执行 python 语句】控件修改列名，通过【删除列】控件删除多余的列，最后通过【写入区域】控件汇总数据到目标工作表。

模块二 应收账款账龄分析机器人

工作任务

在应收账款账龄分析底稿基础上分析出“1 年以内”“1 ~ 2 年”“2 ~ 3 年”和“3 年以上”的各公司的未收回账款的情况，并编制应收账款账龄分析明细表 . xlsx。

工作任务如表 3 - 9 所示。

应收账款账龄分析工作任务介绍

表 3－9　　工作任务卡

任务编号	9	任务名称	开发“应收账款账龄分析机器人”	工作区域	数字机器人实训中心
建议学时	2～3	参考文件或资料	（1） WeAutomate 设计器中【调用子脚本（Subprocess）】、【读取表格内容】等本模块应用控件的“帮助－messageBox” （2） 阅读 Python 语言中关于 values 属性、tolist( ) 方法的说明		
德技兼修	（1） 接到任务时，先对任务进行整体分析，明确任务目的 （2） 基于数据源条件规划实施任务的路径 （3） 开发流程过程中遇到困难时主动寻求解决方法，耐心阅读方法说明与案例，如需求助于人时，先准备好咨询的问题，并准确、清晰地表达 （4） 检查任务成果时细致、认真、严谨，也可邀请别人一起检查 （5） 主动学习教材外的资源，了解 RPA＋AI 应用于财务领域的案例，拓宽对 RPA＋AI 应用的认知 （6） 养成勤学好问、勤于思考、诚恳待人、严谨细致的工作态度				
工作任务	（1） 开发“应收账款账龄分析机器人”流程 （2） 应用“应收账款账龄分析机器人”实现任务目的				

流程穿越

应收账款账龄分析流程穿越

根据《企业内部控制具体规范——销售与收款》的规定，企业应当建立应收账款账龄分析制度和逾期应收账款催收制度。销售部门应当负责应收账款的催收，催收记录（包括往来函电）要妥善保存，财会部门应当督促销售部门加紧催收。对催收无效的逾期应收账款可通过法律程序予以解决。应收账款应分类管理，针对不同性质的应收款项，采取不同方法和程序。企业应当按客户设置应收账款台账，及时登记并评估每一名客户应收账款余额增减变动情况和信用额度使用情况。

对于应收账款账龄分析业务，首先我们要清楚账龄分析的对象是还没有收回的账款，所以只需要对最近一期期末余额大于 0 的客户的应收款记录做分析。

在拿到数据材料时，要先对数据材料进行观察，并筛选出期末余额大于 0 的客户应收账款记录，在此基础上进行账龄分析。

另外，我们发现，业务的难点是分析各账龄段应收账款余额的算法问题。下面，我们通过一个 3 年的应收账款明细数据模型来探索各账龄段应收账款余额的计算方法。

我们先来了解 A 公司 2020 年至 2022 年应收账款明细数据，如表 3－10 所示。

表 3－10　　A 公司 2020 年至 2022 年应收账款明细表　　单位：万元

年份	期初余额	本期借方发生额	本期贷方发生额	期末余额
2019				20
2020	20	10	12	18
2021	18	16	4	30
2022	30	5	10	25

业务的目的是统计分析出2022年应收账款的期末余额25万元是由哪些账龄区间的应收账款组成的，从而了解企业未收回账款挂账时间，加强应收账款的管理，减少企业应收账款存在的风险。

把2019年期末到2022年期末作为一个整体的时间空间来看，2022年的期末余额25万元是2022年以及以前年度所发生的应收账款沉淀下来的未收回的账款。

应收账款的发生额记录在“本期借方发生额”栏中，也就是2020年至2022年一共发生了31（10+16+5）万元的应收账款，加上2019年及以前年度沉淀下来的20万元应收账款，共有51万元应收账款。

应收账款的收回金额记录在“本期贷方发生额”栏中，从2020年至2022年共收回26（12+4+10）万元，所以未收回的应收账款是25（51-26）万元。

这25万元的应收账款应该是哪年发生的呢，一般来说，最先产生的应收款会最先收回，所以我们可以从最近一年开始往前推算，计算各年的应收账款余额。

2022年发生了5万元的应收账款，25万元的余额比5万元大，因此，25万元中包含了2022年5万元应收账款，余下的20万元应收账款余额应该是2021年及以前年度发生的，2021年发生了16万元的应收账款，20万元的余额比16万元大，因此，20万元中包含了2021年16万元应收账款，依此类推。

因此，本模型中各账龄段的应收账款如表3-11所示。

表3-11　　A公司2020年至2022年账龄分析　　单位：万元

年份	期初余额	本期借方发生额	本期贷方发生额	期末余额	1年以内应收账款余额	1~2年应收账款余额	2~3年应收账款余额	3年以上应收账款余额
2019				20				0
2020	20	10	12	18			4	
2021	18	16	4	30		16		
2022	30	5	10	25	5			

如果2022年的期末余额小于当期的借方发生额，则说明应收账款余额是1年以内发生的应收账款，其他账龄段的应收账款均为0。

账龄分析的方法厘清以后，请你跟随教材的指引，通过人工操作计算机完成编制账龄分析明细表。

编制账龄分析明细表的工作流程是：

（1）打开“账龄分析底稿.xlsx”中的“2020年至2022年应收款汇总底稿”工作表。

（2）筛选2022年期末余额不为0的记录，并保存到“2020至2022年账龄分析”工作表中。

（3）在“2020至2022年账龄分析”工作表中，统计出各公司各账龄时间段的未收回账款。

（4）把统计结果填写到“1年以内应收款余额”“1~2年应收款余额”“2~3年应收款余额”和“3年以上应收款余额”列中。

（5）循环第2到第3步，计算出各个客户的账龄段应收账款。

（6）保存并关闭工作表。

以上流程如图 3－17 所示。

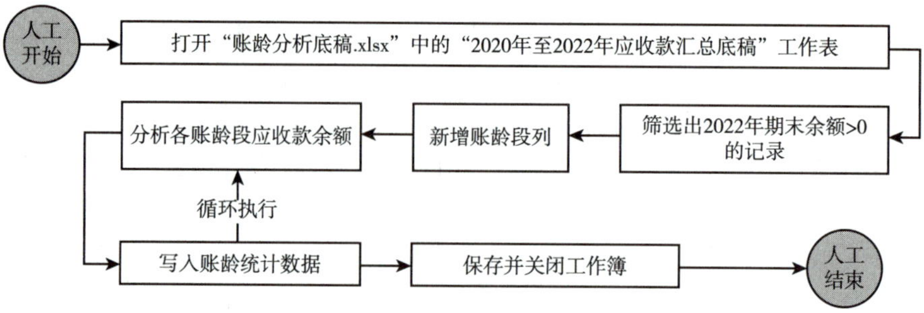

图 3－17　编制应收账款账龄分析明细表人工处理流程图

开发“应收账款账龄分析机器人”

应收账款账龄分析流程设计

一、设计流程

现在来设计“应收账款账龄分析机器人”的流程。

首先，整理流程设计思路：

流程的第一部分：打开“账龄分析底稿.xlsx”中的“2020 年至 2022 年应收款汇总底稿”工作表，筛选出 2022 年期末余额大于 0 的记录，把筛选结果保存到“2020 至 2022 年账龄分析”工作表中。

流程的第二部分：在“2020 至 2022 年账龄分析”工作表中增加“1 年以内应收款余额”“1～2 年应收款余额”“2～3 年应收款余额”和“3 年以上应收款余额”列名。

流程的第三部分：分析各账龄段的应收款余额。

流程的第四部分：保存及关闭工作簿。

由于本工作任务的机器人流程较复杂，我们将按流程步骤绘制子流程图，把子流程图组合，便成为总流程图。

二、创建新项目

新建项目“应收账款账龄分析机器人”，在 Main 脚本中搭建机器人。

三、筛选应收款期末余额大于 0 的记录

如何筛选出工作表中“2022 年期末余额”列大于 0 的记录呢？

其中一种思路是：

（1）把账龄分析底稿工作表的内容读取到设计器中，这时工作表内容的数据类型是列表，列表的第一个元素是原 Excel 表的第一行，即列名，我们获取列名并保存到变量 title 中，作为后续新增工作表的列名。

（2）删除工作表内容列表的第一个元素，即原 Excel 表的第一行，因为后续循环工作表内容列表时，我们只需要逐行判断应收款期末余额是否大于 0，而无须判断列名。

（3）创建一个空的列表用于存储筛选出来的数据。

（4）遍历循环工作表内容列表，逐个判断 2022 年期末余额是否大于 0，如果是，则添加到第（3）步创建的列表中。

（5）循环结束后，把第（3）步创建的列表的内容写到新的工作表中。

根据以上思路，绘制子流程如图 3－18 所示。

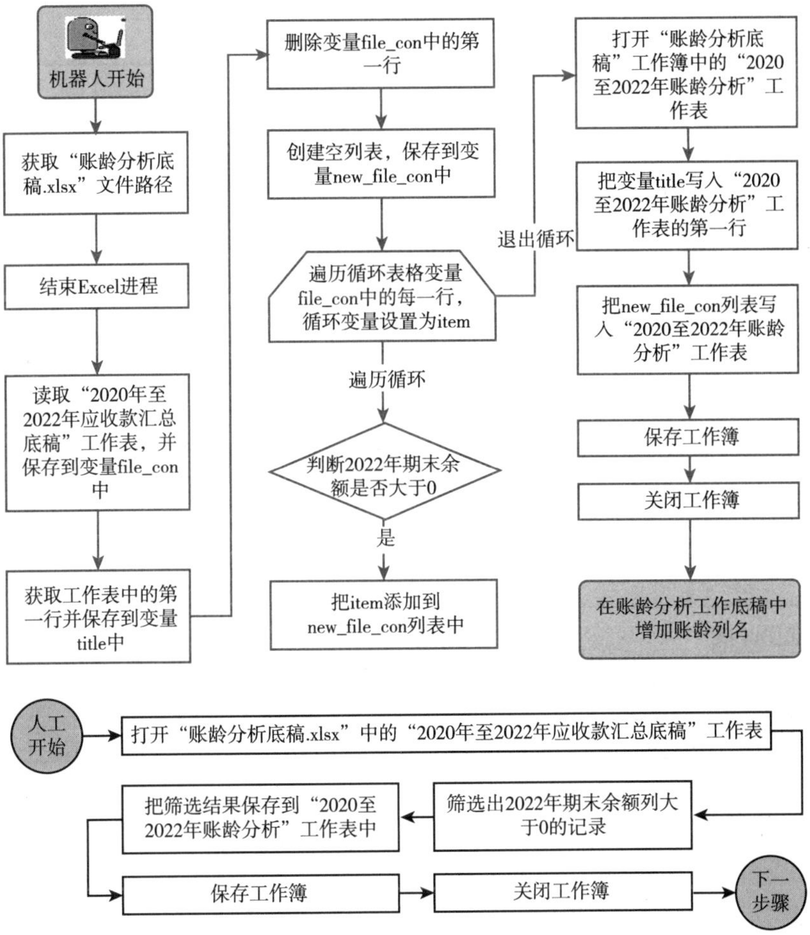

图 3－18　筛选应收款期末余额大于 0 的记录

搭建流程的第一部分：筛选应收款期末余额大于 0 的记录。

具体流程及控件属性设置如表 3－12 所示。

表 3-12　“应收账款账龄分析机器人——筛选应收款期末余额大于 0 的记录”流程

序号	流程步骤	控件名称	属性	属性设置	说明
0	开始	【开始】	—	—	—
1	获取“账龄分析底稿.xlsx”文件的路径	【文件选择框】	文件选择框名称	请选择账龄分析底稿文件	引导选择“账龄分析底稿.xlsx”文件
			表单数据 [String]	fil_path	
2	结束 Excel 进程	【结束 Excel 进程】	—	—	—
3	读取“2020 年至 2022 年应收款汇总底稿”工作表，并保存到变量 file_con 中	【读取表格内容】	文件路径	@{fil_path}	设置读取变量 fil_path 存储的路径的文件
			Sheet 页名称	2020 年至 2022 年应收款汇总底稿	设置读取工作表的名称
			位置类型	工作表	设置读取的类型，类型选择有：单元格、区域、工作表
			文本内容	file_con	变量 file_con 存储所读取工作表的内容
4	获取工作表中的第一行并保存到变量 title 中	【运行 python 表达式】	表达式	file_con[0]	获取工作表内容的第一行
			执行结果	title	变量 title 存储获取的内容
5	删除变量 file_con 中的第一行	【执行 python 语句】	Python 语句	del file_con[0]	删除变量 file_con 中的第一个元素
6	创建空列表，保存到变量 new_file_con 中	【运行 python 表达式】	表达式	[]	创建空列表，它像一个容器，可存储数据
			执行结果	new_file_con	将空列表命名为 new_file_con
7	遍历循环表格变量 file_con 中和每一行循环变量设置为 item	【For（遍历/计次循环）】	数据集合	@{file_con}	设置遍历循环的对象为 file_con
			条目名称	item	设置循环提取的内容存储在变量 item 中

接序号 7 控件，进入循环（【For（遍历/计次循环）】—Entry）后的流程

序号	流程步骤	控件名称	属性	属性设置	说明
8	判断 2022 年期末余额是否大于 0	【If（条件分支）】	条件表达式	eval(item[10])>0	获取变量 item 中的第 11 个元素，即“2022 年期末余额”列的值，并把值的数据类型转换成数值型后与 0 比较大小

接序号 8 控件，条件判断结果为“True”时进入（【If（条件分支）】—True）后的流程

序号	流程步骤	控件名称	属性	属性设置	说明
9	把 item 添加到 new_file_con 列表中	【执行 python 语句】	Python 语句	new_file_con.append(item)	把变量 item 的当前值添加到变量 new_file_con 中

续表

接序号 7 控件，退出循环（【For（遍历/计次循环）】—Exit）后的流程					
序号	流程步骤	控件名称	属性	属性设置	说明
10	打开“账龄分析底稿”工作簿中的“2020 至 2022 年账龄分析”工作表	【打开 excel 文件】	Excel 文件路径	@{fil_path}	设置打开变量 fil_path 存储的路径的文件
			Sheet 页名称	2020 至 2022 年账龄分析	设置打开工作表：2020 至 2022 年账龄分析
			excel 文件对象别名	file	打开的工作表（2020 至 2022 年账龄分析）的别名为 file
11	把变量 title 写入“2020 至 2022 年账龄分析”工作表的第一行	【写入区域】	Excel 对象	file	设置把内容写入别名为 file 的工作表中
			Sheet 页名称	2020 至 2022 年账龄分析	设置写入内容的表名为 2020 至 2022 年账龄分析
			起始位置	A1：K1	设置数据写入的位置
			数据	@{title}	设置数据写入的内容
12	把 new_file_con 列表写入“2020 至 2022 年账龄分析”工作表	【写入区域】	Excel 对象	file	
			Sheet 页名称	2020 至 2022 年账龄分析	
			起始位置	A2：K10000	设置从第二行开始写入
			数据	@{new_file_con}	设置数据写入的内容
13	保存工作簿	【保存工作簿】	Excel 对象	file	保存别名为 file 的工作簿
14	关闭工作簿	【关闭工作簿】	Excel 对象	file	关闭别名为 file 的工作簿

【流程设计说明】

（1）序号 5 控件【执行 python 语句】中属性“Python 语句”使用了 del 语句，此语句的语法规则是 del <变量>，del 后接一个空格，再接变量名。它的作用是删除变量，如有一个列表变量 t，del t 的作用是删除变量 t，del t[1]的作用是删除列表变量 t 中的第 2 个元素。

（2）序号 8 控件【If（条件分支）】属性“条件表达式”使用 eval( ) 函数，此函数的语法规则是 eval（<字符串变量>），它的作用是把包裹字符串的引号去掉，经常用于去掉阿拉伯数字外的引号，把数据类型为字符串的阿拉伯数字变成数值类型的阿拉伯数字。

【思考】

此段流程的设计还可以有哪种思路呢？

如果我们不希望删除读取工作表 file_con 的内容，又想不影响循环的进行，可以修改序号 7 控件【For（遍历/计次循环）】属性“数据集合”的值为@{file_con[1:]}，此表达式的作用是从变量 file_con 列表的第 2 个元素开始遍历，这样就避开了循环“列名”列的问题，然后删除序号 5【执行 python 语句】控件。

四、在“2020至2022年账龄分析工作表”中增加账龄列名

此流程思路比较简单，就是直接在目标工作表的最后几列中增加“1年以内应收款余额”“1～2年应收款余额”“2～3年应收款余额”和“3年以上应收款余额”列名。

绘制流程图如图3－19所示。

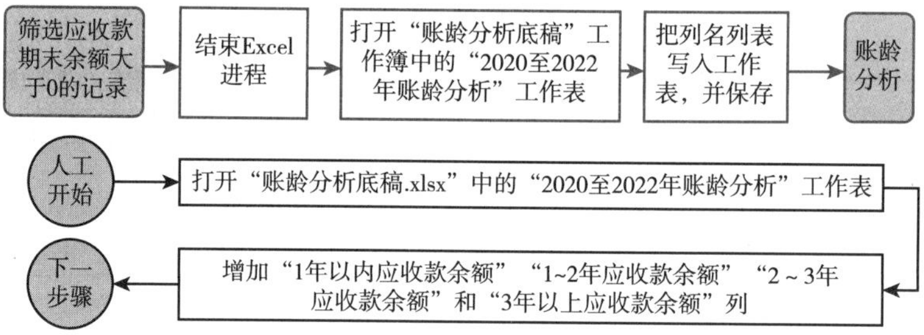

图3－19　在“2020至2022年账龄分析工作表”中增加账龄列流程图

第一部分流程搭建完成后，搭建流程的第二部分，在账龄分析工作表中增加账龄列名。具体流程及控件属性设置如表3－13所示。

表3－13　“应收账款账龄分析机器人——在‘2020至2022年账龄分析工作表’中增加账龄列名”流程

在“应收账款账龄分析机器人——筛选应收款期末余额大于0的记录”流程（表3－12）下继续搭建

序号	流程步骤	控件名称	属性	属性设置	说明
15	结束Excel进程	【结束Excel进程】	—	—	
16	打开“账龄分析底稿”工作簿中的“2020至2022年账龄分析”工作表	【打开excel文件】	Excel文件路径	@{fil_path}	设置打开变量fil_path存储的路径的文件
			Sheet页名称	2020至2022年账龄分析	设置打开工作表：2020至2022年账龄分析
			excel文件对象别名	file	打开的工作表（2020至2022年账龄分析）的别名为file
17	把列名列表写入工作表，并保存	【写入区域】	Excel对象	file	设置把内容写入别名为file的工作表中
			Sheet页名称	2020至2022年账龄分析	设置写入内容的表名为2020至2022年账龄分析
			起始位置	L1：Y1	设置数据写入的位置
			数据	[“1年以内应收款余额”，“1～2年应收款余额”，“2～3年应收款余额”，“3年以上应收款余额”]	
18	保存工作簿	【保存工作簿】	Excel对象	file	保存别名为file的工作簿

五、账龄分析

账龄分析的思路如下：

（1）获取“2020至2022年账龄分析”工作表的行数，用行数减1作为循环次数，因为表的第一行是列名，列名行不需要计算账龄。

（2）进入循环，获取各行中“2022年期末余额”“2022年借方发生额”“2021年借方发生额”“2020年借方发生额”“2020年年初余额”的值。

（3）计算每个客户的账龄段的应收账款余额。

绘制账龄分析的流程图，如图3－20所示。

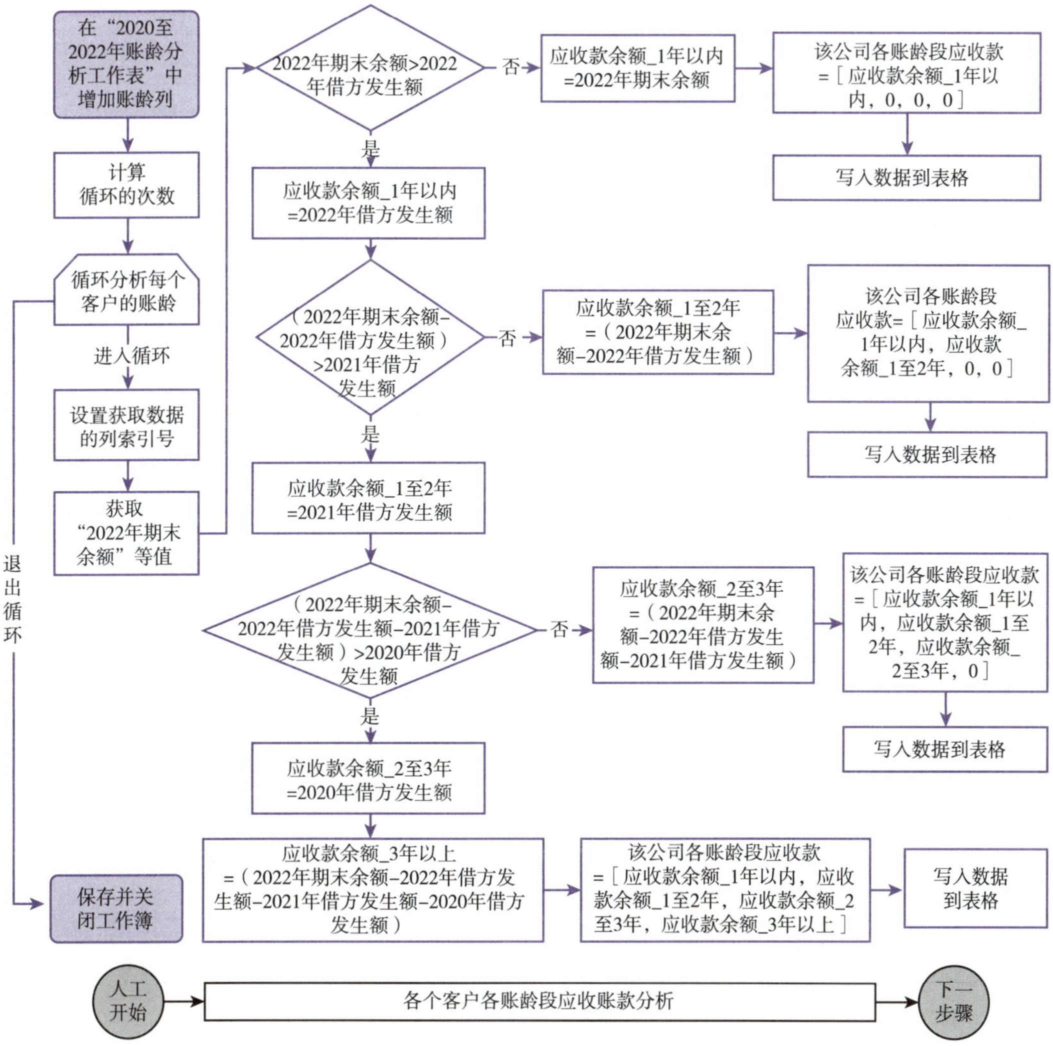

图3－20　账龄分析流程图

第二部分流程搭建完成后，搭建流程的第三部分，账龄分析。

具体流程及控件属性设置如表 3－14 所示。

表 3－14　“应收账款账龄分析机器人——账龄分析”流程

在“应收账款账龄分析机器人——在‘2020 至 2022 年账龄分析工作表’中增加账龄列”流程（表 3－13）下继续搭建

序号	流程步骤	控件名称	属性	属性设置	说明
19	计算循环的次数	【获取行数】	Excel 对象	file	获取 Excel 对象 file 的行数
			行数［Number］	row_num	变量 row_num 存储 file 对象的行数，此变量的数据类型是数值型
20	计算循环的次数	【运行 python 表达式】	表达式	range（@｛row_num｝－1）	创建从 0 开始步长为 1，元素数量为行数减 1 的数字列表，因为 Excel 工作表 file 中第 1 行是列名，无须参与循环
			执行结果	row_num	变量 row_num 存储数字列表
21	循环分析每个客户的账龄	【For（遍历/计次循环）】	数据集合	@｛row_num｝	循环遍历列表 row_num
			条目名称	num	变量 num 存储当前循环变量

接序号 21 控件，进入循环（【For（遍历/计次循环）】—Entry）后的流程

序号	流程步骤	控件名称	属性	属性设置	说明
22	设置获取数据的列索引号	【运行 python 表达式】	表达式	num＋2	设置读取单元格时的行索引号为 num＋2，此索引号是遵循 Excel 工作表的索引号，从 1 开始
			执行结果	num	变量 num 存储表达式 num＋2 的执行结果
23	获取“2022 年期末余额”列的值	【读取单元格】	Excel 对象	file	设置读取单元格所在的 Excel 对象
			单元格	K@｛num｝	设置读取单元格的地址
			单元格内容［String］	期末余额 2022 年	变量“期末余额 2022 年”存储了获取的单元格内容，变量的数据类型为字符串类型
24	获取“2022 年期末余额”列的值	【运行 python 表达式】	表达式	eval（期末余额 2022 年）	把变量“期末余额 2022 年”的数据类型由字符串型转换为数值型
			执行结果	期末余额 2022 年	把表达式的执行结果保存在变量“期末余额 2022 年”中
25	获取“借方发生额 2022 年”列的值	【读取单元格】	Excel 对象	file	
			单元格	I@｛num｝	表达式中首字母为大写 I
			单元格内容［String］	借方发生额 2022 年	

续表

序号	流程步骤	控件名称	属性	属性设置	说明
26	获取“借方发生额2022年”列的值	【运行python表达式】	表达式	eval（借方发生额2022年）	
			执行结果	借方发生额2022年	
27	获取“借方发生额2021年”列的值	【读取单元格】	Excel对象	file	
			单元格	F@{num}	
			单元格内容［String］	借方发生额2021年	
28	获取“借方发生额2021年”列的值	【运行python表达式】	表达式	eval（借方发生额2021年）	
			执行结果	借方发生额2021年	
29	获取“借方发生额2020年”列的值	【读取单元格】	Excel对象	file	
			单元格	C@{num}	
			单元格内容［String］	借方发生额2020年	
30	获取“借方发生额2020年”列的值	【运行python表达式】	表达式	eval（借方发生额2020年）	
			执行结果	借方发生额2020年	
31	判断“2022年期末余额 > 2022年借方发生额”是否成立	【If（条件分支）】	条件表达式	期末余额2022年 > 借方发生额2022年	

接序号31控件，条件判断结果为“False”时，进入（【If（条件分支）】—False）后的流程

序号	流程步骤	控件名称	属性	属性设置	说明
32	1年以内应收款余额 = 2022年期末余额	【运行python表达式】	表达式	期末余额2022年	
			执行结果	应收款余额_1年以内	变量“应收款余额_1年以内”的值为变量“期末余额2022年”的值
33	该公司各账龄段应收款 = [应收款余额_1年以内，0，0，0]	【运行python表达式】	表达式	[应收款余额_1年以内，0，0，0]	其他账龄段的应收账款值为0
			执行结果	data	变量data存储了当前客户账龄分析数据列表
34	写入数据到表格	【写入区域】	Excel对象	file	设置数据写入的Excel对象
			Sheet页名称	2020至2022年账龄分析	设置数据写入的Sheet页

续表

序号	流程步骤	控件名称	属性	属性设置	说明
34	写入数据到表格	【写入区域】	起始位置	L@{num}:O@{num}	设置数据写入的位置区域
			数据	@{data}	设置数据写入的内容

接序号31控件，条件判断结果为“True”时，进入（【If（条件分支）】—True）后的流程

序号	流程步骤	控件名称	属性	属性设置	说明
35	1年以内应收款余额=2022年借方发生额	【运行python表达式】	表达式	借方发生额2022年	
			执行结果	应收款余额_1年以内	
36	判断（2022年期末余额-2022年借方发生额）>2021年借方发生额是否成立	【If（条件分支）】	条件表达式	（期末余额2022年-借方发生额2022年）>借方发生额2021年	

接序号36控件，条件判断结果为“False”时，进入（【If（条件分支）】—False）后的流程

序号	流程步骤	控件名称	属性	属性设置	说明
37	1~2年应收款余额=（2022年期末余额-2022年借方发生额）	【运行python表达式】	表达式	（期末余额2022年-借方发生额2022年）	
			执行结果	应收款余额_1至2年	
38	该公司各账龄段应收款=[应收款余额_1年以内，1~2年应收款余额，0，0]	【运行python表达式】	表达式	[应收款余额_1年以内，应收款余额_1至2年，0，0]	
			执行结果	data	
39	写入数据到表格	【写入区域】	Excel对象	file	
			Sheet页名称	2020至2022年账龄分析	
			起始位置	L@{num}:O@{num}	
			数据	@{data}	

接序号36控件，条件判断结果为“True”时，进入（【If（条件分支）】—True）后的流程

序号	流程步骤	控件名称	属性	属性设置	说明
40	1~2年应收款余额=2021年借方发生额	【运行python表达式】	表达式	借方发生额2021年	
			执行结果	应收款余额_1至2年	

续表

序号	流程步骤	控件名称	属性	属性设置	说明
41	判断（2022年期末余额－2022年借方发生额－2021年借方发生额）>借方发生额2020年是否成立	【If（条件分支）】	条件表达式	（期末余额2022年－借方发生额2022年－借方发生额2021年）>借方发生额2020年	

接序号41控件，条件判断结果为“False”时，进入（【If（条件分支）】—False）后的流程

序号	流程步骤	控件名称	属性	属性设置	说明
42	2～3年应收款余额＝(2022年期末余额－2022年借方发生额－2021年借方发生额)	【运行python表达式】	表达式	（期末余额2022年－借方发生额2022年－借方发生额2021年）	
			执行结果	应收款余额_2至3年	
43	该公司各账龄段应收款＝[应收款余额_1年以内，1～2年应收款余额，2～3年应收款余额，0]	【运行python表达式】	表达式	[应收款余额_1年以内，应收款余额_1至2年，应收款余额_2至3年，0]	
			执行结果	data	
44	写入数据到表格	【写入区域】	Excel对象	file	
			Sheet页名称	2020至2022年账龄分析	
			起始位置	L@{num}：O@{num}	
			数据	@{data}	

接序号41控件，条件判断结果为“True”时，进入（【If（条件分支）】—True）后的流程

序号	流程步骤	控件名称	属性	属性设置	说明
45	2～3年应收款余额＝2020年借方发生额	【运行python表达式】	表达式	借方发生额2020年	
			执行结果	应收款余额_2至3年	
46	3年以上应收款余额＝(2022年期末余额－2022年借方发生额－2021年借方发生额－借方发生额2020年)	【运行python表达式】	表达式	（期末余额2022年－借方发生额2022年－借方发生额2021年－借方发生额2020年）	
			执行结果	应收款余额_3年以上	

续表

序号	流程步骤	控件名称	属性	属性设置	说明
47	该公司各账龄段应收款 = [应收款余额_1 年以内，1～2 年应收款余额，2～3 年应收款余额，3 年以上应收款余额]	【运行 python 表达式】	表达式	[应收款余额_1 年以内，应收款余额_1 至 2 年，应收款余额_2 至 3 年，应收款余额_3 年以上]	
			执行结果	data	
48	写入数据到表格	【写入区域】	Excel 对象	file	
			Sheet 页名称	2020 至 2022 年账龄分析	
			起始位置	L@{num}:O@{num}	
			数据	@{data}	

【流程设计说明】

序号 19 控件【运行 python 表达式】参数“表达式”的值“range（@{row_num} -1）”使用了 range() 函数，此函数的作用是生成从 0 开始到参数指定数字的前一个数字为止的列表，比如，range(5)，执行结果为生成列表[0,1,2,3,4]，此列表默认从 0 开始，步长为 1，元素数量为参数指定的数量。我们还可以为 range() 函数增加其他 2 个参数，比如，range(1,10,2)，执行的结果为生成列表[1,3,5,7,9]，其中参数“1”设置生成列表的第一个元素为“1”，参数“2”设置生成列表中元素的步长为 2，即 2 个元素之间相差 2，参数“10”设置最后一个元素的值不大于 10。

六、保存及关闭文件

首先绘制本流程的流程图，如图 3-21 所示。

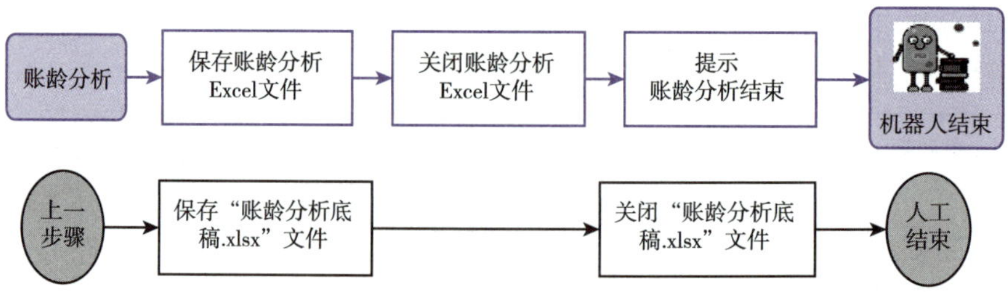

图 3-21　保存及关闭文件流程图

第三部分流程搭建完成后，搭建流程的第四部分，保存及关闭文件。

具体流程及控件属性设置，如表3－15所示。

表3－15　“应收账款账龄分析机器人——保存及关闭文件”流程

在“应收账款账龄分析机器人——账龄分析”流程（表3－14）下继续搭建

在序号21控件后，退出循环（【For（遍历/计次循环）】—Exit）后的流程

序号	流程步骤	控件名称	属性	属性设置	说明
48	保存账龄分析底稿 Excel 文件	【保存工作簿】	Excel 对象	file	
49	关闭账龄分析底稿 Excel 文件	【关闭工作簿】	Excel 对象	file	
50	提示账龄分析结束	【消息窗口】	消息框内容	账龄分析结束	

七、调试机器人

点击“保存”菜单，保存当前项目，点击“运行”菜单调试“应收账款账龄分析机器人”程序，机器人运行时会弹出选择源文件的窗口，请正确选择源文件为“账龄分析底稿.xlsx”。

程序运行正常的情况下，打开“账龄分析底稿.xlsx”文件，查看分析结果。部分分析结果如图3－22所示，详细结果请查看教材配套资源“账龄分析结果.xlsx”。

	A	L	M	N	O
1	客户	1年以内应收款余额	1~2年应收款余额	2~3年应收款余额	3年以上应收款余额
2	北京爱酷智能科技有限公司	64083.79	807862	313560.25	0
3	深圳神州泰业科技发展有限公司	38400	0	4000	0
4	深圳科蓝软件系统股份有限公司	0	0	0	1500
5	深圳鑫万佳科技发展有限公司	2100	47100	40800	0
6	怀来卡泰来电子科技有限公司	14660	0	0	0
7	深圳军开普电子模具科技有限公司	0	0	0	2970
8	深圳聚宝网络科技有限公司	0	0	0	60000
9	启融普惠（北京）科技有限公司	0	0	0	36000
10	深圳兆维自服装备技术有限公司	1110.01	0	0	0
11	深圳意帆盛世体育文化有限公司	0	0	0	450
12	中电恒宇（北京）科技有限公司	0	0	0	808
13	深圳中科安瑞科技有限责任公司	0	0	0	4900
14	深圳安科信创科技发展有限公司	225	185	0	0

图3－22　账龄分析机器人运行结果图

到此，“应收账款账龄分析机器人”开发完毕。

考核与评价

考核的重点是理论知识的掌握水平、技术技能的应用水平以及职业素养水平，学习者可以从以上3个方面评价学习效果，具体评价项目及标准，如表3－16所示。

表 3-16 模块考核评价标准

考核项目	考核内容	配分	得分
理论知识水平	正确描述应收账款账龄分析的人工流程并绘制流程图	10	
	正确描述与解释应收账款账龄分析 RPA 机器人流程图	10	
	能选择正确的控件	10	
理论知识水平总分		30	
技术技能应用水平	制定应收账款账龄分析的 RPA 流程方案	5	
	正确绘制应收账款账龄分析 RPA 机器人流程图	15	
	在 RPA 流程中正确添加和使用控件，正确设置控件的参数	15	
	应用设计的应收账款账龄分析机器人得到正确的结果	10	
技术技能应用水平总分		45	
职业素养水平	能比较分析出不同流程方案的优势	5	
	根据业务流程的变化提出变更与改善流程的方案	5	
	工作过程中投入、积极、专注，能按时完成工作任务，做好工作笔记，有工作完成后归纳与反思的记录	5	
	积极探索多种 RPA 方案，并付诸实践，面对困难时主动通过各种途径探寻资料以解决问题	5	
	反复斟酌流程设计方案，在实践的过程中不断精进流程设计能力	5	
职业素养水平总分		25	
综合评价总分		100	

总结与提高

（1）账龄分析表旨在识别应收账款的账龄情况，以便企业调整收支策略，优化资金管理。账龄分析表是合作伙伴信息的有用参考，用于确定合作伙伴的信誉度，并且有助于识别坏账，提高对应收账款的收回率。

（2）在机器人中对账龄段应收账款金额的计算方法是根据各期应收账款发生额，从最后一期的期末余额中逐一分离出各期的应收账款余额。

数字赋能

数字工作者本质上是帮助人们去做那些重复的，低价值工作的软件机器人。他们可以模仿人的方式去运行应用程序，可以通过编程和培训来执行特定的任务，做出决定，并促进端到端的流程工作。数字工作者很好地胜任了这些工作，和人类员工相比他们更快，错误更少，返工更少，最重要的是他们可以 24 小时持续工作。

随着人工智能（AI）和机器学习（ML）等认知技术的发展，自动化正变得更加智能。

数字工作者可以为人类员工做更多的事情，使每个人都能更好地完成他们的工作。无论是独立工作（“无人值守”模式）还是与其他人一起工作（“有人值守”模式），数字工作者都是组织的数字化转型工作中不可或缺的重要元素。

实战演练

一、不定项选择题

1. 表 3－17 流程执行的结果是（　　）。其中存放在 Excel 工作簿中的数据如图 3－23 所示。

表 3－17

序号	控件名称	属性	属性设置
1	【读取 excel 到表格】	表格对象	sheet_2021
2	【读取 excel 到表格】	表格对象	sheet_2022
3	【运行 python 表达式】	表达式	pandas. merge（sheet 2021, sheet 2022, how =" outer", on ="区域"）
		执行结果	sales_volume
4	【消息窗口】	消息框内容	@{sales_volume}

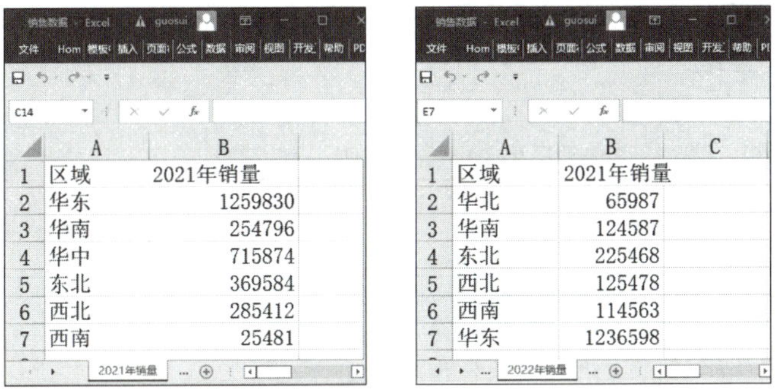

图 3－23

A.

B.

C. 不报错，不显示消息窗口

D. 报错，不显示消息窗口

2. 用 WeAutomate 设计器搭建 RPA 流程，获取图 3-24 文件中的西北地区 2021 年销量数据，如图 3-25 所示。正确的流程是（　　）。

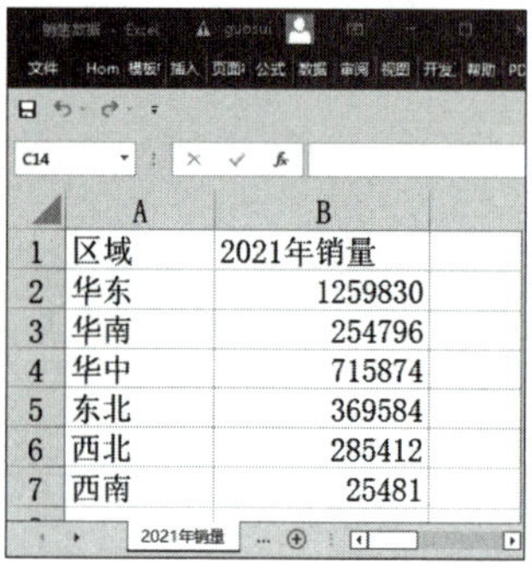

图 3-24

图 3-25

A.

序号	控件名称	属性	属性设置
1	【读取 excel 到表格】	表格对象	sales
2	【执行 python 语句】	Python 语句	sales. columns = ["区域", "销量 2021"]
3	【运行 python 表达式】	表达式	sales. iloc[4,1]
		执行结果	eval_ret
4	【消息窗口】	消息框内容	@{eval_ret}

B.

序号	控件名称	属性	属性设置
1	【读取 excel 到表格】	表格对象	sales
2	【执行 python 语句】	Python 语句	sales. columns = ["区域", "销量 2021"]
3	【运行 python 表达式】	表达式	sales. [4,1]
		执行结果	eval_ret
4	【消息窗口】	消息框内容	@{eval_ret}

C.

序号	控件名称	属性	属性设置
1	【读取 excel 到表格】	表格对象	sales
2	【运行 python 表达式】	导包语句	import pandas
		表达式	sales. columns = ["区域", "销量 2021"]

续表

序号	控件名称	属性	属性设置
3	【运行 python 表达式】	表达式	sales. iloc[4,1]
		执行结果	eval_ret
4	【消息窗口】	消息框内容	@{eval_ret}

D.

序号	控件名称	属性	属性设置
1	【读取 excel 到表格】	表格对象	sales
2	【执行 python 语句】	Python 语句	sales. columns = ["区域", "销量 2021"]
3	【执行 python 语句】	Python 语句	eval_ret. iloc[4,1]
4	【消息窗口】	消息框内容	@{eval_ret}

3. 在账龄分析机器人中【执行 python 语句】控件"Python 语句"属性设置"df_hz. iloc [index] =row"，变量 df_hz 是 DataFrame 表格，以下表述正确的是（　　）。

A. [index] 为列表的表示方式

B. [index] 为元组的表示方式

C. [index] 为字典的表示方式

D. "iloc [ ]" 为 python 函数

4. 在账龄分析机器人中账龄分析表的行名为"row"，【执行 python 语句】控件中的 Python 语句如下：

"row [11] =row [10] -t1
row [12] =t1 -t2
row [13] =t2 -t3
row [14] =t3"

t3 表示 3 年以上的应收账款金额，t2 表示 2 年以上的应收账款金额，t1 表示 1 年以上的应收账款金额，row [10] 表示 2022 年年末应收账款余额，以下表示正确的是（　　）。

A. row [11] 表示 1 年以上不到 2 年的账龄

B. row [12] 表示 1 年以上账龄

C. row [13] 表示超过 2 年不到 3 年的账龄

D. row [14] 表示为 3 年以上账龄

5. 在账龄分析底稿文件中，共有 293 个应收账款客户与相关数据，共有 A 到 O 列，如图 3-26 所示，如果要将三表汇总后的数据写入"汇总数据"工作表，使用【写入区域】控件时，属性"起始位置"应该设置为（　　）。

A. A1：Y1000

B. A2：Y300

C. A2：Y200

D. A1：Y300

	A	B	C	D	E	F	G	H	I	J	K	L
1	客户	2018年年初余额	2018年借方发生额	2018年贷方发生额	2018年年末余额	2019年借方发生额	2019年贷方发生额	2019年年末余额	2020年借方发生额	2020年贷方发生额	2020年年末余额	1年内
2	北京爱酷智能科技有限公司	770754.04	1208657.74	725851.48	1253560.3	807861.95	930000	1131422.25	64083.79	10000	1185506.04	64083.79
3	深圳神州泰业科技发展有限公司	4000	18000	18000	4000	0	0	4000	38400	0	42400	38400
4	深圳众鸿天信息技术有限公司	-2770	0	0	-2770	0	0	-2770	0	0	-2770	0
5	深圳科蓝软件系统股份有限公司	1500	0	0	1500	0	0	1500	0	0	1500	0
6	深圳祥和正业科技发展有限公司	-880	0	0	-880	0	0	-880	0	0	-880	0
7	深圳鑫万佳科技发展有限公司	113220	89700	82890	120030	47100	66900	100230	2100	12330	90000	2100
8	怀来卡泰来电子科技有限公司	29970	207700	218390	19280	364880	383855	305	122173	107818	14660	14660
285	贵州铭浩广大科技有限公司	0	0	0	0	0	0	0	6270	9570	-3300	-3300
286	昆明点正网络科技有限公司	0	0	0	0	0	0	0	6400	12800	-6400	-6400
287	新疆智信天元信息技术有限公司	0	0	0	0	0	0	0	680	0	680	680
288	京东方智慧物联科技有限公司	0	0	0	0	0	0	0	157400	0	157400	157400
289	纷享教育科技有限责任公司	0	0	0	0	0	0	0	356	712	-356	-356
290	贵阳名昊科技有限公司	0	0	0	0	0	0	0	88710	107610	-18900	-18900
291	江西兆钧机械设备有限公司	0	0	0	0	0	0	0	0	3794	-3794	-3794
292	深圳威链未来信息科技有限公司	0	0	0	0	0	0	0	5160	0	5160	5160
293	东营齐成置业有限公司	0	0	0	0	0	0	0	7348	907348	-900000	-900000

18年余额表　19年余额表　20年余额表　汇总底稿　检验　+

图 3－26

6. 对表达式“pandas. merge (df2020 , df2021 , on = " 客户名称", how = " outer") . fillna (0)”，以下说法正确的是（　　）。

A. merge( ) 方法是 pandas 库中的方法，它的作用是拼接任何数量的表格

B. merge( ) 方法中的“on =”参数用于设置表格拼接时的连接键

C. merge( ) 方法中的“how =”参数用于设置表格拼接后保留的数据集

D. fillna（0）方法的作用是将拼接后的表格中的异常值替换为“0”

7. 关于【删除列（pandas. deleteCloumn)】控件的说法，正确的是（　　）。

A. 【删除列】控件的操作对象是 DataFrame 表格

B. 当删除的列多于 1 个时，【删除列】控件中“筛选条件”属性设置中的列名集合用中括号包裹

C. 【删除列】控件的操作对象是 Excel 表格

D. 当删除的列只有 1 个时，【删除列】控件中“筛选条件”属性设置中的列名用中括号包裹

8. 对于表达式"merge_data. values. tolist( )"，以下说法正确的是（　　）。

A. 变量 merge_data 是列表类型数据

B. 变量 merge_data 是 DataFrame 类型数据

C. merge_data. values 中，values 表示变量 merge_data 中的“值”属性

D. tolist( ) 方法作用的对象是变量 merge_data

9. 在运行【打开 excel 文件】控件时，以下说法正确的是（　　）。

A. 运行时存在未关闭的工作簿不会影响程序的运行

B. 运行前应该关闭正在打开的工作簿

C. 如果使用 WPS 打开过工作簿，需要调出操作系统的“任务管理器”，结束与 WPS 有关的进程，才能不影响程序的运行

D. 只要当前没有打开 WPS 工作簿，就不会影响程序的运行

10. 对于【打开 excel 文件】控件与【读取 excel 到表格】控件，以下说法正确的是（　　）。

A. 【打开 excel 文件】控件获取的是 excel 文件和路径

B. 【打开 excel 文件】控件获取的是 excel 文件对象

C. 【读取 excel 到表格】控件获取的是 excel 文件对象

D. 【读取 excel 到表格】控件获取的是 DataFrame 表格

二、实训题

风度服装设计股份有限公司是一家互联网服装设计公司，往来核算岗位人员王慕每月月初要对上一个月的应收账款进行对账工作。

工作的内容是对应收账款明细账和银行存款对账单收款记录进行逐一核销。应收账款台账和银行存款对账单如图 3－27 和图 3－28 所示。

应收账款明细账

序号	订单日期	订单号	客户名称	凭证号	发票号码	总金额	已收款	余额
1	2023/11/2	8803202311002	南京宙士盾信息技术有限公司	11月转125	07900483	249409		
2	2023/11/2	8803202311008	江苏东大集成电路系统工程技术有限公司	11月转136	07900489	38566		
3	2023/11/2	8803202311012	江苏禾嘉电子科技有限公司	11月转223	07900493	27434		
4	2023/11/5	8803202311023	南京诚安科技有限责任公司	11月转256	07900503	268998		
5	2023/11/5	8803202311026	苏州银点信息技术股份有限公司	11月转262	07900511	253592		
6	2023/11/7	8803202311031	无锡云图电子有限公司	11月转268	07900518	235928		
7	2023/11/8	8803202311038	徐州尚勤电子科技有限公司	11月转279	07900523	107456		
8	2023/11/9	8803202311039	扬州鑫融世纪科技有限公司	11月转300	07900531	82167		
9	2023/11/9	8803202311042	苏州信同诚计算机有限公司	11月转312	07900568	251734		
10	2023/11/9	8803202311049	南京南瑞继保工程技术有限公司	11月转345	07900570	184299		

图 3－27　应收账款明细账

银行对账单收款记录

序号	日期	客户名称	付款方式	总金额	备注
1	2023/11/2	南京宙士盾信息技术有限公司	网银	140000	
2	2023/11/2	江苏禾嘉电子科技有限公司	电汇	15000	
3	2023/11/5	南京诚安科技有限责任公司	网银	220000	
4	2023/11/5	苏州银点信息技术股份有限公司	电汇	49000	
5	2023/11/7	无锡云图电子有限公司	网银	235928	
6	2023/11/8	徐州尚勤电子科技有限公司	网银	107456	
7	2023/11/9	苏州信同诚计算机有限公司	网银	0	
8	2023/11/9	南京南瑞继保工程技术有限公司	电汇	184299	
9	2023/11/12	南京优悦鑫电子设备有限公司	电汇	0	

图 3－28　银行存款对账单收款记录

请设计及开发“应收账款对账机器人”。

【要求】

（1）在应收款明细账.xlsx 工作簿中添加“已收款金额”“应收款余额”列。“已收款金额”为银行对账单中收到的款项，“应收款余额”为发票总金额与已收款金额的差额。

（2）生成应收账款对账明细.xlsx 文件。

【实训素材】

（1）应收账款明细账.xlsx

（2）银行对账单收款记录.xlsx

项目 3
实训题素材

项目 4

纳税申报机器人

学习目标

知识学习目标：

1. 描述个人所得税、企业所得税纳税申报业务人工处理流程。
2. 根据人工处理个人所得税、企业所得税纳税申报流程各环节，选择正确的控件。
3. 解释处理纳税申报流程相关控件的关键参数。

技能训练目标：

1. 制定纳税申报流程的 RPA 流程方案。
2. 在 RPA 流程中正确使用控件。
3. 正确设置控件的参数。
4. 正确调试与修改流程至流程运行结果。

素养养成目标：

1. 根据纳税申报工作场景特点，梳理业务流程，依托 RPA 提出优化流程的方案，提升工作效率。
2. 养成善于思考、勇于探索的职业习惯。
3. 坚持精益求精的职业态度。

项目任务

本项目完成的目标：

1. 设计开发出“个人所得税纳税申报机器人”。
2. 设计开发出“企业所得税纳税申报机器人”。

完成以上工作任务应提交的标志性成果：

1. 个人所得税纳税申报机器人 RPA 文件。
2. 完成个人所得税申报。
3. 企业所得税纳税申报机器人 RPA 文件。
4. 完成企业所得税申报。

项目导图

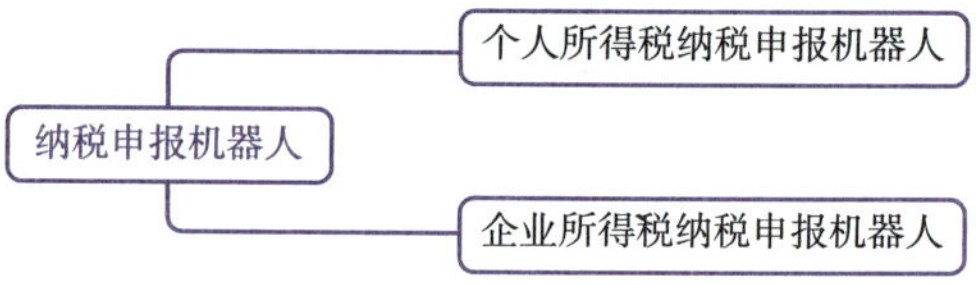

业务场景

月末，正保集团公司的财务人员有三个税费要申报，分别是：

（1）根据“人员信息采集表.xlsx”工作簿中的“人员信息”工作表和“正常工资薪金所得表.xlsx”工作簿中的“正常工资薪金收入”工作表，如图 4－1 所示，在网上申报企业员工的个人所得税。

	A	B	C	D	E	F	G	H
1	工号	*姓名	*证照类型	*证照号码	*国籍(地区)	*性别	*出生日期	*人员状态
2	QR-0031	张愉睦	居民身份证	350212198808100OXX	中国	男	1988-08-10	正常
3	QR-0032	刘渐	居民身份证	350203199009300OXX	中国	女	1990-09-30	正常
4	QR-0033	李松	居民身份证	350212199802210OXX	中国	男	1998-02-21	正常
5	QR-0034	王林	居民身份证	350205199108200OXX	中国	女	1991-08-20	正常
6	QR-0035	赵怀素	居民身份证	350203199311110OXX	中国	女	1993-11-11	正常
7	QR-0036	周力	居民身份证	350221198801030OXX	中国	男	1988-01-3	正常
8	QR-0037	马玉磐	居民身份证	350212199806300OXX	中国	女	1998-06-30	正常
9	QR-0038	郑毅荣	居民身份证	350206199409210OXX	中国	女	1994-09-21	正常
10	QR-0039	孙文长	居民身份证	350206198903200OXX	中国	男	1989-03-20	正常
11	QR-0040	韩章竞	居民身份证	350211198008110OXX	中国	女	1980-08-11	正常
12								

	A	B	C	D	E	F	G
1	工号	姓名	*证照类型	*证照号码	*本期收入	本期免税收入	基本养老保险费
2	QR-0031	张愉睦	居民身份证	350212198808100OXX	23650.00	0.00	1892.00
3	QR-0032	刘渐	居民身份证	350203199009300OXX	18265.00	0.00	1461.20
4	QR-0033	李松	居民身份证	350212199802210OXX	22158.00	0.00	1772.64
5	QR-0034	王林	居民身份证	350205199108200OXX	9986.00	0.00	798.88
6	QR-0035	赵怀素	居民身份证	350203199311110OXX	8579.00	0.00	686.32
7	QR-0036	周力	居民身份证	350221198801030OXX	25690.00	0.00	2055.20
8	QR-0037	马玉磐	居民身份证	350212199806300OXX	8870.00	0.00	709.60
9	QR-0038	郑毅荣	居民身份证	350206199409210OXX	8870.00	0.00	709.60
10	QR-0039	孙文长	居民身份证	350206198903200OXX	15498.00	0.00	1239.84
11	QR-0040	韩章竞	居民身份证	350211198008110OXX	12698.00	0.00	1015.84
12							

图 4－1 “人员信息”工作表和“正常工资薪金收入”工作表

（2）根据企业所得税申报表在网上申报企业所得税，企业所得税纳税申报表如图4－2所示。

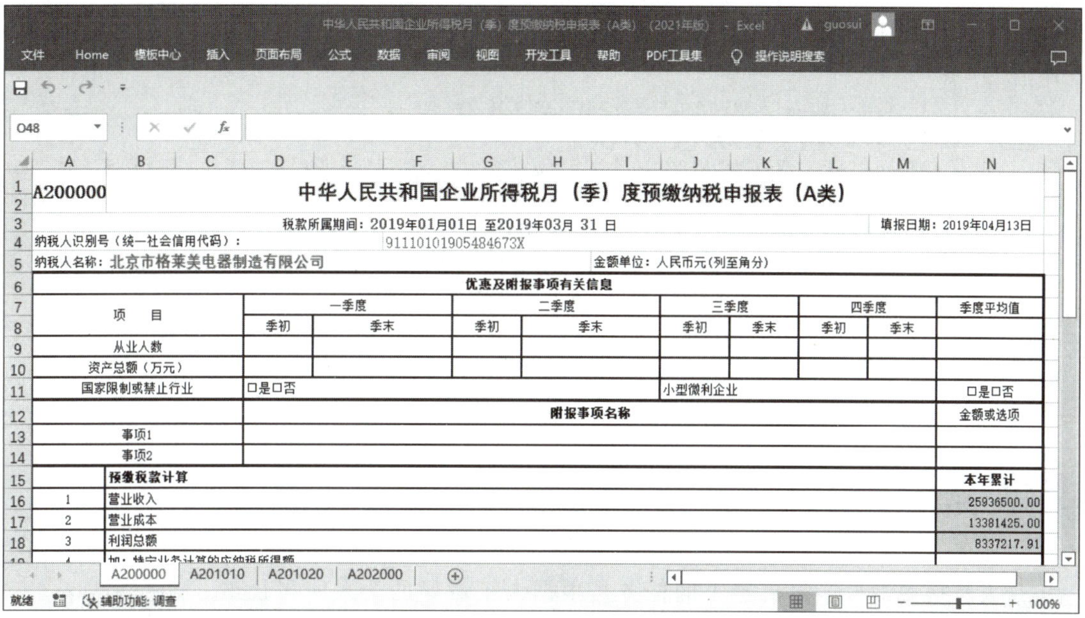

图4－2　企业所得税纳税申报表（部分）

请你与企业财务人员一起，研究以上业务流程，挖掘业务流程自动化的机会，并尝试用WeAutomate Studio设计器开发完成这些任务的机器人，具体任务如下：

（1）为了提高个人所得税纳税申报的工作效率和正确率，请与公司的财务人员一起使用WeAutomate设计器开发个人所得税纳税申报机器人。

（2）为了提高企业所得税纳税申报的工作效率和正确率，请与公司的财务人员一起使用WeAutomate设计器开发企业所得税纳税申报机器人。

模块一　个人所得税纳税申报机器人

工作任务

根据“人员信息采集表.xlsx”工作簿中的“人员信息”工作表和“正常工资薪金所得.xlsx”工作簿中的“正常工资薪金收入”工作表，在报税平台申报当期个人所得税。

工作任务如表4－1所示。

个人所得税纳税申报工作任务介绍

表4－1　　　　　　　　　　　　　工作任务卡

任务编号	10	任务名称	开发“个人所得税纳税申报机器人”	工作区域	数字机器人实训中心
建议学时	2～3	参考文件或资料	WeAutomate设计器中【网页元素是否存在】、【发送功能键】等本模块应用控件的“帮助－messageBox”		
德技兼修	（1）接到任务时，先对任务进行整体分析，明确任务目的 （2）基于数据源条件规划实施任务的路径 （3）开发流程过程中遇到困难时主动寻求解决方法，耐心阅读方法说明与案例，如需求助于人时，先准备好咨询的问题，并准确、清晰地表达 （4）检查任务成果时细致、认真、严谨，也可邀请别人一起检查 （5）主动学习教材外的资源，了解RPA＋AI应用于财务领域的案例，拓宽对RPA＋AI应用的认知 （6）养成勤学好问、勤于思考、诚恳待人、严谨细致的工作态度				
工作任务	（1）开发“个人所得税纳税申报机器人”流程 （2）应用“个人所得税纳税申报机器人”实现任务目的				

流程穿越

个人所得税纳税申报机器人的任务是根据人工做好的个人所得税纳税申报表进入纳税申报平台进行纳税申报，即机器人的主要任务是模仿人在纳税平台上进行操作。因此，我们首先要熟悉仿真个税纳税平台从登录到新增员工再到综合所得申报全流程的操作方法，然后才能指挥机器人模仿我们的操作顺序进行操作。

个人所得税纳税申报流程穿越

人工进行纳税申报是根据已经做好的“人员信息采集表.xlsx”工作簿和“正常工资薪金所得表.xlsx”的数据，在纳税申报平台上依次点击“人员信息”工作表逐一新增人员信息，然后根据“正常工资薪金收入”工作表完成综合所得的申报。

了解了人工报税流程后，请跟随教材的指引，通过人工操作计算机完成企业个人所得税纳税申报工作。

个人所得税纳税申报的流程是：

（1）打开“人员信息”工作表和“正常工资薪金收入”工作表。

（2）登录仿真个税申报系统。虚拟仿真实训课程平台网页（http：//mpacc.sy.netinnet.cn/mpaccRpa/#/home），请在此平台上用手机号注册一个账号，然后用账号与密码登录。

（3）导入新增员工信息。

（4）申报薪酬工资所得。

以上流程如图4－3所示。

图4－3　个人所得税纳税申报人工处理流程图

流程穿越是开发机器人过程中基础的、必须的、重要的步骤，请务必认真完成，并随时记下疑问与灵感，如表 4－2 所示。

表 4－2　　个人所得税纳税申报业务流程穿越记录表

执行步骤名称	此执行步骤的疑问	疑问的解决	自动化机会
登录仿真个税申报系统	登录系统时是否存在多种可能，如还未有账号登录或者已经有账号登录	用分类处理的方法进行自动登录	可实现
……			

开发“个人所得税纳税申报机器人”

一、设计流程

个人所得税纳税申报流程设计

现在来设计“个人所得税纳税申报机器人”的流程。

首先，整理流程设计思路：

流程的第一部分，获取个人所得税申报文件路径。

流程的第二部分，登录仿真个税申报系统。

流程的第三部分，个人所得税新增员工申报。

流程的第四部分，个人综合所得申报。

由于本工作任务的机器人流程较复杂，我们将按流程步骤绘制子流程图，把子流程图组合便成为总流程图。

二、创建项目与脚本

新建项目“个人所得税纳税申报机器人”，在 Main 脚本中搭建机器人。

三、获取个人所得税申报文件路径

首先，绘制子流程图如图 4－4 所示。

搭建流程的第一部分：获取个人所得税申报文件路径。

具体流程及控件属性设置如表 4－3 所示。

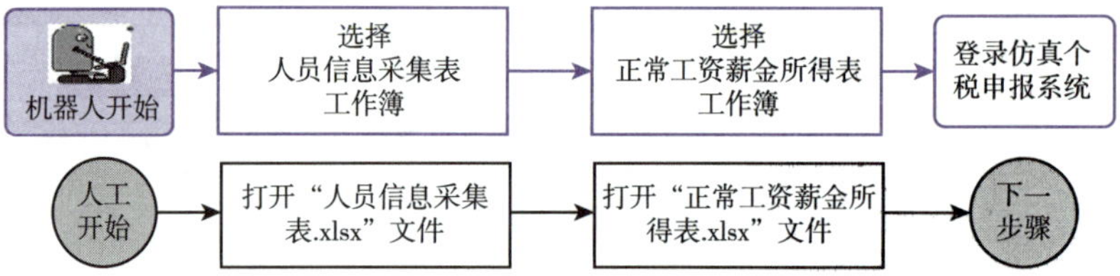

图 4－4　获取个人所得税申报文件路径流程图

表 4－3　“个人所得税纳税申报机器人——获取个人所得税申报文件路径”流程

序号	流程步骤	控件名称	属性	属性设置	说明
0	开始	【开始】	—	—	—
1	选择人员信息采集表工作簿	【文件选择框】	文件选择框名称	请选择人员信息采集表工作簿	提示选择人员信息采集表工作簿
			表单数据［Sstring］	pic	变量 pic 存储了人员信息采集表工作簿的路径
2	选择正常工资薪金所得工作簿	【文件选择框】	文件选择框名称	请选择正常工资薪金所得表工作簿	提示选择正常工资薪金所得表工作簿
			表单数据［Sstring］	sic	变量 sic 存储了正常工资薪金所得表工作簿的路径

四、登录仿真个税申报系统

在登录仿真个税申报系统流程中，我们首先要考虑两个问题：

（1）如何使用登录系统的账号与密码？账号与密码是敏感信息，不适合直接填写在控件的参数中，同时鉴于公司中有不同的人员进行纳税申报，他们都会使用自己的账号进行申报，所以流程中的账号与密码应该设计为交互输入方式，这样做不但可以让不同的人使用机器人，也能更好地保护账号与密码。

（2）正常的系统均需要登录，登录时可能出现两种情况：一是还没有登录系统，这时，在页面上能找到“登录”元素，点击进行登录，即按正常流程登录；二是已经有人登录过系统了，这时，找到已经登录的“账号图标”元素，点击“账号图标”元素，在弹出的菜单中点击“退出登录”按钮，然后再用当前账号与密码重新登录系统。

解决了以上两个问题后，我们绘制子流程图如图 4－5 所示。

流程的第一部分搭建完成后，搭建流程的第二部分：登录仿真个税申报系统。

具体流程及控件属性设置如表 4－4 所示。

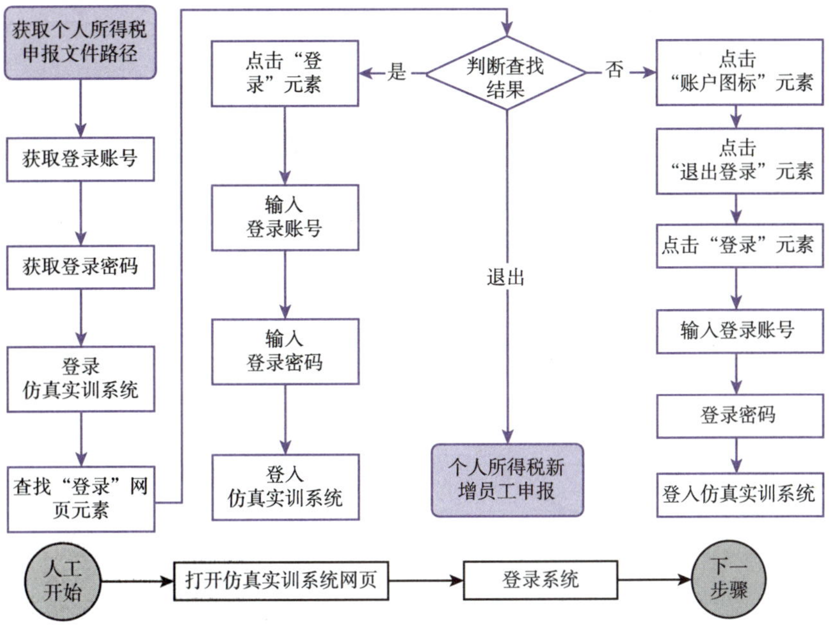

图4－5　登录仿真系统获取个人所得税申报文件路径流程图

表4－4　“个人所得税纳税申报机器人——登录仿真个税申报系统”流程

在“个人所得税纳税申报机器人——获取个人所得税申报文件路径”流程（表4－3）下继续搭建					
序号	流程步骤	控件名称	属性	属性设置	说明
3	获取登录账号	【输入对话框】	输入标签内容	请输入纳税申报平台账号	
			对话框内容	acc	获取的登录账号存储在变量acc中
4	获取登录密码	【输入对话框】	输入标签内容	请输入纳税申报平台密码	
			对话框内容	psword	获取的账号密码存储在变量psword中
5	登录仿真实训系统	【打开网页】	网页地址	http：//mpacc. sy. netinnet. cn/mpaccRpa/#/home	按网址登录系统
			浏览器类型	谷歌浏览器	检查谷歌浏览器的扩展是否打开
6	查找“登录”网页元素	【网页元素是否存在】	目标元素	登录	拾取“登录”网页元素
			检查状态	元素可见	
			检查结果	load_key	变量load_key存储判断拾取结果的值（True或False）
7	判断查找结果	【If（条件分支）】	条件表达式	@{load_key}	以变量load_key的值作为判断的结果

续表

接序号7控件，条件判断结果为“True”时进入（【If（条件分支）】—True）的流程

序号	流程步骤	控件名称	属性	属性设置	说明
8	点击“登录”元素	【鼠标单击网页元素】	目标元素		元素在网页的右上角
9	输入登录账号	【在网页中输入文本】	输入位置		元素在点击“登录”按钮后弹出的窗口上，如图4-6所示
			输入内容	@{acc}	
10	输入登录密码	【在网页中输入文本】	输入位置		元素在点击“登录”按钮后弹出的窗口上，如图4-6所示
			输入内容	@{psword}	
11	登入仿真实训系统	【鼠标单击网页元素】	目标元素		元素在点击“登录”按钮后弹出的窗口上，如图4-6所示

接序号7控件，条件判断结果为“False”时进入（【If（条件分支）】—False）的流程

序号	流程步骤	控件名称	属性	属性设置	说明
12	点击“账户图标”元素	【鼠标单击网页元素】	目标元素		元素在网页的右上角，如图4-7所示
13	点击“退出登录”元素	【鼠标单击网页元素】	目标元素		
14	点击“确定”元素	【鼠标单击网页元素】	目标元素		
15	点击“登录”元素	【鼠标单击网页元素】	目标元素		
16	输入登录账号	【在网页中输入文本】	输入位置		
			输入内容	@{acc}	
17	输入登录密码	【在网页中输入文本】	输入位置		
			输入内容	@{psword}	
18	登入仿真实训系统	【鼠标单击网页元素】	目标元素		

图4-6 仿真实训系统登录界面

图 4－7　已经登录仿真实训系统时右上角出现“用户图标”元素

五、个人所得税新增员工申报

进入平台后，先进行个人所得税新增员工申报。因为企业员工信息可能发生变化。首先，绘制子流程图如图 4－8 所示。

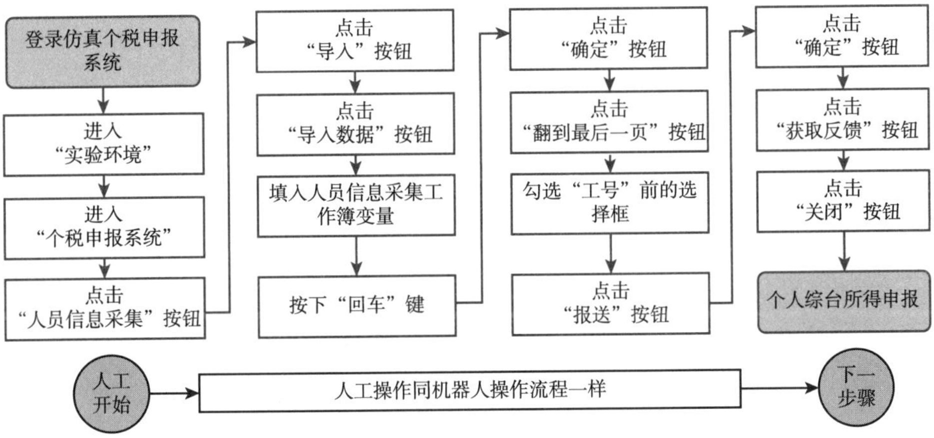

图 4－8　个人所得税新增员工申报流程图

流程的第二部分搭建完成后，搭建流程的第三部分：个人所得税新增员工申报。具体流程及控件属性设置如表 4－5 所示。

表 4－5　“个人所得税纳税申报机器人——个人所得税新增员工申报”流程

在“个人所得税纳税申报机器人——登录仿真个税申报系统”流程（见表 4－4）下继续搭建					
接序号 7 控件，退出判断时进入（【If（条件分支）】—Exit）的流程					
序号	流程步骤	控件名称	属性	属性设置	说明
19	进入“实验环境”	【鼠标单击网页元素】	目标元素	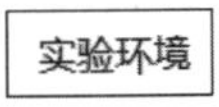	网页元素在网页的顶端，如图 4－9 所示
20	进入“个税申报系统”	【鼠标单击网页元素】	目标元素	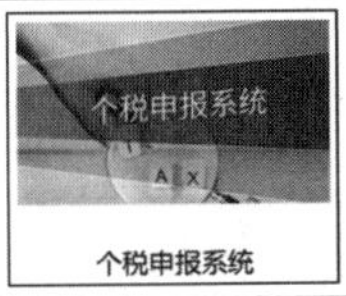	
21	点击“人员信息采集”按钮	【鼠标单击网页元素】	目标元素		网页元素的相对位置请参考图 4－10

续表

接序号 7 控件，退出判断时进入（【If（条件分支）】—Exit）的流程

序号	流程步骤	控件名称	属性	属性设置	说明
22	点击“导入”按钮	【鼠标单击网页元素】	目标元素		网页元素的相对位置请参考图 4－10
23	点击“导入数据”按钮	【鼠标单击网页元素】	目标元素		
24	填入人员信息采集工作簿变量	【输入文本（type）】（使用键盘输入字符串）	输入值	@{pic}	变量 pic 存储了人员信息采集表工作簿的路径
25	按下“回车”键	【发送功能键】	功能键	{Enter}	
			执行前延迟	3000	
26	点击“确定”按钮	【鼠标单击网页元素】	目标元素	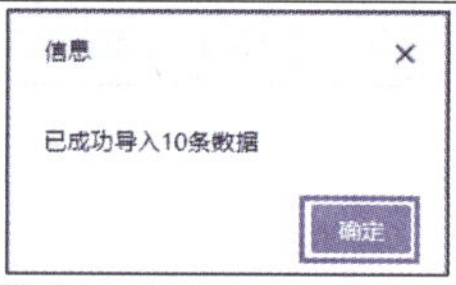	
27	点击“翻到最后一页”按钮	【鼠标单击网页元素】	目标元素	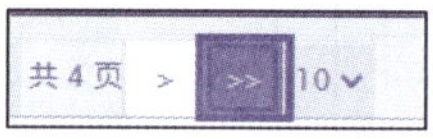	
28	勾选“工号”前的选择框	【鼠标单击网页元素】	目标元素		
29	点击“报送”按钮	【鼠标单击网页元素】	目标元素		
30	点击“确定”按钮	【鼠标单击网页元素】	目标元素	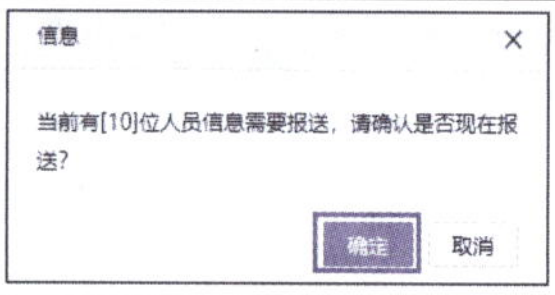	
31	点击“获取反馈”按钮	【鼠标单击网页元素】	目标元素		
32	点击“关闭”按钮	【鼠标单击网页元素】	目标元素		

图 4－9 网页顶端菜单

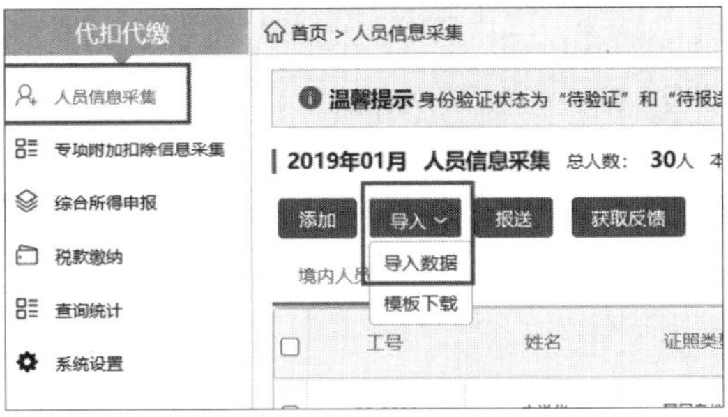

图 4－10 导入人员信息采集界面

【流程设计说明】

(1) 在仿真个人所得税平台员工信息新增工作的路径：进入【实验环境】的仿真纳税平台——→点击【个税申报系统】——→点击【人员信息采集】——→点击【导入数据】——→选择"人员信息采集表"——→点击键盘【Entry】按键确定。一般新增的员工都会排列在人员信息采集的最后面，所以点击人员信息采集界面的" >> "键进入到最后一页的显示界面，点击表示选择新导入的员工信息，点击【报送】按钮，点击【确定】按钮。

(2) 在序号 24【输入文本（type）】控件中设置输入值属性为"@{pic}"，它是引用【文件选择框】控件中自定义的人员信息采集表变量名。

六、个人综合所得申报

新增员工申报完成后，对各员工的个人综合所得进行申报。

绘制子流程图如图 4－11 所示。

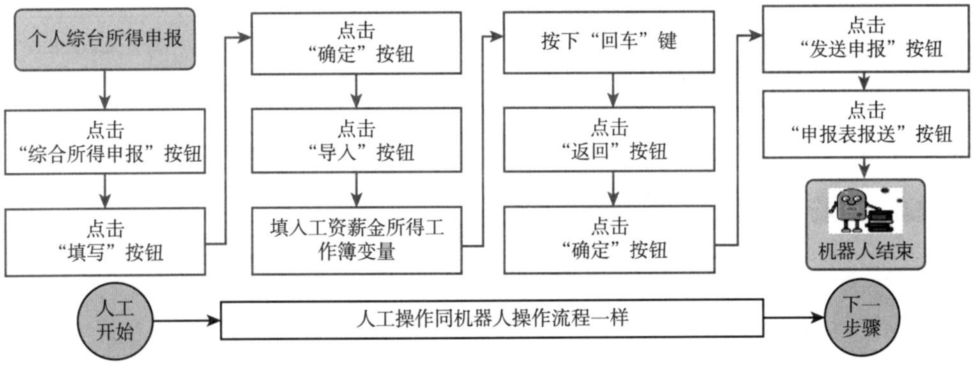

图 4－11 个人综合所得申报流程图

流程的第三部分搭建完成后，搭建流程的第四部分：个人综合所得申报。具体流程及控件属性设置如表4－6所示。

表4－6 “个人所得税纳税申报机器人——个人综合所得申报”流程

在“个人所得税纳税申报机器人——个人所得税新增员工申报”流程（表4－5）下继续搭建					
序号	流程步骤	控件名称	属性	属性设置	说明
33	点击“综合所得申报”按钮	【鼠标单击网页元素】	目标元素		网页元素的相对位置如图4－12所示
34	点击“填写”按钮	【鼠标单击网页元素】	目标元素		
35	点击“确定”按钮	【鼠标单击网页元素】	目标元素	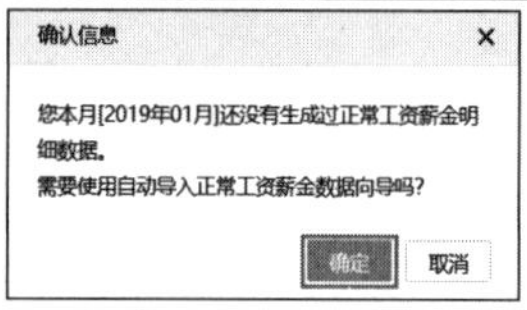	
36	点击“导入”按钮	【鼠标单击网页元素】	目标元素		
37	填入工资薪金所得工作簿变量	【输入文本】（使用键盘输入字符串）	输入值	@{sic}	变量sic存储了“正常工资薪金所得表”工作簿的路径
38	按下“回车”键	【发送功能键】	功能键	{Enter}	
			执行前延迟	3000	
39	点击“确定”按钮	【鼠标单击网页元素】	目标元素		
40	点击“返回”按钮	【鼠标单击网页元素】	目标元素		
41	点击“申报表报送”按钮	【鼠标单击网页元素】	目标元素	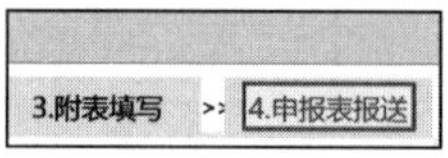	网页元素的相对位置如图4－12所示
42	点击“发送申报”按钮	【鼠标单击网页元素】	目标元素		
43	提示完成申报	【消息窗口】	消息框内容	个人所得税已经申报，请审核无误后输入申报密码	

【流程设计说明】

(1) 在仿真个人所得税平台个人综合所得申报工作的路径：点击【综合所得申报】按钮——→在正常工资薪金所得这列后点击【填写】按钮——→弹出确认信息，确认信息无误后点击【确定】按钮——→选择“标准模板导入”——→选择“正常工资薪金所得表”——→点击键盘【Enter】按键确定——→点击【返回】按钮——→点击【4 申报表报送】按钮——→点击【发送申报】按钮。以上网页点击都通过【鼠标单击网页元素 (click)】控件来实现，主要点击网页元素详见图 4－12。

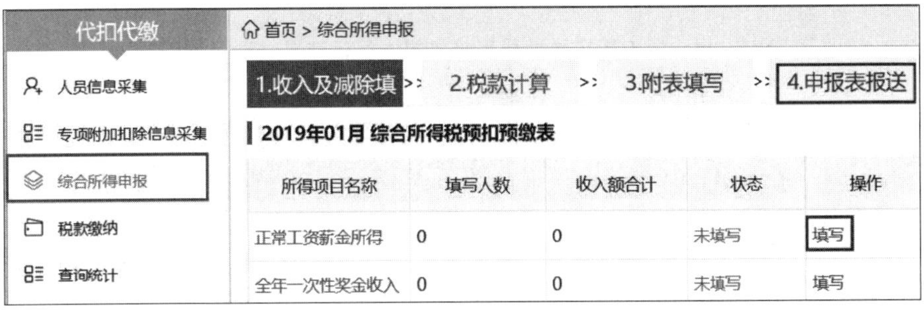

图 4－12　序号 33 和序号 34 以及序号 41 拾取的元素所在位置

(2) 在【输入文本 (type)】控件中输入文本的输入值“@｛sic｝”为打开【文件选择框】控件中自定义“正常工资薪金所得表”的变量名。

七、调试机器人

点击“保存”菜单，保存当前项目，点击“运行”菜单调试“个人所得税纳税申报机器人”程序，机器人运行时会弹出文件选择窗口，请依次选择“人员信息采集表 . xlsx”文件和“正常工资薪金所得表 . xlsx”文件。

机器人正常运行后结果如图 4－13 至图 4－15 所示。

图 4－13　个人所得税纳税申报机器人运行结果（部分截图）

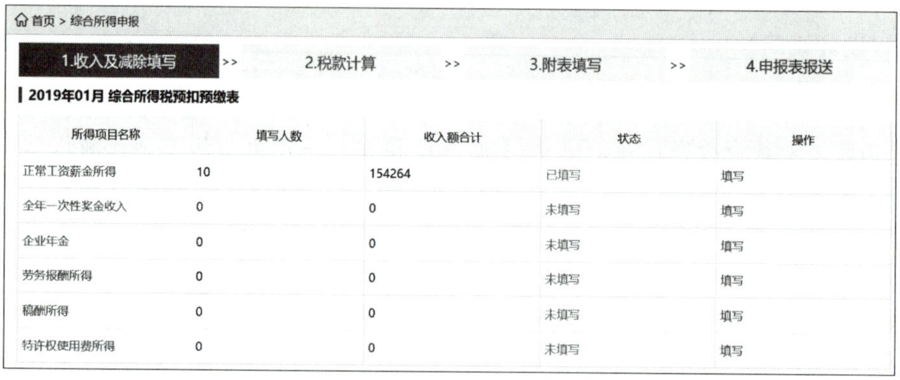

图 4－14　个人所得税纳税申报机器人运行结果（部分截图）

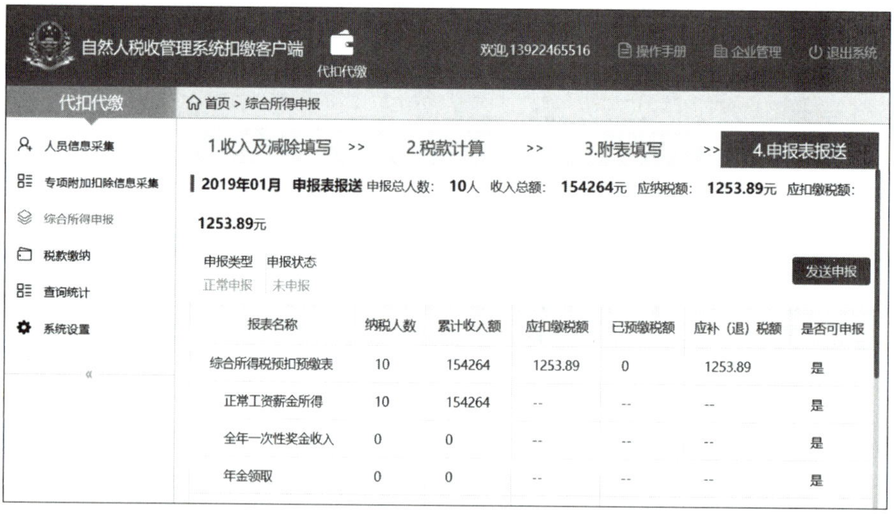

图 4－15　个人所得税纳税申报机器人运行结果（部分截图）

至此，个人所得税纳税申报机器人开发完毕。

考核与评价

考核的重点是理论知识的掌握水平、技术技能的应用水平以及职业素养水平，学习者可以从以上三个方面评价学习效果，具体评价项目及标准如表 4－7 所示。

表 4－7　模块考核评价标准

考核项目	考核内容	配分	得分
理论知识水平	正确描述个人所得税纳税申报的人工流程并绘制流程图	10	
	正确描述与解释个人所得税纳税申报 RPA 机器人流程图	10	
	能选择正确的控件	10	

续表

考核项目	考核内容	配分	得分
理论知识水平总分		30	
技术技能应用水平	制定个人所得税纳税申报的 RPA 流程方案	5	
	正确绘制个人所得税纳税申报 RPA 机器人流程图	15	
	在 RPA 流程中正确添加和使用控件，正确设置控件的参数	15	
	应用设计的个人所得税纳税申报机器人得到正确的结果	10	
技术技能应用水平总分		45	
职业素养水平	能比较分析出不同流程方案的优势	5	
	根据业务流程的变化提出变更与改善流程的方案	5	
	工作过程中投入、积极、专注，能按时完成工作任务，做好工作笔记，有工作完成后归纳与反思的记录	5	
	积极探索多种 RPA 方案，并付诸实践，面对困难时主动通过各种途径探寻资料以解决问题	5	
	反复斟酌流程设计方案，在实践的过程中不断精进流程设计能力	5	
职业素养水平总分		25	
综合评价总分		100	

总结与提高

个人所得税 RPA 主要使用【鼠标单击网页元素（click）】控件打开仿真个人所得税纳税系统，完成新增员工的信息导入和个人综合所得纳税申报工作，机器人操作与人工操作过程相似度很高，但使用机器人可免除每月的申报工作，将每月重复的工作通过机器人完成，不仅提高了工作效率还提高了申报工作的准确性。

模块二　企业所得税纳税申报机器人

工作任务

企业所得税纳税申报工作任务介绍

根据《企业所得税月（季）度预缴纳税申报表（A 类）》及其附列资料在报税平台申报当期企业所得税。

工作任务如表 4－8 所示。

表 4-8　　工作任务卡

任务编号	11	任务名称	开发“企业所得税纳税申报机器人”	工作区域	数字机器人实训中心
建议学时	2~3	参考文件或资料	WeAutomate 设计器中【变量赋值】等本模块应用控件的“帮助 - messageBox”		
德技兼修	(1) 接到任务时，先对任务进行整体分析，明确任务目的 (2) 基于数据源条件规划实施任务的路径 (3) 开发流程过程中遇到困难时主动寻求解决方法，耐心阅读方法说明与案例，如需求助于人时，先准备好咨询的问题，并准确、清晰地表达 (4) 检查任务成果时细致，认真，严谨，也可邀请别人一起检查 (5) 主动学习教材外的资源，了解 RPA + AI 应用于财务领域的案例，拓宽对 RPA + AI 应用的认知 (6) 养成勤学好问、勤于思考、诚恳待人、严谨细致的工作态度				
工作任务	(1) 开发“企业所得税纳税申报机器人”流程 (2) 应用“企业所得税纳税申报机器人”实现任务目的				

流程穿越

人工进行纳税申报是根据已经做好的《企业所得税月（季）度预缴纳税申报表（A 类）》及其附列资料在纳税申报平台上逐个页面填写表格数据，然后保存、提交。要特别注意在“企业所得税纳税申报表附列资料三”的页面填写完数据并保存后，需要再回到“企业所得税纳税申报表附列资料一”的页面后再点击“保存”按钮。

企业所得税纳税申报流程穿越

了解了人工报税流程后，我们知道企业所得税申报人工工作流程是：

(1) 打开“中华人民共和国企业所得税月（季）度预缴纳税申报表（A 类）（2021 年版）”工作簿。

(2) 登录仿真实训系统。

(3) 选择申报日期。

(4) 填报并保存预缴纳税申报表。

(5) 填报并保存免税收入等优惠明细表。

(6) 填报并保存固定资产加速折旧（扣除）优惠明细表。

(7) 填报并保存减免所得税优惠明细表。

(8) 点击“申报”按钮。

以上流程如图 4-16 所示。

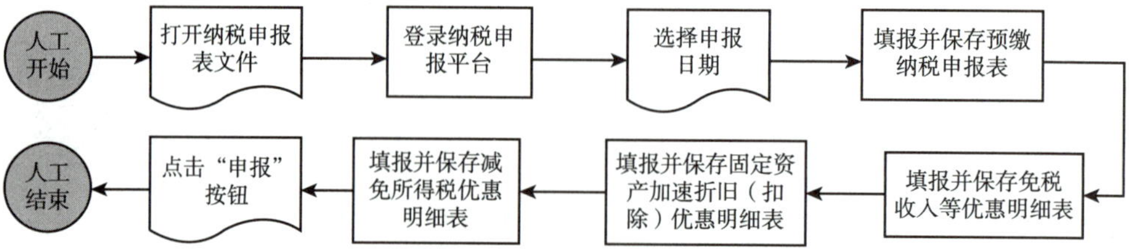

图 4-16　企业所得税纳税申报人工处理流程图

流程穿越是开发机器人过程中基础的、必须的、重要的步骤，请务必认真完成，并随时记下疑问与灵感，如表4－9所示。

表4－9　企业所得税纳税申报业务流程穿越记录表

执行步骤名称	此执行步骤的疑问	疑问的解决	自动化机会
多个申报表数据的填报	如何有序提取不同工作表的数据，并填报到网上纳税申报平台	使用工作表索引号读取不同的工作表	可实现
……			

开发“企业所得税纳税申报机器人”

企业所得税纳税申报流程设计

一、设计流程

现在来设计“企业所得税纳税申报机器人”的流程。

首先，整理流程设计思路：

流程的第一部分，获取企业所得税申报文件路径，并登录仿真企业所得税申报系统。

流程的第二部分，在平台上选择申报日期。

流程的第三部分，申报企业所得税。

由于本工作任务的机器人流程较复杂，我们将按流程步骤绘制子流程图，把子流程图组合，便成为总流程图。

二、创建项目与脚本

新建项目“企业所得税纳税申报机器人”，在Main脚本中搭建机器人。

三、获取企业所得税申报文件路径及登录仿真企业所得税申报系统

首先，绘制子流程图如图4－17所示。因为登录信息实训系统的具体流程与个人所得税纳税申报流程是完全相同的，所以此处用子流程图形表示。

搭建流程的第一部分：获取企业所得税申报文件路径。

具体流程及控件属性设置如表4－10所示。

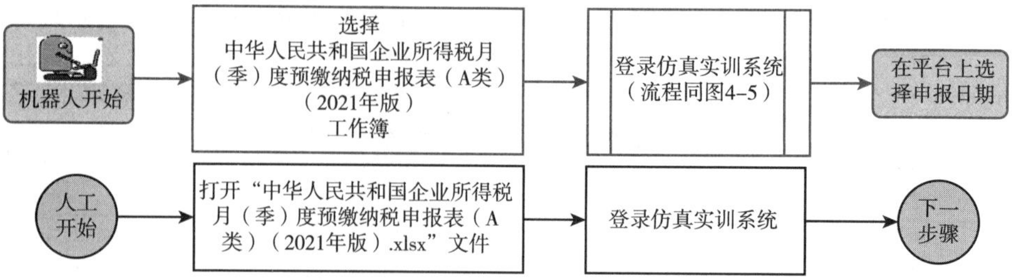

图 4－17　获取企业所得税申报文件路径及登录仿真企业所得税申报系统

表 4－10　“企业所得税纳税申报机器人——获取企业所得税申报文件路径及登录仿真企业所得税申报系统”流程

序号	流程步骤	控件名称	属性	属性设置	说明
0	开始	【开始】	—	—	—
1	选择中华人民共和国企业所得税月（季）度预缴纳税申报表（A类）（2021年版）工作簿	【文件选择框】	文件选择框名称	请选择企业所得税纳税申报工作簿	提示选择“中华人民共和国企业所得税月（季）度预缴纳税申报表（A类）（2021年版）”工作簿
			表单数据［String］	dct_path	变量 dct_path 存储了中华人民共和国企业所得税月（季）度预缴纳税申报表（A类）（2021年版）工作簿的路径
2至17	登录仿真实训系统	同表4－4序号3至18的控件及设置，其中本流程序号6控件为【If（条件分支）】，此控件用于判断网页是否存在“登录”图标			

四、在平台上选择申报日期

这部分流程是根据“中华人民共和国企业所得税月（季）度预缴纳税申报表（A类）（2021年版）”工作簿中A200000工作表的“填报日期”（见图4－18）在纳税平台上选择申报日期。

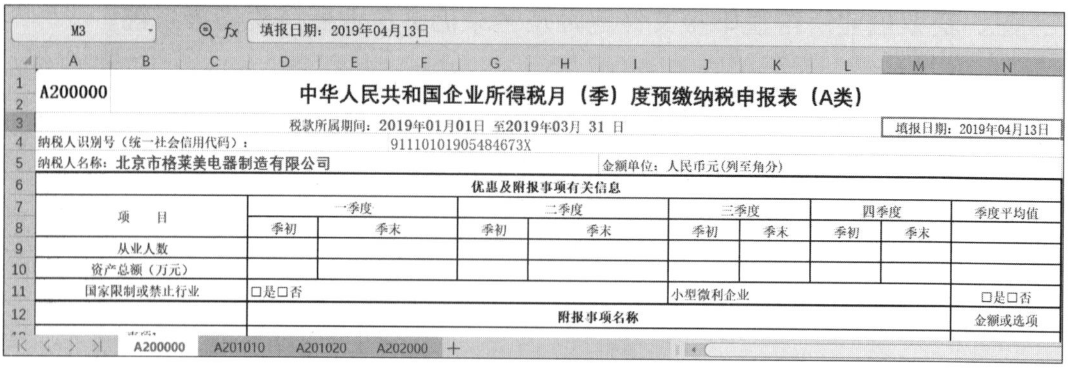

图 4－18　填报日期单元格位置

鉴于企业所得税申报的月份为申报表申报月份的上一个月，所以获取了申报表的申报时间后，需要在获取时间的月份上减 1，比如，获取的月份为 10 月，则选择申报日期应为 9 月。当从申报表上获取的月份不是 10 至 12 月时，获取的数据则是以 0 开头的字符串，比如 04 月，这里用 Python 表达式计算“04 - 1”时就会报错，所以需要先判断获取的数据是否以 0 开头，如果是，则用此变量的第二个元素进行数学计算，否则直接用获取的数据进行计算。需要注意的是，因为用【读取单元格】控件获得的数据是字符串类型，所以需要将数据进行数据类型转换方可以进行计算，这里我们使用了“eval( )”函数把字符串转换成数值。

绘制子流程图如图 4 - 19 所示。

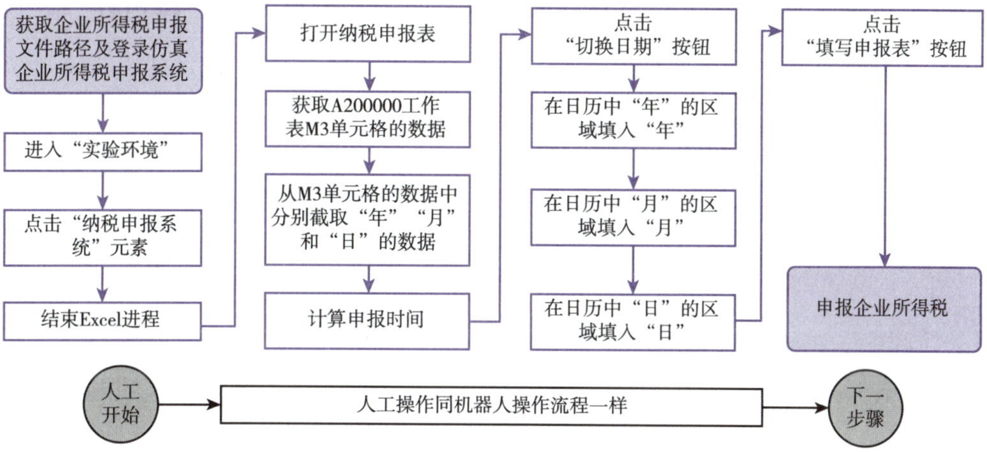

图 4 - 19　在平台中选择填报日期流程图

流程的第二部分搭建完成后，搭建流程的第三部分：在平台上选择申报日期。

具体流程及控件属性设置如表 4 - 11 所示。

表 4 - 11　“企业所得税纳税申报机器人——在平台上选择申报日期”流程

在“企业所得税纳税申报机器人——获取企业所得税申报文件路径及登录仿真企业所得税申报系统”流程（表 4 - 10）下继续搭建

接序号 6 控件，退出判断时进入（【If（条件分支）】—Exit）的流程

序号	流程步骤	控件名称	属性	属性设置	说明
18	进入“实验环境”	【鼠标单击网页元素】	目标元素		网页元素在网页的顶端，如图 4 - 9 所示
19	点击“纳税申报系统”元素	【鼠标单击网页元素】	目标元素		
20	结束 Excel 进程	【结束 Excel 进程】	—	—	—

续表

序号	流程步骤	控件名称	属性	属性设置	说明
21	打开纳税申报表	【打开 excel 文件】	Excel 文件路径	@{dct_path}	设置打开变量 dct_path 存储路径的文件
			excel 文件对象别名[ExcelObject]	dct_form	变量 dct_form 存储了打开的文件
22	获取 A200000 工作表 M3 单元格的数据	【读取单元格】	Excel 对象	dct_form	设置读取单元格的对象，如果没有设置“Sheet 页”参数，则默认读取第一个工作表的数据
			单元格	M3	获取工作表中单元格地址为 M3 的数据
			单元格内容[String]	date	变量 date 存储了获取的数据，数据类型为字符串型
23	从 M3 数据中分别截取“年”“月”和“日”的数据	【变量赋值】	变量值	@{date[5:9]}	截取变量 date 的部分数据
			变量名[Object]	year	变量 year 存储了截取的数据
24		【变量赋值】	变量值	@{date[10:12]}	
			变量名[Object]	month	
25		【变量赋值】	变量值	@{date[13:15]}	
			变量名[Object]	day	
26	计算申报时间	【If（条件分支）】	条件表达式	eval(month[0])==0	判断变量 month 的第一个字符是否为 0

接序号 26 控件，条件判断结果为“True”时进入（【If（条件分支）】—True）的流程

序号	流程步骤	控件名称	属性	属性设置	说明
27	计算申报时间	【运行 python 表达式】	表达式	month	
			执行结果	eval(month[1])-1	用变量 month 的第二个字符减 1 计算申报的月份值

接序号 26 控件，条件判断结果为“False”时进入（【If（条件分支）】—False）的流程

序号	流程步骤	控件名称	属性	属性设置	说明
28	计算申报时间	【运行 python 表达式】	表达式	month	
			执行结果	eval（month）-1	直接用变量 month 的值减 1 计算申报的月份值

续表

退出序号26控件判断时进入（【If（条件分支）】—Exit）的流程

序号	流程步骤	控件名称	属性	属性设置	说明
29	点击“切换日期”按钮	【鼠标单击网页元素】	目标元素		
30	在日历中“年”的区域填入“年”	【在网页中输入文本】	输入位置		
			输入内容	@{year}	
31	在日历中“月”的区域填入“月”	【在网页中输入文本】	输入位置	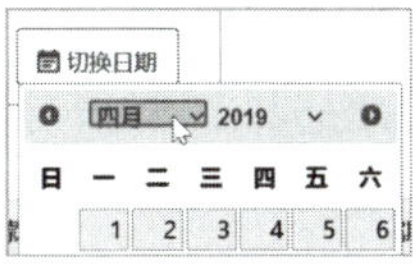	
			输入内容	@{month}	
32	在日历中“日”的区域填入“日”	【在网页中输入文本】	输入位置		
			输入内容	@{day}	
33	点击“填写申报表”按钮	【鼠标单击网页元素】	目标元素		

【流程设计说明】

（1）【打开Excel文件】控件的作用是打开目标工作簿文件，其中“Excel”文件路径参数设置目标Excel文件的路径，对应前面步骤一选择纳税申报表流程中的变量dct_form。

（2）【读取单元格】控件的作用是获取目标工作簿中填报日期单元格文本，“单元格位置”参数为目标单元格的具体定位M3，如图4-20所示。

（3）使用【变量赋值】控件从单元格文本中分别提取出年月日信息并赋值给变量。

第一个【变量赋值】控件的作用是提取出申报日期中的“年份”信息，单元格文本储存在变量date中，具体为字符串“填报日期：2019年04月13日”，使用字符串切片的方法将“2019”子字符串片段提取出来并存放于变量year中。

第二个【变量赋值】控件的作用是提取出申报日期中的“月份”信息，使用字符串切片的方法将“04”子字符串片段提取出来并存放于变量month中。

序号27和序号28【运行Python表达式】控件的作用是在获取申报表日期中“月份”数据的基础上，计算企业所得税的申报“月份”（即申报表日期的上月），以此作为申报平台上月份信息按钮的值。

图 4－20　填报日期单元格

第三个【变量赋值】控件的作用是提取出申报日期中的“日期”信息，使用字符串切片的方法将“13”子字符串片段提取出来并存放于变量 day 中。

纳税申报网站日期选择界面如图 4－21 所示。

图 4－21　纳税申报网站日期选择界面

五、申报企业所得税

进行企业所得税纳税申报时，需要填制 4 张表单，如图 4－22 所示。

图 4－22　企业所得税纳税申报表单

为使流程更加清晰，可以添加【For（遍历/计次循环）】控件来依次填制 4 张表单。绘制子流程图如图 4－23 所示。

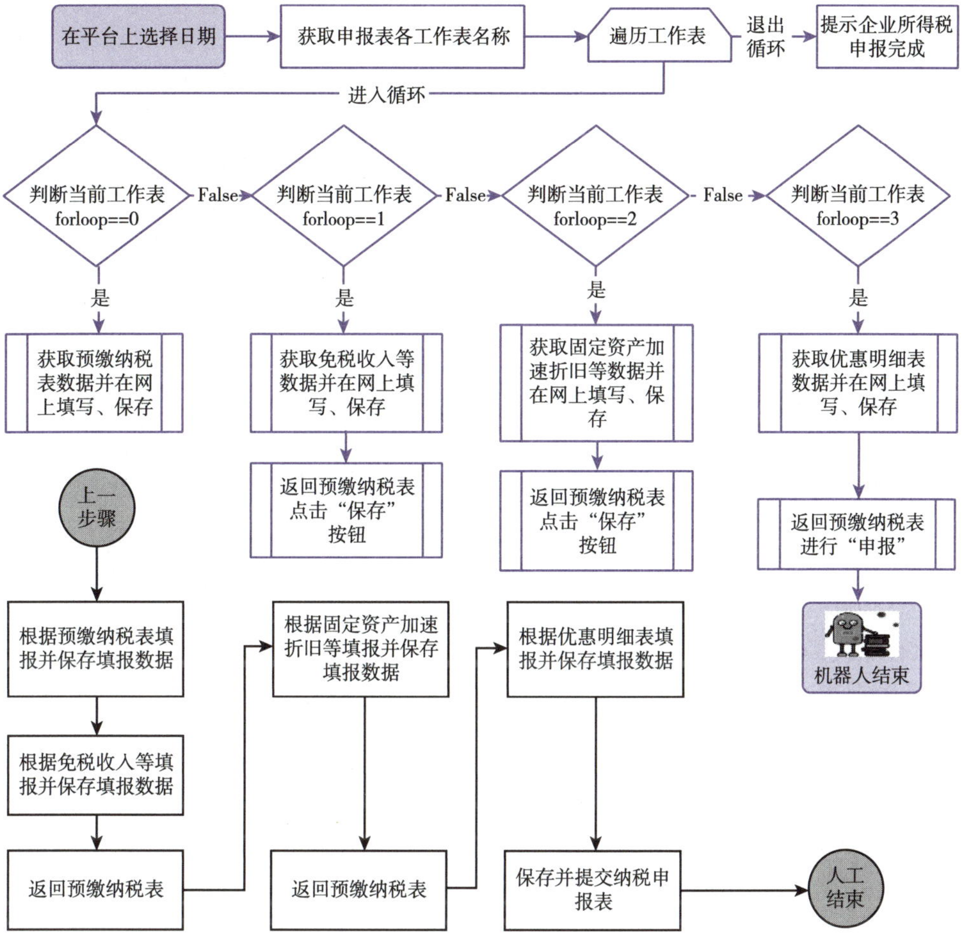

图 4－23　申报企业所得税流程图

流程的第三部分搭建完成后，搭建流程的第四部分：申报企业所得税。具体流程及控件属性设置如表 4－12 所示。

表 4－12　“企业所得税纳税申报机器人——申报企业所得税”流程

在“企业所得税纳税申报机器人——在平台上选择申报日期”流程（表 4－11）下继续搭建					
序号	流程步骤	控件名称	属性	属性设置	说明
34	获取申报表各工作表名称	【获取所有 Sheet 名称】	Excel 对象	dct_form	设置获取 Sheet 名称的表格为 dct_form
			所有 Sheet 名称集［Array］	sheet_names	变量 sheet_names 存储了变量 dct_form Excel 表格对象的所有表格名称

续表

序号	流程步骤	控件名称	属性	属性设置	说明
35	遍历工作表	【For（遍历/计次循环）】	数据集合	@{sheet_names}	设置循环的数据集合为 sheet_names
			条目名称	item	设置循环变量为 item

接序号 35 控件，进入循环（【For（遍历/计次循环）】—Entry）后的流程

序号	流程步骤	控件名称	属性	属性设置	说明
36	判断当前工作表	【If（条件分支）】	条件表达式	@{forloop} ==0	变量 forloop 为 Excel 工作簿中工作表的索引号，第一个工作表的索引号为 0，第二个工作表的索引号为 1……

接序号 36 控件，条件判断结果为“True”时进入（【If（条件分支）】—True）的流程
填报“A200000 中华人民共和国企业所得税月（季）度预缴纳税申报表（A 类）”

序号	流程步骤	控件名称	属性	属性设置	说明
37	获取预缴纳税表数据并在网上填写、保存	【鼠标单击网页元素】	目标元素	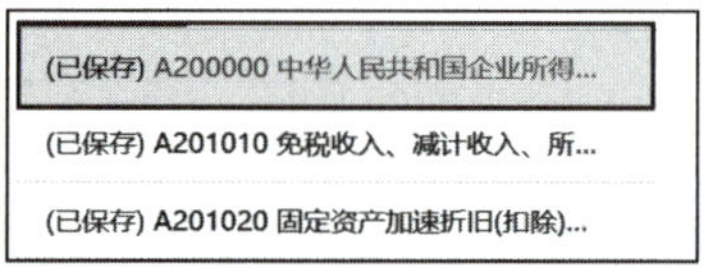	
38		【读取区域】	Excel 对象	dct_form	
			区域	A1:N48	
			文本内容[Array]	ran_1	变量 ran_1 存储了预缴纳税表数据
39		【在网页中输入文本】	输入位置	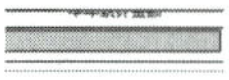	具体位置如图 4-25 所示
			输入内容	@{ran_1[15][13]}	具体位置如图 4-24 所示
40		【在网页中输入文本】	输入位置	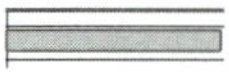	具体位置如图 4-25 所示
			输入内容	@{ran_1[16][13]}	具体位置如图 4-24 所示
41		【在网页中输入文本】	输入位置	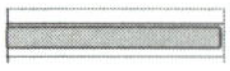	具体位置如图 4-25 所示
			输入内容	@{ran_1[17][13]}	具体位置如图 4-24 所示
42	返回预缴纳税表，点击“保存”按钮	【鼠标单击网页元素】	目标元素		

接序号 36 控件，条件判断结果为“False”时进入（【If（条件分支）】—False）的流程

序号	流程步骤	控件名称	属性	属性设置	说明
43	判断当前工作表	【If（条件分支）】	条件表达式	@{forloop} ==1	

续表

接序号 43 控件，条件判断结果为“True”时进入（【If（条件分支）】—True）的流程
填报“A201010　免税收入、减计收入、所得减免等优惠明细表”

序号	流程步骤	控件名称	属性	属性设置	说明
44	获取免税收入、减计收入、所得减免等优惠明细表数据并在网上填写、保存	【鼠标单击网页元素】	目标元素	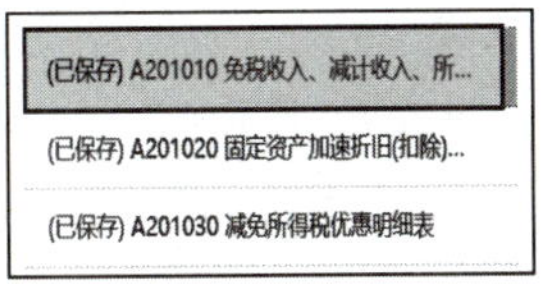	
45		【读取区域】	Excel 对象	dct_form	
			Sheet 页名称	A201010	
			区域	A1：F45	
			文本内容［Array］	ran_2	变量 ran_2 存储了免税收入、减计收入、所得减免等优惠明细表数据
46	返回优惠明细表数据，点击“保存”按钮	【鼠标单击网页元素】	目标元素		
47		【鼠标单击网页元素】	目标元素	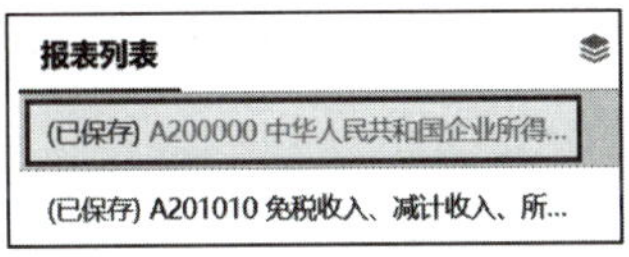	

接序号 43 控件，条件判断结果为“False”时进入（【If（条件分支）】—False）的流程

序号	流程步骤	控件名称	属性	属性设置	说明
48	判断当前工作表	【If（条件分支）】	条件表达式	@{forloop}==2	

接序号 48 控件，条件判断结果为“True”时进入（【If（条件分支）】—True）的流程
填报“A201020　固定资产加速折旧（扣除）优惠明细表”

序号	流程步骤	控件名称	属性	属性设置	说明
49	获取固定资产加速折旧（扣除）优惠明细表数据并在网上填写、保存	【鼠标单击网页元素】	目标元素	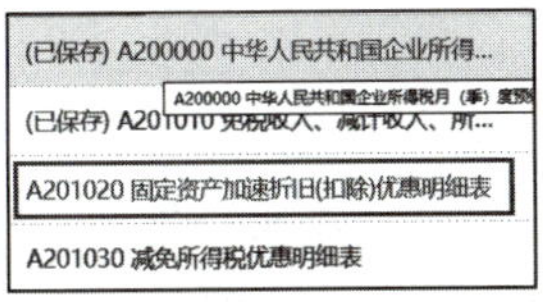	
50		【读取区域】	Excel 对象	dct_form	
			Sheet 页名称	A201020	
			区域	A1：H15	
			文本内容［Array］	ran_3	变量 ran_3 存储了固定资产加速折旧（扣除）优惠明细表数据

续表

序号	流程步骤	控件名称	属性	属性设置	说明
51	返回固定资产加速折旧（扣除）优惠明细表，点击“保存”按钮	【鼠标单击网页元素】	目标元素		
52		【鼠标单击网页元素】	目标元素	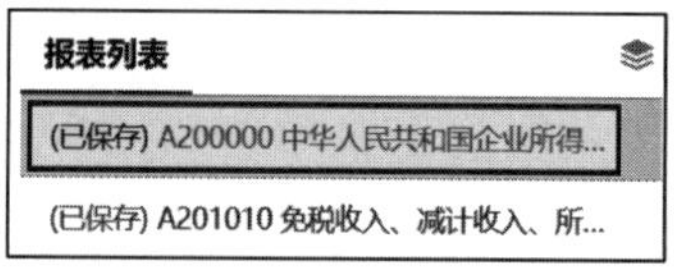	

接序号48控件，条件判断结果为“False”时进入（【If（条件分支）】—False）的流程

序号	流程步骤	控件名称	属性	属性设置	说明
53	判断当前工作表	【If（条件分支）】	条件表达式	@{forloop} = =3	

接序号53控件，条件判断结果为“True”时进入（【If（条件分支）】—True）的流程

填报“A201030　减免所得税优惠明细表”

序号	流程步骤	控件名称	属性	属性设置	说明
54	获取减免所得税优惠明细表数据并在网上填写、保存	【鼠标单击网页元素】	目标元素	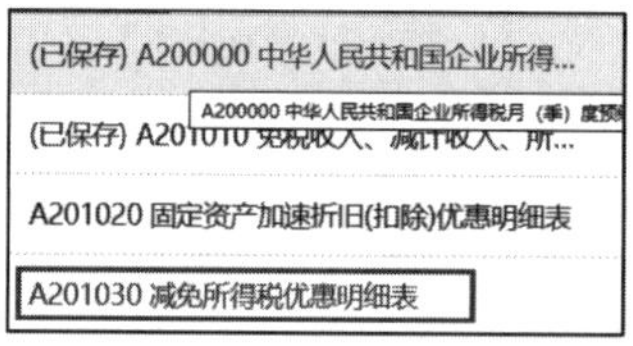	
55		【读取区域】	Excel 对象	dct_form	
			Sheet 页名称	A202000	
			区域	A1 : H22	
			文本内容［Array］	ran_4	变量 ran_4 存储了减免所得税优惠明细表
56	返回减免所得税优惠明细表，点击“保存”按钮	【鼠标单击网页元素】	目标元素		
57	返回预缴纳税表，进行“申报”	【鼠标单击网页元素】	目标元素	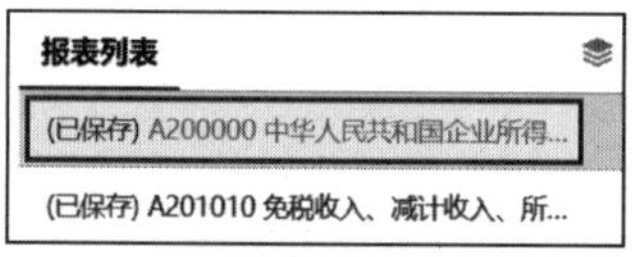	
58		【鼠标单击网页元素】	目标元素		
59		【鼠标单击网页元素】	目标元素		

续表

序号	流程步骤	控件名称	属性	属性设置	说明
60	返回预缴纳税表，进行“申报”	【鼠标单击网页元素】	目标元素	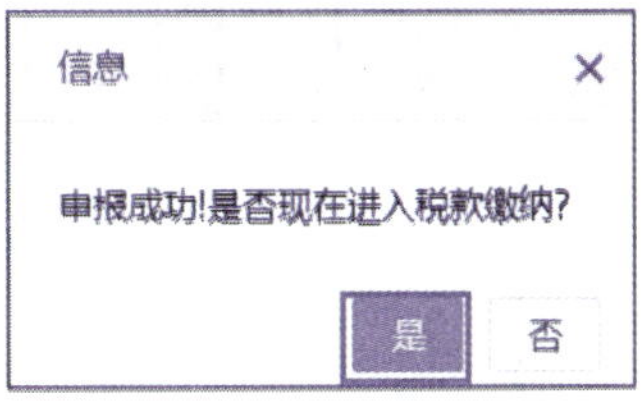	

接序号35控件，退出循环（【For（遍历/计次循环）】—Exit）后的流程

序号	流程步骤	控件名称	属性	属性设置
61	提示流程结束	【消息窗口】	消息框内容	企业所得税申报完成!

【流程设计说明】

填报企业所得税月（季）度预缴纳税申报表（A类）时，是获取Excel格式申报表中的单元格数据后，写入网上申报表的对应单元格上，本任务获取的单元格数据及写入的位置如图4－24和图4－25所示。其他表格填报数据的操作方法类同。我们可以根据实际填报数据的位置适当增加【在网页中输入文本】控件来完成数据的申报。

至此，企业所得税纳税申报机器人开发完成。

六、调试机器人

点击“保存”菜单，保存当前项目，点击“运行”菜单调试“企业所得税纳税申报机器人”程序，机器人运行时会弹出选择文件的消息窗口，请依次选择“中华人民共和国企业所得税月（季）度预缴纳税申报表（A类）（2021年版）.xlsx”文件，然后填写登录仿真平台的账号以及密码。

机器人正常运行后，部分结果如图4－26和图4－27所示。

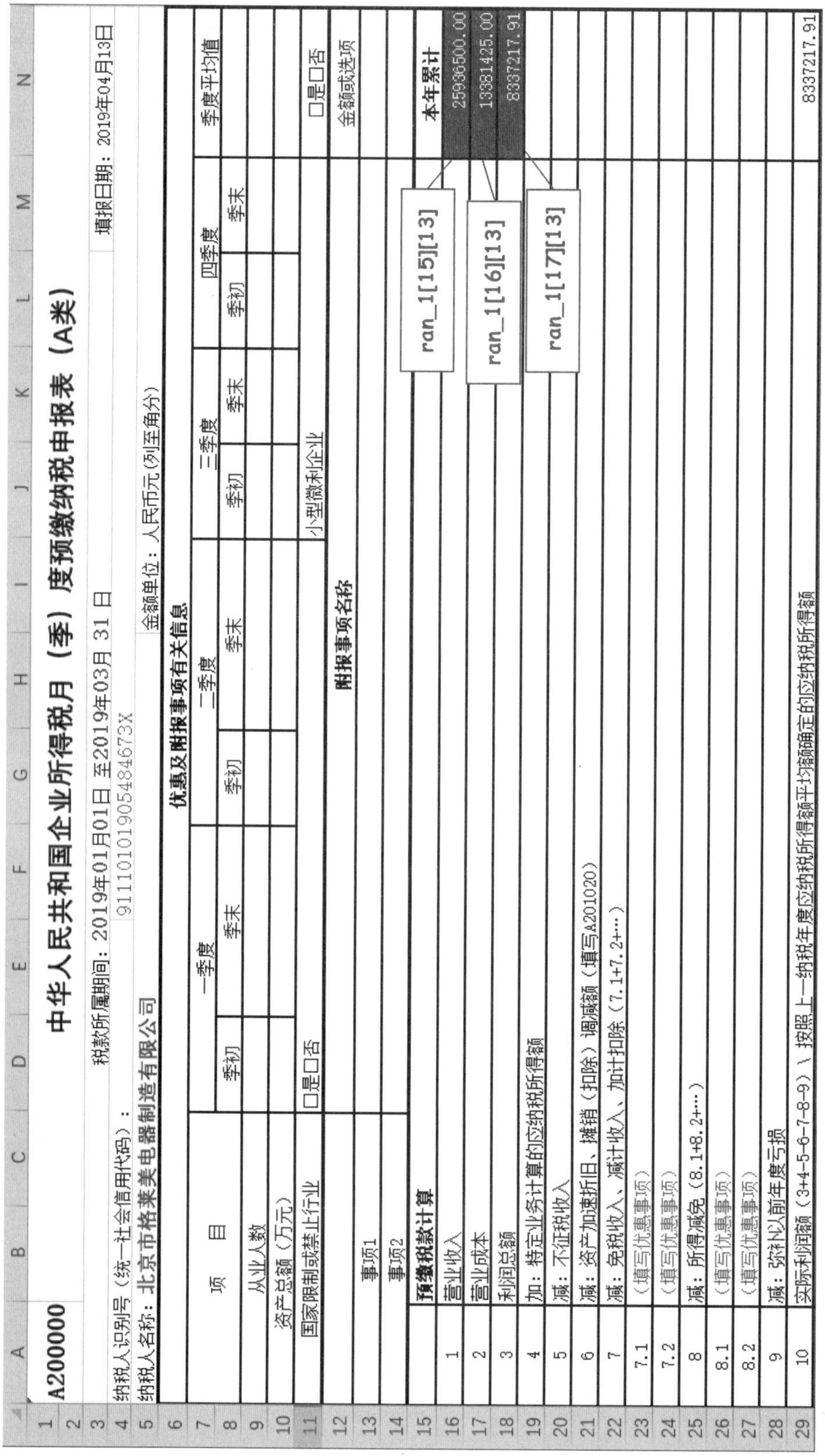

图4-24 获取Excel格式申报表中的单元格数据

A200000 中华人民共和国企业所得税月（季）度预缴纳税申报表（A类）

纳税人识别号（统一社会信用代码）：91110101905484673X　　纳税人名称:北京市格莱美电器制造有限公司

所属时期：2019-01-01　　至2019-03-31　　填表日期:2019-04-14　　金额单位：元至角分

预缴方式	☑ 按照实际利润额预缴 ☐ 按照上一纳税年度应纳税所得额平均额预缴 ☐ 按照税务机关确定的其他方法预缴
企业类型	☑ 一般企业 ☐ 跨地区经营汇总纳税企业总机构 ☐ 跨地区经营汇总纳税企业分支机构

预缴税款计算

行次	项　目	本年累计金额
1	营业收入	
2	营业成本	
3	利润总额	
4	加：特定业务计算的应纳税所得额	
5	减：不征税收入	
6	减：免税收入、减计收入、所得减免等优惠金额（填写A201010）	0.00
7	减：固定资产加速折旧（扣除）调减额（填写A201020）	0.00
8	减：弥补以前年度亏损	
9	实际利润额（3+4-5-6-7-8）＼按照上一纳税年度应纳税所得额平均额确定的应纳税所得额	0.00
10	税率(25%)	25%
11	应纳所得税额（9×10）	0.00
12	减：减免所得税额（填写A201030）	0.00
13	减：实际已缴纳所得税额	
14	减：特定业务预缴（征）所得税额	
15	本期应补（退）所得税额（11-12-13-14）＼税务机关确定的本期应纳所得税额	0.00

ran_1[15][13]

ran_1[16][13]

ran_1[17][13]

汇总纳税企业总分机构税款计算

行次		项　目	本年累计金额
16	总机构填报	总机构本期分摊应补（退）所得税额（17+18+19）	0.00
17		其中：总机构分摊应补（退）所得税额（15×总机构分摊比例____%）	0.00
18		财政集中分配应补（退）所得税额（15×财政集中分配比例____%）	0.00
19		总机构具有主体生产经营职能的部门分摊所得税额（15×全部分支机构分摊比例____%×总机构具有主体生产经营职能部门分摊比例____%）	0.00

图 4－25　写入网上申报表的单元格位置

A200000 中华人民共和国企业所得税月（季）度预缴纳税申报表（A类）

纳税人识别号（统一社会信用代码）：91110101905484673X　　纳税人名称:北京市格莱美电器制造有限公司

所属时期：2019-01-01　　至2019-03-31　　填表日期:2019-04-13　　金额单位：元至角分

预缴方式	☑ 按照实际利润额预缴 ☐ 按照上一纳税年度应纳税所得额平均额预缴 ☐ 按照税务机关确定的其他方法预缴
企业类型	☑ 一般企业 ☐ 跨地区经营汇总纳税企业总机构 ☐ 跨地区经营汇总纳税企业分支机构

预缴税款计算

行次	项　目	本年累计金额
1	营业收入	25936500.00
2	营业成本	13381425.00
3	利润总额	8337217.91
4	加：特定业务计算的应纳税所得额	

图 4－26　填写第一张申报表的结果

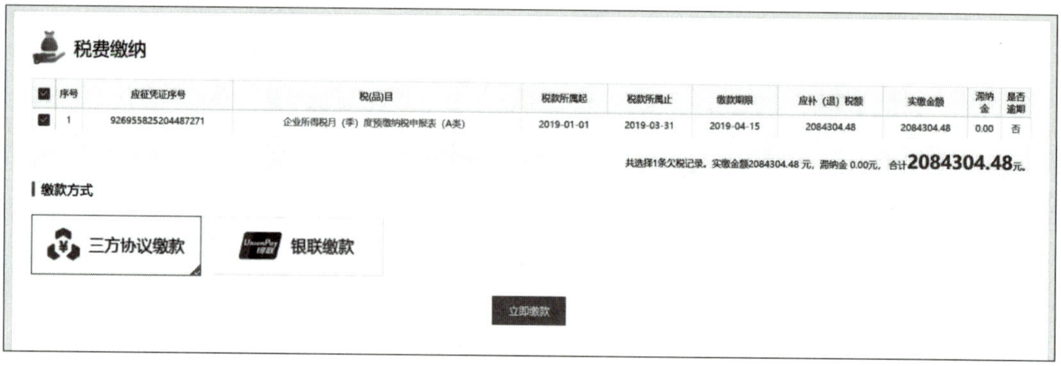

图 4－27　企业所得税纳税申报机器人运行结果

考核与评价

考核的重点是理论知识的掌握水平、技术技能的应用水平以及职业素养水平，学习者可以从以上三个方面评价学习效果，具体评价项目及标准如表 4－13 所示。

表 4－13　模块考核评价标准

考核项目	考核内容	配分	得分
理论知识水平	正确描述企业所得税纳税申报的人工流程并绘制流程图	10	
	正确描述与解释企业所得税纳税申报 RPA 机器人流程图	10	
	能选择正确的控件	10	
理论知识水平总分		30	
技术技能应用水平	制定企业所得税纳税申报的 RPA 流程方案	5	
	正确绘制企业所得税纳税申报 RPA 机器人流程图	15	
	在 RPA 流程中正确添加和使用控件，正确设置控件的参数	15	
	应用设计的企业所得税纳税申报机器人得到正确的结果	10	
技术技能应用水平总分		45	
职业素养水平	能比较分析出不同流程方案的优势	5	
	根据业务流程的变化提出变更与改善流程的方案	5	
	工作过程中投入、积极、专注，能按时完成工作任务，做好工作笔记，有工作完成后归纳与反思的记录	5	
	积极探索多种 RPA 方案，并付诸实践，面对困难时主动通过各种途径探寻资料以解决问题	5	
	反复斟酌流程设计方案，在实践的过程中不断精进流程设计能力	5	
职业素养水平总分		25	
综合评价总分		100	

总结与提高

选择申报日期时，可以使用【读取单元格】控件获取目标工作表中填报日期数据，并添加【变量赋值】和【运行 python 表达式】将填报日期这串字符串中的“年”“月”“日”信息提取出来。

数字赋能

数字工作者是智能自动化（IA）的前线，是一种包括机器人流程自动化（RPA）、业务流程管理（BPM）、流程和任务挖掘、无代码开发、自然语言处理（NLP）、人工智能（AI）和机器学习（ML）的技术组合。

Gartner RPA 魔力象限——数字工作者的六个特征是：

（1）耐用：全天候服务，全年无休；

（2）快速：执行任务的速度是人类员工 5 倍；

（3）准确：执行任务时错误更少，返工更少；

（4）聪明：有能力学习和处理复杂情况；

（5）可扩展性：能够在所需的时间地点进行部署；

（6）适应性强：支持许多不同的场景和用例。

实战演练

一、不定项选择题

1. 企业增值税及附加税费申报表如图 4－28 所示，从申报表中获取申报日期时，以下选项中使用控件及控件参数设置正确的是（　　）。

	A	B	C	D	E	F	G	H
1	附件3							
2	增值税及附加税费申报表							
3	（小规模纳税人适用）							
4	纳税人识别号(统一社会信用代码)：91110101905484673X							
5	纳税人名称：		北京市格莱美电器制造有限公司				金额单位：元（列至角分）	
6	税款所属期：		年 月 日至 年 月 日			填表日期：2020 年 10 月 15 日		
7		项 目		栏次	本期数		本年累计	
8					货物及劳务	服务、不动产和无形资产	货物及劳务	服务、不动产和无形资产
9								

图 4－28　增值税及附加税费申报表

A. 使用【读取单元格】控件,“单元格位置”属性设置为“F6”

B. 使用【读取区域】控件,“区域”属性设置为“F6:H6”

C. 使用【读取单元格文本】控件,“单元格位置”属性设置为“F6”

D. 使用【读取行】控件,“行号”属性设置为“6”

2. 变量De_date中储存了字符串变量“填表日期:2023年10月15日”,如果想要获取其中的年份信息,以下选项中使用控件及控件参数设置正确的是( )。

A.【变量赋值】控件,设置“变量值”属性为“@{De_date[5:9]}”,设置“变量名”属性为“year”

B.【变量赋值】控件,设置“变量值”属性为“@{De_date[5:8]}”,设置“变量名”属性为“year”

C.【运行python表达式】控件,设置“表达式”属性为“@{De_date[5:9]}”,设置“执行结果”属性为“year”

D.【运行python表达式】控件,设置“表达式”属性为“@{De_date[4:8]}”,设置“执行结果”属性为“year”

3. 在税务申报平台中点击“切换日期”按钮,输入“年份”信息,输入“月份”信息,点击选择“日期”信息,最后点击“填写申报表”按钮,机器人操作的正确流程是( )。

A.【获取网页文本】——【在网页中输入文本】——【在网页中输入文本】——【网页元素是否存在】——【获取网页文本】

B.【鼠标单击网页元素】——【在网页中输入文本】——【在网页中输入文本】——【鼠标单击网页元素】——【鼠标单击网页元素】

C.【网页元素是否存在】——【网页元素是否存在】——【网页元素是否存在】——【获取网页文本】——【获取网页文本】

D.【鼠标单击网页元素】——【获取网页文本】——【获取网页文本】——【鼠标单击网页元素】——【鼠标单击网页元素】

4. 添加【获取所有sheet名称】控件,设置“excel对象”属性为“excel1”,设置“所有sheet名称集”为“sheets”。关于变量excel1和变量sheets表述正确的是( )。

A. 变量sheets表示所有工作表文件,数据类型为ExcelObject。

B. 变量excel1表示指定要操作的工作表名称,数据类型为String。

C. 变量excel1表示指定要操作的工作簿文件,数据类型为ExcelObject。

D. 变量sheet1表示所有工作表名称集合,数据类型为Array。

5. 在网页中判断是否为登录状态,可以使用下列控件中的( )。

A.【获取网页元素属性】控件

B.【鼠标单击网页元素】控件

C.【网页数据拾取】控件

D.【网页元素是否存在】控件

6. 关于【网页元素是否存在】控件,以下说法正确的是( )。

A. 该控件仅用于判断可见的元素是否存在于当前网页中

B. 控件输出的检查结果变量为布尔值,元素存在时为True,元素不存在时为False

C. 目标元素参数是在网页中拾取或录制是否存在的网页元素

D. 检查状态参数为“visible”时表示检查该元素是否存在于网页中

7. 企业进行企业所得税纳税申报时，需填写工作表1“A20000 中华人民共和国企业所得税月（季）度预缴纳税申报表（A类）”、工作表2“A201010 免税收入、减计收入、所得减免等优惠明细表”、工作表3“A201020 资产加速折旧、摊销（扣除）优惠明细表”以及工作表4“A202000 企业所得税汇总纳税分支机构所得税分配表”的内容。若使用遍历循环依次填写申报表内容，那么填写工作表3时使用正确的控件及控件参数设置为（　　）。

A. 使用【For（遍历/计次循环）】控件，参数为：@{forloop}==2

B. 使用【if（条件分支）】控件，参数为：@{forloop}==2

C. 使用【For（遍历/计次循环）】控件，参数为：@{forloop}==3

D. 使用【if（条件分支）】控件，参数为：@{forloop}==3

8. 用WeAutomate设计器搭建RPA流程，获取图4-29工作表中的文本，并将其中的“利润总额”对应数据填写进网页文本框中，正确的流程是（　　）。

	A	B	C
1	1	营业收入	56540
2	2	营业成本	37520
3	3	利润总额	8426

图4-29

A.

序号	控件名称	属性	属性设置
1	【读取区域】	区域	A1：C3
		文本内容	range1
2	【在网页中输入文本】	输入内容	@{range1 [2]}

B.

序号	控件名称	属性	属性设置
1	【读取列】	列号	C
		文本内容	range1
2	【写入单元格】	目标单元格	C3
		写入内容	@{range1 [2]}

C.

序号	控件名称	属性	属性设置
1	【读取区域】	区域	A1：C3
		文本内容	range1
2	【在网页中输入文本】	输入内容	@{range1［3］［3］}

D.

序号	控件名称	属性	属性设置
1	【读取区域】	区域	A1：C3
		文本内容	range1
2	【在网页中输入文本】	输入内容	@{range1［2］［2］}

9. 获取所有工作表的名称并遍历工作表的流程如图4－30所示，其中关于【For遍历/计次循环】和item变量描述正确的是（　　）。

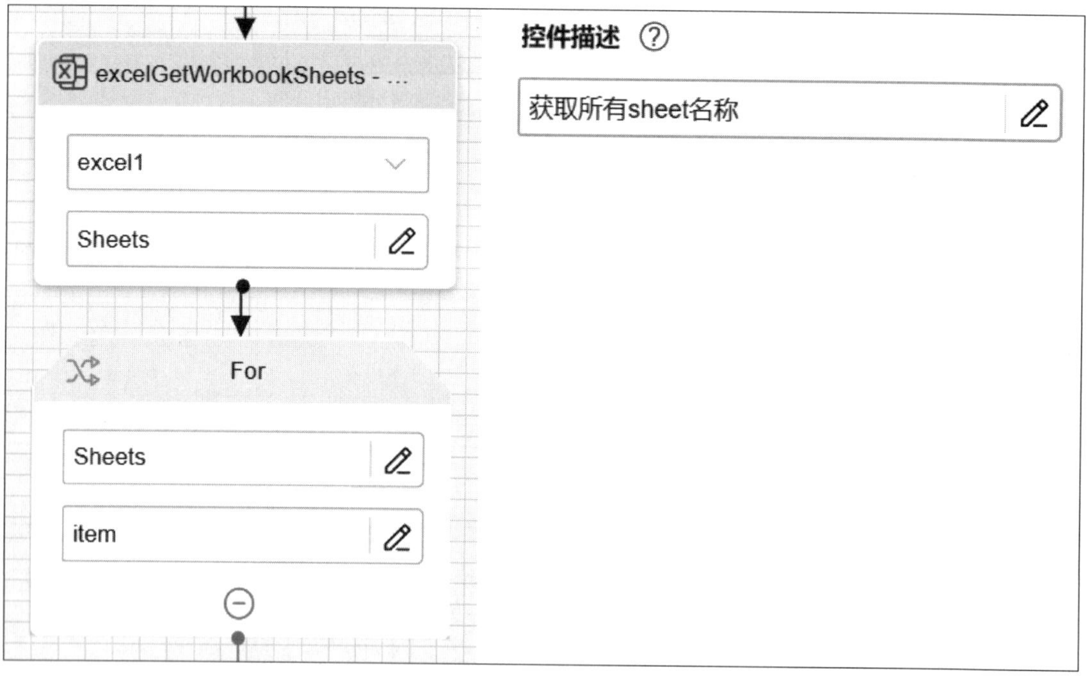

图4－30　获取所有工作表的名称并遍历工作表的流程图

A. For循环是执行固定次数的循环。如果工作簿中有3张工作表，那么For循环会遍历循环三次

B. For循环是执行无限次数的循环，根据条件判断是否继续执行循环

C. 变量item表示遍历工作表时的次数

D. 变量item表示遍历工作表名称时逐个取出的工作表名称

10. 图 4－31 所示流程的执行结果是（　　）。

A. 依次弹出五个消息窗口，提示消息为“1”“2”“3”“4”以及“运行结束!”

B. 弹出一个消息窗口，提示消息为“运行结束!”

C. 依次弹出五个消息窗口，提示消息为“0”“2”“2”“3”以及“运行结束!”

D. 依次弹出五个消息窗口，提示消息为“0”“0”“1”“2”以及“运行结束!”

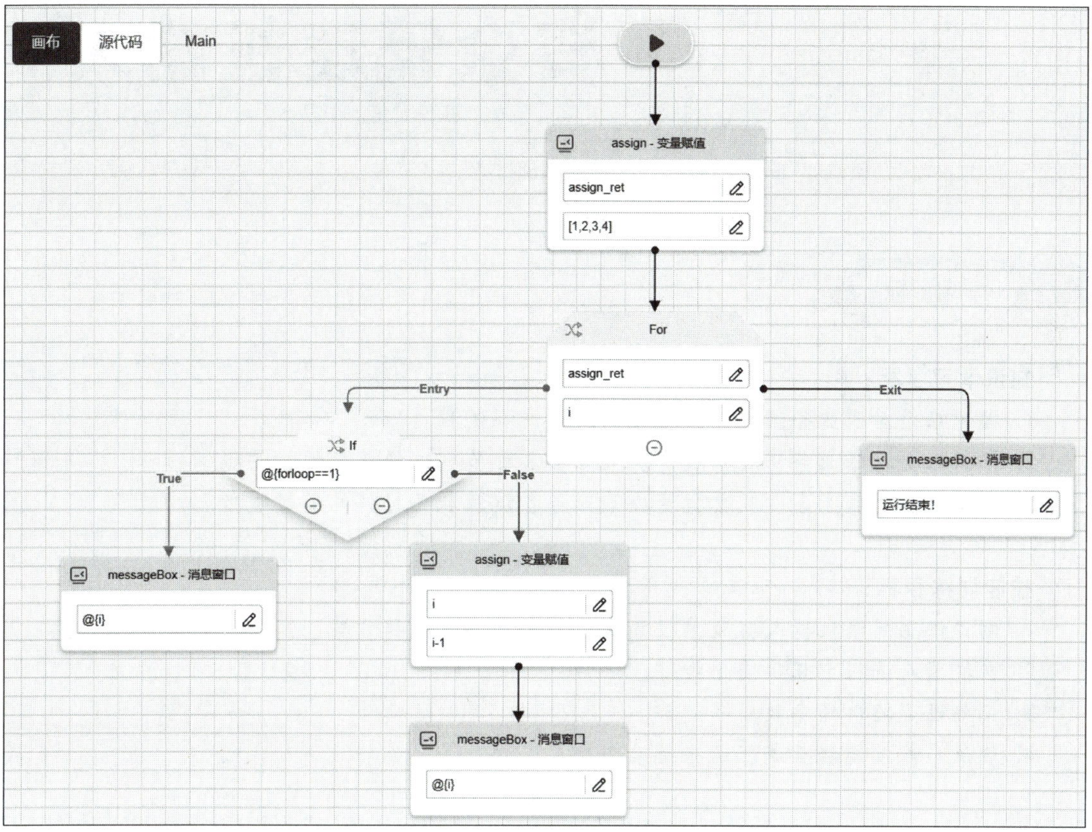

图 4－31　流程的执行结果

项目5
资金管理机器人

学习目标

知识学习目标：

1. 描述银企对账业务流程、股票投资决策业务流程。
2. 根据银企对账业务、股票投资决策业务各环节，选择正确的控件。
3. 解释银企对账业务、股票投资决策业务各流程相关控件的关键参数。

技能训练目标：

1. 制定银企对账机器人、股票投资决策业务机器人流程方案。
2. 在机器人流程中正确使用控件。
3. 正确设置控件的参数。
4. 调试与修改流程至流程运行结果正确。

素养养成目标：

1. 根据资金管理的工作场景特点梳理业务流程，依托RPA提出优化流程的方案，提升工作效率。
2. 养成善于思考、勇于探索的职业习惯。
3. 坚持精益求精的职业态度。

项目任务

本项目完成的目标：

1. 设计开发出“银企对账机器人”。
2. 设计开发出“股票投资决策机器人”。

完成以上工作任务应提交的标志性成果：

1. 银企对账机器人代码文件及“银行余额调节表”Excel 文件。
2. 股票投资决策机器人代码文件及股票投资决策报告 Excel 文件。

项目导图

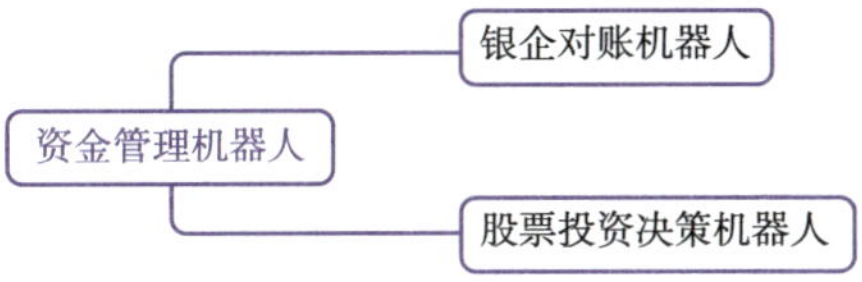

业务场景

（1）月末，网中网贸易有限公司财务部会计陶力明核对交通银行账户，以确定银行存款账面余额与银行对账单余额是否调节相符。如调节不符，应当查明原因，及时处理。他根据本月公司的银行存款日记账（见图 5－1）和交通银行的银行对账单（见图 5－2），进行逐笔核对后，找出未达账项，并编制企业交通银行余额调节表，银行存款余额调节表如图 5－3 所示。

明细科目_币别	日期	凭证字号	摘要	对方科目	借方金额	贷方金额	余额方向	余额
明细科目：(100201)	2023-11-1		期初余额				借	2922420.08
明细科目：(100201)	2023-11-5	记-4	存现	库存现金	50000.00		借	2972420.08
明细科目：(100201)	2023-11-8	记-8	支付货款	应付账款 - 艾斯电器有限公司		15429.00	借	2956991.08
明细科目：(100201)	2023-11-8	记-9	缴纳增值税	应交税费 - 未交增值税		56000.00	借	2900991.08
明细科目：(100201)	2023-11-8	记-10	缴纳个人所得税	应交税费 - 应交个人所得税		852.73	借	2900138.35
明细科目：(100201)	2023-11-8	记-11	缴纳地方税费	应交税费 - 城市维护建设税		6720.00	借	2893418.35
明细科目：(100201)	2023-11-10	记-14	销售汇总	主营业务收入 - 饮料酒水	145775.46		借	3039193.81

图 5－1　银行存款日记账

日期	摘要	凭证种类	凭证号码	借方	贷方	余额
2023-11-01	期初余额					2922420.08
2023-11-05	现金存入				50000.00	2972420.08
2023-11-08	转账汇款			15429.00		2956991.08
2023-11-08	扣缴纳增值税			56000.00		2900991.08
2023-11-08	扣缴纳个人所得税			852.73		2900138.35
2023-11-08	扣缴纳地方税费			6720.00		2893418.35

图 5－2　银行对账单

	A	B	C	D	E	F
1	银行存款余额调节表					
2	银行名称：交通银行		银行账号：6227 55011254 046		日期：20211130	
3	日期	摘要	金额	日期	摘要	金额
4	银行存款日记账余额			银行对账单余额		
5	加：银行已收，企业未收			加：企业已收，银行未收		
6						
7						
8						
9						
10						
11						
12						
13						
14						
15	减：银行已付，企业未付			减：企业已付，银行未付		
16						
17						
18						
19						
20						
21						
22						
23						
24						
25						
26	调节后余额		-	调节后余额		-

交通银行银行存款余额调节表

图5－3　银行存款余额调节表

（2）网中网有限公司设立了投资咨询部，此部门人员的主要工作是，根据投资人的“投资者股票信息”（见图5－4）在东方财富网进行检索并获取各种股票的“股价”“总市值”等信息后，回填至对应股票的投资决策报告（见图5－5）中，同时根据预设条件填写指标判定结果和投资决策结果。

对众多的银行存款日记账记录和银行流水账记录进行逐笔核对是一件重复性多且容易出错的工作，而随着业务的发展需要查询股票的数量越来越多，根据每个股票代码爬取股票指

	A	B
1	投资股票代码	
2	投资者	张鹏程
3	股票代码	000012
4	股票代码	600169
5	股票代码	000584
6	股票代码	002527
7	股票代码	600184

图5－4　投资股票代码

标数据，回填表格，作出分析结果，也是重复性多、规则固定的工作。

股票投资决策报告			
一、意见栏			
1.股票代码：			
2.投资意见：			
3.报告出具人：			
4.报告时间：			
二、股票投资模型			
指标	数值	是否满足条件	指标说明
股价			股价在10元以下，散户更容易接受价格低的优质股，因为散户资金有限
总市值（亿元）			总市值设在10亿元~30亿元，既为未来市值膨胀预留空间，也覆盖了比较广的选股面
市净率			是市值与股东权益的溢价关系，这个指标限定股东权益的溢价程度，设置为1~3，其给出的溢价区间具有更长期投资价值
市盈率			代表的是市值与年度净利润的倍数，净利润指标是一个比较敏感的指标，是经营的成果体现，设置为10~30，是一个比较有效的经验值
换手率（%）			换手率在3%~7%，股票进入相对活跃状态，流通性较好，具有较强的变现能力

图5-5　股票投资决策报告

请你与财务人员一起，研究以上业务流程，挖掘业务流程自动化的机会，并尝试用WeAutomate Studio设计器开发完成这些任务的机器人，具体任务如下：

（1）为了提高银企对账的工作效率和正确率，请你与公司的财务人员一起使用WeAutomate设计器开发银企对账机器人。

（2）为了提高从网页采集数据的效率和准确性，以及根据同一规则作出判断的准确性，请你与公司的财务人员一起使用WeAutomate设计器开发股票投资决策机器人。

模块一　银企对账机器人

工作任务

核对企业银行账款日记账和企业交通银行对账单上的记录，并编制企业交通银行银行存款余额调节表。

工作任务如表5-1所示。

银企对账工作任务介绍

表 5-1　　工作任务卡

任务编号	12	任务名称	开发“银企对账机器人”	工作区域	数字机器人实训中心
建议学时	2~3	参考文件或资料	(1) WeAutomate 设计器中【筛选表格】、【功能块】等本模块应用控件的“帮助-messageBox” (2) 阅读 Python 语言中关于 iloc[ ]，merge( ) 方法的说明		
德技兼修	(1) 接到任务时，先对任务进行整体分析，明确任务目的 (2) 基于数据源条件规划实施任务的路径 (3) 开发流程过程中遇到困难时主动寻求解决方法，耐心阅读方法说明与案例，如需求助于人时，先准备好咨询的问题，并准确、清晰地表达 (4) 检查任务成果时细致、认真、严谨，也可邀请别人一起检查 (5) 主动学习教材外的资源，了解 RPA+AI 应用于财务领域的案例，拓宽对 RPA+AI 应用的认知 (6) 养成勤学好问、勤于思考、诚恳待人、严谨细致的工作态度				
工作任务	(1) 开发“银企对账机器人”流程 (2) 应用“银企对账机器人”实现任务目的				

流程穿越

银企对账
流程穿越

资金管理工作是财务工作的重要组成部分，而银行存款的管理又是资金管理的重要组成部分，银企对账工作的作用是通过编制银行存款余额调节表，加强对银行存款的稽核和管理，保证资金的安全。所以核对企业银行存款日记账发生额与银行对账单流水是否一致是银企对账机器人的重点。

银企对账流程主要涉及四个步骤，分别是“打开日记账及对账单 Excel 工作簿”“复制日记账及对账单记录数据并粘贴到银行存款余额调节表中”“分析未达账项”“编制银行存款余额调节表”。

请你跟随教材的指引，通过人工操作计算机完成企业银企对账工作。

编制银行存款余额调节表的工作流程是：

(1) 打开银行存款日记账、银行对账单。

(2) 逐笔核对日记账发生额和银行对账单流水记录。

(3) 圈出日记账和银行对账单的未达账项。

(4) 编制银行存款余额调节表。

以上流程如图 5-6 所示。

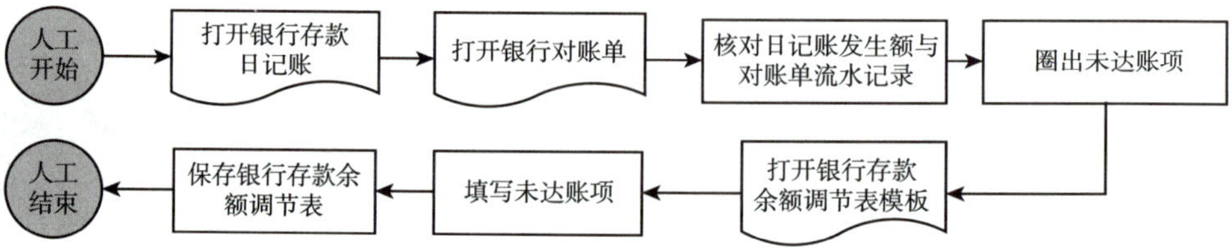

图 5-6　编制银行存款余额调节表人工处理流程图

流程穿越是开发机器人过程中基础的、必须的、重要的步骤，请务必认真完成，并随时记下疑问与灵感，编制银行存款余额调节表业务流程穿越记录表如表 5-2 所示。

表 5-2　　编制银行存款余额调节表业务流程穿越记录表

执行步骤名称	此执行步骤的疑问	疑问的解决	自动化机会
编制银行存款余额调节表	筛选出来的未达账项的数据类型为 DataFrame，如何把 DataFrame 表格写入 Excel 工作表中的每一个单元格	把需要填的值转换为嵌套列表	可实现
……			

开发“银企对账机器人”

一、设计流程

银企对账
流程设计

现在来设计“银企对账机器人”的流程。

首先，整理流程设计思路：

流程的第一部分，获取日记账及对账单 Excel 工作簿的路径。

流程的第二部分，分别保存日记账及对账单的期末余额、借方发生额和贷方发生额。

流程的第三部分，分析未达账项。

流程的第四部分，编制银行存款余额调节表。

由于本工作任务的机器人流程较复杂，我们将按流程步骤绘制子流程图，把子流程图组合便成为总流程图。

二、创建项目与脚本

新建项目“银企对账机器人”，在 Main 脚本中搭建机器人。

三、获取日记账及对账单 Excel 工作簿的路径

首先获取银行日记账、银行对账单、银行存款余额调节表的文件路径，绘制子流程图如图 5-7 所示。

搭建流程的第一部分：获取日记账及对账单 Excel 工作簿的路径。

具体流程及控件属性设置如表 5-3 所示。

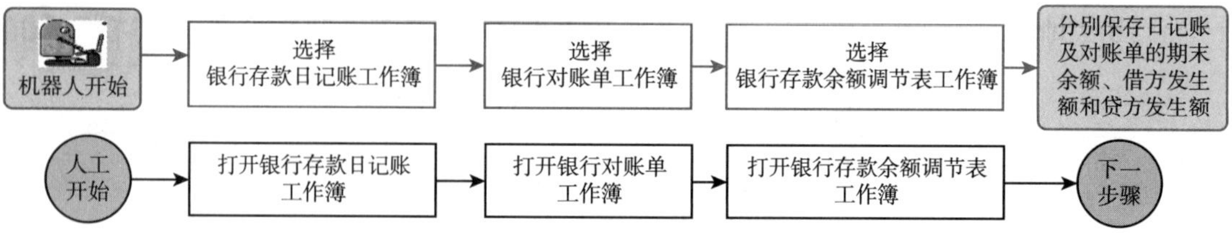

图 5－7　获取日记账、对账单、银行存款余额调节表工作簿路径流程图

表 5－3　“银企对账机器人——获取日记账及对账单 Excel 工作簿的路径”流程

序号	流程步骤	控件名称	属性	属性设置	说明
0	开始	【开始】	—	—	—
1	选择银行存款日记账工作簿	【文件选择框】	文件选择框名称	请选择银行存款日记账工作簿	
			表单数据	BDJ	变量 BDJ（Bank Deposit Journal）存储了银行存款日记账工作簿的路径
2	选择银行对账单工作簿	【文件选择框】	文件选择框名称	请选择银行对账单工作簿	
			表单数据	BS	变量 BS（Bank Statement）存储了银行对账单的路径
3	选择银行存款余额调节表工作簿	【文件选择框】	文件选择框名称	请选择银行存款余额调节表工作簿	
			表单数据	BBAS	变量 BBAS（Bank Balance Adjustment Statement）存储了银行存款余额调节表的路径

四、分别保存日记账及对账单的期末余额、借方发生额和贷方发生额

从日记账工作簿和对账单工作簿中分别获取期末余额、借方发生额和贷方发生额，并保存到对应的变量中。

首先，绘制子流程图如图 5－8 所示。

流程的第一部分搭建完成后，搭建流程的第二部分：分别保存日记账的期末余额、借方发生额和贷方发生额。

具体流程及控件属性设置如表 5－4 所示。

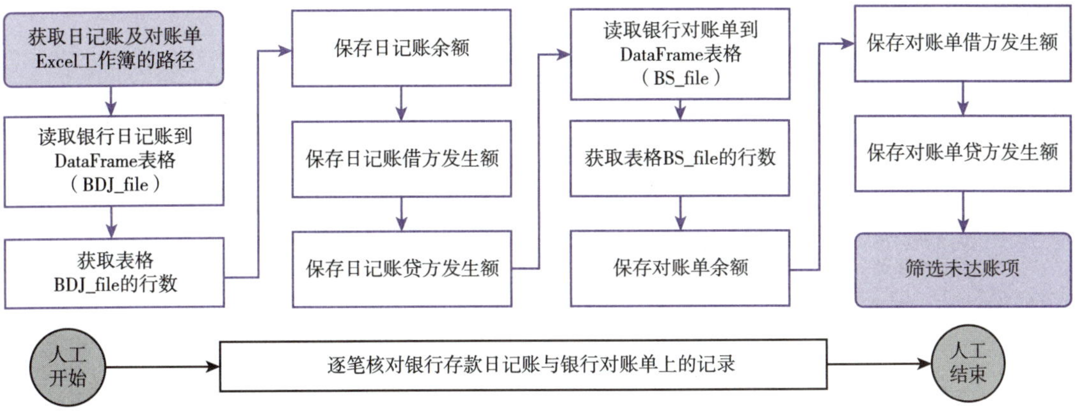

图 5－8　分别保存日记账及对账单的期末余额、借方发生额和贷方发生额流程图

表 5－4　“银企对账机器人——分别保存日记账及对账单的期末余额、借方发生额和贷方发生额”流程

在“银企对账机器人——获取日记账及对账单 Excel 工作簿的路径”流程（表 5－3）下继续搭建

序号	流程步骤	控件名称	属性	属性设置	说明
4	读取银行日记账到 DataFrame 表格（BDJ_file）	【读取 excel 到表格】	Excel 文件路径	@｛BDJ｝	根据变量 BDJ 保存的路径读取文件
			表格对象	BDJ_file	变量 BDJ_file 存储了读取的文件。读取的 Excel 表格以 DataFrame 表格类型存放在变量“BDJ_file”中
5	获取表格 BDJ_file 的行数	【获取表格行数】	表格对象	BDJ_file	设置获取行数的表格对象为 BDJ_file
			表格行数［Number］	row_num	变量 row_num 存储了获取的行数
6	保存日记账余额	【运行 python 表达式】	表达式	BDJ_file. iloc［row_num－1，9］	从变量 BDJ_file 中获取最后一行，第 10 列的单元格数据
			执行结果	balance_BDJ	变量 balance_BDJ 存储了期末余额的数据
7	观察获取的期末余额	【消息窗口】	消息框窗口	@｛balance_BDJ｝	观察是否获取了准确的数据，为非必要控件
			标题	balance_BDJ	
8	保存日记账借方发生额	【筛选表格】	表格对象	BDJ_file	从变量 BDJ_file 中进行数据筛选
			筛选表达式	借方金额＞0	设置筛选条件为“借方金额”列大于 0

续表

序号	流程步骤	控件名称	属性	属性设置	说明
8	保存日记账借方发生额	【筛选表格】	指定列名称	["日期","摘要","借方金额"]	设置获取数据的列为"日期""摘要"和"借方金额"
			新的表格	BDJ_dr	变量BDJ_dr存储了筛选结果
9	观察获取的借方发生额	【消息窗口】	消息框窗口	@{BDJ_dr}	
			标题	BDJ_dr	
10	保存日记账贷方发生额	【筛选表格】	表格对象	BDJ_file	
			筛选表达式	贷方金额>0	
			指定列名称	["日期","摘要","贷方金额"]	
			新的表格	BDJ_cr	
11	观察获取的贷方发生额	【消息窗口】	消息框窗口	@{BDJ_cr}	
			标题	BDJ_cr	
12	读取银行对账单到DataFrame表格(BS_file)	【读取excel到表格】	Excel文件路径	@{BS}	
			表格对象	BS_file	
13	获取表格BS_file的行数	【获取表格行数】	表格对象	BS_file	
			表格行数[Number]	row_num	
14	保存对账单余额	【运行python表达式】	表达式	BS_file. iloc[row_num-1, 6]	
			执行结果	balance_BS	
15	保存对账单借方发生额	【筛选表格】	表格对象	BS_file	
			筛选表达式	借方>0	
			指定列名称	["日期","摘要","借方"]	
			新的表格	BS_dr	
16	保存对账单贷方发生额	【筛选表格】	表格对象	BS_file	
			筛选表达式	贷方>0	
			指定列名称	["日期","摘要","贷方"]	
			新的表格	BS_cr	

【流程设计说明】

(1)在"获取日记账及对账单路径"流程中，我们获取了"银行日记账.xlsx"工作簿的路径，然后按照路径用【读取excel到表格】控件把工作簿中的第一个工作表读取到程序中，成为 DataFrame 表格类型的数据，供程序后续处理。

（2）“iloc [*， *]”方法用于行、列数选择数据。“BDJ_file. iloc [row_num - 1，9]”为 Python 编程语句，表示在变量名为“BDJ_file”中即“银行日记账 . xlsx”表格中，获取行索引号为“row_num - 1”，列索引号为“9”的单元格数据。因为 row_num 变量的值为 20，所以 row_num - 1 的值为 19，在“银行日记账”表格中，坐标为（19，9）的单元格是“J20”单元格，即银行日记账期末余额。图 5 - 9 和图 5 - 10 为 iloc [ ] 方法获取银行日记账和银行对账单期末余额示意图。

iloc [*， *] 方法

行索引号：	列索引号：	1	2	3	4	5	6	7	8	9	10
		A	B	C	D	E	F	G	H	I	J
0	1	明细科目_币别	日期	凭证字号	摘要	对方科目		借方金额	贷方金额	余额方向	余额
1	2	明细科目：(100201)	2023-11-1		期初余额					借	2922420.08
·	3	明细科目：(100201)	2023-11-5	记-4	存现	库存现金		50000.00		借	2972420.08
·	4	明细科目：(100201)	2023-11-8	记-8	支付货款	应付账款 - 艾斯电器有限公司			15429.00	借	2956991.08
·	5	明细科目：(100201)	2023-11-8	记-9	缴纳增值税	应交税费 - 未交增值税			56000.00	借	2900991.08
·	6	明细科目：(100201)	2023-11-8	记-10	缴纳个人所得税	应交税费 - 应交个人所得税			852.73	借	2900138.35
·	7	明细科目：(100201)	2023-11-8	记-11	缴纳地方税费	应交税费 - 城市维护建设税			6720.00	借	2893418.35
·	8	明细科目：(100201)	2023-11-10	记-14	销售汇总	主营业务收入 - 饮料酒水		145775.46		借	3039193.81
·	9	明细科目：(100201)	2023-11-15	记-28	支付工资	应付职工薪酬 - 短期薪酬(工资)			119385.27	借	2919808.54
·	10	明细科目：(100201)	2023-11-15	记-29	缴纳社会保险费	应付职工薪酬 - 短期薪酬（医疗保险）			54479.00	借	2865329.54
·	11	明细科目：(100201)	2023-11-15	记-30	缴纳工会经费	应付职工薪酬 - 工会经费			3044.00	借	2862285.54
·	12	明细科目：(100201)	2023-11-15	记-31	缴纳公积金	应付职工薪酬 - 短期薪酬（住房公积金）			31400.00	借	2830885.54
·	13	明细科目：(100201)	2023-11-18	记-33	取现	库存现金			30000.00	借	2800885.54
·	14	明细科目：(100201)	2023-11-23	记-34	销售汇总	主营业务收入 - 饮料酒水		206255.54		借	3007141.08
·	15	明细科目：(100201)	2023-11-25	记-49	存现	库存现金		68092.00		借	3075233.08
·	16	明细科目：(100201)	2023-11-30	记-57	销售汇总（23号	主营业务收入 - 饮料酒水		99884.07		借	3175117.15
·	17	明细科目：(100201)	2023-11-30	记-69	水电费	管理费用 - 水电费			19176.00	借	3155941.15
·	18	明细科目：(100201)	2023-11-30	记-70	电话费	管理费用 - 电话费			2670.00	借	3153271.15
·	19	明细科目：(100201)	2023-11-30	记-85	其他货币资金转入	其他货币资金 - 支付宝		599400.00		借	3752671.15
19	20	明细科目：(100201)	2023-11-30	记-86	支付货款	应付账款 - 艾斯电器有限公司			300015.00	借	3452656.15

图 5 - 9 iloc [ ] 方法获取银行日记账期末余额示意图

行索引号：	列索引号：	1	2	3	4	5	6	7
		A	B	C	D	E	F	G
0	1	日期	摘要	凭证种类	凭证号码	借方	贷方	余额
1	2	2023-11-01	期初余额					2922420.08
·	3	2023-11-05	现金存入				50000.00	2972420.08
·	4	2023-11-08	转账汇款			15429.00		2956991.08
·	5	2023-11-08	扣缴纳增值税			56000.00		2900991.08
·	6	2023-11-08	扣缴纳个人所得税			852.73		2900138.35
·	7	2023-11-08	扣缴纳地方税费			6720.00		2893418.35
·	8	2023-11-10	汇款入账				145775.46	3039193.81
·	9	2023-11-15	支付工资			119385.27		2919808.54
·	10	2023-11-15	扣缴纳社会保险费			54479.00		2865329.54
·	11	2023-11-15	扣缴纳工会经费			3044.00		2862285.54
·	12	2023-11-15	扣缴纳公积金			31400.00		2830885.54
·	13	2023-11-18	取现			30000.00		2800885.54
·	14	2023-11-20	汇款入账				206255.54	3007141.08
·	15	2023-11-21	转入				599400.00	3606541.08
·	16	2023-11-23	现金存入				68092.00	3674633.08
·	17	2021-11-30	水电费			19176.00		3655457.08
·	18	2021-11-30	电话费			2670.00		3652787.08
·	19	2021-11-30	转账汇款			300000.00		3352787.08
·	20	2021-11-30	利息				737.47	3353524.55
·	21	2021-11-30	手续费			15.00		3353509.55
21	22	2021-11-30	转账汇款			200000.00		3153509.55

图 5 - 10 获取对账单的期末余额单元格位置示意图

（3）序号6【运行 python 表达式】控件的作用是在 DataFrame 表格 BDJ_file 的基础上，筛选出“借方金额”列中大于0的值，并带回值所在行的“日期”“摘要”“借方金额”列数据，组成新的 DataFrame 表格 BDJ_dr。

【流程运行结果】

以上流程运行结果如图5－11至图5－13所示。

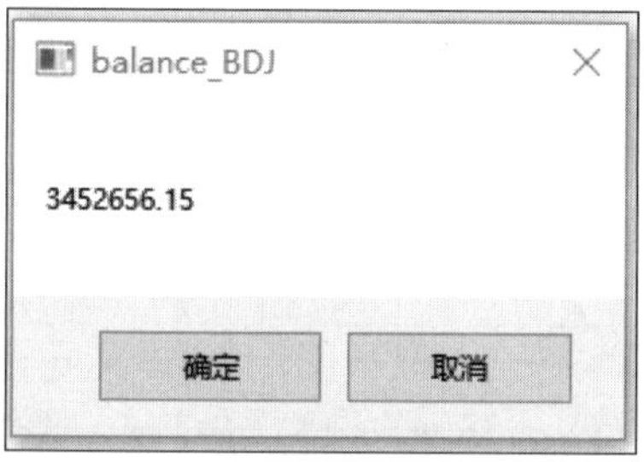

图5－11　日记账期末余额消息窗口

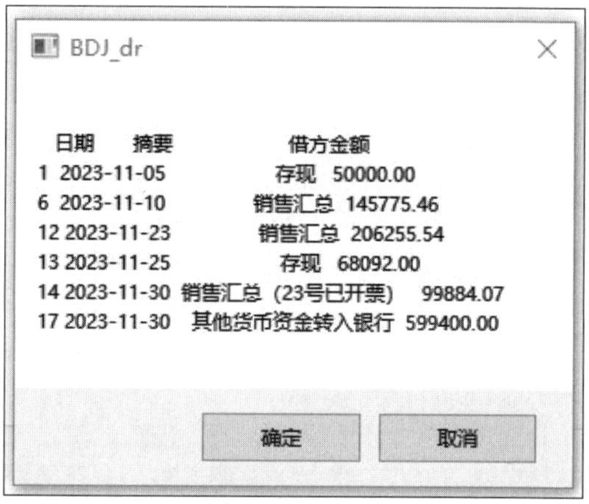

图5－12　日记账借方发生额期末余额消息窗口

图5－13　日记账贷方发生额期末余额消息窗口

从结果中，我们可以看到，流程读取到编制银行存款余额表中日记账余额的数据3452656.15，并分别读取到了日记账中的借方发生额和贷方发生额，结果符合设计目标。

五、筛选未达账项

通过上一流程，我们获取了编制银行存款余额调节表的全部数据，如何从企业和银行全部发生额中筛选出未达账项呢？

有一种设计思路是：

（1）把日记账表格的“借方金额”列和对账单表格的“贷方”列拼接成新的表格；

（2）在新表格中筛选出“借方金额”列为“0”的行数据，即为企业的借方未达账项；

（3）在新表格中筛选出“贷方”列为“0”的行数据，即为银行的贷方未达账项。

按照这种思路，绘制子流程图如图5－14所示。

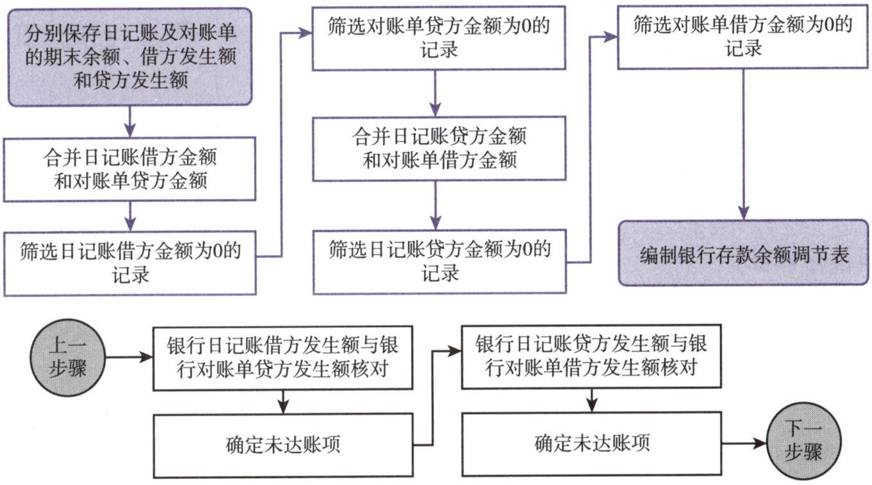

图5－14 筛选未达账项流程图

流程的第二部分搭建完成后，搭建流程的第三部分：筛选未达账项。

具体流程及控件属性设置如表5－5所示。

表5－5 “银企对账机器人——筛选未达账款”流程

在“银企对账机器人——分别保存日记账及对账单的期末余额、借方发生额和贷方发生额”流程（表5－4）下继续搭建

序号	流程步骤	控件名称	属性	属性设置	说明
17	合并日记账借方金额和对账单贷方金额	【运行python表达式】	导包语句	import pandas	导入库pandas
			表达式	pandas. merge（BDJ_dr，BS_cr，left_on =“借方金额”，right_on =“贷方”，how =“outer”）. fillna（0）	拼接BDJ_dr和BS_cr表格，拼接键为左表“借方金额”，右表“贷方”，拼接时保留两表的所有数据，并且把单元格数值为空的替换为0

续表

序号	流程步骤	控件名称	属性	属性设置	说明
17	合并日记账借方金额和对账单贷方金额	【运行 python 表达式】	执行结果	BDJ_dr_and_BS_cr	变量 BDJ_dr_and_BS_cr 存储了拼接后的新表格
18	观察合并后的数据	【消息窗口】	消息框内容	@{BDJ_dr_and_BS_cr}	
			标题	BDJ_dr_and_BS_cr	设置消息窗口的名称
19	筛选日记账借方金额为 0 的记录	【筛选表格】	表格对象	@{BDJ_dr_and_BS_cr}	设置筛选的对象
			筛选表达式	借方金额 ==0	设置筛选条件
			指定列名称	["日期_y", "摘要_y", "贷方"]	设置筛选结果保存的列
			新的表格	com_not_in	变量 com_not_in 存储了筛选后的新表格，即“企业未收银行已收”的数据
20	观察筛选结果	【消息窗口】	消息框内容	@{com_not_in}	
			标题	com_not_in	
21	筛选对账单贷方金额为 0 的记录	【筛选表格】	表格对象	@{BDJ_dr_and_BS_cr}	
			筛选表达式	贷方 ==0	
			指定列名称	["日期_x", "摘要_x", "借方金额"]	
			新的表格	bank_not_in	变量 bank_not_in 存储“银行未收企业已收”的数据
22	观察筛选结果	【消息窗口】	消息框内容	@{bank_not_in}	
			标题	bank_not_in	
23	合并日记账贷方金额和对账单借方金额	【运行 python 表达式】	导包语句	import pandas	
			表达式	pandas. merge (BDJ_cr, BS_dr, left_on = "贷方金额", right_on = "借方", how = "outer"). fillna (0)	
			执行结果	BDJ_cr_and_BS_dr	
24	观察合并后的数据	【消息窗口】	消息框内容	@{BDJ_cr_and_BS_dr}	
			标题	BDJ_cr_and_BS_dr	
25	筛选日记账贷方金额为 0 的记录	【筛选表格】	表格对象	@{BDJ_cr_and_BS_dr}	
			筛选表达式	贷方金额 ==0	

续表

序号	流程步骤	控件名称	属性	属性设置	说明
25	筛选日记账贷方金额为0的记录	【筛选表格】	指定列名称	["日期_y", "摘要_y", "借方"]	
			新的表格	com_not_out	变量 com_not_out 存储了“企业未付银行已付”的数据
26	观察筛选结果	【消息窗口】	消息框内容	@{com_not_out}	
			标题	com_not_out	
27	筛选对账单借方金额为0的记录	【筛选表格】	表格对象	@{BDJ_cr_and_BS_dr}	
			筛选表达式	借方 == 0	
			指定列名称	["日期_x", "摘要_x", "贷方金额"]	
			新的表格	bank_not_out	变量 bank_not_out 存储了“银行未付企业已付”的数据
28	观察筛选结果	【消息窗口】	消息框内容	@{bank_not_out}	
			标题	bank_not_out	

【流程设计说明】

pandas. merge() 方法的作用是以日记账表格中的“借方金额”列和对账单表格中的“贷方”列作为键进行拼接，拼接后的结果保存到新的 DataFrame 表格中。merge() 方法在项目三模块一中有详细讲解。

【流程运行结果】

本流程执行后，通过消息窗口可观察到拼接后的两个表格如图 5－15 至图 5－20 所示。

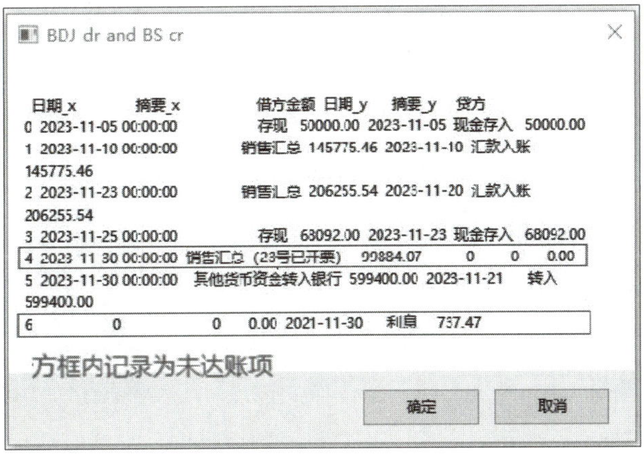

图 5－15　变量 BDJ_dr_and_BS_cr 表格内容

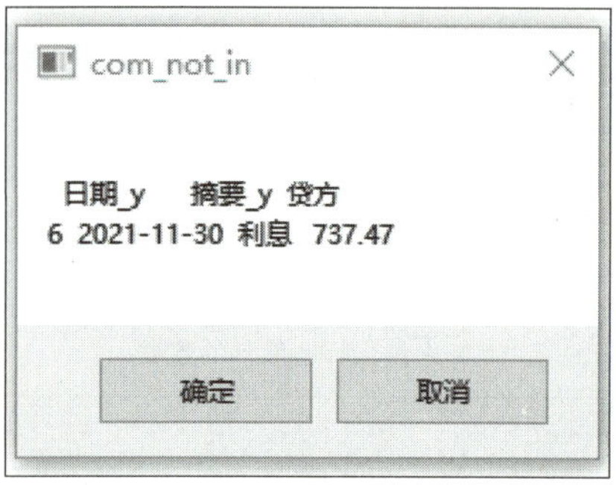

图 5-16 企业未收银行已收的数据

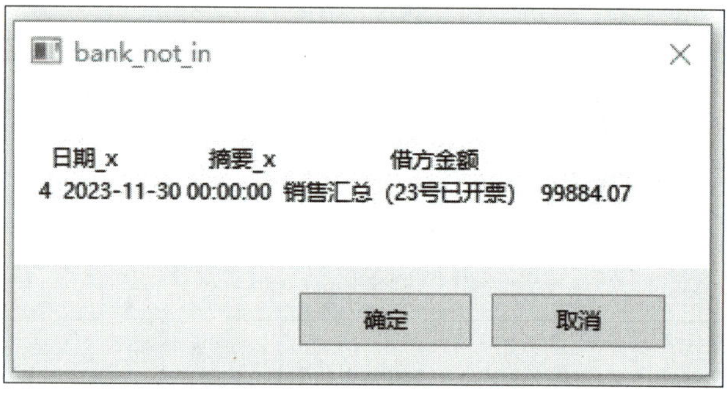

图 5-17 银行未收企业已收的数据

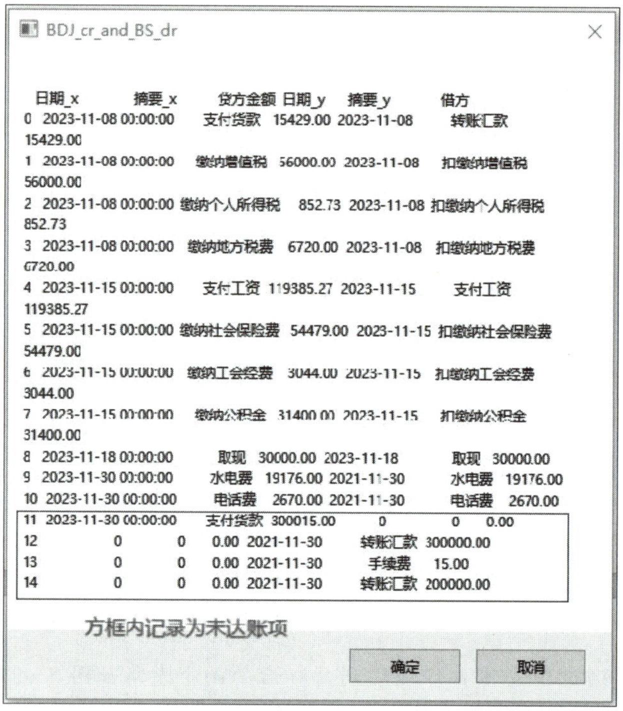

图 5-18 变量 BDJ_cr_and_BS_dr 表格内容

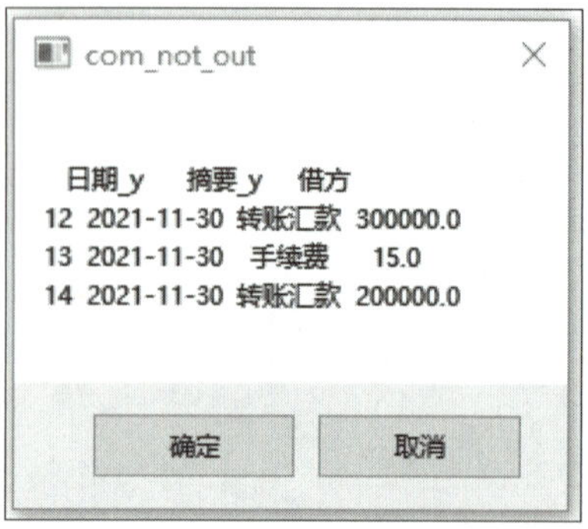

图 5-19 银行已付企业未付的数据

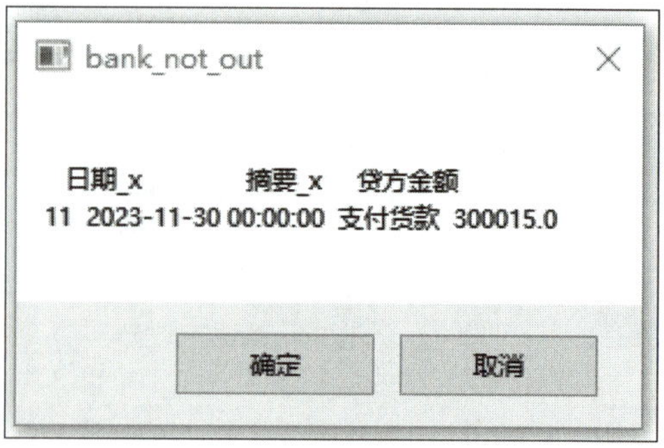

图 5-20 企业已付银行未付的数据

六、编制银行存款余额调节表

从日记账和对账单中筛选到未达账项之后，我们就可以编制银行存款余额调节表了。用机器人编制银行存款余额调节表实质上是把获取的日记账余额、对账单余额、未达账项，写入银行存款余额调节表中。

所以，我们首先要确定数据写入 Excel 表格中的位置，如图 5－21 所示。

图 5－21　银行存款余额调节表余额写入数据单元格位置示意图

接下来，绘制编制银行存款余额调节表流程图如图 5－22 所示。

流程的第三部分搭建完成后，搭建流程的第四部分：编制银行存款余额调节表。

具体流程及控件属性设置如表 5－6 所示。

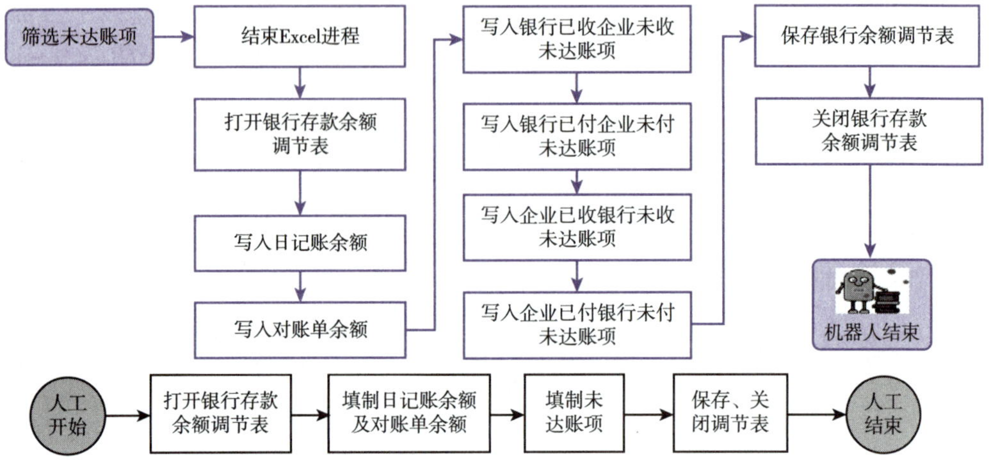

图 5－22　编制银行存款余额调节表流程图

表 5－6　“银企对账机器人——编制银行存款余额调节表”流程

在“银企对账机器人——筛选未达账款”流程（表 5－5）下继续搭建

序号	流程步骤	控件名称	属性	属性设置	说明
29	结束 Excel 进程	【结束 Excel 进程】	—	—	—
30	打开银行存款余额调节表	【打开 excel 文件】	Excel 文件路径	@{BBAS}	
			Excel 文件对象别名	BBAS	
31	写入日记账余额	【写入单元格】	Excel 对象	BBAS	
			目标单元格	C4	
			写入内容	@{balance_BDJ}	
32	写入对账单余额	【写入单元格】	Excel 对象	BBAS	
			目标单元格	F4	
			写入内容	@{balance_BS}	
33	写入银行已收企业未收未达账款	【写入区域】	Excel 对象	BBAS	
			起始位置	A6：C14	
			数据	@{com_not_in. values. tolist()}	把 com_not_in 表格中的值按行和列的方式填写到指定的 Excel 工作表区域中
34	写入银行已付企业未付未达账项	【写入区域】	Excel 对象	BBAS	
			起始位置	D6：F14	
			数据	@{bank_not_in. values. tolist()}	

续表

序号	流程步骤	控件名称	属性	属性设置	说明
35	写入企业已收银行未收未达账项	【写入区域】	Excel 对象	BBAS	
			起始位置	A16：C25	
			数据	@｛com_not_out. values. tolist( )｝	
36	写入企业已付银行未付未达账款	【写入区域】	Excel 对象	BBAS	
			起始位置	D16：F25	
			数据	@｛bank_not_out. values. tolist( )｝	
37	保存银行余额调节表	【保存工作簿】	Excel 对象	BBAS	
38	关闭银行存款余额调节表	【关闭工作簿】	Excel 对象	BBAS	
39	提示工作完成	【消息窗口】	消息框内容	银行存款余额调节表编制完成	

【流程设计说明】

序号35控件【写入区域】中“数据”参数使用了“@｛com_not_out. values. tolist( )｝”，其中表达式com_not_out. values. tolist( )的作用是从变量com_not_out表格中获取“值”，即除列名和行索引以外的内容，获取后此部分内容依然是DataFrame表格，如图5－23所示，然后再通过tolist( )函数把DataFrame表格转换成列表，这样才能把DataFrame表格的每个元素填入Excel表中的各个单元格。如果直接把控件【写入区域】中“数据”参数设置为“@｛com_not_out｝”，则会出现整个DataFrame表格写入一个Excel单元格的结果，如图5－24所示。

图5－23 com_not_out表格中的“值”

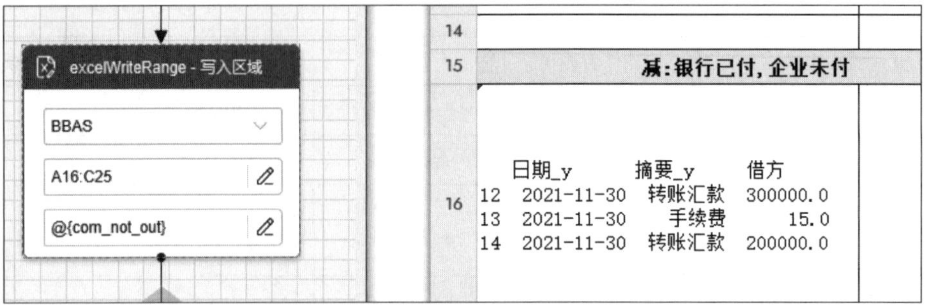

图 5-24　以整个 DataFrame 表格作为参数写入 Excel 工作表区域

七、调试机器人

点击“保存”菜单，保存当前项目，点击“运行”菜单调试“银企对账机器人”程序，机器人运行时会弹出选择文件的消息窗口，请依次选择“银行存款日记账.xlsx”文件、“银行对账单.xlsx”文件和“银行存款余额调节表.xlsx”文件。

机器人运行后，打开“银行存款余额调节表.xlsx”查看，正常运行后结果如图 5-25 所示。

银行存款余额调节表

银行名称：交通银行　　银行账号：6227 55011254 046　　日期：20231130

日期	摘要	金额	日期	摘要	金额
银行存款日记账余额		3452656.15	银行对账单余额		3153509.55
加:银行已收,企业未收		737.47	加:企业已收,银行未收		99884.07
2021/11/30	利息	737.47	2023/11/30	销售汇总（23号已开票）	99884.07
减:银行已付,企业未付		500015.00	减:企业已付,银行未付		300015.00
2021/11/30	转账汇款	300000.00	2023/11/30	支付货款	300015.00
2021/11/30	手续费	15.00			
2021/11/30	转账汇款	200000.00			
调节后余额		2953378.62	调节后余额		2953378.62

图 5-25　银行对账机器人运行结果

八、使用【功能块】控件搭建银企对账机器人

在机器人流程搭建时，我们可以把实现各个功能的子流程打包到【功能块】（Block）控件中，然后把【功能块】控件串联到主脚本中，以降低脚本的阅读以及维护难度。

【功能块】控件是包裹若干控件组成的流程的控件，通俗地理解就是一个装有流程的“盒子”。

【功能块】控件

1. 设计流程

现在，我们用【Block】（功能块）改造“银企对账机器人”，首先绘制流程图如图5－26所示。

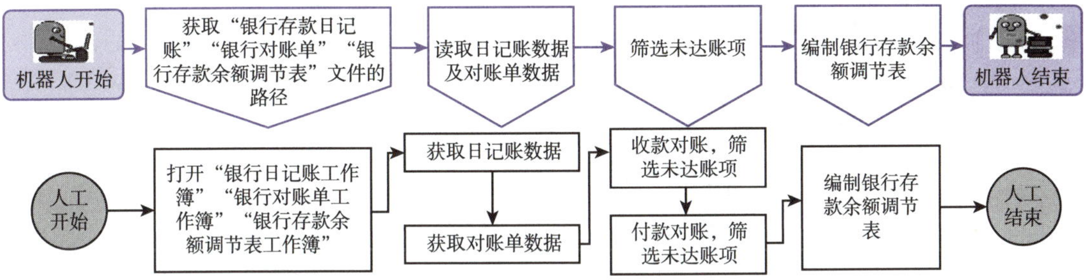

图5－26 银企对账机器人流程图

【Block】（功能块）控件中的子流程如图5－7、图5－8、图5－14和图5－22所示。

2. 创建新脚本

在“银企对账机器人”项目下，创建新脚本“银企对账机器人主脚本”。

3. 搭建主脚本内流程

在“银企对账机器人主脚本”下搭建流程图如图5－27所示。【功能块】名称可以自由编辑。

4. 搭建【功能块】内流程

以第一个【功能块】控件为例，说明【功能块】控件的使用方法：

（1）在“银企对账机器人主脚本”程序，【获取“银行存款日记账”文件等路径功能块】控件中双击“双击编辑”按钮，进入功能块画布；

（2）复制“获取日记账及对账单Excel工作簿的路径”的流程复制、粘贴到此处；

（3）完成后，点击“银企对账机器人主脚本.xml”返回主编辑画布。

图5－28表示正处于功能块编辑画布中。

我们把各子流程的控件复制并粘贴到对应的【功能块】中，并在最后的【功能块】后添加【消息窗口】控件。

5. 调试机器人

点击“保存”菜单，保存当前项目，点击“运行”菜单调试“银企对账机器人主脚本”程序，机器人运行时会弹出选择文件的消息窗口，请依次选择“银行存款日记账.xlsx”

文件、“银行对账单.xlsx”文件和“银行存款余额调节表.xlsx”文件。

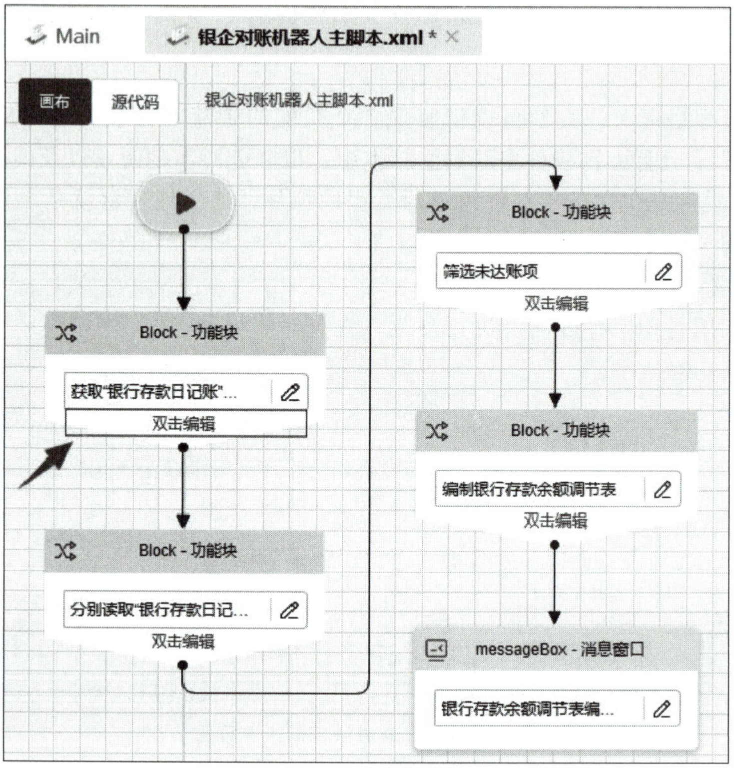

图 5-27　银企对账机器人主脚本

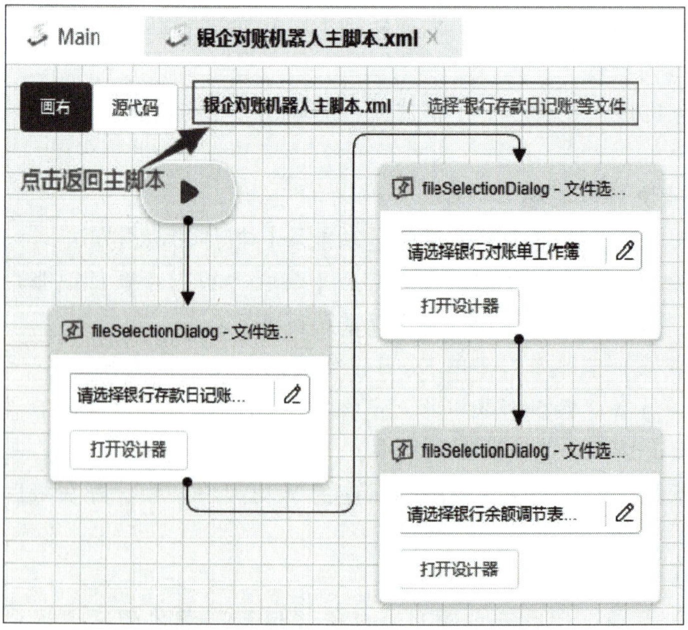

图 5-28　选择“银行存款日记账”等文件【功能块】内流程

机器人运行后，打开“银行存款余额调节表.xlsx”查看，正常运行后结果如图5-25所示。

至此，银企对账机器人开发完毕。

考核与评价

考核的重点是理论知识的掌握水平、技术技能的应用水平以及职业素养水平，学习者可以从以上3个方面评价学习效果，具体评价项目及标准如表5-7所示。

表5-7　模块考核评价标准

考核项目	考核内容	配分	得分
理论知识水平	正确描述银企对账的人工流程并绘制流程图	10	
	正确描述与解释银企对账RPA机器人流程图	10	
	能选择正确的控件	10	
理论知识水平总分		30	
技术技能应用水平	制定银企对账的RPA流程方案	5	
	正确绘制银企对账RPA机器人流程图	15	
	在RPA流程中正确添加和使用控件，正确设置控件的参数	15	
	应用设计的银企对账机器人得到正确的结果	10	
技术技能应用水平总分		45	
职业素养水平	能比较分析出不同流程方案的优势	5	
	根据业务流程的变化提出变更与改善流程的方案	5	
	工作过程中投入、积极、专注，能按时完成工作任务，做好工作笔记，有工作完成后归纳与反思的记录	5	
	积极探索多种RPA方案，并付诸实践，面对困难时主动通过各种途径探寻资料以解决问题	5	
	反复斟酌流程设计方案，在实践的过程中不断精进流程设计能力	5	
职业素养水平总分		25	
综合评价总分		100	

总结与提高

（1）【功能块】控件表示一段处理逻辑，方便流程管理；内部可以包含其他任意控件，通过双击控件进入功能块编辑界面，点击画布中的“画布”或“Main”退出功能块编辑界面。

（2）【筛选表格】控件用来从 DataFrame 表格中提取特定数据为新的 DataFrame 表格；“表格对象”（必选）参数是指 DataFrame 表格类型变量，使用格式为@｛变量名｝；“筛选表达式”（必选）参数是标准的 Python 语言表达式。

（3）【读取 excel 到表格】控件可读取 Excel 内容到 DataFrame 表格；参数“表格对象”（必选）是读取的 DataFrame 表格数据对象，默认将返回值存储在变量 readExcel_ret 中。

（4）【获取表格行数】控件可获取 DataFrame 表格数据的行数；“表格对象”（必选）（字符串类型）参数是指 DataFrame 表格类型变量，使用格式为@｛变量名｝；“表格对象”（必选）（数字类型）是指 DataFrame 表格数据的行数，默认将返回值存储在变量 getTableRows_ret 中。

模块二　股票投资决策机器人

工作任务

根据投资者提供的股票代码完成股票投资决策报告。

从“投资者股票信息”（见图 5－4）文件资料中获取股票代码信息，并登录东方财富网查询该代码股票信息，然后获取股票的相关数据，制作股票投资决策报告（见图 5－5）。

工作任务如表 5－8 所示。

股票投资决策工作任务介绍

表 5－8　　工作任务卡

<table>
<tr><td>任务编号</td><td>13</td><td>任务名称</td><td>开发“股票投资决策机器人”</td><td>工作区域</td><td>数字机器人实训中心</td></tr>
<tr><td>建议学时</td><td>2～3</td><td>参考文件或资料</td><td colspan="3">WeAutomate 设计器中【打开网页】、【获取网页文本】、【变量赋值】等本模块应用控件的“帮助－messageBox”</td></tr>
<tr><td>德技兼修</td><td colspan="5">（1）接到任务时，先对任务进行整体分析，明确任务目的
（2）基于数据源条件规划实施任务的路径
（3）开发流程过程中遇到困难时主动寻求解决方法，耐心阅读方法说明与案例，如需求助于人时，先准备好咨询的问题，并准确、清晰地表达
（4）检查任务成果时细致、认真、严谨，也可邀请别人一起检查
（5）主动学习教材外的资源，了解 RPA＋AI 应用于财务领域的案例，拓宽对 RPA＋AI 应用的认知
（6）养成勤学好问、勤于思考、诚恳待人、严谨细致的工作态度</td></tr>
<tr><td>工作任务</td><td colspan="5">（1）开发“股票投资决策机器人”流程
（2）应用“股票投资决策机器人”实现任务目的</td></tr>
</table>

流程穿越

股票投资决策流程穿越

正保集团公司旗下的正保投资咨询公司的主要业务是向顾客提供参考性的证券市场统计分析资料，对证券买卖提出建议，代拟某种形式的证券投资计划等。

请你跟随教材的指引，通过人工操作计算机完成编制股票投资决策报告的业务。

编制股票投资决策报告的工作流程是：

（1）打开投资者提供的股票信息表。

（2）根据投资者信息表中的股票代码，在东方财富网进行检索，并获取指定信息回填至对应股票的投资决策报告中，根据获取的数据判定是否满足预设条件。

（3）如果3个指标均满足预设条件，则股票投资决策报告中的投资建议为：建议购买；否则投资建议为：不建议购买。

（4）填写投资建议到股票的投资决策报告。

以上流程如图5－29所示。

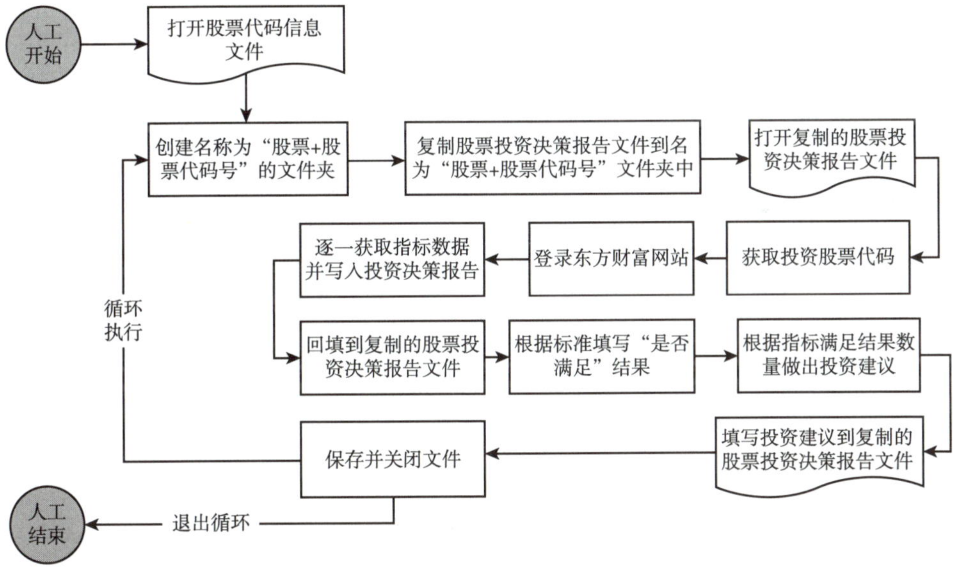

图5－29　编制股票投资决策报告人工处理流程图

开发“股票投资决策机器人”

股票投资决策流程设计

一、设计流程

现在来设计“股票投资决策机器人”的流程。

首先，整理流程设计思路：

流程的第一部分，获取“股票投资决策报告”“投资股票代码”Excel文件的路径。

流程的第二部分，获取投资者姓名及投资股票代码。

流程的第三部分，爬取股票决策指标。

流程的第四部分，复制创建投资决策文件。

流程的第五部分，分析数据并得出决策结果。

由于本工作任务的机器人流程较复杂，我们将按流程步骤绘制子流程图，将子流程图组合便成为总流程图。

二、创建项目与脚本

新建项目“股票投资决策机器人”，在Main脚本中搭建机器人。

三、获取股票投资决策文件和股票代码文件的路径

首先，绘制本部分子流程的流程图，如图5－30所示。

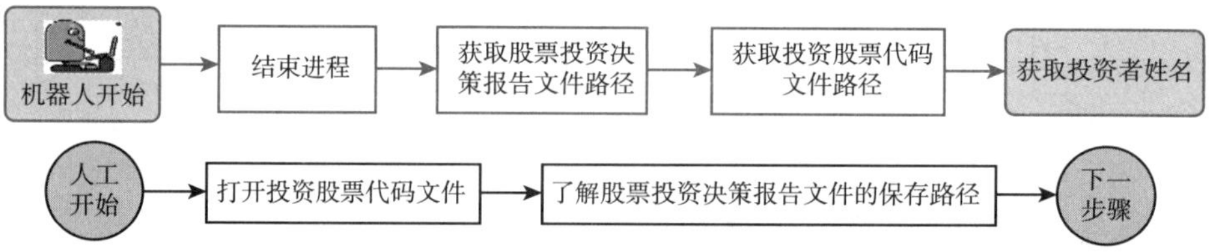

图5－30　获取股票投资决策文件和股票代码文件的路径

搭建流程的第一部分：获取股票投资决策文件和股票代码文件的路径。

具体流程及控件属性设置如表5－9所示。

表5－9　“股票投资决策机器人——获取股票投资决策文件和股票代码文件的路径”流程

序号	流程步骤	控件名称	属性	属性设置	说明
0	开始	【开始】	—	—	—
1	结束进程	【结束进程】	查找进程方式	进程名称	使用通用结束进程控件结束excel格式的进程
			进程名称	et. exe	
2	获取股票投资决策报告文件路径	【文件选择框】	文件选择框名称	请选择股票投资决策报告文件	提示选择股票投资决策报告文件

续表

序号	流程步骤	控件名称	属性	属性设置	说明
2	获取股票投资决策报告文件路径	【文件选择框】	表单数据［String］	report_fil_path	变量 report_fil_path 存储了股票投资决策报告文件的路径
3	获取投资股票代码文件路径	【文件选择框】	文件选择框名称	请选择投资股票代码文件	
			表单数据［String］	code_fil_path	

四、获取投资者姓名及投资股票代码

从投资股票代码文件中获取投资者姓名，作为写入股票投资决策报告的元素，同时获取文件的全部内容，拟根据股票代码从网页上爬取股票决策指标。

首先，绘制子流程图如图5－31所示。

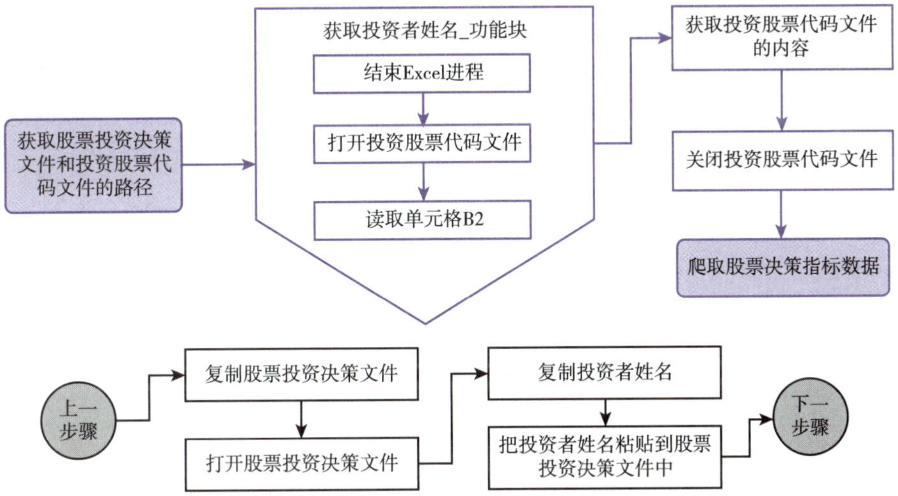

图5－31　获取投资者姓名及投资股票代码流程图

流程的第一部分搭建完成后，搭建流程的第二部分：获取投资者姓名及投资股票代码。具体流程及控件属性设置如表5－10所示。

表5－10　“股票投资决策机器人——获取投资者姓名及投资股票代码”流程

在“股票投资决策机器人——获取股票投资决策文件和股票代码文件的路径”流程（表5－9）下继续搭建					
序号	流程步骤	控件名称	属性	属性设置	说明
4－1	获取投资者姓名_功能块（结束Excel进程）	【结束Excel进程】	—	—	

续表

序号	流程步骤	控件名称	属性	属性设置	说明
4-2	获取投资者姓名_功能块（打开投资股票代码文件）	【打开 excel 文件】	Excel 文件路径	@{code_fil_path}	变量 code_fil_path 存储了投资股票代码文件
			excel 文件对象别名[ExcelObject]	code_file	
4-3	获取投资者姓名_功能块（读取单元格 B2）	【读取单元格】	Excel 对象	code_file	
			单元格	B2	单元格内容为投资者姓名，如图 5-32 所示
			单元格内容	name	变量 name 存储了投资者姓名
5	获取投资股票代码文件的内容	【提取 sheet 内容】	Excel 对象	code_file	
			文本内容	code_list	变量 code_list 存储了投资股票代码文件中的内容
6	关闭投资股票代码文件	【关闭工作簿】	Excel 对象	code_file	

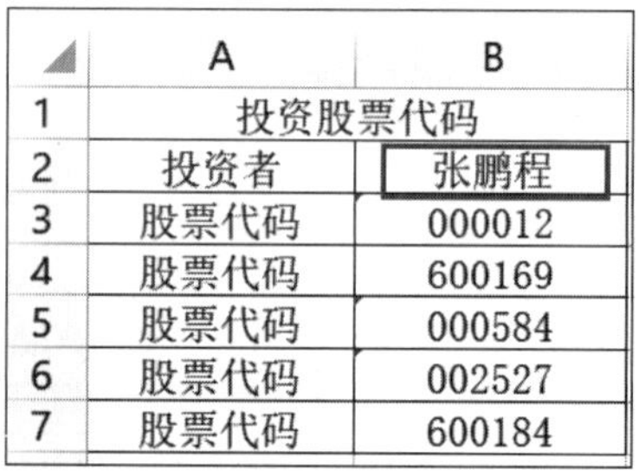

	A	B
1	投资股票代码	
2	投资者	张鹏程
3	股票代码	000012
4	股票代码	600169
5	股票代码	000584
6	股票代码	002527
7	股票代码	600184

图 5-32　投资者姓名所在单元格

五、爬取股票决策指标

根据不同的投资股票代码，在东方财富网上爬取相应的股票投资决策指标，并保存到相应的变量中。

首先，绘制子流程图如图 5-33 所示。

流程的第二部分搭建完成后，搭建流程的第三部分：获取投资者姓名及投资股票代码。具体流程及控件属性设置如表 5-11 所示。

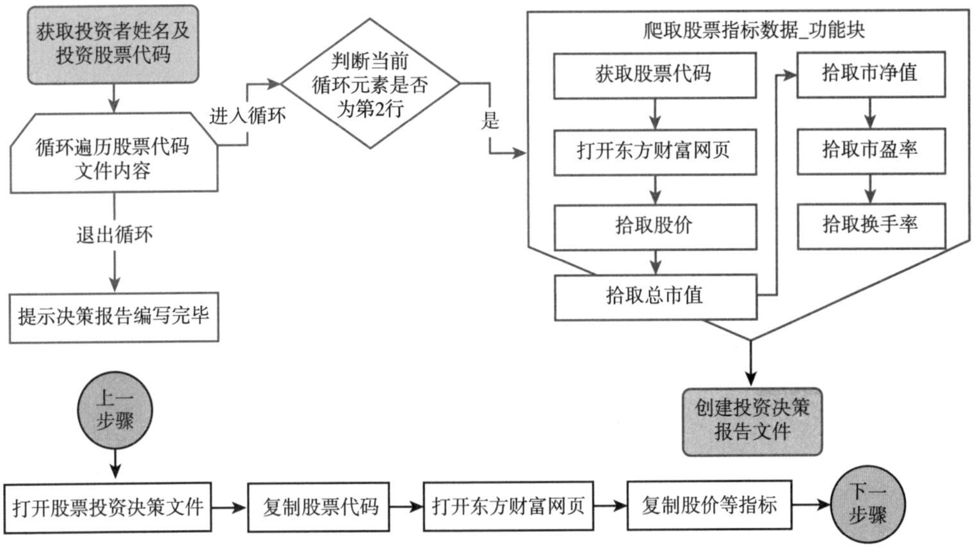

图 5－33　爬取股票决策指标

表 5－11　“股票投资决策机器人——爬取股票决策指标”流程

在“股票投资决策机器人——获取投资者姓名及投资股票代码”流程（表 5－10）下继续搭建

序号	流程步骤	控件名称	属性	属性设置	说明
7	循环遍历股票代码文件内容	【For（遍历计次循环）】	数据集合	@{code_list}	循环遍历股票投资代码文件中的第一行
			条目名称	item	

接序号 7 控件，退出循环（【For（遍历/计次循环）】—Exit）后的流程

序号	流程步骤	控件名称	属性	属性设置	说明
8	提示决策报告编写完毕	【消息窗口】	消息框内容	股票投资决策报告编写完成	

接序号 7 控件，进入循环（【For（遍历/计次循环）】—Entry）后的流程

序号	流程步骤	控件名称	属性	属性设置	说明
9	判断当前循环元素是否为第 2 行	【If（条件分支）】	条件表达式	forloop＞1	判断当前元素的行索引号是否大于 1，若是，则说明当前行不是首行和第二行（首行是表格名称，第二行是列名行，均不包含股票代码），可进入后续流程，如图 5－34 所示

接序号 9 控件，条件判断结果为“True”时进入（【If（条件分支）】—True）的流程

序号	流程步骤	控件名称	属性	属性设置	说明
10－1	爬取股票指标数据_功能块（获取股票代码）	【运行 python 表达式】	表达式	@{item［1］}	获取当前行的第二个元素，即股票代码，如图 5－34 所示

续表

接序号 9 控件，条件判断结果为“True”时进入（【If（条件分支）】—True）的流程					
序号	流程步骤	控件名称	属性	属性设置	说明
10－1	爬取股票指标数据_功能块（获取股票代码）	【运行 python 表达式】	执行结果	code	变量 code 存储了股票代码
10－2	爬取股票指标数据_功能块（打开东方财富网页）	【打开网页】	网页地址	http：//quote. eastmoney. com/@｛code｝. html	设置打开的网页地址，如图 5－35 所示
			浏览器类型	谷歌浏览器	根据设计器扩展的浏览器不同，设置不同类型的浏览器
10－3	爬取股票指标数据_功能块（拾取股价）	【获取网页文本】	目标元素	获取最高股价	如图 5－36“①”所示
			文本信息	sp	变量 sp 存储了获取的数据
10－4	爬取股票指标数据_功能块（拾取总市值）	【获取网页文本】	目标元素	获取总市值	如图 5－36“②”所示
			文本信息	tmv	
10－5	爬取股票指标数据_功能块（拾取市净值）	【获取网页文本】	目标元素	获取市净值	如图 5－36“③”所示
			文本信息	pbr	
10－6	爬取股票指标数据_功能块（拾取市盈率）	【获取网页文本】	目标元素	获取市盈率	如图 5－36“④”所示
			文本信息	per	
10－7	爬取股票指标数据_功能块（拾取换手率）	【获取网页文本】	目标元素	获取换手率	如图 5－36“⑤”所示
			文本信息	tr	
修改说明	爬取股票指标数据_功能块（序号 10－3 至 10－7）	点击【获取网页文本】控件最右方“更多”键，在弹出的菜单中选择“编辑元素”如图 5－37 所示	在打开的“目标元素代码窗口”中删除指定的内容如图 5－38 所示，然后得到图 5－39 的结果，**注意 5 个控件的内容均需要修改**		

【流程设计说明】

（1）对序号 9 控件【If（条件分支）】“forloop”参数的理解，如图 5－34 所示。

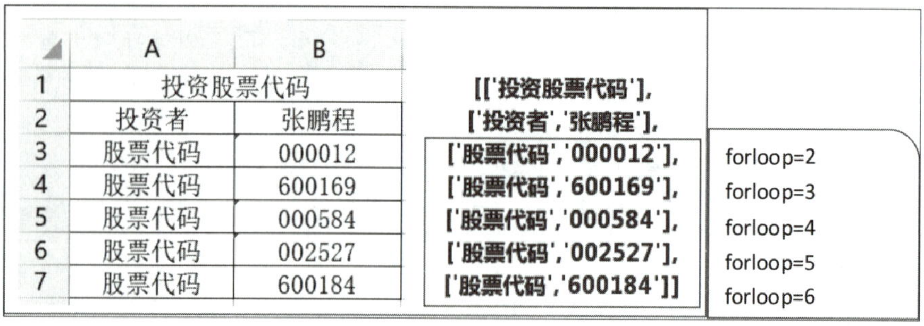

图 5－34　股票代码所在单元格

(2) 东方财富网站示意，如图 5－35 所示。

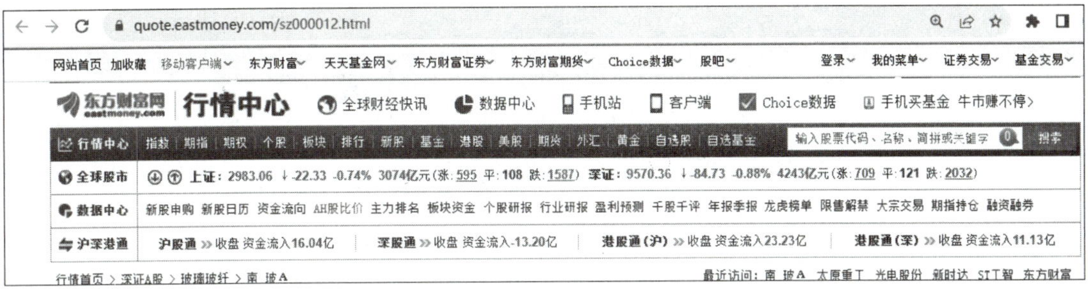

图 5－35 东方财富网站示意图

如何爬取不同的网页文本

(3) 股票投资决策指标所在网页位置如图 5－36 所示。

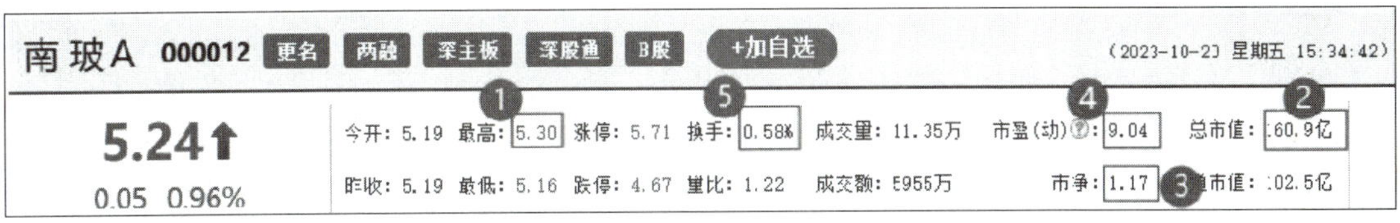

图 5－36 网页爬取元素示意图

(4) 编辑重要代码，如图 5－37 至图 5－39 所示。

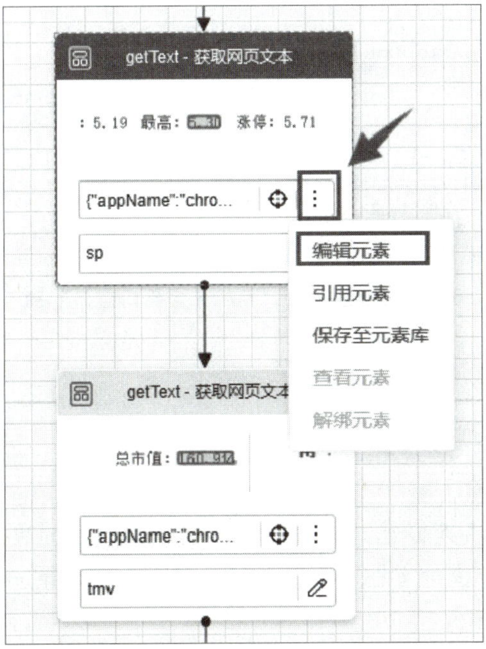

图 5－37 如何打开“编辑元素”

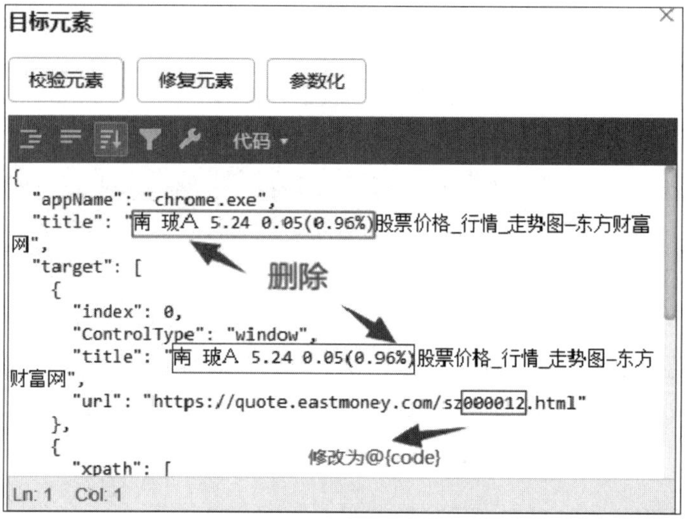

图 5-38 编辑前“目标元素代码窗口”图

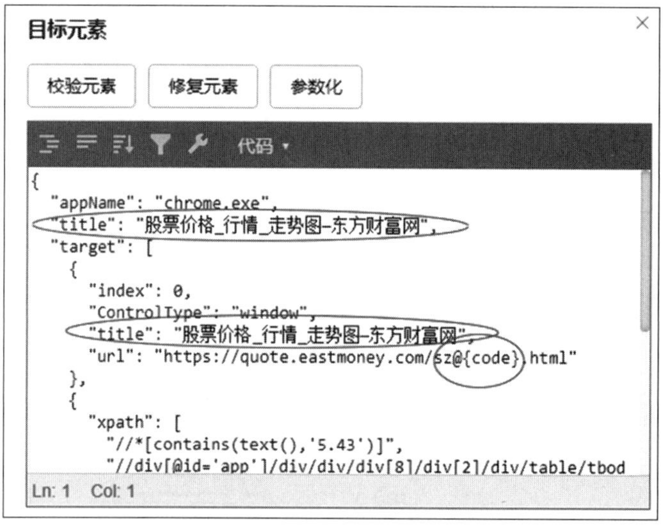

图 5-39 编辑后“目标元素代码窗口”图

六、创建投资决策报告文件

通过复制“股票投资决策报告”文件模板创建不同股票的决策文件，新创建的文件以“股票+股票代码号+投资决策文件”为文件名，保存在“股票+股票代码号+投资决策文件”目录中。

首先，绘制子流程图如图 5-40 所示。

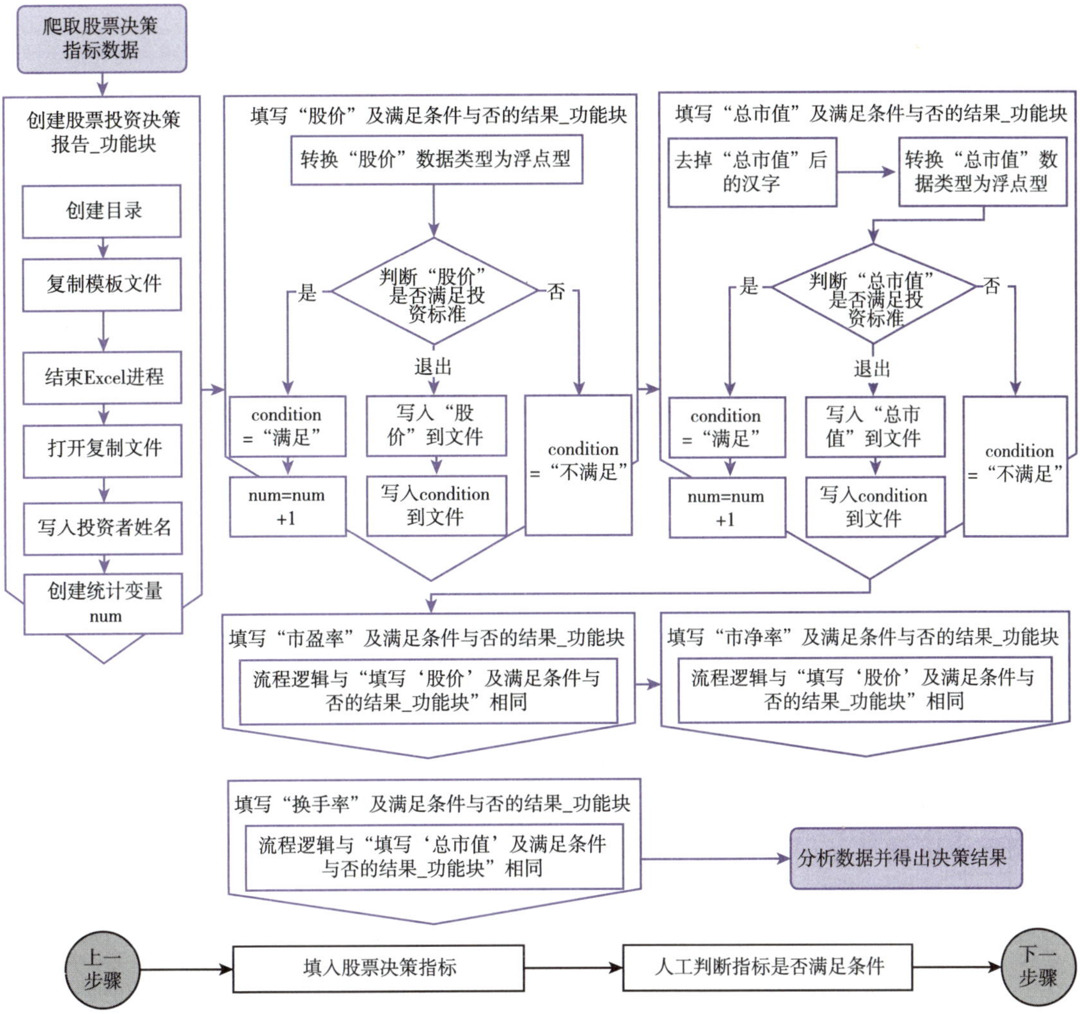

图5-40 创建投资决策报告文件

流程的第三部分搭建完成后，搭建流程的第四部分：创建投资决策报告文件。具体流程及控件属性设置如表5-12所示。

表5-12 “股票投资决策机器人——创建投资决策报告文件”流程

在“股票投资决策机器人——爬取股票决策指标”流程（表5-11）下继续搭建					
序号	流程步骤	控件名称	属性	属性设置	说明
11-1	创建股票投资决策报告_功能块（创建目录）	【创建目录】	父目录	@{WORK_DIR}	设置在RPA程序所在目录创建新目录
			目录名	股票@{code}投资决策文件	定义新目录名称
			目录路径	resu_folder	定义新目录路径存储变量

续表

序号	流程步骤	控件名称	属性	属性设置	说明
11－2	创建股票投资决策报告_功能块（复制模板文件）	【复制文件】	资源文件路径	@{report_fil_path}	设置被复制文件的路径
			目标路径	@{resu_folder}	设置复制文件所在目录的路径
			重命名文件	股票@{code}投资决策报告.xlsx	定义复制文件的名称
			文件路径	copyfile	复制文件的存储路径
11－3	创建股票投资决策报告_功能块（结束 Excel 进程）	【结束 Excel 进程】	—	—	
11－4	创建股票投资决策报告_功能块（打开复制文件）	【打开 excel 文件】	打开方式	excel	设置文件打开方式
			Excel 文件路径	@{copyfile}	指定打开的文件
			excel 文件对象别名[ExcelObject]	copy	被打开的文件的别名
11－5	创建股票投资决策报告_功能块（写入投资者姓名）	【写入单元格】	Excel 对象	copy	设置写入对象
			目标单元格	B4	设置写入单元格位置
			写入内容	@{code}	设置写入内容
11－6	创建股票投资决策报告_功能块（创建统计变量 num）	【变量赋值】	变量名	num	创建变量 num，作为统计满足投资条件的指标数量
			变量值	0	为变量 num 赋值为 0
12－1	填写“股价”及满足条件与否的结果_功能块（转换“股价”数据类型为浮点型）	【运行 python 表达式】	表达式	float（sp）	使用 float() 函数转换变量 sp 的数据类型为浮点型
			执行结果	sp	结果存储在变量 sp 中
12－2	填写“股价”及满足条件与否的结果_功能块（判断“股价”是否满足投资标准）	【If（条件分支）】	条件表达式	sp > 1 and sp < 10	判断“股价”是否大于 1 元且小于 10 元

接序号 12－2 控件，条件判断结果为“True”时进入（【If（条件分支）】—True）的流程

序号	流程步骤	控件名称	属性	属性设置	说明
12－3	填写“股价”及满足条件与否的结果_功能块（condition =“满足”）	【变量赋值】	变量名	condition	
			变量值	“满足”	

续表

序号	流程步骤	控件名称	属性	属性设置	说明
12-4	填写“股价”及满足条件与否的结果_功能块（num = num + 1）	【运行 python 表达式】	表达式	num + 1	如果“股价”满足条件，则满足投资条件的指标增加 1
			执行结果	num	把 num + 1 的计算结果赋值给变量 num

接序号 12-2 控件，条件判断结果为“False”时进入（【If（条件分支）】—False）的流程

序号	流程步骤	控件名称	属性	属性设置	说明
12-5	填写“股价”及满足条件与否的结果_功能块（condition = “不满足”）	【变量赋值】	变量名	condition	
			变量值	“不满足”	

接序号 12-2 控件，退出条件判断时进入（【If（条件分支）】—Exit）的流程

序号	流程步骤	控件名称	属性	属性设置	说明
12-6	填写“股价”及满足条件与否的结果_功能块（写入“股价”到文件）	【写入单元格】	Excel 对象	copy	设置数据写入复制文件中
			目标单元格	B10	设置数据写入单元格 B10 中
			写入内容	@{sp}	设置写入的数据内容为变量 sp 的值，即拾取的当前股票代码股份
12-7	填写“股价”及满足条件与否的结果_功能块（写入 condition 到文件）	【写入单元格】	Excel 对象	copy	
			目标单元格	C10	
			写入内容	@{condition}	设置写入是否满足条件的结果
13-1	填写“总市值”及满足条件与否的结果_功能块（去掉“总市值”后的汉字）	【运行 python 表达式】	表达式	@{tmv[:-1]}	截取变量 tmv 值中汉字“亿”以前的字符串
			执行结果	tmv	
13-2	填写“总市值”及满足条件与否的结果_功能块（转换“总市值”数据类型为浮点型）	【运行 python 表达式】	表达式	float（tmv）	
			执行结果	tmv	
13-3	填写“总市值”及满足条件与否的结果_功能块（判断“总市值”是否满足投资标准）	【If（条件分支）】	条件表达式	tmv > 10 and tmv < 30	判断“总市值”是否大于 10 亿元且小于 30 亿元

续表

接序号 13－3 控件，条件判断结果为“True”时进入（【If（条件分支）】—True）的流程					
序号	流程步骤	控件名称	属性	属性设置	说明
13－4	填写“总市值”及满足条件与否的结果_功能块（condition =“满足”）	【变量赋值】	变量名	condition	
			变量值	“满足”	
13－5	填写“总市值”及满足条件与否的结果_功能块（num = num + 1）	【运行 python 表达式】	表达式	num + 1	
			执行结果	num	
接序号 13－3 控件，条件判断结果为“False”时进入（【If（条件分支）】—False）的流程					
序号	流程步骤	控件名称	属性	属性设置	说明
13－6	填写“总市值”及满足条件与否的结果_功能块（condition =“不满足”）	【变量赋值】	变量名	condition	
			变量值	“不满足”	
接序号 13－3 控件，退出条件判断时进入（【If（条件分支）】—Exit）的流程					
序号	流程步骤	控件名称	属性	属性设置	说明
13－7	填写“总市值”及满足条件与否的结果_功能块（写入“总市值”到文件）	【写入单元格】	Excel 对象	copy	
			目标单元格	B11	
			写入内容	@{tmv}	
13－8	填写“总市值”及满足条件与否的结果_功能块（写入 condition 到文件）	【写入单元格】	Excel 对象	copy	
			目标单元格	C11	
			写入内容	@{condition}	
14－1	填写“市净率”及满足条件与否的结果_功能块（转换“市净率”数据类型为浮点型）	【运行 python 表达式】	表达式	float（pbr）	
			执行结果	pbr	
14－2	填写“市净率”及满足条件与否的结果_功能块（判断“市净率”是否满足投资标准）	【If（条件分支）】	条件表达式	pbr > 1 and pbr < 3	判断“市净率”是否大于 1 且小于 3
接序号 14－2 控件，条件判断结果为“True”时进入（【If（条件分支）】—True）的流程					
序号	流程步骤	控件名称	属性	属性设置	说明
14－3	填写“市净率”及满足条件与否的结果_功能块（condition =“满足”）	【变量赋值】	变量名	condition	
			变量值	“满足”	

续表

接序号14-2控件，条件判断结果为“True”时进入（【If（条件分支）】—True）的流程

序号	流程步骤	控件名称	属性	属性设置	说明
14-4	填写“市净率”及满足条件与否的结果_功能块（num = num + 1）	【运行python表达式】	表达式	num + 1	
			执行结果	num	

接序号14-2控件，条件判断结果为“False”时进入（【If（条件分支）】—False）的流程

序号	流程步骤	控件名称	属性	属性设置	说明
14-5	填写“市净率”及满足条件与否的结果_功能块（condition = “不满足”）	【变量赋值】	变量名	condition	
			变量值	“不满足”	

接序号14-2控件，退出条件判断时进入（【If（条件分支）】—Exit）的流程

序号	流程步骤	控件名称	属性	属性设置	说明
14-6	填写“市净率”及满足条件与否的结果_功能块（写入“市净率”到文件）	【写入单元格】	Excel对象	copy	
			目标单元格	B12	
			写入内容	@{pbr}	
14-7	填写“市净率”及满足条件与否的结果_功能块（写入condition到文件）	【写入单元格】	Excel对象	copy	
			目标单元格	C12	
			写入内容	@{condition}	
15-1	填写“市盈率”及满足条件与否的结果_功能块（转换“市盈率”数据类型为浮点型）	【运行python表达式】	表达式	float（per）	
			执行结果	per	
15-2	填写“市盈率”及满足条件与否的结果_功能块（判断“市盈率”是否满足投资标准）	【If（条件分支）】	条件表达式	per > 10 and per < 30	判断“市盈率”是否大于10且小于30

接序号15-2控件，条件判断结果为“True”时进入（【If（条件分支）】—True）的流程

序号	流程步骤	控件名称	属性	属性设置	说明
15-3	填写“市盈率”及满足条件与否的结果_功能块（condition = “满足”）	【变量赋值】	变量名	condition	
			变量值	“满足”	
15-4	填写“市盈率”及满足条件与否的结果_功能块（num = num + 1）	【运行python表达式】	表达式	num + 1	
			执行结果	num	

续表

接序号 15 -2 控件，条件判断结果为“False”时进入（【If（条件分支）】—False）的流程					
序号	流程步骤	控件名称	属性	属性设置	说明
15 -5	填写“市盈率”及满足条件与否的结果_功能块（condition = “不满足”）	【变量赋值】	变量名	condition	
			变量值	“不满足”	
接序号 15 -2 控件，退出条件判断时进入（【If（条件分支）】—Exit）的流程					
序号	流程步骤	控件名称	属性	属性设置	说明
15 -6	填写“市盈率”及满足条件与否的结果_功能块（写入“市盈率”到文件）	【写入单元格】	Excel 对象	copy	
			目标单元格	B13	
			写入内容	@{per}	
15 -7	填写“市盈率”及满足条件与否的结果_功能块（写入 condition 到文件）	【写入单元格】	Excel 对象	copy	
			目标单元格	C13	
			写入内容	@{condition}	
16 -1	填写“换手率%”及满足条件与否的结果_功能块（去掉“换手率%”后的“%”）	【运行 python 表达式】	表达式	@{tr[: -1]}	截取变量 tr 值中符号“%”以前的字符串
			执行结果	tr	
16 -2	填写“换手率%”及满足条件与否的结果_功能块（转换“换手率%”数据类型为浮点型）	【运行 python 表达式】	表达式	float（tr）	
			执行结果	tr	
16 -3	填写“换手率%”及满足条件与否的结果_功能块（判断“换手率%”是否满足投资标准）	【If（条件分支）】	条件表达式	tr > 3 and tr < 7	判断“换手率”是否大于 3 且小于 7
接序号 16 -3 控件，条件判断结果为“True”时进入（【If（条件分支）】—True）的流程					
序号	流程步骤	控件名称	属性	属性设置	说明
16 -4	填写“换手率%”及满足条件与否的结果_功能块（condition = “满足”）	【变量赋值】	变量名	condition	
			变量值	“满足”	
16 -5	填写“换手率%”及满足条件与否的结果_功能块（num = num +1）	【运行 python 表达式】	表达式	num +1	
			执行结果	num	

续表

接序号16－3控件，条件判断结果为“False”时进入（【If（条件分支）】—False）的流程					
序号	流程步骤	控件名称	属性	属性设置	说明
16－6	填写“换手率%”及满足条件与否的结果_功能块（condition =“不满足”）	【变量赋值】	变量名	condition	
			变量值	“不满足”	

接序号16－3控件，退出条件判断时进入（【If（条件分支）】—Exit）的流程					
序号	流程步骤	控件名称	属性	属性设置	说明
16－7	填写“换手率%”及满足条件与否的结果_功能块（写入“换手率%”到文件）	【写入单元格】	Excel对象	copy	
			目标单元格	B14	
			写入内容	@{tr}	
16－8	填写“换手率%”及满足条件与否的结果_功能块（写入condition到文件）	【写入单元格】	Excel对象	copy	
			目标单元格	C14	
			写入内容	@{condition}	

【流程设计说明】

(1)【创建目录】控件的作用是创建名为“股票+股票代码+决策文件”的目录，文件夹名称中的股票代码部分用变量code替代，文件夹的“父目录”参数为{WORD_DIR}表示新创建的文件夹保存在当前机器人代码所在的文件夹。最后把新创建的文件夹所在的路径保存到变量resu_folder中。

(2)【复制文件】控件参数中，“资源文件路径”参数表示被复制文件的路径，此处参数值“report_fil_path”是在“获取源文件路径功能块”中定义的。在“目标路径”参数中填入【创建目录】控件中的路径变量resu_folder。在“重命名文件”参数中写入复制文件的文件名为“股票@{code}投资决策报告.xlsx”。

(3)【变量赋值】控件的作用是创建变量num，并令num等于0。此变量用于统计满足投资决策指标的数量。

(4) 通过【运行python表达式】控件，将变量sp（即股价）转换成浮点数数据类型，为后续条件判断做准备。

(5) 通过【If（条件分支）】控件判断sp（即股价）是大于1且小于10（根据股价指标说明：股价在10元以下，散户更容易接受价格低的优质股，因为散户资金有限），如果满足条件，则为变量condition赋值字符串：“满足”，同时，变量num加1；否则为变量condition赋值字符串：“不满足”。最后通过【写入单元格】控件将变量sp（即股价）和变量condition（“满足”或“不满足”）填入投资决策文件指定单元格中。

七、分析数据并得出决策结果

如果某只股票的5个投资决策指标中有3个满足要求，那么给出“可以购买”的建议，否则给出“不建议购买”的建议。

绘制子流程图如图5－41所示。

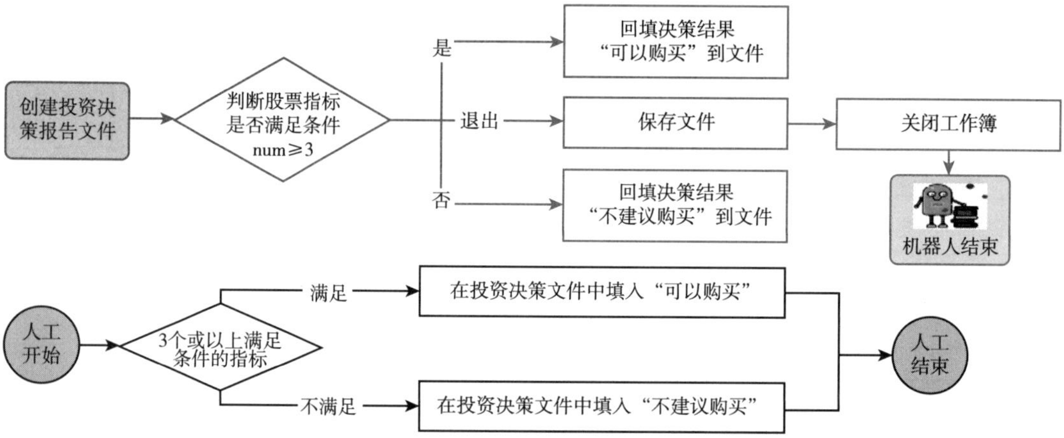

图5－41　分析数据并得出决策结果流程图

流程的第四部分搭建完成后，搭建流程的第五部分：分析数据并得出决策结果。具体流程及控件属性设置如表5－13所示。

表5－13　“股票投资决策机器人——分析数据并得出决策结果”流程

在“股票投资决策机器人——创建投资决策报告文件”流程（表5－12）下继续搭建					
序号	流程步骤	控件名称	属性	属性设置	说明
17	判断股票指标是否满足条件	【If（条件分支）】	条件表达式	num＞3	
接序号17控件，条件判断结果为“True”时进入（【If（条件分支）】—True）的流程					
序号	流程步骤	控件名称	属性	属性设置	说明
18	回填决策结果“可以购买”到文件	【写入单元格】	Excel对象	copy	
			目标单元格	B5	
			写入内容	“可以购买”	
接序号17控件，条件判断结果为“False”时进入（【If（条件分支）】—False）的流程					
序号	流程步骤	控件名称	属性	属性设置	说明
19	回填决策结果“不建议购买”到文件	【写入单元格】	Excel对象	copy	
			目标单元格	B5	
			写入内容	“不建议购买”	

续表

接序号17控件，退出条件判断时进入（【If（条件分支）】—Exit）的流程					
序号	流程步骤	控件名称	属性	属性设置	说明
20	保存文件	【保存工作簿】	Excel对象	copy	
21	关闭文件	【关闭工作簿】	Excel对象	copy	

八、调试机器人

点击“保存”菜单，保存当前项目，点击“运行”菜单调试“股票投资决策机器人”程序，机器人运行时会弹出选择文件的消息窗口，请依次选择“股票投资决策报告.xlsx”文件和“投资股票代码.xlsx”文件。

机器人运行后，会得到保存有“股票+股票代码+投资决策报告.xlsx”文件的5个文件夹，如图5-42所示，进入“股票000012投资决策文件”文件夹，打开“股票000012投资决策报告.xlsx”查看，正常运行后的结果如图5-43所示。

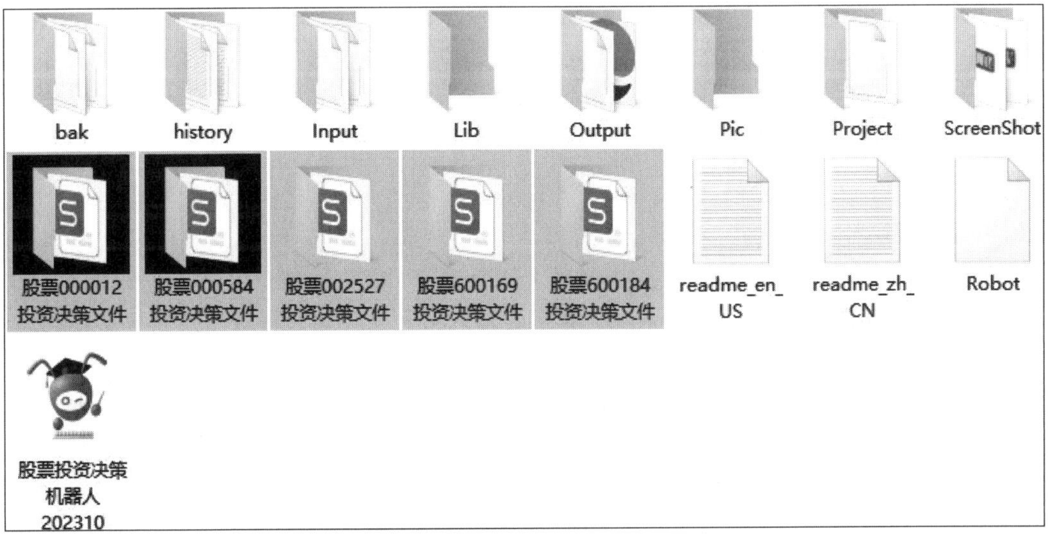

图5-42 股票投资决策机器人运行结果

【提示】因为股票价格是变动的，编者与读者运行机器人的时间不同，生成的同一只股票的投资决策文件内数据会有差异。

到此，股票投资决策机器人开发完成。

股票投资决策报告			
一、意见栏			
1. 股票代码：	000012		
2. 投资意见：	不建议购买		
3. 报告出具人：			
4. 报告时间：			
二、股票投资模型			
指标	数值	是否满足条件	指标说明
股价	5.3	满足	股价在10元以下，散户更容易接受价格低的优质股，因为散户资金有限
总市值（亿元）	160.9	不满足	总市值设在10亿元～30亿元，既为未来市值膨胀预留空间，也覆盖了比较广的选股面
市净率	1.17	满足	是市值与股东权益的溢价关系，这个指标限定股东权益的溢价程度，设置为1~3，其给出的溢价区间具有更长期投资价值
市盈率	9.04	不满足	代表的是市值与年度净利润的倍数，净利润指标是一个比较敏感的指标，是经营的成果体现，设置为10~30，是一个比较有效的经验值
换手率（%）	0.58	不满足	换手率在3%～7%，股票进入相对活跃状态，流通性较好，具有较强的变现能力

图 5－43　股票 000012 投资决策报告

考核与评价

考核的重点是理论知识的掌握水平、技术技能的应用水平以及职业素养水平，学习者可以从以上 3 个方面评价学习效果，具体评价项目及标准如表 5－14 所示。

表 5－14　　模块考核评价标准

考核项目	考核内容	配分	得分
理论知识水平	正确描述股票投资决策的人工流程并绘制流程图	10	
	正确描述与解释股票投资决策 RPA 机器人流程图	10	
	能选择正确的控件	10	
理论知识水平总分		30	
技术技能应用水平	制定股票投资决策的 RPA 流程方案	5	
	正确绘制股票投资决策 RPA 机器人流程图	15	
	在 RPA 流程中正确添加和使用控件，正确设置控件的参数	15	
	应用设计的编制账龄分析底稿机器人得到正确的结果	10	

续表

考核项目	考核内容	配分	得分
技术技能应用水平总分		45	
职业素养水平	能比较分析出不同流程方案的优势	5	
	根据业务流程的变化提出变更与改善流程的方案	5	
	工作过程中投入、积极、专注，能按时完成工作任务，做好工作笔记，有工作完成后归纳与反思的记录	5	
	积极探索多种 RPA 方案，并付诸实践，面对困难时主动通过各种途径探寻资料以解决问题	5	
	反复斟酌流程设计方案，在实践的过程中不断精进流程设计能力	5	
职业素养水平总分		25	
综合评价总分		100	

总结与提高

（1）使用【功能块】控件时要注意，功能块包裹的必须是一个完整的顺序流程、分支流程或循环流程。如序号 7 的【For（遍历/计次循环）】控件就不适合包裹到功能块中，因为如果要包裹进去，就得把整个【For（遍历/计次循环）】循环包裹起来，即【For（遍历/计次循环）】控件及之后的所有控件，如果这样做，【功能块】控件中的流程还是比较复杂，控件还是比较多，【功能块】控件就失去了优化程序表达逻辑，方便流程管理的作用了。而在【If（条件分支）】控件后，将回填股票指标数据及判断结果的流程包裹到【功能块】控件中就比较合适了，因为这几个功能块里的流程不但是一个相对完整的小流程，而且流程结构是一样的。

（2）使用【变量赋值】控件计量 5 个股票投资决策指标中满足条件的数量，如果数量达到 3 个或 3 个以上，则投资建议为“可以购买”，否则为“不建议购买”。

（3）使用【If（条件分支）】控件对股票投资决策报告的指标进行条件判断。使用该条件控件前需要对投资决策指标数据进行转换，如果有单位或“%”的数据需要使用【运行 python 表达式】控件的表达式进行截取，获得纯数字的变量，在通过 python 表达式的内置函数“float( )”将整数和字符串转换成浮点数，可以看作对数据的净化。

（4）除在“股票投资决策报告”中写入投资建议信息必须在股票投资决策指标填写完毕后填入，具有先后顺序，其他表格内容无先填后填要求。

数字赋能

数字工作者可以应用在哪些工作上？

数字工作者的核心是模仿人类行为，接管人们不应该做的低价值工作。比如：

1. 大批量的，重复性的工作

数字工作者最擅长处理工作量大且重复性高的工作。这种类型的流程自动化将最大限度地提高投资回报率（ROI），并为下一步部署工作持续节省开支。

2. 涉及多种应用程序的工作

数字工作者不仅会模仿人类的行为，他们还能跨系统执行流程。如果有一个需要跨越多个应用程序或与其他部门互动的流程，那么就会成为智能自动化（IA）的良好候选人。即使不可能完全实现端到端流程的自动化，这些智能软件机器人也可以加快工作进度，减轻人类工作者的压力。数字工作者在跨越现有的传统 IT 系统和流程方面的工作能力特别强，使这些难以集成的系统和流程实现有效整合。

3. 具有周期性的工作

大量的业务操作只是偶尔发生。例如，团队成员可能会从他们的常规任务中抽出时间来处理应付账款的月度会计工作，或处理在广告投放下大量涌入的客户订单。工作量的增加就会伴随劳动力的激增和周期性或季节性的波动，像这样的流程和任务往往可以由数字工作者来协助完成。

4. 需要定义的工作流程的工作

可复制的、有文档记录的工作流程，如承包商使用的指导手册，对内审员候选人来说是一个很好的信号，所以这种类型的系统程序通常会先被自动化。由于数字工作者模仿人类工作者的行动，这些定义的工作流程可以成为加快工作进程的简单方法。

5. 需要进行结构化数据的使用的工作

如果有使用明确定义的数据格式的流程，对于数据被明确定义的任务，如预定义的、标准化的表格和文件，数字工作者可以在工作流程中轻松地访问、分类和利用这些数据。

而有了人工智能和 ML，智能流程自动化通过其集成的智能软件机器人会变得更加高效，因此数字工作者可以为他们的人类员工做更多的事情。

实战演练

一、不定项选择题

1. 使用【运行 python 表达式】控件获取如图 5－44 所示的银行日记账中期末余额的表达式是（　　）。

A. iloc[20,9]

B. iloc[19,9]

C. iloc[20,10]

D. iloc[19,10]

	A	B	C	D	E	G	H	I	J
1	明细科目_币别	日期	凭证字号	摘要	对方科目	借方金额	贷方金额	余额方向	余额
2	明细科目：(100201)	20231101		期初余额				借	2922420.08
3	明细科目：(100201)	20231105	记-4	存现	库存现金	50000.00		借	2972420.08
4	明细科目：(100201)	20231108	记-8	支付货款	应付账款 - 艾斯电器有限公司		15429.00	借	2956991.08
5	明细科目：(100201)	20231108	记-9	缴纳增值税	应交税费 - 未交增值税		56000.00	借	2900991.08
6	明细科目：(100201)	20231108	记-10	缴纳个人所得税	应交税费 - 应交个人所得税		852.73	借	2900138.35
7	明细科目：(100201)	20231108	记-11	缴纳地方税费	应交税费 - 城市维护建设税		6720.00	借	2893418.35
8	明细科目：(100201)	20231110	记-14	销售汇总	主营业务收入 - 饮料酒水	145775.46		借	3039193.81
9	明细科目：(100201)	20231115	记-28	支付工资	应付职工薪酬 - 短期薪酬(工资)		119385.27	借	2919808.54
10	明细科目：(100201)	20231115	记-29	缴纳社会保险费	应付职工薪酬 - 短期薪酬(医疗保险)		54479.00	借	2865329.54
11	明细科目：(100201)	20231115	记-30	缴纳工会经费	应付职工薪酬 - 工会经费		3044.00	借	2862285.54
12	明细科目：(100201)	20231115	记-31	缴纳公积金	应付职工薪酬 - 短期薪酬(住房公积金)		31400.00	借	2830885.54
13	明细科目：(100201)	20231118	记-33	取现	库存现金		30000.00	借	2800885.54
14	明细科目：(100201)	20231120	记-34	销售汇总	主营业务收入 - 饮料酒水	206255.54		借	3007141.08
15	明细科目：(100201)	20231125	记-49	存现	库存现金	68092.00		借	3075233.08
16	明细科目：(100201)	20231130	记-57	销售汇总(23号已开票)	主营业务收入 - 饮料酒水	99884.07		借	3175117.15
17	明细科目：(100201)	20231130	记-69	水电费	管理费用 - 水电费		19176.00	借	3155941.15
18	明细科目：(100201)	20231130	记-70	电话费	管理费用 - 电话费		2670.00	借	3153271.15
19	明细科目：(100201)	20231130	记-85	其他货币资金转入银行	其他货币资金 - 支付宝	599400.00		借	3752671.15
20	明细科目：(100201)	20231130	记-86	支付货款	应付账款 - 艾斯电器有限公司		300015.00	借	3452656.15

图 5-44

2. 完成银行对账机器人的过程中下列控件中（　　）能够实现收款对账机器人操作。

A. 【功能块】控件

B. 【筛选表格】控件

C. 【运行 python 表达式】控件

D. 【筛选表格数据】控件

3. 关于以下代码说法错误的是（　　）。

```
import pandas as pd
list1 = [[1,2],[3,4]]
df1 = pd.DataFrame(list1)
print((df1))
print("============")
df2 = pd.DataFrame({'A':[1,2],'B':[3,4]})
list2 = df2.values.tolist()
print(list2)
```

A. df1 数据类型为 DataFrame

B. list2 数据类型为 list

C. df1 有 2 行 2 列数据

D. list2 为一维列表

4. 在银企对账机器人的设计过程中需要使用【筛选表格（pandas.query）】控件，需要指定列名，以下（　　）是正确的指定格式。

A. "日期_x","摘要_x","贷方"

B. "日期-x","摘要-x","贷方"

C. ‘日期－x’,‘摘要－x’,‘贷方’

D. ‘日期_x’,‘摘要_x’,‘贷方’

5. 在股票投资决策机器人的设计过程中需要使用【获取时间】控件确定邮件的时间，如果需要日期格式为“****年**月**日”以下（　　）是正确的表达方式。

A. %y%m%d

B. %Y%M%D

C. %y%M%D

D. %Y%m%d

6. 在股票投资决策机器人的设计过程中起到最关键的判断依据的控件是（　　）。

A.

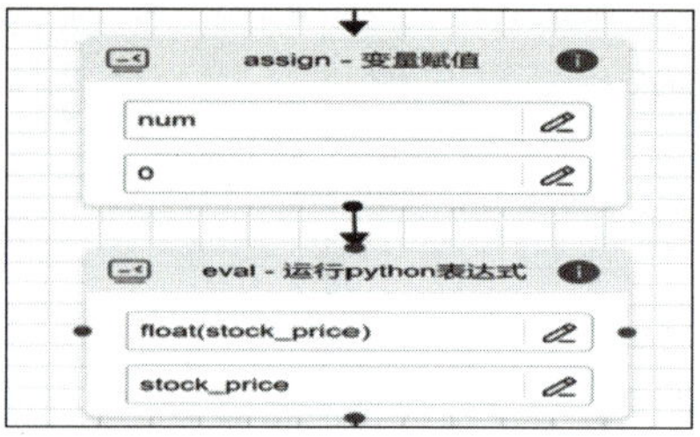

B.

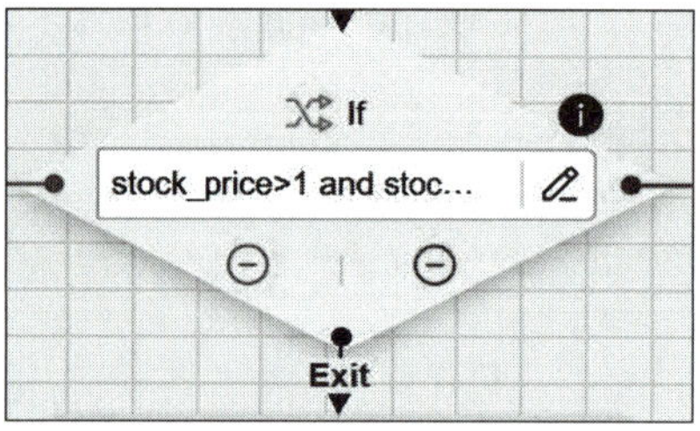

C.

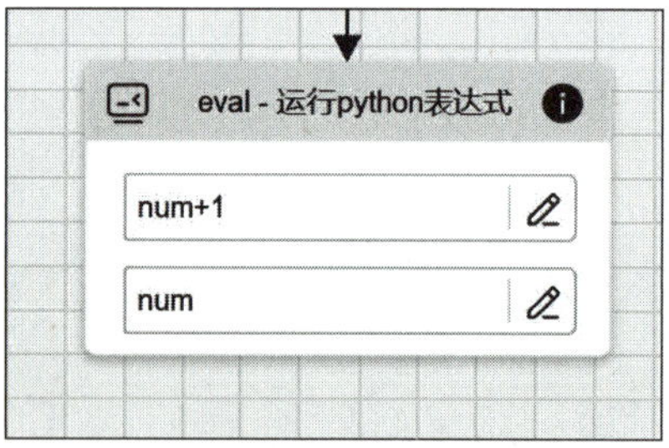

D.

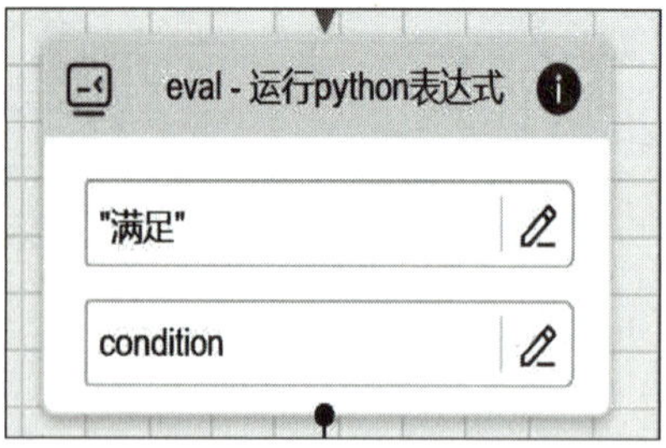

7. 在股票投资决策机器人的设计过程中为完成股票投资决策报告（见图5－45）。以下（　　）指标在进行是否满足条件的判断前，需要使用【运行python表达式】控件通过python表达式对列表数据进行净化处理。

A. 股价

B. 总市值（亿元）
C. 市净率
D. 换手率（%）

股票投资决策报告			
一、意见栏			
1. 股票代码：			
2. 投资意见：			
3. 报告出具人：			
4. 报告时间：			
二、股票投资模型			
指标	数值	是否满足条件	指标说明
股价			股价在10元以下，散户更容易接受价格低的优质股，因为散户资金有限
总市值（亿元）			总市值设在10亿元~30亿元，既为未来市值膨胀预留空间，也覆盖了比较广的选股面
市净率			是市值与股东权益的溢价关系，这个指标限定股东权益的溢价程度，设置为1~3，其给出的溢价区间具有更长期投资价值
市盈率			代表的是市值与年度净利润的倍数，净利润指标是一个比较敏感的指标，是经营的成果体现，设置为10~30，是一个比较有效的经验值
换手率（%）			换手率在3%~7%，股票进入相对活跃状态，流通性较好，具有较强的变现能力

图 5－45

8. 在股票投资决策机器人的设计过程中进行股票投资决策指标判断，每个指标判断前均需要使用的控件是（　　）。

A.

B.
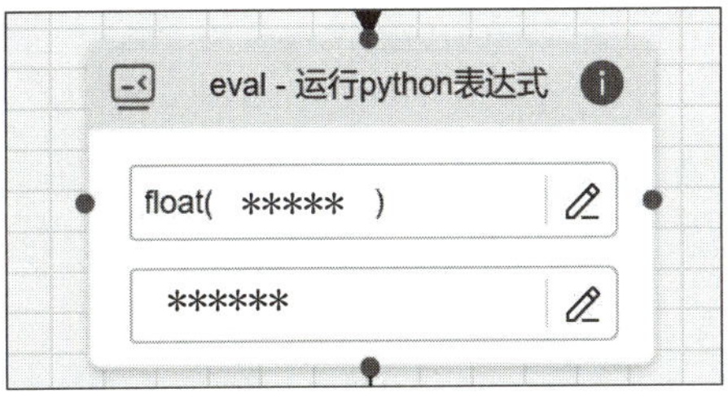

C.

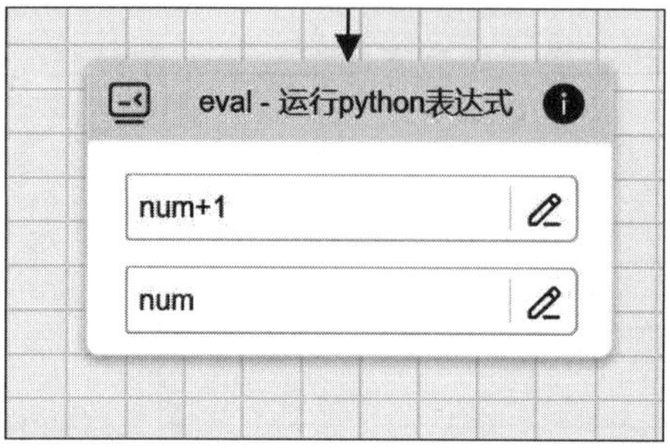

D.

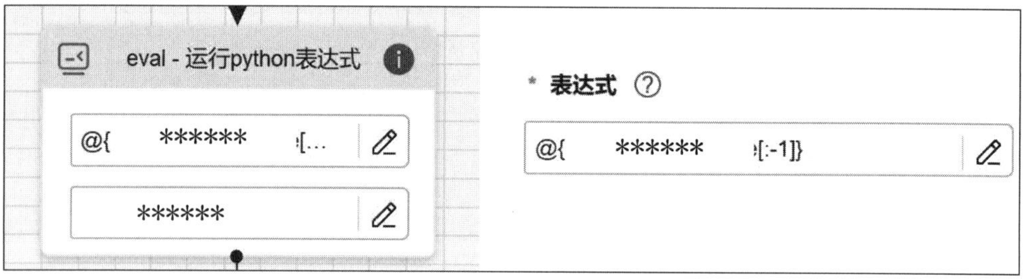

9. 在股票投资决策机器人的设计过程中，对股票投资决策指标进行判断，主要使用（　　）控件。

A. 【运行 python 表达式】

B. 【If（条件分支）】

C. 【写入单元格】

D. 【变量赋值】

10. 在股票投资决策机器人的设计过程中【运行 python 表达式（exec. statement）】控件主要使用的表达函数有（　　）。

A.

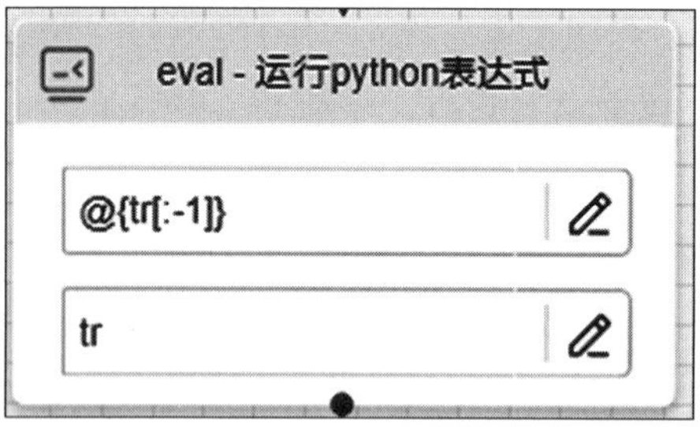

B.

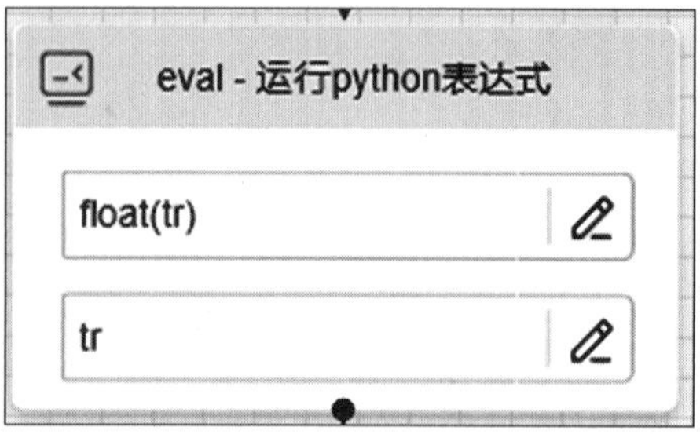

C.

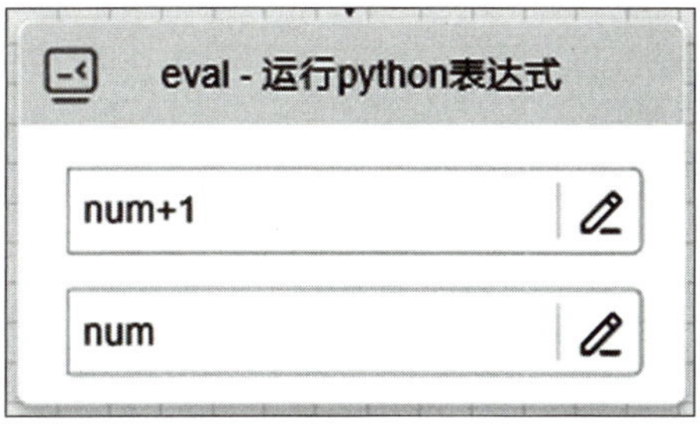

D.

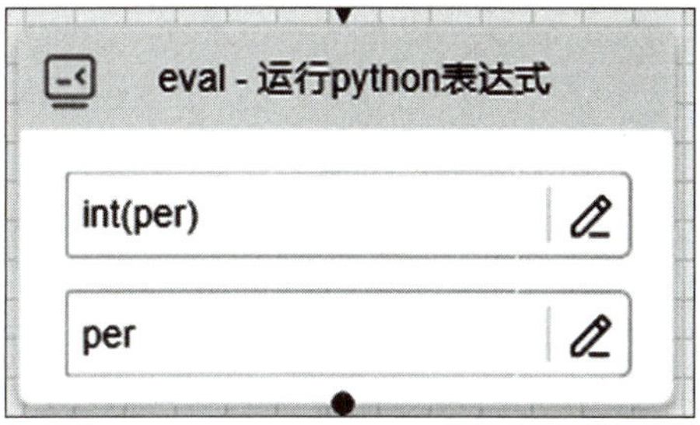

二、实训题

月末，正保集团公司需要为万余家代理记账企业编制余额调节表，银行对账单、企业银行日记账、银行存款余额调节表如图5-46至图5-48所示。

	A	B	C	D	E	F	G	H
1	交通银行北京海淀支行日记账							
2	2022年		凭证		摘要	借方	贷方	余额
3	月	日	种类	号数				
4					起初余额			3250576. 19
5	12	01	记	1	购入材料		12876.00	3237700.19
6	12	02	记	2	申请银行汇票		2240045.80	997654.39
7	12	02	记	3	支付电话费及网络服务费		4178.00	993476.39
8	12	03	记	4	用银行汇票采购材料、多余款退回	6587.00		1000063.39
9	12	07	记	8	非货币性资产交换	1200.00		1001263.39
10	12	08	记	9	预收货款	490000.00		1491263.39
11	12	08	记	10	支付广告费		63600.00	1427663.39
12	12	09	记	11	捐赠支出		36000.00	1391663.39
13	12	10	记	12	提现		13600.00	1378063.39
14	12	12	记	13	销售商品	656600.00		2034663.39
15	12	12	记	14	支付销售运费		26640.00	2008023.39
16	12	15	记	15	发放上月工资		255005.12	1753018.27
17	12	15	记	16	缴纳上月住房公积金		79980.00	1673038.27
18	12	15	记	17	缴纳上月社会保险费		141883.25	1531155.02
19	12	15	记	18	拨交上月工会经费		6665.00	1524490.02
20	12	15	记	19	缴纳税费		420881.97	1103608.05
21	12	18	记	21	销售商品，代垫运费		28000.00	1075608.05
22	12	20	记	22	固定资产处置收入	234000.00		1309608.05
23	12	21	记	25	收到存款利息	1231.36		1310839.41
24	12	22	记	26	支付职工培训费		5382.00	1305457.41
25	12	30	记	29	票据贴现	1874297.88		3179755.29
26	12	31	记	30	支付顾问费		39680.00	3140075.29
27	12	31	记	31	预付货款		185550.00	2954525.29
28	12	31	记	32	收到分期收款额	480000.00		3434525.29
29	12	31	记	34	销售原材料	52650.00		3487175.29
30	12	31	记	37	支付房屋款		900000.00	2587175.29
31	12	31	记	46	支付并分配水费		2232.88	2584942.41
32	12	31	记	47	支付并分配电费		8966.88	2575975.53
33	12	31	记	65	预缴第四季度所得税		526000	2049975.53

图5-46 银行日记账

	A	B	C	D	E	F	G	H	I	J
1	日期	摘要	凭证种类	凭证号码	摘要	借方	贷方	余额	对账户名	流水号
2					期初余额			3250576.19		
3	12	01	记	1	购入材料	12876.00		3237700.19		
4	12	02	记	2	申请银行汇票	2240045.80		997654.39		
5	12	02	记	3	支付电话费及网络服务费	4178.00		993476.39		
6	12	03	记	4	用银行汇票采购材料、多余款退回		6587.00	1000063.39		
7	12	07	记	8	非货币性资产交换		1200.00	1001263.39		
8	12	08	记	9	预收货款		490000.00	1491263.39		
9	12	08	记	10	支付广告费	63600.00		1427663.39		
10	12	09	记	11	捐赠支出	36000.00		1391663.39		
11	12	10	记	12	提现	13600.00		1378063.39		
12	12	12	记	13	销售商品		656600.00	2034663.39		
13	12	12	记	14	支付销售运费	26640.00		2008023.39		
14	12	15	记	15	发放上月工资	255005.12		1753018.27		
15	12	15	记	16	缴纳上月住房公积金	79980.00		1673038.27		
16	12	15	记	17	缴纳上月社会保险费	141883.25		1531155.02		
17	12	15	记	18	拨交上月工会经费	6665.00		1524490.02		
18	12	15	记	19	缴纳税费	420881.97		1103608.05		
19	12	18	记	21	销售商品，代垫运费	28000.00		1075608.05		
20	12	20	记	22	汇入固定资产购置款		234000.00	1309608.05	艾斯电器有限公司	
21	12	21	记	25	收到存款利息		1231.36	1310839.41		
22	12	22	记	26	支付职工培训费	5382.00		1305457.41		
23	12	30	记	29	票据贴现		1874297.88	3179755.29	佛山龙腾贸易有限公司	
24	12	31	记	30	支付顾问费	39680.00		3140075.29		
25	12	31	记	31	预付货款	185550.00		2954525.29		
26	12	31	记	32	收到分期收款额		480000.00	3434525.29		
27	12	31	记	35	支付职工餐费	16800.00		3417725.29		
28	12	31	记	36	收到货款及代垫运费款		2243600.00	5661325.29		
29	12	31	记	46	支付并分配水费	2232.88		5659092.41		
30	12	31	记	47	支付并分配电费	8966.88		5650125.53		

图 5－47　银行对账单

	A	B	C	D	E	F
1	银行存款余额调节表					
2	银行名称：交通银行		银行账号：6227 55011254 046		日期：20221231	
3	日期	摘要	金额	日期	摘要	金额
4	银行存款日记账余额			银行对账单余额		
5	加：银行已收，企业未收		-	加：企业已收，银行未收		-
6						
7						
8						
9						
10						
11						
12						
13						
14						
15	减：银行已付，企业未付		-	减：企业已付，银行未付		-
16						
17						
18						
19						
20						
21						
22						
23						
24						
25						
26	调节后余额		-	调节后余额		-

图 5－48　银行存款余额调节表

请设计及开发“银企对账机器人”。

【要求】

1. 生成银行存款余额调节表 . xlsx 文件。

【实训素材】

1. 银行对账单 . xlsx
2. 银行日记账 . xlsx

项目 5
实训题素材

项目 6
RPA 项目实施与评估

学习目标

知识学习目标：

1. 描述 RPA 流程实施的全流程。
2. 描述流程发现过程。
3. 描述流程需求分析过程。
4. 描述流程设计过程。
5. 描述流程开发与优化过程。
6. 理解流程测试、评估、上线与运维的各步骤。

技能训练目标：

1. 能根据流程发现的调研信息撰写流程可行性分析报告。
2. 能根据需求分析过程产生的信息撰写流程定义文档。
3. 能根据流程开发步骤及信息撰写流程的详细设计文档。
4. 能进行流程测试，撰写流程测试报告。

素养养成目标：

1. 培养信息收集与整理的能力。
2. 巩固流程自动化的思维。
3. 培养忠于职守的事业责任心。
4. 养成勇于创新的职业习惯。
5. 坚持精益求精的职业态度。

项目任务

本项目完成的目标：

在西也公司提出 RPA 需求的基础上，完成 RPA 项目实施全流程，包括流程发现与重构、流程规划与发布、流程测试与评估以及流程上线及运维。

完成以上工作任务应提交的标志性成果：

1. 流程可行性分析报告。
2. 流程定义文档。
3. 流程详细设计文档。
4. 流程测试报告。

项目导图

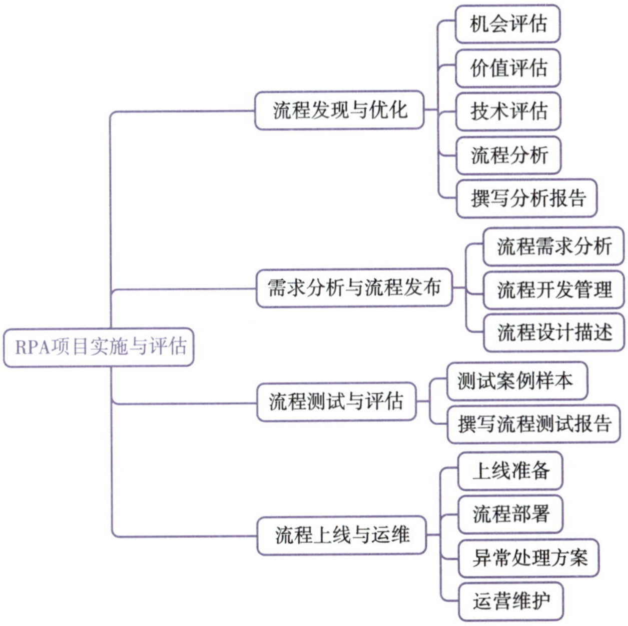

业务场景

RPA 项目实施与评估全流程

一、项目背景

西也公司创立于 1975 年 7 月，致力于为人类和地球的明天而努力奋斗。力争成为能创造丰富的价值并能为全人类的生活、文化作出贡献的企业集团。其业务领域包括数码产品、电子元器件、社会基础设备、家电等。

西也公司因其闪存知名度高，故闪存部门成为其利润最为丰厚的部门。不过，在存储器的生产过程中，存在大量依靠人工进行数据处理的任务，从而严重影响了工作的效率。为此，西也公司一直在寻找技术方案来处理重复、烦琐、规则性的工作任务，最终决定选择RPA来执行。

故此，西也公司主管人员与RPA实施项目组进行了交谈。

西也公司主管：我们公司在生产经营过程中，存在大量依靠人工进行数据处理的情况，严重影响了工作效率且易出错，可能导致计算数据失真等情况。想要咨询有没有好的解决方案处理我们这类的痛点。

RPA实施项目组：这种情况可以借助一些脚本，或者工具辅助公司进行处理。

西也公司主管：您能给介绍一些脚本或工具化的改造吗?

RPA实施项目组：当然可以，脚本或工具类的项目就是针对我们企业现存的问题，做一些定制化的开发，如爬虫，RPA机器人等，针对咱们公司的现状，我建议可以试试RPA机器人的实现方式，首先RPA具备快速落地、成本低的特点；其次，RPA在数据处理、数据收集方面有比较大的优势，并且RPA机器人具有非侵入性的特点，不会对目前的信息系统进行再次改造，我们可以先进行部分业务需求的自动化改造，你们可以先看看效果。

西也公司主管：可以的，我们现在的业务有些是比较迫切的，如我们需要大量时间和人力投入到“修正实盘数量，以及合同审核”的工作上，你们觉得这些可以作为试点吗?

RPA实施项目组：可以的，我们先分析一下这两项业务，再做定夺。

RPA实施项目组对访谈记录内容进行了梳理，结合管理层介绍的业务流程运行状况，分析得出西也公司共需要建设两项流程。

二、业务流程概述

（一）修正实盘数量流程

1. 流程概述

目前，西也公司在工单由于停产或者其他原因需要调整在产品数时，需要通过在产品盘点数量录入调整工单或产品的在产品数量，通过录入【实盘数】，保存之后重新进行成本计算。公司生产任务繁重，工单的流转也越加频繁，导致需要修正的实盘数量逐渐增多。车间需配备1名人员每天处理近200笔，需要耗费大量的时间和人力。因为公司是单纯地依靠人工修改此数据，所以通常效率低，也经常会出错，多次出现成本计算数据失真的情况。

2. 步骤说明

具体操作步骤说明如下。

(1) 登录云星空，使用谷歌浏览器打开云星空网址，输入账号和密码以后，点击“登录”按钮可以进行登录操作，进入到主页新窗口，如图6-1所示。

图6－1　登录云星空界面

（2）点击常用功能里的“在产品盘点数量录入”按钮，进入【在产品盘点数量录入】标签界面，如图6－2所示。

产品编码	产品名称	规格型号	成本中心编码	成本中心名称	工单编号	工单行号	基本单位	期末在产数量	实盘数量	在产盘盈(亏)	业务类型
38285.00835	塑胶粒/橡胶粒...	826.1.851.P0...	CBZX000002	生产部	MO000006	1	千克	7.18500	0.00000	-7.18500	普通生产
35765.00185	塑胶粒/橡胶粒...	571.1.653.M0...	CBZX000002	生产部	MO000007	1	千克	-37.11000	0.00000	37.11000	普通生产
35380.00109	塑胶粒/橡胶粒...	532.1.801.E0...	CBZX000002	生产部	MO000009	1	千克	1.67000	0.00000	-1.67000	普通生产
35385.00138	塑胶粒/橡胶粒...	532.1.851.E0...	CBZX000002	生产部	MO000010	1	千克	-0.36000	0.00000	0.36000	普通生产
35790.00252	塑胶粒/橡胶粒...	571.1.901.M0...	CBZX000002	生产部	MO000011	1	千克	5.35000	0.00000	-5.35000	普通生产
39265.00970	塑胶粒/橡胶粒...	921.1.651.V0...	CBZX000002	生产部	MO000012	1	千克	0.00000	0.00000		普通生产
35385.00132	塑胶粒/橡胶粒...	532.1.851.E0...	CBZX000002	生产部	MO000014	1	千克	17.27500	0.00000	-17.27500	普通生产
35385.00132	塑胶粒/橡胶粒...	532.1.851.E0...	CBZX000002	生产部	MO000016	1	千克	-1.00000	0.00000	1.00000	普通生产
35385.00132	塑胶粒/橡胶粒...	532.1.851.E0...	CBZX000002	生产部	MO000017	1	千克	3.47500	0.00000	-3.47500	普通生产
35385.00127	塑胶粒/橡胶粒...	532.1.851.E0...	CBZX000002	生产部	MO000018	1	千克	-32.57500	0.00000	32.57500	普通生产
35790.00259	塑胶粒/橡胶粒...	571.1.901.M0...	CBZX000002	生产部	MO000019	1	千克	-4.68000	0.00000	4.68000	普通生产
39265.00954	塑胶粒/橡胶粒...	921.0.651.EJ0...	CBZX000002	生产部	MO000020	1	千克	0.00000	0.00000		普通生产
38285.01033	塑胶粒/橡胶粒...	820.9.851.U0...	CBZX000002	生产部	MO000021	1	千克	1.52000	0.00000	-1.52000	普通生产
38240.00360	塑胶粒/橡胶粒...	820.1.401.B0...	CBZX000002	生产部	MO000023	1	千克	14.96000	0.00000	-14.96000	普通生产
36275.00306	塑胶粒/橡胶粒...	621.1.751.H0...	CBZX000002	生产部	MO000024	1	千克	2.90000	0.00000	-2.90000	普通生产
								16,620.2456	14,966.407	-1,653.8386	

图6－2　进入【在产品盘点数量录入】标签界面

（3）点击【实盘数量】右边的过滤图标，出现过滤条件，选择小于25的选项，点击“确定”按钮。

（4）刷新明细数据，将【实盘数量】列的值都改为“0”之后点击“保存”按钮，直接退出登录。

3. 梳理修正实盘数量流程

数据整理如表6-1所示。

表6-1 修正实盘数量流程梳理表

项目		描述
流程名称		修正实盘数量流程
流程所属部门		财务部
现有流程场景描述		当需要调整在产品数量时，人工登录金蝶云星空系统手动修改实盘数量值
需要RPA实现的功能		RPA流程可以自动登录金蝶云星空系统，进入【在产品盘点数量录入】修正实盘数量。业务员仅需对异常情况进行手工修正
执行频率		按需
指标		描述
每月平均业务量（数据量）		5000条/月
业务量最高峰值/最低峰值		300条（天）/150条（天）
单次处理时长（单次耗时）		0.5分钟/条
操作频率		每天
人员配置		1
时效性要求		最迟不可超过当天
业务流程自动化中人工处理占比		0
业务流程自动化后运行时长		30小时/月
资源利用率		100%
涉及软件	网页浏览器	Chrome
	组件	ERP（金蝶云星空）
涉及硬件		无硬性要求
涉及网络环境		有外网即可
备注1：工作日：22天/月；工时：8小时/日；月平均工资6000元/人		
备注2：计算结果除不尽的保留两位小数		

（二）合同审核流程

1. 流程概述

公司的合同文档一般使用制式合同。随着公司业务的发展，合同数量越来越多，合同的管理愈加复杂。为了防止递交过来的合同文档被修改或者恶意篡改，制式合同的出具人需要对合同文档的全部文字条款审核与确认。这就需要法务部同事多次审阅，尽量规避合同内容被篡改风险。这种人工审核耗费时间长，效率低，不利于公司业务的正常发展。

2. 详细人工审核合同流程

（1）销售部门专员将审核通过后的合同进行打印，将纸质合同提交至法务部门。

（2）法务部门相关人员将纸质合同与 OA 审批通过的电子版合同进行核对。

（3）对合同约定的金额、回款、发票、违约责任等重要事项存在差异的情形，不予用印，并退回至销售部门，销售部门专员需重新提交。

（4）如法务部门核实无误，合同进行用印。

3. 梳理合同审核流程

数据整理如表 6－2 所示。

表 6－2　　　　合同审核流程梳理表

<table>
<tr><th colspan="2">项目</th><th>描述</th></tr>
<tr><td colspan="2">流程名称</td><td>合同审核流程</td></tr>
<tr><td colspan="2">流程所属部门</td><td>法务部</td></tr>
<tr><td colspan="2">现有流程场景描述</td><td>法务部人员根据销售专员打印的纸质档合同与 0A 审批通过的合同进行核对，核对无误即可用印</td></tr>
<tr><td colspan="2">需要 RPA 实现的功能</td><td>通过 OCR 识别技术实现人工智能对合同差异的识别</td></tr>
<tr><td colspan="2">执行频率</td><td>2 次/天</td></tr>
<tr><td colspan="2">数据量</td><td>30 笔/天</td></tr>
<tr><td colspan="2">每月平均业务量</td><td>660 笔/月</td></tr>
<tr><td colspan="2">单次处理时长（单次耗时）</td><td>15 分钟/笔</td></tr>
<tr><th colspan="2">指标</th><th>描述</th></tr>
<tr><td colspan="2">人员配置</td><td>1</td></tr>
<tr><td colspan="2">时效性要求</td><td>最迟不可超过当日</td></tr>
<tr><td colspan="2">业务流程自动化中人工处理占比</td><td>0</td></tr>
<tr><td colspan="2">业务流程自动化后运行时长</td><td>100 小时/月</td></tr>
<tr><td colspan="2">资源利用率</td><td></td></tr>
<tr><td rowspan="2">涉及软件</td><td>企业办公应用自动化</td><td></td></tr>
<tr><td>MS Office Word</td><td></td></tr>
<tr><td colspan="2">涉及硬件</td><td>无硬性要求</td></tr>
<tr><td colspan="2">涉及网络环境</td><td>仅能在公司内网使用</td></tr>
<tr><td colspan="3">备注 1：工作日：22 天/月；工时：8 小时/日；月平均工资 6000 元/人</td></tr>
<tr><td colspan="3">备注 2：计算结果除不尽的保留两位小数</td></tr>
<tr><td colspan="3">备注 3：如实现流程自动化，需实现 OCR 识别并实现人工智能的差异识别</td></tr>
</table>

请跟随西也公司的业务人员以及 RPA 业务分析师、RPA 技术人员对以上两个流程进行全流程的分析以及实施。

模块一　流程发现与优化

工作任务

RPA 实施项目组对访谈记录内容进行了梳理，结合管理层介绍的业务流程运行状况，分析得出西也公司共需要建设两项流程，分别是：修正实盘数量流程和合同审核流程。

RPA 项目实施与评估任务介绍

一、修正实盘数量流程的基本信息

目前，西也公司在工单由于停产或者其他原因需要调整在产品数时，需要通过在产品盘点数量录入调整工单或产品的在产品数量，通过录入【实盘数】，保存之后重新进行成本计算。

企业生产任务繁重，工单的流转也越加频繁，导致需要修正的实盘数据逐渐增多。单纯依靠人工修改此数据，效率低且易出错，还可能导致成本计算数据失真。

关于此项操作，企业车间需配备 1 名人员每天处理近 200 笔，需要耗费大量的时间和人力。

人工修正实盘数量的具体流程如下：

（1）登录云星空，使用谷歌浏览器打开云星空网址，输入账号和密码以后，点击“登录”按钮可以进行登录操作，进入到主页新窗口。

（2）点击常用功能里的“在产品盘点数量录入”按钮，进入【在产品盘点数量录入】标签界面。

（3）点击【实盘数量】右边的过滤图标，出现过滤条件，选择小于 25 的选项，点击“确定”按钮。

（4）刷新明细数据，将【实盘数量】列的值都改为“0”后点击“保存”按钮，直接退出登录。

二、合同审核流程的基本信息

西也公司的合同文档一般使用制式合同。随着公司业务的发展，合同数量越来越多，合同的管理愈加复杂。为了防止递交过来的合同文档被修改或者恶意篡改，制式合同的出具人需要对合同文档的全部文字条款审核与确认。这就需要法务部工作人员多次审阅，尽量规避合同内容被篡改风险。人工审核耗费时间长，效率低，不利于公司业务的正常发展。

人工审核合同的具体流程如下：

（1）销售部门专员将审核通过后的合同进行打印，将纸质合同提交至法务部门；

（2）法务部门相关人员将纸质合同与 OA 审批通过的电子版合同进行核对；

（3）对合同约定的金额、回款、发票、违约责任等重要事项存在差异的情形，不予用印，并退回至销售部门，销售部门专员需重新提交；

（4）如法务部门核实无误，合同进行用印。

请根据业务场景中的信息与数据，完成流程发现中“机会评估”“价值评估”“技术评估”“流程分析”“撰写分析报告”各环节任务。

任务实施

RPA 项目实施的全流程包括流程发现与优化、需求分析与流程发布、流程测试与评估，以及流程上线与运维。

流程发现也称流程挖掘，流程挖掘是数据挖掘在工作流管理领域的一种较新的应用。工作流挖掘的初衷是通过对工作流运行产生的日志进行分析，重现业务流程的真实过程，利用这些知识对工作流进行分析和优化等。流程发现包括机会评估、价值评估、技术评估和流程分析，最终形成项目的可行性分析。

一、机会评估

机会评估是指通过采集流程中的作业人数、单位作业时间、业务频次等数据，计算出全职人力工时，以全职人力工时为标准判断流程实施自动化的机会大小。

机会评估

全职人力工时（Full - Time Equivalents，FTE）也称相当全时工作量，是对从事科技活动人员投入量的一种测算方法。

相当全时工作量的概念，以代表一个人在一定时期内全部时间工作的计算单位为基础，用于把非全时工作人员数折算为全时工作人员的相等数量。可以把全时工作视为非全时工作的最高额，从百分比上说是达到了 100%，因此，一个人就相当于一个全时工作量。相当全时工作量的概念与人年概念是一致的。

业务专家根据业务场景以及工作任务的具体情况，填写修正实盘数量流程机会评估表，如表6-3所示。

表6-3　修正实盘数量流程机会评估表

项目	内容或评估结果
主要场景描述	当需要调整在产品数量时，人工登录金蝶云星空系统手动修改实盘数量值
所属领域	财务部
现在作业人数	1
单次作业时间 *根据给定业务活动基本信息填写人工单次作业时间，比如xx分钟/条	0.5分钟/条
业务频次 *根据给定业务活动信息填写操作频次，如xx次/项任务，xx条/月，xx家/月	5000条/月
总时间 *每月运行的总时间=单次作业时间×业务频次，如xx小时/月 *结果保留两位小数	41.67小时/月 （0.5×5000÷60）
FTE *FTE=总时间×60/（全月工作小时×60） *结果保留两位小数	0.24 [41.67×60÷（22×8×60）]

业务专家根据业务场景以及工作任务的具体情况，填写合同审核流程机会评估表，如表6-4所示。

表6-4　合同审核流程机会评估表

项目	内容或评估结果
主要场景描述	法务部人员根据销售专员打印的纸质档合同与OA审批通过的合同进行核对，核对无误即可打印
所属领域	法务部
现在作业人数	1
单次作业时间 *根据给定业务活动基本信息填写人工单次作业时间，比如xx分钟/条	15分钟/条
业务频次 *根据给定业务活动信息填写操作频次，比如xx笔/天	
总时间 *每月运行的总时间=单次作业时间×业务频次，如xx小时/月 *结果保留两位小数	165小时/月 （15×30×22÷60）

续表

项目	内容或评估结果
FTE * FTE = 总时间 ×60/（全月工作小时 ×60） * 结果保留两位小数	0.94 ［165 ×60 ÷ （22 ×8 ×60）］

【评估结果】

（1）修正实盘数量流程机会评估 FTE 为 0.24。FTE 指标的实际意义为单位劳动力完成此工作所用时间占全月总劳动时间的比例约为 24%。

（2）合同审核流程机会评估 FTE 为 0.94。单位劳动力完成此工作所用时间占全月总劳动时间的比例约为 94%。

二、价值评估

价值评估

价值评估是通过采集业务流程自动化中人工处理占比、业务流程自动化比例、总流程自动化后运行时长，然后计算出实施流程自动化后节省的人力成本。

业务专家根据业务场景以及工作任务的具体情况，填写修正实盘数量流程价值评估表，如表 6－5 所示。

表 6－5　　修正实盘数量流程价值评估表

项目	内容或评估结果
业务流程自动化中人工处理占比 * 在自动化流程后，人工需要处理的工作量占比，如机器人 100% 执行流程，则填写 0	0
业务流程自动化比例 * 在业务流程中，可以实现自动化的占比是多少（流程自动化人工处理占比 + 业务流程自动化率 = 1），如不需要人工处理即 100% 自动化，需要一部分的人工干预则根据实际情况填写	100%
总流程自动化后运行时长 * 根据流程发现背景资料，填写实施后自动化运行时长，比如 xx 小时/月	30 小时/月
经济效益（元/年） * 以节省的人力成本为出发点，按照节约工时，计算经济效益	17046.82 元/年 ［41.67 ×12 ÷（22 ×8）×6000］ * 工资成本为 6000/月

业务专家根据业务场景以及工作任务的具体情况，填写合同审核流程价值评估表，如表 6－6 所示。

表 6－6　　合同审核流程价值评估表

项目	内容或评估结果
业务流程自动化中人工处理占比 ＊在自动化流程后，人工需要处理的工作量占比，如机器人 100% 执行流程，则填写 0	0
业务流程自动化比例 ＊在业务流程中，可以实现自动化的占比是多少（流程自动化人工处理占比＋业务流程自动化率＝1），如不需要人工处理即 100% 自动化，需要一部分的人工干预则根据实际情况填写	100%
总流程自动化后运行时长 ＊根据流程发现背景资料，填写实施后自动化运行时长，比如 xx 小时/月	100 小时/月
经济效益（元/年） ＊以节省的人力成本为出发点，按照节约工时，计算经济效益	67500 元/年 $[165\times12\div(22\times8)\times6000]$ ＊工资成本为 6000/月

【评估结果】

（1）修正实盘数量流程价值评估经济效益为 17046.82 元/年。

（2）合同审核流程价值评估经济效益为 67500 元/年。

三、技术评估

技术评估

技术评估是对流程中涉及的信息技术能力进行评估。

业务专家根据业务场景以及工作任务的具体情况，填写修正实盘数量流程技术评估表，如表 6－7 所示。

表 6－7　　修正实盘数量流程技术评估表

项目	内容或评估结果
是否存在当前不具备的技术能力	否
流程是否包含动态规则	否
环境是否涉及物理世界	否
是否存在不被 RPA 识别引擎识别的软件	否

请根据业务场景以及工作任务的具体情况，填写合同审核流程技术评估表，如表 6－8 所示。

表 6-8　合同审核流程技术评估表

项目	内容或评估结果
是否存在当前不具备的技术能力	是，流程自动化的实现需要结合人工智能 OCR
流程是否包含动态规则	否
环境是否涉及物理世界	否
是否存在不被 RPA 识别引擎识别的软件	否

【评估结果】

（1）修正实盘数量流程技术评估为可行。

（2）合同审核流程技术评估为不可行。

【提示】OCR 即光学字符识别，也称为文本识别或文本提取。借助基于机器学习的 OCR 技术，可以从海报、路标和产品标签等图像，以及文章、报表、表单和发票等文档中提取印刷或手写文本。文本通常提取为单词、文本行和段落或文本块，从而获取扫描文本的电子版。该功能可消除或显著减少手动输入数据的需求。

四、流程分析

业务专家根据评估结果对流程的可行性进行分析。

（1）**业务专家**根据以上评估的结果，填写流程分析表，如表 6-9 所示。

表 6-9　流程分析表

指标 ＼ 指标情况 ＼ 项目	修正实盘数量流程	合同审核流程
自动化机会	满足	不满足
效益价值	17046.82 元/年	67500 元/年
技术可行性	可行	不可行
原因说明		存在当前不具备的技术和能力

（2）**业务专家**以复杂度为横坐标，以效益为纵坐标，绘制项目四象限图，如图 6-3 所示。

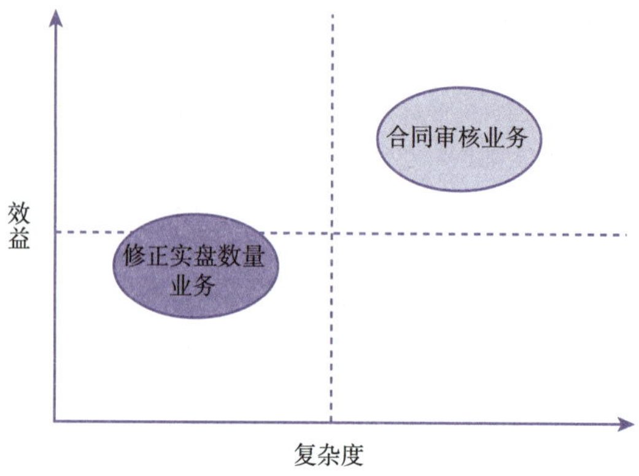

图 6-3　项目四象限图

因为修正实盘数量业务在价值评估中的数据是每年节约 17000 多元的人力成本，而合同审核业务在价值评估中的数据是每年节约 67000 多元的人力成本，所在效益上，审核业务流程更优，因此在四象限中更靠上。

而对比两个 RPA 业务，合同审核业务流程则因为需要 OCR 技术的加入变得更复杂，因此在四象限中更靠右。

（3）**业务专家**得出分析结论。经过分析得出，最适合业务流程自动化的业务为：修正实盘数量流程。

五、撰写分析报告

可行性分析报告

一、项目背景

西也公司创立于 1975 年 7 月，致力于为人类和地球的明天而努力奋斗。力争成为能创造丰富的价值并能为全人类的生活、文化作出贡献的企业集团。其业务领域包括数码产品、电子元器件、社会基础设备、家电等。

西也公司因其闪存知名度高，故闪存部门成为其利润最为丰厚的部门，不过在存储器的生产过程中，存在大量依靠人工进行数据处理的任务，从而严重影响了工作效率。为此，西也公司一直在寻找技术方案来处理重复、烦琐、规则性的工作任务，最终决定选择 RPA 来执行。

二、基本信息

根据西也公司的业务痛点概括介绍，项目组通过访谈、问卷等形式收集、梳理各部门的主要工作内容，帮助其发现和挖掘可被自动化的操作，最终梳理得到两个业务场景作为 RPA 候选流程。

1. 修正实盘数量流程

目前，西也公司在工单由于停产或者其他原因需要调整在产品数时，需要通过在产品盘点数量录入调整工单或产品的在产品数量，通过录入【实盘数】，保存之后重新进行成本计算。

企业生产任务繁重，工单的流转也越加频繁，导致需要修正的实盘数量逐渐增多。单纯依靠人工修改此数据，效率低且易出错，还可能导致成本计算数据失真。

2. 合同审核流程

西也公司的合同文档一般使用制式合同。随着公司业务的发展，合同数量越来越多，合同的管理越加复杂。为了防止递交过来的合同文档被修改或者恶意篡改，制式合同的出具人需要对合同文档的全部文字条款审核与确认。这就需要法务部工作人员多次审阅，尽量规避合同内容被篡改风险。人工审核耗费时间长，效率低，不利于公司业务的正常发展。

项目组根据采集到的数据进行汇总，编制业务流程梳理表，如表 6－10 和表 6－11 所示。

表 6－10　　业务流程梳理表 1

流程 ID	流程名称	流程所属部门	现有流程主要场景描述	需要 RPA 实现的功能	强制执行时间	单次操作时间	重复量	总操作时间
1	修正实盘数量流程	财务部	当需要调整在产品数量时，人工登录金蝶云星空系统手动修改实盘数量值	RPA 流程可以自动登录金蝶云星空系统，进入【在产品数量录入】修正实盘数量。业务员仅需对异常情况进行手工修正	最迟不可超过当日	0.5 分钟/条	5000 条/月	41.67 小时/月
2	合同审核流程	法务部	法务部人员根据销售专员打印的纸质档合同与 OA 审批通过的合同进行核对，核对无误即可用印	通过 OCR 识别技术实现人工智能对合同差异的识别	当日	15 分钟/笔	660 笔/月	165 小时/月

表 6－11　　业务流程梳理表 2

流程 ID	流程名称	是否涉及 web 操作	是否涉及数据库操作	是否涉及 Word 操作	是否涉及 Excel 操作	是否涉及 OCR 操作	是否涉及解压缩	是否涉及升级计划
1	修正实盘数量流程	是	否	否	否	否	否	否
2	合同审核流程	是	否	是	否	是	否	否

三、可行性分析

1. 技术可行性评估

表 6－12　　技术可行性评估指标表

流程 ID	流程名称	技术能力	是否包含动态规则	是否涉及物理世界	是否存在不被 RPA 识别引擎识别的软件	技术可行性
1	修正实盘数量流程	满足	否	否	否	可行
2	合同审核流程	不满足	否	否	否	不可行

2. 业务收益评估

表 6-13 业务收益评估指标表

流程 ID	流程名称	人工操作总耗时（小时/月）	业务流程自动化后运行时长（小时/月）	效率提升（%）	效益价值（元/年）
1	修正实盘数量流程	41.67	30	28	17046.82
2	合同审核流程	165	100	39.39	67500

3. 优先级（见图 6-4）

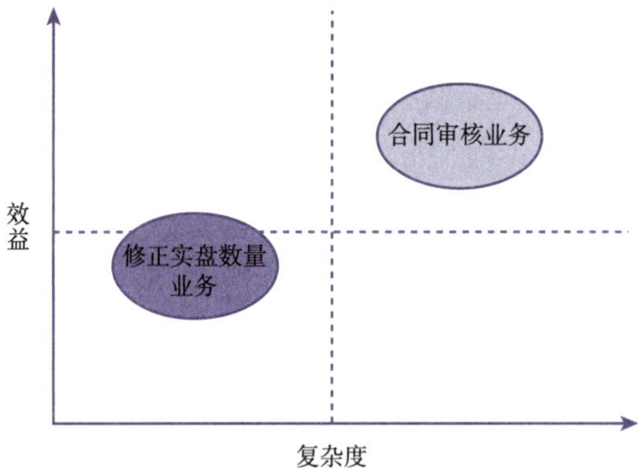

图 6-4 优先级别四象限图

四、分析结论

经过分析得出，最适合业务流程自动化的业务为修正实盘数量流程。

考核与评价

考核的重点是理论知识的掌握水平、技术技能的应用水平以及职业素养水平，学习者可以从以上 3 个方面评价学习效果，具体评价项目及标准如表 6-14 所示。

表 6-14 模块考核评价标准

考核项目	考核内容	配分	得分
理论知识水平	正确描述 RPA 流程实施的全流程	10	
	正确描述流程发现过程	10	
理论知识水平总分		20	
技术技能应用水平	正确进行机会评估	10	
	正确进行价值评估	10	
	读懂技术评估信息	10	

续表

考核项目	考核内容	配分	得分
技术技能应用水平	正确进行流程分析	10	
	正确撰写可行性分析报告	10	
技术技能应用水平总分		50	
职业素养水平	工作过程中投入、积极、专注，能按时完成工作任务，做好工作笔记，有工作完成后归纳与反思的记录	10	
	积极探索多种 RPA 方案，并付诸实践，面对困难时主动通过各种途径探寻资料以解决问题	10	
	反复理解流程发现与优化过程，体会 RPA 在增效降本、解放劳动力方面的作用	10	
职业素养水平总分		30	
综合评价总分		100	

总结与提高

流程发现与优化是 RPA 项目实施过程的第一步工作。

流程发现与优化的过程主要由业务专家负责，业务专家是精通业务流程，熟悉自动化流程技术的人员，他们能通过对业务流程的机会、价值、技术进行评估，从而对流程进行可行性分析，为流程是否值得进行自动化改造的决策给出数据支撑。

在流程发现过程中，常常伴随着流程的优化工作，为了实现流程的自动化，往往需要把人工流程中没有标准化的材料进行标准化，如标准化文件名称、标准化文件内容等，有时也会对流程的步骤进行优化，使流程更为顺畅，效率更高。

模块二　需求分析与流程发布

工作任务

基于客户流程检视的结果，通过流程挖掘方法对流程是否可实现自动化进行分析，最终得出修正实盘数量流程属于可被优先实施的 RPA 流程。

需求分析师对业务流程进行进一步的调研，实施需求分析，形成流程定义文档。

任务实施

一、流程需求分析

需求分析也称软件需求分析、系统需求分析或需求分析工程等，是开发人员经过深入细致的调研和分析，准确理解用户和项目的功能、性能、可靠性等具体要求，将用户非形式的需求表述转化为完整的需求定义，从而确定系统必须做什么的过程。

需求分析

流程自动化的需求分析一般包括需求调研、需求评估、流程环境分析、核心流程分析等步骤。

（一）需求调研

需求分析师将 RPA 实施项目组对访谈记录的内容进行了梳理，汇总出以下信息。

1. 项目具体流程

人工修正实盘数量的具体流程如下：

（1）登录云星空，使用谷歌浏览器打开云星空网址，输入账号和密码以后，点击“登录”按钮可以进行登录操作，进入到主页新窗口。

（2）点击常用功能里的“在产品盘点数量录入”按钮，进入【在产品盘点数量录入】标签界面。

（3）点击【实盘数量】右边的过滤图标，出现过滤条件，选择小于 25 的选项，点击“确定”按钮。

（4）明细数据刷新，将【实盘数量】列的值都改为“0”后点击“保存”按钮，直接退出登录。

经**需求分析师**分析，流程中关键流程节点数量为 2 个，分别是：

①登录 ERP 系统，进入【在产品盘点数量录入】界面。

②实盘数量小于 25 的改为“0”，并点击“保存”按钮。

2. 流程本身特点

（1）流程参数（见表 6－15）。

表 6－15　　流程参数表

序号	指标	描述
1	每月平均业务量	5000 条/月
2	业务量最高峰值/最低峰值	300 条（天）/150 条（天）
3	单次处理时长	0.5 分钟/条
4	操作频率	每天

（2）复杂度（见表6－16）。

表6－16　复杂度表

序号	项目	值	评分	说明
1	流程中涉及中等复杂的交易	流程规则清晰明了，不涉及复杂交易	9	复杂交易越少，评分越高
2	场景异常容错处理	容错率较高	9	容错率越高，评分越高
3	交易的内在风险	风险适中	5	内在风险越低，评分越高
4	逻辑判断场景	逻辑判断较少	9	逻辑判断越少，评分越高
5	人机交互程度	不涉及人机交互	9	人机交互程度越低，评分越高
6	人工智能组件	不涉及人工智能组件	9	涉及人工智能组件越少，评分越高
	合计		50	

（3）自动化比例（见表6－17）。

表6－17　自动化比例表

序号	项目	值	评分	说明
1	业务流程自动化比例	100%	9	若比例为100%，则满分9分，若比例为0，则分数为0；其他比例依次对应相应分数
2	流程自动化后运行时长	30小时/月	4	（自动化前运行时长－自动化后运行时长）/自动化前运行时长。计算结果超过50%，评分为9，低于50%，每降低5%，递减1分
3	流程收益体现（ROI）	113.09%	5	100%为5分，每增加50%增加1分，9分封顶（流程运行时间5年，项目总投资4万元）
	合计		18	

（4）经济效益与管理效益。

①经济效益（见表6－18）。

表6－18　经济效益表

FTE	ROI（%）	效益价值（元/年）
0.24	113.09	17045.45

②管理效益。

a. 该流程设计，逻辑结构较为简单，可以快速修改；流程可以重复使用，不仅可以用于本流程，也可以用于存货分析流程。

b. 大幅度节约时间，时效性较强，且机器人准确度更高。

c. 流程因为属于存货盘点环节，并针对小于25盘点量进行数据自动修改，涉及第三方外部网络访问，风险适中；流程采用单机终端部署，系统资源仅限于本机交互，不涉及系统间的资源控制。本系统为非侵入式设计，完全模拟业务人员人工操作，无内部数据操作，流程中所需要的账户密码以变量形式存储于流程中，通过读取本地密文形式密码来实现登录，安全性与保密性符合规范。

d. 每次执行流程会根据日期输出对应日期的日志文件，可在日志文件中查看具体运行情况。

3. 流程实现

本 RPA 流程可以自动登录 EPR 系统，进入【在产品盘点数量录入】界面修正实盘数量。业务员仅需对异常情况进行手工修正。

（1）具体需求。登录金蝶云星空，进入【在产品盘点数量录入】界面，将实盘数量小于 25 的改为“0”，并点击“保存”按钮。

（2）业务异常处理（见表 6－19）。

表 6－19　　业务异常处理表

业务异常定义	出现模块	处理策略
ERP 页面加载失败	OALogin、ERPLogin	触发重试机制，重新执行流程

（3）流程主要模块（见表 6－20）。

表 6－20　　流程主要模块表

序号	开发模块	备注
1	登录 ERP 系统模块	该模块实现打开浏览器，输入网址，输入 ERP 账号、密码，成功登录的功能
2	实盘数量小于 25 的，修改为 0	该模块实现查询并修改实盘数量

（4）流程相关指标（见表 6－21）。

表 6－21　　流程相关指标表

指标	描述
每月平均业务量	5000 条/月
业务量最高峰值/最低峰值	300 条（天）/150 条（天）
单次处理时长	0.5 分钟/条
操作频率	每天

（5）目标系统（见表 6－22）。

表 6－22　　目标系统表

序号	组件	描述
1	ERP/金蝶云星空	数据处理

根据上一模块产生的“可行性分析报告”以及以上资料，完成流程规划与发布各环节任务。

（二）需求评估

需求分析师根据调研收集的资料，梳理出需求评估表，如表 6－23 所示。

表 6－23　　需求评估表

评估问题	评估结果
是否涉及中等复杂交易	否
容错率情况	系统中均为数据筛选与录入操作，无人工智能识别，容错率较高
交易风险情况	此流程中，风险适中，涉及外部网络访问，容易造成财务数据的泄露风险
涉及的逻辑判断	1 个
是否涉及人机交互程度	不涉及
是否涉及人工智能组件	不涉及
假设项目运行期为 5 年，总投资 40000 元，部署 RPA 带来的 ROI 为	113.09%［（17046.82×5－40000）/40000＝113.09%］

（三）流程环境分析

需求分析师根据调研收集的资料，整理出流程环境信息，如表 6－24 所示。

表 6－24　　流程环境信息表

流程环境	环境信息
针对“修正实盘数量流程”所涉及的主要平台	金蝶云星空 ERP 系统
实现“登录 ERP 系统”功能的主要界面	
修正实盘数量流程中，考虑到的异常情况	①ERP 界面加载失败 ②筛选实盘数量小于 25 的情况失败 ③更新数据失败
当 ERP 界面加载失败时，处理的方式	重新执行程序

（四）核心流程分析

经需求分析师分析，核心流程为：

（1）登录 ERP 系统。需要输入 ERP 账号、密码（均为字符串），不涉及输出操作。

（2）实盘数量小于 25 的，修改为“0”。需要输入系统实盘数量列表（通过网页输入），输出系统实盘数量列表，即修改后的数量列表（通过网页输入）。

（3）业务流程图如图 6-5 所示。

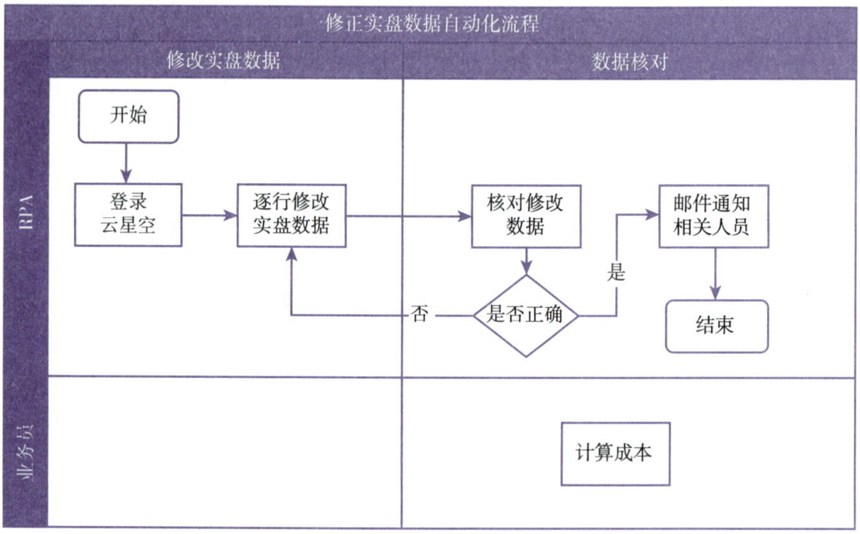

图 6-5　修正实盘数量业务流程图

（五）撰写流程定义文档

修正实盘数量流程定义

一、需求介绍

目前，西也公司在工单由于停产或者其他原因需要调整在产品数时，需要通过在产品盘点数量录入调整工单或产品的在产品数量，通过录入【实盘数】，保存之后重新进行成本计算。

企业生产任务繁重，工单的流转也越加频繁，导致需要修正的实盘数量逐渐增多。单纯依靠人工修改此数据，效率低且易出错，还可能导致成本计算数据失真。

二、流程概览

（一）工作流程描述

1. 流程描述

（1）登录云星空，使用谷歌浏览器打开云星空网址，输入账号和密码以后，点击“登录”按钮可以进行登录操作，进入到主页新窗口。

（2）点击常用功能里的“在产品盘点数量录入”按钮，进入【在产品盘点数量录入】标签界面。

（3）点击【实盘数量】右边的过滤图标，出现过滤条件，选择小于 25 的选项，点击

“确定”按钮。

(4) 刷新明细数据，将【实盘数量】列的值都改为“0”，点击“保存”按钮，直接退出登录。

备注：RPA 执行时切勿使用 RPA 的云星空账号进行的登录操作，避免将 RPA 挤掉线。

2. 流程范围

流程的使用范围信息如表 6－25 所示。

表 6－25　　流程范围信息表

区域	部分	流程	范围	说明
中国区	财务部	当需要调整在产品数量时，人工登录金蝶云星空系统手动修改实盘数量值	修正实盘数量	特殊情况包括： ①ERP 界面加载失败 ②筛选实盘数量小于 25 的情况失败 ③更新数据失败

3. 流程相关指标

流程相关指标如表 6－26 所示。

表 6－26　　流程相关指标表

指标	描述
每月平均业务量	5000 条/月
业务量最高峰值/最低峰值	300 条（天）/150 条（天）
单次处理时长	0.5 分钟/条
操作频率	每天

4. 目标系统

流程中使用的目标系统信息如表 6－27 所示。

表 6－27　　目标系统信息表

系统/应用名称	模块	版本	测试账号权限
ERP/金蝶云星空	数据处理	网页浏览	无

5. 流程模块

两个流程关键点的流程模块如表 6－28 所示。

表 6－28　　流程模块信息表

模块名称	流程		文件名称	操作环境	文件格式	环境
登录 ERP 系统	流程输入	登录 ERP 系统	配置表（ERP 账号、密码）	ERP/金蝶云星空	字符串	不涉及
	流程输出	登录 ERP 系统	不涉及	ERP/金蝶云星空	不涉及	不涉及

续表

模块名称	流程		文件名称	操作环境	文件格式	环境
实盘数量小于25的，修改为“0”	流程输入	修改实盘数量	系统实盘数量列表	ERP/金蝶云星空	网页列表	Web
	流程输出	修改实盘数量	系统实盘数量列表（修改后数量列表）	ERP/金蝶云星空	网页列表	Web

（二）自动化流程描述

修正实盘数量自动化流程的流程图如图6-6所示。

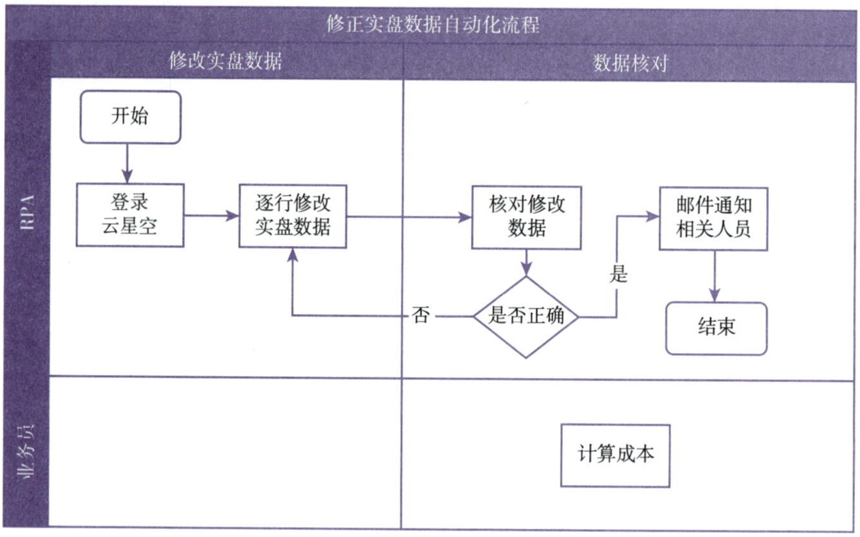

图6-6 修正实盘数量自动化流程图

三、需求分析

1. 效益评估分析

从12个维度分析本流程效益评估符合的维度，发现其符合其中的8个维度，分别是：

（1）风险适中。因流程属于存货盘点环节，并针对小于25盘点量进行数据自动修改，涉及第三方外部网络访问，风险适中。

（2）精准度高。大幅度节约时间，时效性较强，且机器人准确度更高。

（3）复用性高。流程可以重复使用，不仅可以用于本流程，也可以用于存货分析流程。

（4）扩展性高。流程中，个别流程模块可以成功运用到其他环节，如存货管理分析流程。

（5）节约潜能适中。运行时间较人工操作节省28%，适中。

（6）可靠性高。每次执行流程会根据日期输出对应日期的日志文件，可在日志文件查看具体运行情况。

（7）独立性高。流程采用单机终端部署，系统资源仅限于本机交互，不涉及系统间的资源控制。

（8）可快速交付实施。该流程设计，逻辑结构较为简单，可以快速交付。

2. 能力雷达图

根据效益评估维度的结果，绘制能力雷达图，如图 6－7 所示。

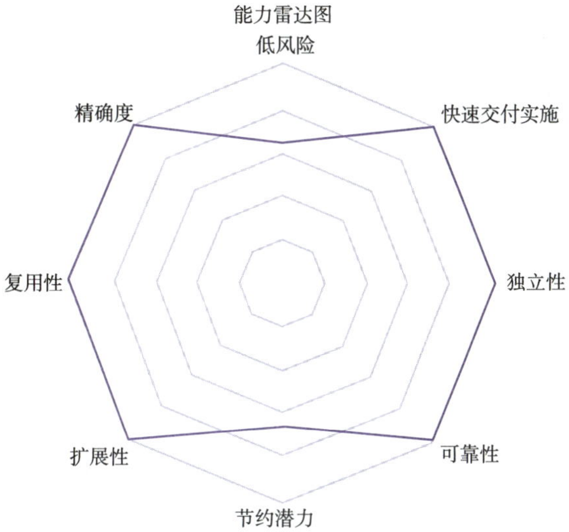

图 6－7　能力雷达图

二、流程开发管理

流程开发是自动化流程的研发阶段，是程序开发工程师开发 RPA 产品的过程。

流程定义文档完成后，进入修正实盘流程研发阶段，该阶段主要活动有流程开发与自测、流程代码评审和流程优化。具体流程图如图 6－8 所示。

流程开发管理

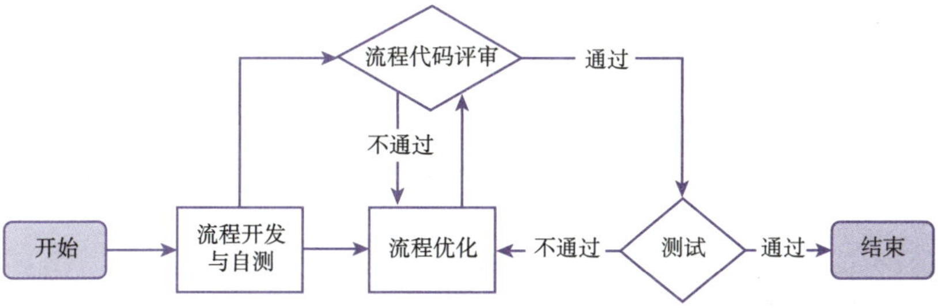

图 6－8　修正实盘数量流程研发流程图

（一）绘制 RPA 程序框架

开发工程师绘制修正实盘数量 RPA 程序框架图如图 6－9 所示。

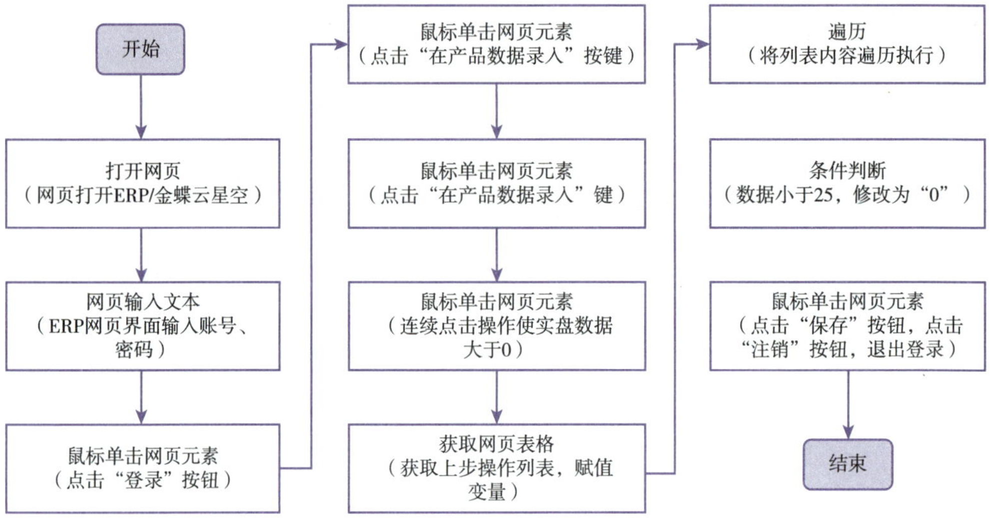

图 6-9　修正实盘数量 RPA 程序框架图

开发工程师根据下列步骤进行单个 RPA 流程开发。

（1）在整个 RPA 程序框架下，搭建待开发流程主辅程序的调用方式、预处理/中间处理/后续处理，以及配置文件的读取方式并预留异常处理的程序补偿机制的处理方式。

（2）以修正实盘数量流程中某个实例的正常处理过程为基础来开发 RPA 程序，将业务数据以常量的方式表达，快速实现流程需要的自动化技术，并尽早发现可能存在的技术障碍。

（3）当正常处理流程可以自动化后，按照业务处理要求，在 RPA 中加入必要的循环处理、分支处理，并将原程序中的业务常量转化为参数变量。

（4）在满足正常处理流程之后，开发人员需要在 RPA 程序中增加必要的日志跟踪和异常处理。

（5）RPA 程序开发完成后，进一步审查代码，将程序中的部分参数改为读取配置文件的方式，为环境变更等定义项配置文件。

（6）开发完成后，完成流程自测。自测通过后再提交测试人员进行测试。

（二）流程代码评审

开发人员完成编码后，选择熟悉业务与技术的专家级人才（审查人员）对该流程具体技术进行人工审查。审查形式为由开发人员讲解整体逻辑、组件调用和重要功能的代码实现细节。

通过流程代码评审表对代码进行评审，如表 6-29 所示。

表 6-29　流程代码评审表

评审维度	评价	说明
开发规范等级	适中	对开发规范没有严格要求
异常处理方案完善等级	适中	异常处理方案中明确了“ERP 界面加载失败”的情形

续表

评审维度	评价	说明
是否满足业务执行要求	是	满足了业务执行要求
技术逻辑是否合理	是	技术逻辑符合流程内容，符合技术标准
流程与其他系统之间的交互方式是否合理	是	外挂式部署，交互方式合理
数据存储方式是否合理	不适用	相关数据处理为网页操作
组件适配度	较强	组件适配情况较强
程序扩展性	较强	流程中，个别流程模块可以成功运用到其他环节，如存货管理分析流程
系统健壮性	适中	本流程系统具有良好的系统异常处理能力，健壮的流程配置包，可以应对当网络传输出现延时、应用系统不响应等异常情况下，机器人流程能正常运作并捕获异常，将记录的错误通知相关人员。当操作的应用系统运行正常时，机器人流程能够长时间稳定地运行，自身无内存泄漏等情况

针对评审期间提出的问题和优化建议，开发人员应进行记录并写明解决方案，明确责任人和解决时间。问题解决后可再次召开评审会议，确认问题是否得到真正解决，并更新确认人和确认时间，并留存评审记录。

（三）流程优化

流程代码评审结束后，由相关责任人员对流程进行优化和完善。在保证流程运行基本无差错的情况下，该过程可以与流程测试同步进行。需要注意的是，若涉及的优化改动内容与最初流程设计文档描述有冲突时，需及时更新流程设计文档，保证流程设计文档的描述始终与最新的流程实现一致。

（四）撰写流程详细设计文档

流程详细设计文档

一、引言

（一）编写目的

本文档提供了流程各分支节点与流程整体设计的关系、各节点重要操作的处理流程、重要的业务规则实现设计、数据结构设计等信息，当开发人员对业务不熟悉或某业务领域过于专业的情况下，该文档可作为两方的“翻译”文档。

（二）项目背景

西也公司创立于 1975 年 7 月，致力于为人类和地球的明天而努力奋斗。力争成为能创造丰富的价值并能为全人类的生活、文化作出贡献的企业集团。其业务领域包括数码产品、电子元器件、社会基础设备、家电等。

西也公司因其闪存知名度高，故闪存部门成为其利润最为丰厚的部门。不过，在存储器的生产过程中，存在大量依靠人工进行数据处理的任务，从而严重影响了工作的效率。为此，西也公司一直在寻找技术方案来处理重复、烦琐、规则性的工作任务，最终决定选择RPA来执行。目前，西也公司在工单由于停产或者其他原因需要调整在产品数时，需要通过在产品盘点数量录入调整工单或产品的在产品数量，通过录入【实盘数】，保存之后重新进行成本计算。

企业生产任务繁重，工单的流转也越加频繁，导致需要修正的实盘数量逐渐增多。单纯依靠人工修改此数据，效率低且易出错，还可能导致成本计算数据失真。

（三）定义：略。

（四）参考资料：略。

二、流程概述

（一）需求概述

本RPA流程可以自动登录EPR系统，进入【在产品盘点数量录入】修正实盘数量。将实盘数量小于25的数值修改为“0”。

（二）流程图

修正实盘数量业务流程图如图6－10所示。

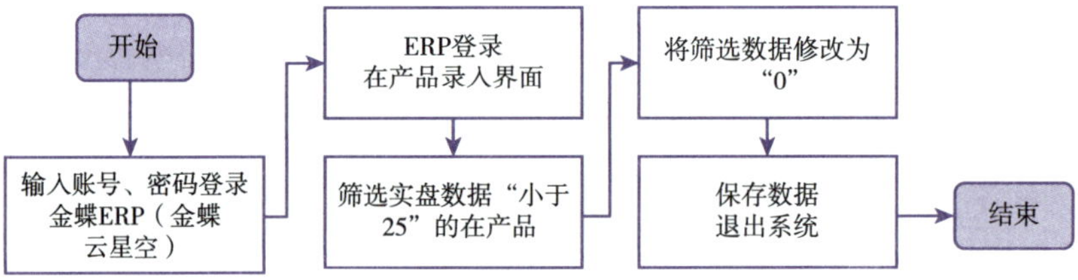

图6－10　修正实盘数量业务流程图

三、流程设计描述

修正实盘数量流程设计图如图6－11所示。

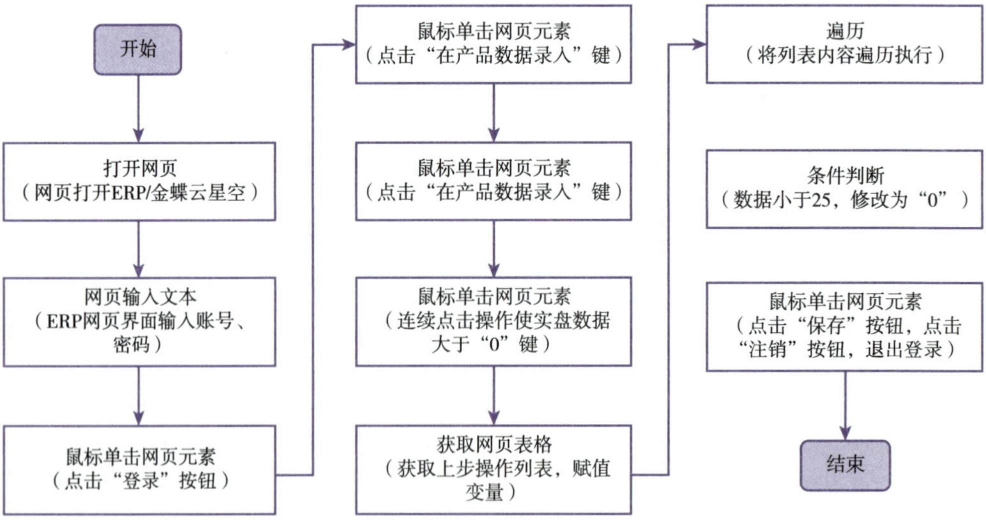

图6－11　修正实盘数量流程图

流程将使用“Web 应用自动化”类控件和“流程控件”类控件。

（一）功能描述

1. 步骤详解（见表 6－30）

表 6－30　各流程模块步骤详解

流程模块	步骤	描述
登录 ERP 系统	入参	账号、密码
	出参	金蝶云星空 ERP 系统界面
	功能描述	登录 ERP 系统
实盘数量小于 25 的，修改为“0”	入参	系统实盘数量列表
	出参	系统实盘数量列表（修改后数量列表）
	功能描述	实盘数量小于 25 的，修改为“0”

2. 异常处理

异常处理方案如表 6－31 所示。

表 6－31　异常处理方案

业务异常定义	出现模块	处理策略
ERP 页面加载失败	OALogin、ERPLogin	触发重试机制，重新执行流程

3. 启动时间及触发方式

手动触发。

4. 相关数据结构及方式

输入要素：无。

输出要素如表 6－32 所示。

表 6－32　流程输出要素表

序号	名称	类型	长度	是否必输	说明
1	系统实盘数量列表	Web 界面	—	是	机器人修改后数量列表

（二）非功能描述

略。

考核与评价

考核的重点是理论知识的掌握水平、技术技能的应用水平以及职业素养水平，学习者可以从以上 3 个方面评价学习效果，具体评价项目及标准如表 6－33 所示。

表 6 - 33　　模块考核评价标准

考核项目	考核内容	配分	得分
理论知识水平	正确描述什么是需求分析、什么是流程开发	10	
	描述流程需求分析过程	10	
	描述流程设计过程	10	
理论知识水平总分		30	
技术技能应用水平	正确描述人工修正实盘数量流程的各步骤	5	
	正确编制需求评估表	5	
	正确编制流程环境信息表	5	
	正确绘制核心流程图	5	
	撰写流程定义文档	10	
	正确绘制修正实盘数量业务流程图	5	
	正确绘制修正实盘数量流程图	5	
技术技能应用水平总分		40	
职业素养水平	工作过程中投入、积极、专注，能按时完成工作任务，做好工作笔记，有工作完成后归纳与反思的记录	10	
	积极探索多种 RPA 方案，并付诸实践，面对困难时主动通过各种途径探寻资料以解决问题	10	
	反复理解流程发现与优化过程，体会 RPA 在增效降本、解放劳动力方面的作用	10	
职业素养水平总分		30	
综合评价总分		100	

总结与提高

需求分析是 RPA 项目实施的第二个步骤，此步骤的主要工作是进行需求调研、需求评估、流程环境分析和核心流程分析，以及撰写流程定义文档。为流程的开发提供尽可能详细的需求、环境等信息。

流程开发与管理是 RPA 项目实施的第三个步骤，在需求分析的基础上进行流程开发，这是 RPA 项目实施的核心步骤，此步骤的结果是形成替代人工业务的 RPA 产品。

模块三　流程测试与评估

流程测试与评估

工作任务

流程开发并优化后，选取 10 个案例样本对流程展开测试，请按照要求完成功能测试操作并撰写流程测试报告。

任务实施

流程测试是流程工程师选取多个案例样本对开发出来的 RPA 机器人进行测试，从技术的角度检测 RPA 产品运行结果的正确性。流程测试步骤主要包括选取测试案例样本、调用 RPA 机器人和撰写流程测试报告。

一、选取测试案例样本及调用 RPA 机器人

流程工程师进行技术测试，调用 RPA 机器人，测试案例样本，测试结果如表 6－34 所示。

表 6－34　测试案例样本结果

测试功能点	结果
登录 ERP 系统模块	成功登录系统
筛选大于 0 的存货列表	无法筛选
条件判断实盘数据小于 25，修改为“0”	修改完成实盘数据小于 25 的数值为 0

【提示】进行样本测试时，可能出现各种结果，以上只是测试中可能出现的一种结果。从测试结果中可以看出，3 个流程点，只有 2 个通过测试，成功率约为 67%。

二、撰写流程测试报告

流程测试报告

一、测试对象和范围

此流程测试选取 10 个案例样本展开测试。

（1）登录 ERP 系统模块；

（2）筛选大于 0 的存货列表；

（3）条件判断实盘数据小于 25，修改为“0”。

二、测试目的

（1）验证修正实盘数量 RPA 流程是否按照需求设计开发；

（2）验证修正实盘数量 RPA 流程是否正常可用。

三、测试环境

流程名：修正实盘数量流程

浏览器：Google Chrome

操作系统：Windows 10

四、测试用例执行情况

（一）技术测试

功能点1：登录ERP系统模块。

期望结果：成功登录ERP系统。

测试结果：成功。

功能点2：筛选大于0的存货列表。

期望结果：筛选列表。

测试结果：失败。

功能点3：条件判断实盘数据小于25，修改为“0”。

期望结果：修改完成实盘数据小于25的数值为0。

测试结果：成功。

此次测试，抽取10个案例，整体功能性测试通过率约为67%，测试失效功能点为“筛选大于0的存货列表”。

（二）业务测试

1. 时效性

业务测试的时效性数据如表6-35所示。

表6-35　各功能点时效数据汇总表

功能点	测试完成时间	理论完成时间
登录ERP系统模块	1.1秒	1秒
筛选大于0的存货列表	不适用（测试失效）	1秒
条件判断实盘数据小于25，修改为“0”	0.5秒	1秒

此次测试，抽取10个案例，除失效功能点外，符合时效性要求的案例10个，不符合时效性要求的案例为0，时效性通过率100%。

2. 准确性

业务测试的准确性数据如表6-36所示。

表6-36　各功能点准确性数据汇总表

功能点	准确性描述
登录ERP系统模块	准确登录
筛选大于0的存货列表	不适用
条件判断实盘数据小于25，修改为“0”	修改无误

此次测试，抽取10个案例，除失效功能点外，符合准确性要求的案例10个，不符合准确性要求的案例为0，准确性通过率100%。

成功率67%。

五、问题修复情况和尚留的问题列表及处理意见

(1) 重新梳理鼠标点击界面顺序，精确定位鼠标点击元素位置。

(2) 检查 PC 界面运行状态，是否存在计算机暂停运行情形，导致鼠标点击失效。

六、测试执行结果

测试未通过。

考核与评价

考核的重点是理论知识的掌握水平、技术技能的应用水平以及职业素养水平，学习者可以从以上 3 个方面评价学习效果，具体评价项目及标准如表 6－37 所示。

表 6－37 模块考核评价标准

考核项目	考核内容	配分	得分
理论知识水平	正确描述什么是流程测试	15	
	描述流程测试的过程	15	
理论知识水平总分		30	
技术技能应用水平	正确描述流程测试需要收集的数据	20	
	撰写流程测试报告	20	
技术技能应用水平总分		40	
职业素养水平	工作过程中投入、积极、专注，能按时完成工作任务，做好工作笔记，有工作完成后归纳与反思的记录	10	
	积极探索多种 RPA 方案，并付诸实践，面对困难时主动通过各种途径探寻资料以解决问题	10	
	反复理解流程测试过程，体会 RPA 在增效降本、解放劳动力方面的作用	10	
职业素养水平总分		30	
综合评价总分		100	

总结与提高

在 RPA 项目实施过程中，流程测试步骤紧随流程开发步骤，作用是检测开发完成的 RPA 机器人运行过程是否正确，运行结果是否正确，如果出现问题，及时进行错误排查、流程修正，是流程上线前的重要过程。

模块四　流程上线与运维

工作任务

对修正实盘数量 RPA 流程进行调试，直至其通过测试，然后部署流程上线，在流程上线后对流程进行运维。

流程上线与运维

任务实施

RPA 上线即用 RPA 流程替代人工完成指定的工作，在 RPA 上线后的一段时间内，应该有相应的人员对 RPA 执行结果进行查验，以保证 RPA 运行结果的正确性。一段时间后，如果 RPA 运行结果是 100% 正确，那么 RPA 可单独运行。

“运维”是来自互联网公司的概念。运维，本质上是对网络、服务器、服务的生命周期各个阶段的运营与维护，在成本、稳定性、效率上达成一致可接受的状态。流程运维，即流程运行与维护，流程本质上来说是一个程序，流程运维即程序的运行与维护，是在流程运行过程中对流程进行实时监测，为流程的正常运行保驾护航。

流程的上线与运维是由实施工程师执行的。具体步骤包括上线准备、流程部署、异常处理方案和运营维护。

一、上线准备

1. 流程运行环境准备

对流程运行相关的账号、密码进行配置和检查。

2. 场景部署环境准备

针对修正实盘数量场景，需连接外网，使用 Google Chrome 浏览器，操作系统为 win10 及以上版本应用，并安装 windows defender。

3. 部署文件包准备

准备好上线压缩文件包（RPA 项目开发 zip）。

二、流程部署

1. 部署方案

采取迭代交付的方式。

2. 流程触发

流程由工作人员按照需要不定时进行操作。

3. 上线阶段

(1) 将准备好的上线压缩文件包上传至 RPA 流程运行计算机 D 盘根目录下;

(2) 解压压缩文件至“RPA 项目开发”文件夹;

(3) 打开 Runtime 软件;

(4) 部署流程文件。

三、异常处理方案

如果流程出现异常，异常处理方案如表 6－38 所示。

表 6－38　异常处理方案

业务异常定义	出现模块	处理策略
ERP 页面加载失败	OALogin、ERPLogin	触发重试机制，重新执行流程

四、运营维护

(1) 流程中涉及的用户密码以及邮箱密码都经过 Studio 加密处理后以密文的形式储存在流程中，如果需要更改密码，只需要将新密码再次通过 Studio 进行加密，替换原有的密码变量内容即可。

(2) WeAutomate 到期。如遇该项问题，可打开 WeAutomate 查看机器码，并将机器码发送给指定人员，由指定人员获取激活码，使用激活码再次激活 WeAutomate。

(3) 流程相关模板或系统界面变动。如果流程中所涉及的 Excel 模板内容编排有变动，请及时联系开发人员对流程作出相应的调整，以防流程执行出现错误或者生成的结果文件内容不正确。

考核与评价

考核的重点是理论知识的掌握水平、技术技能的应用水平以及职业素养水平，学习者可以从以上3个方面评价学习效果，具体评价项目及标准如表6-39所示。

表6-39　模块考核评价标准

考核项目	考核内容	配分	得分
理论知识水平	正确描述什么是流程上线和流程运维	15	
	描述流程上线的过程	15	
理论知识水平总分		30	
技术技能应用水平	正确写出流程上线的步骤	20	
	正确写出运营维护的步骤	20	
技术技能应用水平总分		40	
职业素养水平	工作过程中投入、积极、专注，能按时完成工作任务，做好工作笔记，有工作完成后归纳与反思的记录	10	
	积极探索多种RPA方案，并付诸实践，面对困难时主动通过各种途径探寻资料以解决问题	10	
	反复理解流程测试过程，体会RPA在增效降本、解放劳动力方面的作用	10	
职业素养水平总分		30	
综合评价总分		100	

总结与提高

流程上线和运维是RPA项目实施的最后一个步骤，流程上线后，RPA项目实施宣告结束，此RPA流程成为企业的一名数字员工，它替代着真实的人在企业里工作，为企业创造价值，直至它从事的业务从企业里消失，这个RPA流程就会面临迭代或退役。

数字赋能

在将自动化整合到组织中之前，应该解决与之相关的一个最常见的问题——员工总是对数字工作者要接管他们的工作而感到担忧。事实上，数字工作者为员工提供了更高的价值、更集中的工作空间，从而将他们从单调的工作中解脱出来。数字工作者可以为整个组织提供更好的员工体验。

“我们的投资回报率每年都翻一番，我们的自动化范围正在扩大，包括RPA、桌面自动化、ALM、OCR、机器学习和数据可视化。”——Ashish Jha自动化解决方案、创新和能力总监。

“一开始，我们的团队成员担心机器人会抢走他们的工作；事实上，机器人拿走了他们不喜欢做的烦琐工作，让他们有时间做更复杂、更有价值的工作，并专注于我们团队最重要的工作。”——Ray MacdonaldATB 金融公司的人工智能和软件开发高级总监。

就像过去大多数的技术进步一样，人们的工作也会随着环境的变化而发展，数字领域当然也不例外。事实上，自动化带来的最有价值的机会之一就是意识到想法可能就在今天从事这项工作的人的头脑中，因为他们最了解业务。如果可以利用好这一点，那么就可以使自动化的责任民主化。

让团队中的非 IT 人员参与到识别、验证甚至开发流程中来，赋予他们权力。因为他们正在使他们的工作变得更好，并为企业改善经营结果。这就是所谓的公民发展，它是非常有益的，因为它：①使快速的、针对业务的创新成为可能，并减少创新的 TTM；②不给 IT 部门带来负担；③允许普通员工成为更大事业的一部分，提高员工满意度。

实战演练

一、不定项选择题

1. RPA 项目实施的全流程包括（　　）。

A. 流程发现与优化

B. 需求分析与流程发布

C. 流程测试与评估

D. 流程上线与运维

2. 流程发现包括（　　）。

A. 机会评估

B. 价值评估

C. 技术评估

D. 流程分析

3. 可行性分析是在（　　）阶段进行的工作。

A. 流程发现与优化

B. 需求分析与流程发布

C. 流程测试与评估

D. 流程上线与运维

4. 以下对“全职人力工时”说法正确的是（　　）。

A. 全职人力工时（Full - Time Equivalents，FTE）也称相当全时工作量，是对从事科技活动人员投入量的一种测算方法

B. 相当全时工作量的概念以代表一个人在一定时期内全部时间工作的计算单位为基础，用于把非全时工作人员数折算为全时工作人员的相等数量

C. 可以把全时工作视为非全时工作的最高额，从百分比上说是达到了 100%，因此，一个人就相当于一个全时工作量

D. FTE = 总时间 ×60/(全月工作小时 ×60)

二、判断题

1. 价值评估是通过采集业务流程自动化中人工处理占比、总流程自动化后运行时长，然后计算出实施流程自动化后节省的人力成本。(　　)

2. 以节省的人力成本为出发点，按照节约工时，计算经济效益。(　　)

3. 技术评估是对流程中涉及的信息技术能力进行评估。(　　)

4. 流程自动化的需求分析一般包括需求调研、需求评估、流程环境分析、核心流程分析等步骤。(　　)

5. RPA 实施项目的效益评估结果，一般通过四象限图来展示。(　　)

附录：二维码资源索引表

续表

序号	项目	二维码名称	资料类型	页码
25	项目 1 - 费用管理机器人	网银付款业务流程穿越	微课	83
26		完成一笔付款业务流程设计	微课	85
27		拾取网页元素的方法	微课	89
28		完成多笔付款业务流程设计	微课	93
29		项目 1 实训题素材	文本	102
30	项目 2 - 薪酬管理机器人	批量发送工资表邮件工作任务介绍	微课	106
31		批量发送工资表邮件流程穿越	微课	106
32		发送单个工资表邮件流程设计	微课	107
33		获取电子邮箱授权码的方法	录屏	108
34		发送多个工资表邮件流程设计	微课	112
35		【pandasForEachRow】控件的作用	录屏	119
36		批量读取业绩周报邮件工作任务介绍	微课	123
37		批量读取业绩周报邮件流程穿越	微课	123
38		读取业绩周报邮件流程设计	微课	124
39		如何确定下载邮件的日期区间	文本	125
40		提取邮件附件流程设计	微课	129
41		【调用子脚本（Subproess）】控件	录屏	131
42		项目 2 实训题素材	文本	142
43	项目 3 - 账龄分析机器人	编制账龄分析底稿工作任务介绍	微课	146
44		编制账龄分析底稿流程穿越	微课	146
45		编制账龄分析底稿流程设计	微课	149
46		pandas. merge（）函数	录屏	154
47		应收账款账龄分析工作任务介绍	微课	161
48		应收账款账龄分析流程穿越	微课	162
49		应收账款账龄分析流程设计	微课	164
50		项目 3 实训题素材	文本	182
51	项目 4 - 纳税申报机器人	个人所得税纳税申报工作任务介绍	微课	185
52		个人所得税纳税申报流程穿越	微课	186
53		个人所得税纳税申报流程设计	微课	187
54		企业所得税纳税申报工作任务介绍	微课	197
55		企业所得税纳税申报流程穿越	微课	198
56		企业所得税纳税申报流程设计	微课	199

续表

序号	项目	二维码名称	资料类型	页码
57	项目 5 - 资金管理机器人	银企对账工作任务介绍	微课	221
58		银企对账流程穿越	微课	222
59		银企对账流程设计	微课	223
60		iloc[*， *] 方法	录屏	227
61		【功能块】控件	录屏	237
62		股票投资决策工作任务介绍	微课	240
63		股票投资决策流程穿越	微课	241
64		股票投资决策流程设计	微课	241
65		如何爬取不同的网页文本	录屏	247
66		项目 5 实训题素材	文本	267
67	项目 6 - RPA 项目实施与评估	RPA 项目实施与评估全流程	动画	269
68		RPA 项目实施与评估任务介绍	微课	274
69		机会评估	微课	275
70		价值评估	微课	277
71		技术评估	微课	278
72		需求分析	微课	284
73		流程开发管理	微课	291
74		流程测试与评估	微课	296
75		流程上线与运维	微课	300

参考文献

［1］赵兴峰．数字蝶变［M］．北京：电子工业出版社，2021．

［2］梁一纲，王珮瑶等．机器人流程自动化（RPA）实践［M］．北京：中国水利水电出版社，2022．

［3］王言．RPA：流程自动化引领数字劳动力革命［M］．北京：机械工业出版社，2020．

［4］程平．RPA财务机器人：原理、应用与开发［M］．北京：中国人民大学出版社，2022．